Horst Schreiber/Elisabeth Hussl (Hg.)

Gaismair-Jahrbuch 2022
Dekokratie

Jahrbuch der Michael-Gaismair-Gesellschaft

22/2022

herausgegeben von der Michael-Gaismair-Gesellschaft
www.gaismair-gesellschaft.at

Seit 22 Jahren werden in den Gaismair-Jahrbüchern gesellschaftspolitische und zeithistorische Themen kritisch diskutiert. Die Jahrbücher wenden sich an ein breites Publikum politisch, gesellschaftlich, aber auch literarisch interessierter Menschen.

Das Hauptanliegen ist dabei immer, demokratische Grundbedingungen wachzuhalten und Perspektiven der Veränderung sowie des Widerstandes gegen herrschaftliche Verhältnisse zu eröffnen.

Denn Demokratie ist nicht nur eine Frage technokratischer Verfahren, sondern eine Frage der Möglichkeiten politischer und ökonomischer Mitbestimmung aller Menschen, des sozialen Einschlusses, der Geschlechtergerechtigkeit und der antirassistischen Politik.

Einen Beitrag dazu zu leisten, ist das Anliegen der Gaismair-Jahrbücher.

Horst Schreiber/Elisabeth Hussl (Hg.)

Gaismair-Jahrbuch 2022

Dekokratie

StudienVerlag
Innsbruck
Wien

Gedruckt mit freundlicher Unterstützung durch die Kulturabteilung des Landes Tirol, die Kulturabteilung der Stadt Innsbruck und die Arbeiterkammer Tirol.

© 2021 by Studienverlag Ges.m.b.H., Erlerstraße 10, A-6020 Innsbruck
E-Mail: order@studienverlag.at
Internet: www.studienverlag.at

Buchgestaltung nach Entwürfen von himmel. Studio für Design und Kommunikation, Scheffau – www.himmel.co.at
Satz und Umschlag: Studienverlag/Karin Berner
Umschlagabbildung „*Dekokratie*" und Schwerpunktbilder: Ype Limburg

Gedruckt auf umweltfreundlichem, chlor- und säurefrei gebleichtem Papier.

Bibliografische Information der Deutschen Nationalbibliothek
Die Deutsche Nationalbibliothek verzeichnet diese Publikation in der Deutschen Nationalbibliografie; detaillierte bibliografische Daten sind im Internet über <http://dnb.dnb.de> abrufbar.

ISBN 978-3-7065-6177-8

Alle Rechte vorbehalten. Kein Teil des Werkes darf in irgendeiner Form (Druck, Fotokopie, Mikrofilm oder in einem anderen Verfahren) ohne schriftliche Genehmigung des Verlages reproduziert oder unter Verwendung elektronischer Systeme verarbeitet, vervielfältigt oder verbreitet werden.

Inhalt

Soziale Klasse, Spaltung, Solidarität

Carina Altreiter:
Einleitung — 12

Ulrike Papouschek:
Solidarität mit Zugewanderten.
Die feinen Unterschiede einer Willkommenskultur — 16

Jörg Flecker:
Leistung muss sich lohnen.
Spaltungslinien entlang der Haltungen zum Sozialstaat — 24

Carina Altreiter:
Umkämpfte Spaltungslinien.
Auseinandersetzungen um Leistung, Kultur und Klasse — 31

Krise am Arbeitsmarkt

Horst Schreiber:
Einleitung — 40

Armin Erger:
Tiroler Arbeitsmarkt: Die Folgen von Corona — 43

Simona Ďurišová:
24-Stunden-BetreuerInnen organisieren sich selbst — 56

Kommentare zur Lage

Horst Schreiber:
Einleitung — 66

Simon Lukasser:
Abflug in ein fremdes Land.
Anmerkungen zur Asylpolitik und Abschiebepraxis Österreichs — 69

Franz Klug:
Tiroler Grüne Regierungsjahre –
Bilanz und Ausblick 77

Niko Alm:
Laizität 2.0 –
die Trennung von Staat und Weltanschauung
im 21. Jahrhundert 86

Steffen Arora:
Die Unheilsbringer –
Tiroler Seilschaften und das Geschäft mit den PCR-Tests 95

Schwangerschaftsabbruch in Österreich und Polen

Elisabeth Hussl:
Einleitung 106

Alexandra Keller:
Schwangerschaftsabbruch: Das ewige Tabu 109

Magda Borysławska / Izabela Wnorowska:
Die Hölle der Frauen.
Schwangerschaftsabbruch in Polen 116

Vom Jenischen – regionale und historische Einblicke

Elisabeth Hussl/Heidi Schleich:
Einleitung 126

Mariella Mehr:
Sechs Gedichte aus der Sammlung
„Vom Leben und anderen Zumutungen" (2015) 129

Christa Baumberger:
Stachel im Fleisch des Wortes –
Zu den Gedichten von Mariella Mehr 135

Stefan Dietrich:
Ein problematisches Verhältnis:
Die Jenischen und ihre kostümierten Nachahmer
in der Telfer Fasnacht   140

Horst Schreiber:
Die Jenischen im Nationalsozialismus –
Verfolgung und Familiengedächtnis   151

Karin Lehner:
Die Strazzensammler von Sitzenthal.
Zur Ausgrenzung, Verfolgung und Ermordung
von Jenischen in Österreich   161

Artis Franz Jansky-Winkel:
Noppi Gadschi – Jenisch Baaln.
30 Jahre nach der Publikation zum Jenischen in Loosdorf   173

Simone Schönett (jenisch / deutsch):
Schugger / Schön   177
Grawis / Groß   178
Austupfen / Ausstechen   179
Schuberle / Kleiner Teufel   180
Schetterlich / Lächerlich   181

Geschichte und Erinnerung

Horst Schreiber:
Einleitung   184

Sabine Pitscheider:
Heimat und Schutz –
Das Heimatrecht der Monarchie   186

Horst Schreiber:
Von Libyen nach Innsbruck –
Jüdische Vertriebene aus Tripolis
und Bengasi im Arbeitserziehungslager Reichenau   193

Gisela Hormayr:
„… das grausige und beschämende Bild dessen,
was gestern noch Wirklichkeit war."
Zur antifaschistischen Ausstellung „Niemals vergessen!"
in Innsbruck, August 1947 — 214

Gisela Hormayr:
Mit uns zieht die neue Zeit?
Zur Geschichte der Anton-Graf-Hütte der Naturfreunde Wörgl — 226

Visuelle Kunst

Andrei Siclodi:
Einleitung:
Verkörpertes Gedenken im performativen Denkmal — 236

„… ein Schweigen, das nichts bestätigt,
vieles versteckt und alles vermuten lässt."
Eine E-Mail-Konversation mit der Künstlerin Esther Strauß
über ihr performatives Denkmal *Marie Blum*,
geführt von Andrei Siclodi — 239

Literatur

Christoph W. Bauer:
Einleitung — 254

Es weinen die Schuhe.
Zum zwanzigsten Todestag von Rajzel Zychlinski — 255

Das poetische Paternoster eines Narren — 259

Nachrufe

Alexandra Keller:
Waltraud Kreidl (1953–2021): Nichts zu bereuen　　　　　　　　268

Boris Jordan/Georg Willi:
„Ja mei …"
Ein Nachruf auf Dr. Werner Waitz　　　　　　　　　　　　　273

Zu den Bildern von Ype Limburg –
Malen mit Licht

Ype Limburg:
Camera Obscura Fotografie　　　　　　　　　　　　　　　280

AutorInnenverzeichnis　　　　　　　　　　　　　　　　　283

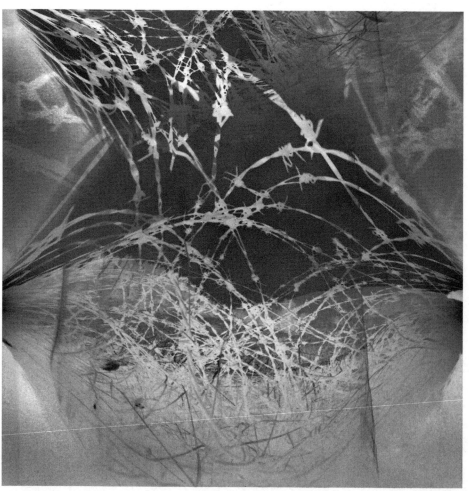
Stacheldraht

Soziale Klasse,
Spaltung, Solidarität

Carina Altreiter

Einleitung

Der Ruf nach Zusammenhalt und Solidarität mit anderen wurde 2020 während der COVID-19-Pandemie regelmäßig an uns gerichtet. Es scheint, dass gerade in Krisenzeiten Solidarität ein wiederkehrendes Thema ist. Dabei geht es aber nicht nur darum, mit wem wir uns warum solidarisch zeigen sollen, sondern genauso darum, wer keine Solidarität verdient und alleine zurechtkommen muss. Die Insolvenz von Lehmann-Brothers hat 2008 eine globale Finanz- und Wirtschaftskrise ausgelöst. Für die betroffenen Länder in Europa gab es zwar einen „Rettungsschirm" der Europäischen Union, allerdings nur um den Preis harter Austeritätsmaßnahmen, die bestehende sozialstaatliche Solidaritätsgefüge durch Spar- und Privatisierungsmaßnahmen massiv in Bedrängnis brachten. Gegen diese Politik formierten sich zivilgesellschaftliche Bewegungen, mit dem Ziel, durch gemeinschaftliches Handeln das Leid zu mildern und für einen politischen Wandel zu kämpfen. Einige Jahre später stellte die sogenannte Flüchtlingskrise die europäische Solidarität vor neue Herausforderungen. Wieder taten sich Risse zwischen den Ländern – aber auch innerhalb der Nationalstaaten – auf. In diesem Fall zwischen jenen, die sich mit den Geflüchteten solidarisch erklärten, und denen, die niemanden aufnehmen wollten. Dass politische Stimmungslagen schnell umschlagen können, hat sich in diesem Zusammenhang deutlich gezeigt. Von einem solidarischen Klima hin zu einem europäischen Rechtsruck, der unter den Schlagworten „nationaler Grenzschutz" und „Schutz der EU-Außengrenzen" zunehmend Sicherheitsfragen und Abschottung ins Zentrum der politischen Debatten stellte. Die aktuelle COVID-19-Pandemie, die vor allem wegen des solidarischen Verhaltens breiter Bevölkerungsschichten und eines funktionierenden staatlichen Gesundheitswesens in Österreich gut bewältigt werden konnte, wird auch in seinen Langzeitfolgen eine erhebliche Herausforderung für die Solidarität darstellen. Vor allem wenn es darum geht, wer die Kosten der Wirtschafts-, Gesundheits- und Sozialkrise tragen wird. Ob die aktuellen Erfahrungen dem Sozialstaat den Rücken gestärkt haben oder ob im Gegensatz dazu die Krise als Anlass genommen wird, den sozialstaatlichen Gürtel deutlicher enger zu schnallen, wird von den politischen Machtverhältnissen abhängen.

Solidarität – was bedeutet das?

Die Beiträge in diesem Schwerpunkt nehmen den Solidaritätsbegriff als Ausgangspunkt, weil er es ermöglicht, das vielschichtige Verhältnis von Zusammenhalt und Einschlüssen einerseits, Spaltungen und Ausgrenzungen andererseits, zu untersuchen. In aller Kürze gefasst, bezeichnet Solidarität eine besondere Form der

Bindung zwischen Menschen, die auf Gemeinsamkeiten – wie geteilter sozialer Lage oder gemeinsamen Werten – beruht und daraus eine moralische Verpflichtung zum gegenseitigen Beistand ableitet.[1] Diese wechselseitige Verpflichtung unterscheidet Solidarität von Fürsorge, die eine hierarchische und einseitige Form der Hilfe darstellt. Mit anderen solidarisch zu sein, bedeutet davon auszugehen, dass – zumindest hypothetisch – die Rollen getauscht sein könnten und dass man selbst auch mit Hilfe rechnen kann, sollte man in eine missliche Lage geraten. Der Zusammenhalt und die Zugehörigkeitsgefühle, die eine Solidargemeinschaft ausmachen, produzieren allerdings auch Ausschlüsse, weil sie die Grenzen der Solidargemeinschaft definieren. Das bedeutet, Inklusion und Exklusion sind zwei Seiten einer Medaille der Solidarität.

Ist die Gesellschaft gespalten – und wenn ja, wie oft?

Die hier versammelten Beiträge basieren auf einer vom Fonds zur Förderung der wissenschaftlichen Forschung (FWF) geförderten Studie, die zwischen 2016 und 2019 an der Universität Wien durchgeführt wurde. Vorgestellt werden hier die Befunde der qualitativen Befragung von 48 Personen mit unterschiedlichen Bildungshintergründen, Berufen, Wohnorten und politischen Haltungen.[2] Im Mittelpunkt stand dabei die Frage, wie es um den sozialen Zusammenhalt in Österreich bestellt ist. Wir wollten herausfinden, wie die Bevölkerung die Veränderungen der Gesellschaft in den letzten Jahren erlebt hat und welche Auswirkungen das auf den Umgang der Menschen miteinander, ihre politischen Orientierungen und Fragen von Solidarität hat. Was konnten wir feststellen? Es gibt tatsächlich Spaltungslinien in der Gesellschaft, diese sind allerdings vielfältiger und weniger polar, als man annehmen würde und es medial oftmals suggeriert wird. Indem wir uns detailliert mit einzelnen Biographien von Personen auseinandergesetzt haben, können wir eine differenziertere Lesart aktueller Entwicklungen anbieten. Dabei zeigt sich, dass Trennlinien zwischen „uns" und den „anderen", zwischen drinnen und draußen einer Solidargemeinschaft nicht immer eindeutig verlaufen und durchaus mit Ambivalenzen und Widersprüchen verbunden sind. Ausgrenzende Haltungen können sich mit solidarischen verbinden, je nachdem, ob es beispielsweise um die Familie, die Kolleg_innen, Arbeitslose oder Geflüchtete geht.

Typologie der Solidarität

Entlang dieser Trennlinien zeigen sich verschiedene Muster von bestimmten Verständnissen und Vorstellungen von Solidarität, die wir zu sieben „Typen" verdichtet haben. Sie unterscheiden sich durch die Art der Zugehörigkeitsgefühle, die Reichweite und Bedingungen von Solidarität, Gerechtigkeitsvorstellungen und Konsequenzen, die für das eigene Handeln abgeleitet werden. Die unterschiedlichen Solidaritätsvorstellungen, welche die Typen repräsentieren, kann man sich als Kontinuum vorstellen (siehe Abbildung 1).

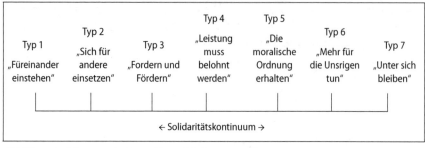

Abbildung 1: Schematische Darstellung Solidaritätstypologie

Die eine Seite des Kontinuums beginnt mit Typ 1 und 2, die wir als „Füreinander einstehen" und „Sich für andere einsetzen" bezeichnet haben. Hier werden von den Befragten keine Bedingungen für eine Unterstützung an die Betroffenen gestellt und die Verantwortung der Gesellschaft bzw. der Einzelnen Hilfe zu leisten in den Vordergrund gerückt. In der Mitte haben wir Typ 3, 4 und 5, bei denen die Verbindung von „Fordern und Fördern" zentral ist. Während Typ 3 „Fordern und Fördern" eine ausgewogene Kombination dieser Aspekte kennzeichnet, betonen Typ 4 „Leistung muss belohnt werden" und 5 „Die moralische Ordnung erhalten" die Verpflichtung der Betroffenen, an der Überwindung der eigenen Notlage mitzuwirken. Auf der anderen Seite des Kontinuums haben wir Typ 6 und 7, die wir „Mehr für die Unsrigen tun" und „Unter sich bleiben" genannt haben. Die Befragten dieses Typs rücken nationale bzw. ethnisch-kulturelle Grenzziehungen in den Vordergrund und verstehen Solidarität vor allem als Durchsetzung von Eigeninteressen der Eigengruppe. Von Typ 1 zu Typ 7 ist also eine Abnahme der Reichweite der Solidargemeinschaft festzustellen, weil zunehmend leistungsbezogene, nationale und ethnische Grenzen eingezogen bzw. Bedingungen gestellt werden. Die Unterschiede zwischen den Typen erschöpfen sich aber nicht nur in der Frage der Reichweite der Solidarität, sondern es geht auch um Unterschiede darin, wem man sich zugehörig und verbunden fühlt und welche Gerechtigkeitsansprüche daraus abgeleitet werden.

Die Beiträge

Der Beitrag von *Ulrike Papouschek* wirft einen differenzierten Blick auf die Typen 1 und 2 in unserer Studie. Die Befragten dieser Typen verbindet eine universelle Solidarität, die sich für eine bedingungslose Unterstützung von Geflüchteten im Jahr 2015 stark gemacht hat und auch selbst aktiv in der Flüchtlingshilfe engagiert war. Herausgearbeitet wird, dass sich hinter diesen Haltungen sehr unterschiedliche Vorstellungen von Solidarität verbergen. Auf der einen Seite steht eine altruistische Solidarität der privilegierten Bildungsklasse (Typ 2), die zwar eine Verantwortung für andere spürt, die weniger privilegiert sind, Ungleichheit in der Gesellschaft an sich allerdings wenig in Frage stellt. Auf der anderen Seite findet sich eine kämpferische Gruppe, die sich mit den Geflüchteten als Teil einer entrechteten globalen Klasse begreift, die im Kampf für eine bessere Gesellschaft zusammenstehen müssen (Typ 1).

Der Beitrag von *Jörg Flecker* untersucht unterschiedliche Positionierungen der Typen im Hinblick auf die institutionalisierte Solidarität im Sozialstaat. Der Fokus liegt dabei insbesondere auf der Mitte des Solidaritätskontinuums, in dem das Verhältnis von „Geben und Nehmen" ausverhandelt wird. Hinter den Typen stehen unterschiedliche Mentalitäten, die darin zum Ausdruck kommen, welche Bedingungen und Gegenleistungen von Empfänger_innen von Arbeitslosengeld oder Sozialhilfe erwartet werden. Der Beitrag arbeitet heraus, wie die unterschiedlichen Positionierungen mit verschiedenen Vorstellungen von Gerechtigkeit und Zugehörigkeit verbunden sind.

Der Beitrag von *Carina Altreiter* zeigt, dass es in der Gesellschaft vielfältige Spaltungslinien gibt, entlang welcher Auseinandersetzungen stattfinden. Sowohl in der Politik als auch im Privaten wird verhandelt, wie die Verteilung von Gütern und Ressourcen gestaltet sein soll und wer unter welchen Bedingungen mit Unterstützung rechnen kann. Der politische Rechtsruck hat in den letzten Jahren dazu geführt, in der Auseinandersetzung vor allem ethnisch-kulturelle Spaltungslinien in den Vordergrund zu rücken. Der Beitrag skizziert mögliche Ansatzpunkte, wie solidarische Haltungen durch den öffentlichen Diskurs gestärkt werden könnten.

Anmerkungen

1 Kurt Bayertz: Solidarität: Begriff und Problem, Frankfurt a. M. 1998.
2 „Solidarität in Zeiten der Krise", FWF Projekt Nummer I 2698-G27. Ergebnisse wurden unter anderem unter folgendem Titel im Promedia Verlag veröffentlicht: Carina Altreiter/Jörg Flecker/Ulrike Papouschek/Sakja Schindler/Anika Schönauer: „Umkämpfte Solidaritäten. Spaltungslinien der Gegenwartsgesellschaft", Wien 2019.

Ulrike Papouschek

Solidarität mit Zugewanderten. Die feinen Unterschiede einer Willkommenskultur

Flüchtlinge waren 2015 europaweit ein zentrales Thema. Bereits in den Jahren davor war die Anzahl der Menschen auf der Flucht kontinuierlich gestiegen. Der Krieg in Syrien verschärfte die Lage drastisch. Auch Österreich verzeichnete bereits 2014 einen deutlichen Anstieg bei Asylanträgen, die zu einer Überlastung des Erstaufnahmezentrums in Traiskirchen und ersten politischen Auseinandersetzungen führten. Aufgrund der katastrophalen humanitären Lage in den Flüchtlingsunterkünften im Nahen Osten entschlossen sich immer mehr Menschen – vor allem aus Syrien, Afghanistan und dem Irak –, die Flucht nach Europa zu wagen, um dort Asyl zu beantragen. Die Situation der Geflüchteten am Balkan und vor allem die prekäre Lage vieler in Ungarn Gestrandeter veranlasste die Regierungen in Österreich und Deutschland, diesen die Einreise zu ermöglichen. Zwischen 5. September und Mitte Dezember 2015 durchquerten mehr als 600.000 Flüchtlinge Österreich und die Asylstatistik des Bundesministeriums für Inneres weist für das Jahr 2015 89.089 Asylanträge aus.[1]

Gleichzeitig zeigten sich die öffentlichen Behörden (nicht nur) in Österreich überfordert: Die Versorgung der Flüchtlinge erwies sich als unzureichend. Es fehlte an Unterkünften, Kleidung, Nahrung etc. Unter dem Eindruck einer Krisensituation und der Überforderung der staatlichen Behörden formierten sich in der Zivilgesellschaft Gruppen, die Hilfe und Unterstützung für die ankommenden Flüchtlinge organisierten. Anfänglich schien die Solidarität mit den Geflüchteten groß. Erinnert sei an Bilder von Bahnhöfen, an denen die Geflüchteten mit Applaus begrüßt wurden. Medien (auch Boulevardmedien) berichteten positiv über die Flüchtlingsbewegungen und die Hilfsaktionen auf Bahnhöfen, Spendenaktionen etc.

Doch die politische Stimmung kippte bald. Die Unfähigkeit der Europäischen Gemeinschaft, sich auf eine gemeinsame Vorgehensweise zu einigen und die unterschiedlichen Belastungen einzelner Staaten solidarisch zu schultern, brachte jene Länder unter Druck, die sich für eine Aufnahme starkgemacht hatten. Unter dem Eindruck der Anschläge in Paris im November 2015 und den sexuellen Übergriffen zum Jahreswechsel in Köln drehte sich die positive Stimmung gegenüber Geflüchteten im öffentlichen Diskurs. Angetrieben von rechtspopulistischen Parteien wurde die politische Debatte zunehmend von Sicherheitsfragen und der Forderung nach Grenzschließungen dominiert. Eine Politisierung des Diskurses war in verschiedenen Ländern zu beobachten.

Nicht Dualismus, sondern ein Solidaritätskontinuum

Die Haltung gegenüber den in Mitteleuropa ankommenden Menschen auf der Flucht zeigte sich dann auch in unserer Studie als eine der zentralen Spaltungslinien in der Gesellschaft. Die Ankunft einer großen Zahl von Fluchtmigrant_innen im Jahr 2015 und 2016 lag zur Zeit der Interviews im Jahr 2018 und 2019 noch nicht lange zurück. Entsprechend präsent waren den Interviewpartner_innen die Ereignisse und ihre Erfahrungen. Gleichzeitig wurde jedoch deutlich, dass diese Spaltungslinie vielfältiger und weniger polar ist, als es oft in Medien dargestellt wird. Nicht der Dualismus die Solidarischen versus die Un-Solidarischen, die Inklusiven versus die Exklusiven prägt das Bild, sondern ein „Solidaritätskontinuum", wie in der Einleitung dargestellt, von mehr zu weniger Solidarität. Bei einer Forderung nach einer bedingungslosen Aufnahme von Flüchtlingen bedeutet dies eine kontinuierliche Abnahme der Reichweite der Solidargemeinschaft, indem zunehmend mehr Bedingungen an eine Unterstützungsleistung gestellt werden bzw. die Befragten sich gänzlich gegen eine Aufnahme von Geflüchteten aussprechen.

Auf Seiten derer, die einer Aufnahme von Geflüchteten reserviert bis ablehnend gegenüberstehen, finden wir allerdings eine Bandbreite von Gründen. Diese reicht von Personen, die eine Aufnahme aus rassistischen Gründen ablehnen, bis zu jenen, die Bedingungen an die Migrant_innen stellen. Bei Letzteren ist die Frage von Geben und Nehmen zentral. Das heißt, jene Geflüchteten sind willkommen, die möglichst rasch einer Arbeit nachgehen und entsprechend einen Beitrag für die Gemeinschaft leisten. Diese Perspektive ermöglicht eine gewisse Offenheit für neue Mitglieder. Allerdings gibt es auch hier Einschränkungen: Die Beiträge müssen in diesem Land geleistet werden, etwaige Erwerbsarbeit in einem anderen Land zählt nicht als Leistung. Auch wird Weiterbildung und Arbeitsleistung erwartet, ohne die vielfältigen Hindernisse zu berücksichtigen, die dem entgegenstehen. Dadurch bleibt die angebotene Inklusion von Fluchtmigrant_innen jedoch prekär, da es naheliegend ist, dass viele von ihnen die gestellten Bedingungen nicht erfüllen können.

Festzuhalten bleibt aber auch: Es gibt einen Basiskonsens von allen Interviewpartner_innen, dass Menschen, die vor einem Krieg flüchten müssen und „gar nichts zum Leben haben", geholfen werden muss. Es gibt also so etwas wie eine grundlegende universelle Solidarität mit allen anderen Menschen. Allerdings gehen die Haltungen rasch auseinander, wenn danach gefragt wird, wie diese Unterstützung aussehen soll und welche Bedingungen daran geknüpft werden.

Die universell Solidarischen

Der vorliegende Beitrag wirft nun einen genaueren Blick auf jenen Pol des Solidaritätskontinuums, an dem wir universelle Solidarität über alle nationalstaatlichen Grenzen hinweg und aktives Engagement in der Versorgung und Unterstützung Geflüchteter fanden. Vordergründig sehr ähnlich, ergab jedoch eine nähere Analyse eine durchaus gegensätzliche Solidaritätskonfiguration, so dass wir aus dieser Gruppe zwei recht unterschiedliche Solidaritätstypen bildeten. Auf der einen Seite findet sich eine kämpferische Gruppe, die sich mit den Geflüchteten als Teil einer entrechteten globalen Klasse begreift, die im Kampf für eine bessere Gesellschaft zusammenstehen muss.[2] Diesen Typ haben wir „Füreinander einstehen" (Typ 1) genannt. Auf der anderen Seite gibt es eine altruistische Solidarität der privilegierten Bildungsklasse, die zwar eine Verantwortung für andere spürt, die weniger privilegiert sind, Ungleichheit in der Gesellschaft an sich allerdings wenig in Frage stellt (Typ 2 „Sich für andere einsetzen").

Den Sommer 2015 erleben unsere Interviewpartner_innen des Typs „ Füreinander einstehen" und des Typs „Sich für andere einsetzen" als Ausnahmesituation und den staatlichen Umgang damit als Versagen, nicht nur national, sondern auch auf europäischer Ebene. Aus dieser Ausnahmesituation und dem staatlichen Versagen werden Konsequenzen für das eigene Handeln abgeleitet. Anderen in Notlagen zu helfen, wird in dieser Situation nicht an den Staat delegiert, sondern die Befragten dieser Typen beziehen die Verantwortung für Hilfe auf sich selbst. Während der Flüchtlingskrise sind alle in irgendeiner Form engagiert. Wobei es große Unterschiede gibt, in welcher Form und in welchem Ausmaß sich die Einzelnen einbringen. Sie reichen von einem umfassenden Engagement, das auch den eigenen Lebensalltag verändert, über kontinuierliches Engagement in Form von Patenschaften für unbegleitete minderjährige Flüchtlinge oder ehrenamtliche Lehrtätigkeit für Flüchtlingskinder bis zu Hilfstätigkeiten am Bahnhof.

Die Solidarität dieser beiden Typen ist bedingungslos, insofern sie an Menschen, die Unterstützung benötigen, keine Bedingungen für Hilfe stellt und keine Gegenleistungen erwartet. Diese Bedingungslosigkeit unterscheidet sie von allen anderen Typen unserer Studie. Vielmehr stellen sie Bedingungen an sich selbst, nämlich in Form eines moralischen Imperativs, der sich aus einer humanistischen Orientierung speist, anderen zu helfen, wenn diese Hilfe brauchen. Eine Befragte bringt das so auf den Punkt: *„Es ist so: Wenn jemand in einer Notsituation steckt, steckt er als Mensch drin, da würde ich jedem helfen."*

Obwohl sich beide Typen in ihren humanistischen Orientierungen auf den ersten Blick scheinbar gleichen, zeigt jedoch ein zweiter Blick auf ihre dahinterliegenden Gerechtigkeitsprinzipien und Begründungszusammenhänge für bedingungslose Unterstützung wesentliche Unterschiede auf.

„Füreinander einstehen" – Gemeinsam für eine gerechtere Gesellschaft

Die Angehörigen des Typs 1 „Füreinander einstehen" sehen in der Gesellschaft eine Spaltung in „oben" und „unten", von Herrschenden und Beherrschten, nicht entlang Nationalität oder Ethnizität. Damit verbunden ist auch ein klares Ziel: es geht um eine bessere und gerechtere Gesellschaft, für die man kämpft und sich einsetzt. Zentral ist dabei, dass man sich als Teil einer Gruppe von Entrechteten und Ausgebeuteten versteht, in der man sich verpflichtet fühlt zu helfen, wenn andere Hilfe brauchen. Je nach Möglichkeiten und Ressourcen setzt man sich für diejenigen ein, die momentan selbst weniger Möglichkeiten haben, für ihre Rechte zu kämpfen. Die Egalität zwischen den Mitgliedern dieser Solidargemeinschaft der Entrechteten basiert darauf, dass man sich als Teil einer Gruppe begreift, die in der gesellschaftlichen Teilung von oben und unten eindeutig auf der nicht-privilegierten Seite steht. Diese Zuordnung hat einerseits mit eigenen Erfahrungen von Unsicherheit, Prekarität und sozialem Abstieg zu tun, anderseits ist sie aber auch durch eine politische Sozialisation beeinflusst, welche die Personen für soziale Ungleichheiten und Benachteiligungen sensibilisiert hat.

Wichtig ist, dass der Kampf und die Hilfe für andere stets als etwas gesehen werden, das mit der Gemeinschaft insgesamt verwoben und auch im Interesse aller ist. Ob und in welchem Ausmaß die Interviewpartner_innen dieses Typs selbst davon betroffen sind, ist nicht von Belang, sondern dass diese Interessen bzw. Anliegen geteilt werden. Einer der Befragten bringt diese Verflechtung auf den Punkt, wenn er meint, *„wenn jemand anders ungerecht behandelt wird, trifft mich das auch. Weil es mir gutgeht, heißt das nicht, dass mich Ungerechtigkeit nicht trifft. (…). Mich trifft das, wenn der Oberste verdient, was 1.000 Untere verdienen, auch wenn ich nicht zu den Unteren gehöre. Wenn einer so viel verdient in Relation, das passt einfach nicht."* Ein zweiter Interviewpartner konkretisiert das am Beispiel des Rechts auf Wohnraum. Der Kampf für das Recht auf Wohnraum im Kontext der Ankunft vieler Geflüchteter im Jahr 2015 sei eben nicht ein Kampf für die Interessen einer einzelnen Gruppe, sondern ist eingebettet in einen Kampf für Rechte, von dem alle profitieren, die über keinen Immobilienbesitz verfügen und für die der Wohnungsmarkt nur schwer zugänglich ist.

Neben der gefühlten Verpflichtung, selbst aktiv zu werden, wenn Menschen in Not sind, wird auch staatlichen Institutionen eine Pflicht in der Bekämpfung von Ungleichheiten zugeschrieben. Allerdings gibt es hier eine Diskrepanz zwischen dem, was sich die Befragten wünschen und wie sie die aktuelle Lage in Österreich erleben. Sie verbindet der Eindruck, dass der Staat seinen Aufgaben nicht ausreichend nachkäme und die jüngsten politischen Maßnahmen zu Lasten der Ärmsten gingen.

Zur Illustration ein Fallbeispiel aus dem Typus „Füreinander einstehen"

Christoph Lehner ist 28 Jahre alt und hat Germanistik studiert. Schon als Jugendlicher engagiert er sich in „antifaschistischen Gruppen", die sich mit der nationalsozialistischen Vergangenheit ihrer Region auseinandersetzen. Nach der Matura arbeitet er neben dem Studium zunächst in einer NS-Gedenkstätte und wechselt dann zu einem Bildungsverein, der ihn vor allem wegen des *„stark politische[n] Ansatz[es]"* anspricht. Er gibt dort Nachhilfe für Schüler_innen mit Migrationshintergrund. 2015 hat der Verein sehr viel zu tun. Die Ereignisse haben ihn damals ein *„bissel überrumpelt"*, wie er es beschreibt. Als in den Medien die ersten Berichte über die Situation an der Balkanroute aufgetaucht sind, hat er das Gefühl, es handle sich um eine *„Extremsituation"*. Er beteiligt sich an verschiedensten ehrenamtlichen Aktivitäten von Deutschunterricht bis zu Hilfe für Betroffene in Asylrechtsfragen.

Für Christoph Lehner warf die Ankunft vieler Menschen auf der Flucht allgemeine politische Fragen auf – nach dem „*Recht auf Wohnen*" und dem „*Recht auf Bildung*". Er erlebt die erste Phase als Aufbruch, in der plötzlich die Möglichkeit besteht, auf breiterer gesellschaftlicher Basis Fragen nach „*universellen Rechten*" und der Verteilung von Ressourcen zu diskutieren oder sie gar neu zu denken. Wovon er sich abgrenzt, ist die „*Retterhaltung*" vieler Menschen, die in der Flüchtlingshilfe engagiert waren. Da werde immer ein Unterschied gemacht, zwischen den „*Bedürftigen und Armen*" und einem selbst sowie den Schwachen und den Starken. „*Die Hilfe, die man leistet, die Dinge, für die man sich einsetzt, sind dann immer nur für die anderen, ist aber nie etwas, was einen selbst betrifft.*" Deshalb begegnen die „Helfer_innen" den Betroffenen meist nicht auf „*Augenhöhe*", so Christoph Lehner. Ihm ist es wichtig, das Recht auf Bildung und das Recht auf Wohnraum nicht nur für Geflüchtete zu diskutieren, man müsse begreifen, dass das immer eine Frage ist, „*die mich selbst betrifft und nicht nur jetzt sozusagen den armen Flüchtling*". „*Das [sind] einfach Fragen, die sich jedes Mitglied der Gesellschaft stellen muss, wie man eine Gesellschaft organisiert.*"

Zum Staat hat Christoph Lehner eine eher distanzierte Haltung. „*Also utopisch gesehen, würde ich einmal hoffen, dass man einen Staat irgendwann nicht mehr braucht.*" Aber derzeit hat der Staat eine wichtige Aufgabe zu erfüllen. Er muss für rechtlichen Schutz sorgen und „*dass es den Menschen gut geht*". Diesbezüglich würde er sich durchaus mehr Engagement des Staates wünschen.

Typ „Sich für andere einsetzen" – Hilfe für andere

Gemeinsam ist allen Angehörigen dieses Typs, dass sie aus der eigenen privilegierten sozialen Stellung heraus Hilfe und Unterstützung für „Andere" in der Gesellschaft befürworten, die als benachteiligt erfahren werden. Die Motive für diese Solidarität liegen im Unterschied zum Typ 1 „Füreinander einstehen" nicht in der Vorstellung, Teil einer entrechteten Gruppe zu sein, sondern in einem moralischen Imperativ, der aus der eigenen besseren Lage eine Pflicht zur Hilfe jener ableitet, die in Notlagen sind. Im Zentrum dieses Typs stehen die Verpflichtungen der Gemeinschaft, sowohl des Staates als auch der Einzelnen, „Bedürftige" zu unterstützen.

Ihre Gerechtigkeitsvorstellung folgt einem universellen Bedarfsprinzip ohne ethnische Grenzziehungen oder leistungsbezogene Bedingungen. Die eigenen Vorteile und Privilegien werden mit den Nachteilen anderer in Verbindung gesetzt und als Ungerechtigkeit wahrgenommen. Diese Ungerechtigkeit steht im Widerspruch zu den eigenen Gerechtigkeitsnormen. Gleichzeitig werden Ungerechtigkeit und soziale Ungleichheit kaum miteinander verknüpft. Ungerechtigkeiten werden wahrgenommen, sind auch Anstoß für eigenes Engagement, das gesamte soziale Ungleichheitsgefüge in der Gesellschaft wird allerdings wenig in Frage gestellt.

Dieser Typ nimmt Österreich als *"gut funktionierenden"* Sozialstaat wahr, auch wenn einige noch zu Gunsten der Bedürftigen *"nachschärfen"* möchten. Einigkeit herrscht darüber, dass in Österreich Menschen, die aus verschiedensten Gründen in Not geraten sind, sozialstaatlich geholfen werden muss, um ihnen eine menschenwürdige Existenz zu ermöglichen – unabhängig davon, ob sie zuvor Beiträge in das Sozialsystem einbezahlt haben oder nicht. Die Interviewpartner_innen dieses Typs sehen sich zwar als Teil der Solidargemeinschaft, allerdings in einer anderen Rolle als jene, die der Hilfe bedürfen. Die Gruppe richtet an Menschen, die besser gestellt sind – so wie sie selbst – die Anforderung, ihren Teil beizutragen, dass sozialstaatliche Leistungen für "andere" erbracht werden können. Die Grundlage dafür ist eine "adäquate" Steuerpolitik, in der die Besserverdienenden mehr bezahlen. Daher sind die Befragten in diesem Typ auch bereit, hohe Steuern zu zahlen. Im Gegensatz zum Typ 1 "Füreinander einstehen" sind Helfende und Empfänger_innen der Hilfe nicht gleichwertig, es finden sich vielmehr Schieflagen in dieser Solidaritätskonstruktion. Sie zeigen eine altruistische Solidarität[3] privilegierter Klassen, die nicht davon ausgehen, dass sie in die Lage jener Menschen geraten können, für die sie Hilfe und Unterstützung befürworten oder auch organisieren (Geflüchtete, Obdachlose etc.). Grenzen zu paternalistischen Haltungen verschwimmen manchmal.

Deutlich wird nicht nur die existenzielle Sicherheit dieser Gruppe, sondern auch die soziale Abgeschottenheit ihrer Lebenswelten, wie das Zitat eines Befragten deutlich macht. *"Weil ich zum Glück niemanden kenn, der arbeitslos ist oder langzeit- oder lang krank oder sonst was, das ist einfach ein, ein Bereich, der uns zum Glück alle nicht betrifft, (…) in meinem Bekannten-, Freundes- Familienkreis."* Allerdings war es gerade das Engagement für Flüchtlinge, das diese Abgeschottenheit bei einigen durchbrach. Aus unmittelbarer Nähe konnten sie etwa die konkreten Auswirkungen politischer Maßnahmen beobachten, die den Zugang zu bedarfsorientierten Leistungen für asylberechtigte Familien erschweren.

Zur Illustration ein Fallbeispiel aus dem Typus "Sich für andere einsetzen"

Barbara Pollak ist 45 Jahre alt und arbeitet nach einem Berufswechsel und einer einjährigen Auszeit als Unternehmensberaterin. Im Sommer 2015 ist sie in Auszeit und liest einen Aufruf der Caritas auf Facebook, *"sie brauchen Leute"* in Traiskirchen. Das Aufnahmezentrum verzeichnet zu diesem Zeitpunkt einen neuen Höchststand an Geflüchteten. Sie fährt so oft wie möglich nach Traiskirchen *"Sachspenden sortieren"*. Als die österreichische Regierung im September vor dem Hintergrund der prekären Lage in Ungarn gemeinsam mit Deutschland beschließt, die Grenzen für geflüchtete Menschen zu öffnen, verlagert sich der Tätigkeitsschwerpunkt von Barbara Pollak auf die Bahnhöfe in Wien. Das waren Situationen, *"die ich mir auch nie ausgemalt hätte, dass ich die überhaupt erlebe in meinem Leben"*. Sie hatte das Gefühl, da kämen Leute, *"die sind jetzt da von uns abhängig und die müssen wir retten"*. In dieser ersten Phase ging es vor allem darum, eine Notversorgung zu schaffen, damit niemand auf der Straße schlafen musste. Sie nutzt ihr soziales Netzwerk, um Geflüchtete unterzubringen und stellt auch ihre eigene Wohnung zur Verfügung. Sie empfindet eine starke persönliche Verpflichtung zu helfen und hat auch das Gefühl, gebraucht zu werden. Österreich sieht sie im Vergleich zur Herkunft der Flüchtlinge als *„eine Insel der Seligen": „Wir haben in der Geburtslotterie so was von gewonnen."* Ihr hohes Engagement bringt Barbara Pollak nach einigen Monaten, wie viele andere Helfer_innen auch, an die Grenze ihrer Belastbarkeit. Barbara Pollak zieht sich für einige Wochen zurück. Als weniger Geflüchtete über Ungarn ankommen, entspannt sich im Februar 2016 die Lage in Österreich. Die Helfenden sind nun stärker darauf fokussiert, den Geflüchteten, die in Österreich bleiben wollen, dabei zu helfen, sich im neuen Land zurechtzufinden. Barbara Pollak hat *„einen Kreis von Leuten"*, den sie betreut, in rechtlichen wie alltäglichen Belangen: sie unterstützt in der Schule, bei der Wohnungs- und Arbeitssuche, manchmal hilft sie auch mit Geld aus. Mit manchen entstehen enge Freundschaften.

Das Sozialsystem in Österreich hat in Barbara Pollaks Wahrnehmung im Vergleich zu anderen Ländern ein sehr *„hohes Niveau"*, auch wenn es *„viele Möglichkeiten gäbe, es zu verbessern"*. Sie nimmt ein *„engmaschiges"* soziales Netz wahr. Kürzungen beim Arbeitslosengeld oder in der Mindestsicherung lehnt sie ab. Sie bevorzugt ein *„solidarisches Modell"*. *„Ich find's gut, dass wir hohe Steuern haben. Ich bin jetzt selbst davon betroffen. Ja, jetzt wo ich sehe, wie viel Steuern man zahlt als Selbstständige, da muss ich schon ein bissel schlucken, aber ich sehe halt auch die andere Seite."* Generell findet sie, dass *„die, die viel haben, mehr geben könnten, als sie es tun"*.

Schlussbemerkung

Unsere Untersuchung zeigt nicht nur das naheliegende Ergebnis, dass aufgrund unterschiedlicher Mentalitäten und politischer Orientierungen manche Gruppen für zivilgesellschaftliches Engagement zu gewinnen sind und andere nicht oder dass rechtspopulistische und rechtsextreme Botschaften von den einen aufgegriffen, von den anderen abgelehnt werden. Deutlich wird darüber hinaus auch, dass verschiedene Personen und Gruppen aus ganz unterschiedlichen Gründen und in unterschiedlichen Zusammenhängen für ähnliche Ziele gewonnen werden können. Dargestellt wurde dies anhand der Portraits von zwei Personengruppen, die für universelle Solidarität über alle nationalstaatlichen Grenzen hinweg und für aktives Engagement in der Versorgung und Unterstützung Geflüchteter stehen. Im Typ 1 „Füreinander einstehen" stellt soziale Ungleichheit eine zentrale Perspektive auf die Welt dar und bildet einen Kern der Solidaritätskonfiguration. Bei Typ 2 „Sich für andere einsetzen" ist hingegen ein Bewusstsein über soziale Ungleichheitslagen innerhalb von Österreich nur marginal vorhanden. Während sich angesichts der sogenannten Flüchtlingskrise Empörung über das Ungleichgewicht zwischen Privilegierten und Nicht-Privilegierten entzündet, scheinen den Angehörigen von Typ 2 hingegen die Gegensätze zwischen Arm und Reich und das Leid bedürftiger Menschen in Österreich nicht so bewusst zu sein. Darum soll sich der Staat kümmern, der das bislang ohnehin gut macht. Kritik und emotionale Aufregung, die bei Erzählungen im Umgang mit Geflüchteten zu spüren ist, fehlt aber, wenn es um verfestigte soziale Randlagen in Österreich geht. Sie sind in ihren sozialen Kreisen nicht mit Armut und Existenzbedrohung konfrontiert, weshalb es einer Ausnahmesituation bedurfte, um etwas über solche Wirklichkeiten zu erfahren.

Weiterführende Literatur

Altreiter, Carina u. a.: Umkämpfte Solidaritäten. Spaltungslinien in der Gegenwartsgesellschaft, Wien 2019.

Bayertz, Kurt: Begriff und Problem der Solidarität, in: Kurt Bayertz (Hg.): Solidarität: Begriff und Problem, Frankfurt a. M. 1998, S. 11–53.

Bierhoff, Hans-Werner: Prosocial Behaviour, New York 2002.

Scholz, Sally J.: Political Solidarity, Pennsylvania 2008.

Anmerkungen

1 Zum Vergleich: Im Jahr 2013 waren es 17.503 Asylanträge und im Jahr 2014 28.064 Asylanträge, die in Österreich gestellt wurden. Vgl. Asylstatistik 2015 des Bundesministeriums für Inneres: https://www.bmi.gv.at/301/Statistiken/files/Jahresstatistiken/Asyl_Jahresstatistik_2015.pdf.

2 Dieser Solidaritätstypus zeigt Ähnlichkeit mit Formen von Solidarität, die in der Literatur als „Kampfsolidarität" (Kurt Bayertz: Begriff und Problem der Solidarität, in: Kurt Bayertz (Hg.): Solidarität: Begriff und Problem, Frankfurt a. M. 1998, S. 11–53, hier S. 49) oder „politische Solidarität" (Sally J. Scholz: Political Solidarity, Pennsylvania 2008) bezeichnet werden. Zentrales Charakteristikum dieser Solidarform ist das aktive solidarische Handeln in Form von politischem Engagement, um die Rechte der Gruppe zu verteidigen bzw. durchzusetzen.

3 Wir haben diesen Typus auch altruistische Solidarität genannt, weil die Nähe zu Wohltätigkeit nicht von der Hand zu weisen ist, auch wenn einige der Befragten gerade im Kontext der Flüchtlingsbewegung politische Veränderungen durchmachen, die sie näher an den Typ 1 rücken lassen.

Jörg Flecker

Leistung muss sich lohnen. Spaltungslinien entlang der Haltungen zum Sozialstaat

Im Sozialstaat ist die Solidarität der Bürgerinnen und Bürger institutionalisiert. Damit ist gemeint, dass wir über den Umweg der sozialstaatlichen Einrichtungen und der durch diese garantierten sozialen Rechte der Bürger_innen füreinander einstehen, einander unterstützen, falls jemand in eine Notlage gerät oder besonderen Bedarf hat. Unsere Untersuchung „Solidarität in Zeiten der Krise" zeigt generell eine große Zustimmung zum Sozialstaat. Niemand scheint grundsätzlich daran rütteln zu wollen. Aber – und das ist ein großes Aber – die Unterschiede in den Haltungen zum Sozialstaat sind trotzdem enorm. So fordern die einen Leistung in Form von Erwerbsarbeit in diesem Land, um sich Ansprüche an Sozialleistungen zu erwerben. Andere betonen stärker den Bedarf an Unterstützung, ohne Bedürftige danach zu beurteilen, ob sie jemals einen eigenen Beitrag geleistet haben. Wieder andere wollen sozialstaatliche Unterstützung an die Staatsbürgerschaft oder den Status als sogenannte Inländer_innen gebunden wissen.

Bei der Beurteilung sozialstaatlicher Absicherung haben wir es also mit unterschiedlichen Gerechtigkeitsprinzipien zu tun: dem Leistungs- oder Äquivalenzprinzip, dem Bedarfsprinzip und dem Statusprinzip, die in den Haltungen zum Sozialstaat in Verbindung miteinander angewendet werden können. Zusätzlich spielt das Gleichheitsprinzip eine Rolle, das zur Begründung sowohl von Gleichbehandlung als auch von Umverteilung herangezogen werden kann. Diese verschiedenen Prinzipien werden insbesondere in den gesellschaftspolitischen Auseinandersetzungen angerufen, die den Sozialstaat von Anfang an begleitet haben. Wir müssen uns die sozialstaatliche Absicherung daher als Ergebnis von Auseinandersetzungen, ja mehr noch, als ständig umkämpft vorstellen. Die folgenden Forschungsergebnisse lassen sich also als Vielfalt von Sichtweisen und zugleich als unterschiedliche Standpunkte in einer Auseinandersetzung lesen.

Jonas Müller wie auch die anderen Befragten, die wir dem Typ 1, der Solidarität des „Füreinander-Einstehens", zuordneten, spricht sich für einen großzügigen Sozialstaat aus und stellt keine Bedingungen an die Mitgliedschaft in dieser Solidargemeinschaft. Er und die weiteren Befragten des Typs 1 streichen das Bedarfsprinzip hervor, wonach sich die Versorgung am Bedarf der Person und nicht nach ihrem Beitrag zu den Sozialkassen richten soll. Es sollen also keine Voraussetzungen für den Bezug von Sozialleistungen gelten. Interessant ist, dass unter unseren Gesprächspartner_innen sowohl Menschen in prekären Lebenssituationen als auch Gutsituierte einen großzügigen Sozialstaat verlangen, der keine Bedingungen stellt – die einen aus eigener Betroffenheit und aus Solidarität mit anderen in ähnlicher Lebenslage, die anderen, weil sie aufgrund ihrer privilegierten Lage eine Verpflichtung dazu spüren, andere zu unterstützen. Letztere haben wir dem Typ 2 der „altruistischen Solidarität" zugeordnet. Sie selbst bedürfen keiner Unterstützung und werden vermutlich nie in eine solche Situation kommen. Sie fordern aber, dass allen in Not Geratenen durch sozialstaatliche Unterstützung eine menschenwürdige Existenz ermöglicht wird. Sie orientieren sich dabei am Bedarf und nicht an bisherigen Leistungen und möchten die Menschenwürde garantiert sehen. Die Menschenwürde sei, so ein befragter Arzt, auch im Fall der Gewährung von Sozialleistungen dann nicht gesichert, wenn diese Unterstützung wie ein „*Gnadenbrot zugeworfen*" würde. Für ihn wäre mit einem Grundeinkommen die Funktion der Sicherung einer menschenwürdigen Existenz besser erfüllt.

Erwerbsarbeit als Bedingung

Beide Typen, den des „Füreinander-Einstehens" und der „altruistischen Solidarität", ordneten wir dem einen Ende einer großen Bandbreite, eines Kontinuums von Solidaritätsvorstellungen zu, wie sie in der Einleitung kurz skizziert wurden. An diesem Pol ist die Bereitschaft zu teilen groß und es werden wenige Bedingungen an die Einbeziehung in die Solidargemeinschaft gestellt, wie auch der Beitrag von Ulrike Papouschek im Hinblick auf die Aufnahmebereitschaft von Geflüchteten gezeigt hat. Schauen wir uns nun die Solidaritätsvorstellungen in der Mitte des Kontinuums, im Bereich zwischen den Polen an. Dort herrscht die Ansicht vor, dass es ohne Beitrag keine Ansprüche an den Sozialstaat geben kann. Sofern man gesundheitlich dazu in der Lage ist, hat man durch eigene Leistung etwas beizutragen; und die Leistung hat in Form von Erwerbsarbeit zu erfolgen. Bei diesen Befragten steht somit das Leistungsprinzip im Vordergrund, nach dem die Bedingungen für die Zugehörigkeit zur Solidargemeinschaft und für die Ansprüche an den Sozialstaat formuliert werden.

Doch auch dabei gibt es Variation: Die Befragten des Typs 4, „Leistung muss belohnt werden", verlangen vor allem Fairness für diejenigen, die in der Gesellschaft die Arbeit leisten: Ungerechtigkeit sehen sie sowohl im Vergleich zu den Privilegierten und Besitzenden, also im Klassenverhältnis, als auch innerhalb der Klasse, nämlich im Verhältnis zu denjenigen, die vom Sozialstaat unterstützt werden und aus ihrer Sicht daher nicht arbeiten müssen. Wobei die Befragten bisweilen ein Verständnis für die Verweigerung von Erwerbsarbeit zeigen, nämlich für den Fall, dass Arbeitsbedingungen und Einkommen ganz und gar unangemessen sind. Dann erscheint es ihnen als berechtigt, vom Sozialstaat zu leben. Angesichts zu niedriger Löhne sehen manche nichts Verwerfliches darin, würde man versuchen, sich mit einer Unterstützung durch den Sozialstaat durch das Leben zu schlagen: „*Im Prinzip, ich meine, wie viele Berufe gibt es, wo der Kollektivvertrag ansetzt mit 1.000 Euro, 1.100 Euro? Ich meine, da überlege ich auch nicht... Da versuche ich dann auch, irgendwie ein Burn-out oder irgendwas anderes zu erfinden, als dass ich da für 1.000 Euro. (…) Das macht ja keinen Sinn. Es muss ja schon Sinn machen, nicht, sonst tut es ja keiner."* Erwerbsarbeit zu vermeiden, erscheint aber nur in Ausnahmesituationen als berechtigt. Generell gilt die Forderung nach einer Arbeitsleistung als Voraussetzung für den Anspruch auf Sozialleistungen, also für die Mitgliedschaft in der Solidargemeinschaft.

Anders sehen das diejenigen, denen es weniger um einen fairen Beitrag aller geht, damit der Sozialstaat aufrechterhalten werden kann. Und damit sind wir bei der Variation innerhalb der Gruppe, die das Leistungsprinzip hochhält. Ihnen geht es vielmehr um die Unterordnung aller unter vorherrschende Werte und Normen. Den Typ 5 haben wir entsprechend „Die moralische Ordnung aufrechterhalten" genannt. Erwerbsarbeit ist aus dieser Sicht eine moralische Verpflichtung; bei manchen ist nicht nur die Bereitschaft zur Erwerbsarbeit, sondern sogar, ob man eine Erwerbsarbeit hat, eine Frage des Anstands – während beides beim Typ „Leistung muss belohnt werden" eine Frage der Fairness ist.

Die Befragten des Typs 5 „Die moralische Ordnung aufrechterhalten" sind der Meinung, dass alle, die arbeiten wollen und gesund sind, auch eine Arbeitsstelle bekommen könnten, wenn sie nicht zu faul wären – oder zu stolz für manche Tätigkeiten. Sie bewerten Erwerbslosigkeit damit nicht ohne Emotionen als moralisch verwerflich. Die Solidarität der fleißig Arbeitenden verlangt von allen Mitgliedern aber auch neuen Anwärter_innen auf Mitgliedschaft in der Solidargemeinschaft Beiträge in Form von Erwerbsarbeit. Die bekannten Erzählungen über angebliche Sozialschmarotzer oder *„Durchschummler"* kommen bisweilen auch in den Interviews vor: *„Es gibt viele, was man auch hört, die das System halt ausnutzen"*, scheint eine verbreitete Meinung zu sein. Natürlich müsse jeder, so ein anderer Befragter, *„ein Dach über den Kopf haben"* und niemand solle *„Hunger leiden"*, aber *„ich finde es einfach ein unfaires System, dass ich mich auf die faule Haut legen kann, wenn ich mit wenig zufrieden bin, und es wird mir nie was passieren"*. Das gehe nicht, meint er, *„da gehörten härtere Regulative her"*. Er beobachte auch, dass *„bei vielen Menschen ein relativ großer Wurschtigkeitsgrad da ist. ‚Ist mir eh wurscht, ich gehe eh stempeln'."* Erwerbsarbeitslose gelten denjenigen, denen es um die moralische Ordnung geht, häufig als *„unwillig"* und *„faul"*. Gegen diese richtet sich ihre autoritäre Aggression. Damit ist gemeint, dass Menschen emotional auf vermeintliche Regelverletzungen reagieren und die Bestrafung jeglichen Abweichens einfordern.

Aber läuft es nicht letztlich bei beiden eben genannten Typen auf strenge Bedingungen für Erwerbsarbeitslose hinaus? Ist die Unterscheidung daher nur von akademischem Interesse? Sie ist auch praktisch keineswegs unerheblich, denn die unterschiedlichen Motive haben politische Konsequenzen, wenn es bei den einen stärker um das Verhältnis von Geben und Nehmen geht, bei den anderen um rigide Moralvorstellungen. Letztlich orientieren sich die einen daran, wie so ein Sozialstaat aufrechterhalten werden kann, während die anderen im Gegensatz dazu Sozialabbau befürworten, damit mehr Druck auf Erwerbsarbeitslose ausgeübt wird.

Erwartungen an die Individuen oder auch an die Gemeinschaft?

Ein anderer feiner Unterschied kann ebenfalls gravierende Konsequenzen bei sozialpolitischen Entscheidungen haben: Wo die einen Bedingungen an die Individuen stellen und ausschließlich diese für Beiträge in die Pflicht nehmen, betonen andere zugleich eine Verpflichtung der Gemeinschaft, die Individuen dabei zu unterstützen und sie in die Lage zu versetzen, dass sie die geforderten Bedingungen erfüllen können. Hier handelt es sich um eine ermöglichende leistungsorientierte Solidarität (Typ 3), von uns „Fördern und Fordern" genannt, die nicht von der konkreten Lage von Personen und deren tatsächlichen Möglichkeiten, den geforderten Beitrag zu leisten, absieht. Ein Unternehmer, den wir diesem Typus zugeordnet haben, meint, es wäre wichtig, die Qualifikation von am Arbeitsmarkt „benachteiligten Menschen" durch Bildungsinvestitionen zu erhöhen, um sie „fit" für den Arbeitsmarkt zu machen. *„Das heißt, mein Ziel wäre, egal ob das jetzt Migranten oder sozial benachteiligte Menschen sind, sie zu ermächtigen, ihnen Selbstvertrauen zu geben durch Bildung, durch Zuwendung zu sagen: ‚Komm dir nicht wie ein Würstel vor. Ich sehe dich nicht so. Ich sehe dein Potenzial. Mach deine – keine Ahnung – Firma auf. (…) Und wenn du es nicht kannst, wir versuchen, dich zu unterstützen."* In die gleiche Richtung zielen die Äußerungen einer Anwältin. *„Ich glaube, dass es auch hier eine viel engmaschigere Betreuung geben müsste, also da wär' ich fast dafür, mehr in die Institutionen zu investieren und zu sagen, wir (…) schauen, dass es eine bessere Betreuung gibt und Ausbildung und dass sich auch, ich glaub schon, dass es Leute gibt, die einfach überfordert damit sind, einen Job zu finden."*

Aus einer anderen Perspektive wird zwar ebenfalls die Forderung nach Unterstützung für diejenigen am Rand der Gesellschaft erhoben, aber um zu argumentieren, dass die aus anderen Ländern Geflüchteten zu viel bekämen. So setze der Staat nach Ansicht von Befragten, die wir dem Typ 6, „Mehr für die Unsrigen tun", zugeordnet haben, momentan nur „Alibi-Handlungen" für die Benachteiligten im Land. Die Leute würden vielleicht kurzfristig mit Geld versorgt, dann sollen sie aber schauen, wie sie alleine zurechtkommen. *„Du kriegst jetzt Sozialhilfe und gib Ruhe."* Stattdessen müsste man Menschen in der Sozialhilfe an „der Hand" nehmen, wie eine Befragte des Typs 6 meint. *„Man muss ihnen eine Aufgabe geben, aber eine, mit der sie auch was anfangen können."* Der Staat hätte auch dafür zu sorgen, Angebote zu schaffen, damit sich alle an der Gemeinschaft beteiligen und einen „Beitrag" leisten können, wenn jemand „jetzt nicht die Intelligenz hat", muss es trotzdem einen Platz geben, *„es kann einfach nicht sein, dass es nur Positionen gibt für irgendwelche Studierten"*.

Diese fehlende staatliche Hilfe für Menschen am „Rand" der Gesellschaft ruft Ungerechtigkeitsgefühle hervor, vor allem dann, wenn der Eindruck entsteht, dass es ja eigentlich Möglichkeiten für Unterstützung gäbe. *„Seitdem die Flüchtlinge da sind, weiß man ja, was es alles gibt, was für Supports und Unterstützung auf einmal von einem Tag auf den anderen da waren."* Kritisiert wird darüber hinaus auch, dass Flüchtlinge im Verhältnis zu anderen bedürftigen Gruppen mehr Unterstützung bekämen: *„Meines Erachtens kriegen die zu viel bezahlt. (…) Ein Pensionist, der kriegt ein Taschengeld, warum kriegen die mehr? Die Miete ist bezahlt, das Essen* *ist bezahlt, die Unterhaltung ist bezahlt, das Telefon ist bezahlt. Es reicht ein Taschengeld. Ich meine, es kann nicht sein, dass denen mehr bleibt als unsereins."*

Sehr häufig wird – auch in unseren Interviews – über „die" Arbeitslosen gesprochen, die als die Anderen gesehen werden. Doch wie nehmen die von Erwerbslosigkeit Betroffenen ihre Situation und die gleichzeitige Stigmatisierung wahr? Unter den von uns Befragten befanden sich einige mit eigenen Erfahrungen der Erwerbslosigkeit. Wir wollen zwei von ihnen, die wir dem Typ 1 „Füreinander einstehen" zugeordnet haben, zu Wort kommen lassen. Sarah Eder gehört zu ihnen und argumentiert vor diesem Hintergrund: Sie möchte eine Erwerbsarbeit ausüben und ihren Beitrag leisten, doch gibt man ihr nicht die Chance dazu. Am AMS wurde sie nur *„herumgeschoben"*, nur damit sie *„aus den Zahlen verschwindet"*. Johanna Dörfler fügt hinzu, dass sie als Erwerbstätige und zusätzlich als Mutter von drei Kindern viel geleistet habe und mehr Respekt verdiene, als sie das als derzeit Erwerbslose vom AMS und von der Gesellschaft bekomme. Beide fühlen sich stigmatisiert, wenn von Erwerbslosen als *„Durchschummlern"* und *„Sozialschmarotzern"* die Rede ist. Angesichts ihrer bisherigen Leistungen in der Erwerbsarbeit und in der unbezahlten Arbeit zu Hause sind das für sie unerträgliche Unterstellungen. Sie nehmen sie als Missachtung wahr, die zu den bitteren Erfahrungen bei der Arbeitssuche noch hinzukommen, wo ihnen nämlich signalisiert wird, trotz guter Qualifikation nicht gebraucht zu werden.

Extreme Haltungen an den Polen

Aus der Sicht von Frau Eder und Frau Dörfler am anderen Ende des Solidaritätskontinuums finden wir Personen, deren Solidarität nicht sehr weit reicht. Es ist eine relativ eng definierte Eigengruppe, für die man sozialstaatliche Leistungen reserviert sehen will. Die Befragten des Typs 6 („Mehr für die Unsrigen tun") sehen sich als Österreicher_innen und ziehen eine klare Grenze zwischen den Einheimischen und den Anderen. *„Das, find ich halt, ist eigentlich schon traurig in Österreich, dass solchen Leuten [Anm.: Geflüchteten] so extrem geholfen wird, obwohl sie noch nie was getan haben. (…) Und dass den eigenen Leuten nicht geholfen wird, ist ein wenig traurig"*, meinte Tobias Heller, ein selbstständiger KFZ-Mechaniker. Es herrscht bei diesem Typ die Vorstellung vor, dass mehr Hilfe für „die Anderen" weniger Geld für „uns" bedeutet. Jahre der Kürzungspolitik dürften diese Haltung des Wohlfahrtschauvinismus, also die Haltung: „Die Österreicher zuerst", verstärkt haben. Beim Typ 6 bleibt relativ offen, wer denn „die Österreicher_innen" sind. Die Unterscheidung zu anderen wird im Anlassfall, etwa bei verstärkter Fluchtmigration, mobilisiert. Anders bei Typ 7, „Unter uns bleiben", bei dem sich eine durchgängige kulturrassistische Abwertung von Menschen bestimmter anderer geografischer Herkunft zeigt. Sie werden, vor allem wenn es sich um Personen aus der Türkei oder aus arabischen Ländern handelt, pauschal als ungleichwertig wahrgenommen. Doch im Hinblick auf die Solidargemeinschaft des Sozialstaates argumentieren die Befragten des Typs 7 nicht nur rassistisch. Darüber hinaus ziehen sie Grenzen zu anderen nach Klassenlagen. Sie rechnen sich der oberen Mitte der Gesellschaft zu, sprechen von ihnen selbst und von ihresgleichen als „Leistungsträger" und möchten den Sozialstaat für diese Eigengruppe reserviert sehen. In sozialdarwinistischer Manier lehnen sie jede Umverteilung ab.

Insgesamt stehen einander an den beiden Polen des Solidaritätskontinuums die Haltungen zum Sozialstaat und im Besonderen zur Frage der Absicherung in der Erwerbslosigkeit unvereinbar gegenüber: An einem Ende wird ein völlig offener Zugang zu den Leistungen des Sozialstaats gewünscht, am anderen Ende sollen nur „Einheimische" von ihm profitieren. Teils mit Autoritarismus unterlegt und entsprechend emotional fordern die einen unbedingte Unterwerfung unter den Leistungszwang, während die anderen einen Anspruch auf ein ausreichendes Einkommen für ein menschenwürdiges Leben durch Erwerbsarbeit, aber auch ohne Erwerbsarbeit erheben. Interessanterweise gleichen einander die Bilder und die Emotionen, ob es nun um Erwerbslose und insbesondere Langzeiterwerbslose oder um geflüchtete Menschen geht. Das ist aus zumindest zwei Gründen der Fall: Erstens werden von den gegensätzlichen Haltungen jeweils andere Gerechtigkeitsprinzipien in den Vordergrund gestellt. Die eine Position beruht vor allem auf dem teils übersteigerten Leistungsprinzip: „Wer nicht arbeitet, soll auch nicht essen", bezieht das aber nur auf die Benachteiligten und Bedürftigen und nicht auf die Reichen. Die andere Position betont dagegen das Bedarfsprinzip, wonach die Verteilung nach dem individuellen Bedarf bzw. nach Bedürftigkeit vorgenommen werden soll. Zweitens stehen einander unterschiedliche Vorstellungen von Zugehörigkeit gegenüber. Während die einen sowohl Langzeitarbeitslose und Menschen in ähnlich benachteiligten Lagen als auch neu angekommene Fluchtmigrant_innen als nicht dazugehörig wahrnehmen, pochen die anderen auf die Inklusion beider Gruppen, weil sie ganz andere Vorstellungen des „Wir" aktualisieren – zum Beispiel das „Wir" aller Menschen mit ihren Sorgen und Nöten oder das „Wir" der Benachteiligten und Ausgebeuteten egal welcher geografischen Herkunft. Drittens stehen einander bei beiden Themen, also bei der Erwerbslosigkeit und der Fluchtmigration, die stärker Autoritären und die weniger oder nicht Autoritären gegenüber. Autoritarismus umfasst vor allem eine rigide Vertretung der vorherrschenden Werte und Normen, eine Unterwürfigkeit unter Autoritäten der Eigengruppe und Aggression gegenüber denjenigen, die Werte verletzen, am Rande der Gesellschaft stehen und als schwach wahrgenommen werden.[1] Gesellschaftspolitisch ist höchst bedeutsam, inwiefern Personen aus der eher ambivalenten Mitte von Positionen an den Polen angesprochen und zu den dort vertretenen Haltungen hingezogen werden können. Nicht weniger wichtig erscheint uns, wer sich in der Auseinandersetzung über die Grundlagen und Bedingungen der Zugehörigkeit zur Solidargemeinschaft des Sozialstaates durchsetzt. In dieser Hinsicht ist offensichtlich viel im Angebot: Vom Universalismus, der das Menschsein als ausreichende Voraussetzung für sozialstaatliche Unterstützung sieht, bis zum Kulturrassismus, der den abgewerteten Anderen sogar die Fähigkeit abspricht, etwas zur Gemeinschaft beitragen zu können. Und vor allem zwischen diesen Polen gibt es vielfältige Möglichkeiten der Verbindung von Zugehörigkeitsvorstellungen und Gerechtigkeitsprinzipien, die in der gesellschaftspolitischen Auseinandersetzung über den Sozialstaat mobilisiert werden können.

Weiterführende Literatur

Jörg Flecker/Sabine Kirschenhofer: Die populistische Lücke. Umbrüche in der Arbeitswelt und Aufstieg des Rechtspopulismus am Beispiel Österreichs. Baden-Baden 2006.

Anmerkung

1   Theodor W. Adorno: Studien zum autoritären Charakter, Frankfurt a. M. ⁹1999.

Carina Altreiter

Umkämpfte Spaltungslinien.
Auseinandersetzungen um Leistung,
Kultur und Klasse

Die zunehmende Spaltung oder Polarisierung unserer Gesellschaft scheint eine anhaltende Zeitdiagnose zu sein. Folgt man den Nachrichtensendungen und Zeitungsbeiträgen der letzten Jahre, kann nicht ganz zu Unrecht der Eindruck entstehen, dass es um den sozialen Zusammenhalt nicht nur in Österreich, sondern auch in anderen Ländern, schlecht bestellt ist. Das Brexit-Referendum in Großbritannien 2016 spaltete das Land in „remainers" und „leavers", die US-Präsidentschaftswahl von Donald Trump im selben Jahr ließ Kommentator_innen ebenfalls von einer Polarisierung der Gesellschaft sprechen. Und selbst der Präsidentschaftswahlkampf zwischen dem grünen Kandidaten Alexander Van der Bellen und dem Kandidaten der Freiheitlichen Partei, Norbert Hofer, in Österreich – der auch in diesen Zeitraum fiel – hinterließ eine gespaltene Nation, deren Risse mitunter quer durch Familien liefen. Das Bild einer gespaltenen Gesellschaft scheint insbesondere durch die Wahlforschung und politische Analysen befeuert zu werden. Dieses Bild legt nahe, dass es in der Gesellschaft zwei sich antagonistisch gegenüberstehende Lager gäbe. Die Ausgrenzenden gegen die Solidarischen, die Armen gegen die Reichen, das politisch rechte gegen das politisch linke Lager, die ländliche Bevölkerung mit traditionellen Werten gegen die kosmopolitische Bildungselite der urbanen Zentren – das sind einige der damit vermittelten Gegensätze.

Grenzziehungen und Abgrenzungen zwischen verschiedenen Gruppen sind in jeder Gesellschaft präsent. Die Zugehörigkeit und Identifikation mit einer Gruppe geht gleichzeitig mit einer Ausgrenzung gegenüber anderen einher. Das reicht von Fanklubs rivalisierender Sportvereine über jugendkulturelle Subgruppen bis hin zu verschiedenen sozialen Klassenfraktionen. Von Spaltungen ist sinnvollerweise erst dann zu sprechen, wenn es zu einer Vertiefung der Kluften zwischen Gruppen kommt und eine wachsende soziale Distanz eine gemeinsame Gesprächsgrundlage unterbindet und auch mit einer Abwertung und Ablehnung der Anderen einhergeht, die sich bis zu einer feindlichen Haltung steigern kann. Diese Spaltungen haben eine „soziale" und eine „symbolische" Komponente. Einerseits geht es um unterschiedliche Zugangsmöglichkeiten verschiedener sozialer Gruppen zu materiellen und immateriellen Ressourcen und Chancen. Andererseits konkurrieren verschiedene Gruppen um Bewertungen, Deutungen und Zuschreibungen.[1] Die Bewertungen von Praktiken, Geschmäcker und Werthaltungen anderer Gesellschaftsmitglieder dienen ebenfalls als Grundlage, um Zugänge oder soziale Schließung zu legitimieren.

Spaltungslinien entlang von Leistung, Kultur und Klasse

Die Ergebnisse der Studie zeigen, dass wir auch in Österreich durchaus von Spaltungen sprechen können, die allerdings komplexer und weniger polar sind als häufig angenommen. Wir haben es mit vielfältigen Spaltungslinien zu tun, entlang derer Menschen Ausschlüsse und Einschlüsse vornehmen. In unserer Studie haben sich insbesondere drei Spaltungslinien als zentral erwiesen.[2]

Erstens eine meritokratische Spaltungslinie, bei der es darum geht, ob und welche Formen von Leistungen von Mitgliedern der sozialstaatlichen Solidargemeinschaft und Anwärter_innen für eine Aufnahme in diese Gemeinschaft erwartet werden. Das Leistung eine so bedeutsame Rolle spielt, hat auch damit zu tun, dass im österreichischen Wohlfahrtsstaat Anspruchsberechtigung und die Höhe der meisten staatlichen Transferleistungen an die Erwerbsarbeit gebunden sind. Es wird – wie auch der Beitrag von Jörg Flecker gezeigt hat – verhandelt, welche sozialen Gruppen unter welchen Bedingungen Unterstützungsansprüche stellen können. Auch wenn wir in den Interviews eine sehr breite Zustimmung zum Sozialstaat gefunden haben, so ist die konkrete Ausgestaltung doch sehr verschieden. Sie reicht von einem bedingungslosen Grundeinkommen für alle bis hin zu sozialdarwinistischen Haltungen, die eine Umverteilung sozialstaatlicher Leistungen weg von den Benachteiligten hin zu den „Leistungsträger_innen" vorsieht. Dazwischen geht es vor allem darum, durch Erwerbsarbeit einen Beitrag zur Gemeinschaft zu leisten. Dieser Anspruch soll ganz wesentlich durch den Staat durchgesetzt werden, der entweder unterstützend oder strafend dafür mobilisiert werden soll.

Zweitens gibt es eine ethnisch-kulturelle Spaltungslinie, entlang derer definiert wird, wie das Innen und Außen der Solidargemeinschaft bestimmt ist und ob in diesem Zusammenhang Aspekte wie Nationalität oder ethnische Herkunft eine Rolle spielen. Die sogenannte Flüchtlingskrise und ihre Folgen haben die Orientierungen der Menschen herausgefordert und durchaus zu Brüchen in der Gesellschaft geführt. Vielfach wurde auch in den Interviews davon berichtet, dass es kaum mehr möglich ist, vernünftig mit jemanden zu reden, der anderer Meinung ist. Doch auch hier zeichnet die Studie ein differenziertes Bild. Neben den „feinen Unterschieden" in der Gruppe der aktiven Solidarität, wie der Beitrag von Ulrike Papouschek gezeigt hat, gibt es auch unter jenen, die einer Zuwanderung reserviert bis ablehnend gegenüberstehen, Differenzierungen. Neben eindeutig kulturrassistischen Motiven, die Phantasien einer ethnisch homogenen Nation beinhalten, gibt es auch jene, die sich in ihren leistungsbasierten Gerechtigkeitsvorstellungen verletzt fühlen und deren Anliegen es vor allem ist, dass der Abstand zur Eigengruppe gewahrt bleibt. Solange sich die Neuen „hinten anstellen" und ihren Beitrag leisten, gibt es kein Problem.

Drittens konnten wir Spaltungen entlang der sozialen Herkunft oder von Klassen feststellen. Hintergrund dafür bilden der ungleiche Zugang zu Chancen und Ressourcen in einer Gesellschaft und die damit verbundenen Macht- und Ungleichheitsverhältnisse. Das zeigt sich zunächst in den unterschiedlichen Einkommen und Vermögen unter den Befragten und deren privilegierten bzw. weniger privilegierten Lebensweisen. Spaltungen entstehen aber auch durch getrennte Lebenswelten, in denen die Klassen bzw. Milieus eher unter sich bleiben und mit anderen Lebensrealitäten nur wenig in Berührung kommen. Diese Trennung der Lebenswelten kann auf Seiten der Privilegierten mit Abwertungen anderer verbunden sein und auch zu einer Entsolidarisierung beitragen.

Insgesamt überschneiden sich die sichtbar gewordenen Spaltungslinien in der Gesellschaft auf vielfältige Weise und ergeben ein komplexes, nicht leicht lesbares Netz. Die Gegenüberstellung von jenen, welche die Grenzen der Solidargemeinschaft sehr weit ausdehnen und Randgruppen der Gesellschaft, Migrant_innen sowie Geflüchtete einbeziehen, und jenen, die Solidarität von nationaler Zugehörigkeit, von aktiver Erwerbstätigkeit und anderen Eigenschaften abhängig machen, ist jedenfalls zu einfach. Nicht alle, die in ihren Haltungen und Praktiken Solidarität etwa mit geflüchteten Menschen zeigen, sind notwendigerweise auch mit anderen Gruppen solidarisch. Manche zeigen sich sogar recht uninteressiert an der sozialen Ungleichheit im eigenen Land. Und in gewisser Weise ziehen sie aus ihrem Engagement für Geflüchtete einen Distinktionsgewinn. Es ermöglicht ihnen, sich von anderen zu unterscheiden und für moralisch überlegen zu halten. Und auch unter jenen, die den Kreis der Solidargemeinschaft enger ziehen und vielfältige Bedingungen an Solidarität stellen, finden wir unterschiedliche Muster. Während die einen eine stärkere Unterstützung für benachteiligte nationale Randgruppen einfordern, und gegen Unterstützungsleistungen für Zugewanderte sind, fordern andere von allen ein, sich ohne Unterstützung durch den Staat durchs Leben schlagen zu können. Wieder andere grenzen stärker nach dem Leistungsprinzip als nach geografischer Herkunft und ethnischer Zugehörigkeit aus und betonen, dass es egal ist, woher man kommt, solange die Leistung in der Erwerbsarbeit stimmt.

Kämpfe entlang von Spaltungslinien

Diese Spannungen und Gegensätze finden wir nicht nur entlang der Spaltungslinien zwischen den Typen, sondern auch durchaus in den Menschen selbst. Abseits von eher kleineren, politisch gefestigten Lagern an den Rändern des Solidaritätsspektrums sind die Orientierungen der breiten Mitte durchaus ambivalent. Ambivalenz bedeutet, dass es einer Auseinandersetzung bedarf. Soziale Gruppen oder eben einzelne Individuen sind gefordert, sich entlang der Spaltungslinien zu positionieren. Der Ausgang dieser Auseinandersetzungen ist bis zu einem gewissen Grad offen. Sie finden nicht nur im sozialen Nahraum statt – in den Familien, unter Kolleg_innen, am Stammtisch, im Freundeskreis –, sondern auch im politischen Feld, im öffentlichen Diskurs.

Konkret haben wir es mit Kämpfen auf zwei Ebenen zu tun. Erstens geht es um die Verteilung von Ressourcen. Wie soll der Zugang zu sozialstaatlichen Leistungen geregelt sein? Wer darf unter welchen Bedingungen Unterstützung erwarten? Wo liegt das Minimum, das ein Mensch einfordern kann? Was sind wir als Gesellschaft bereit zu teilen und zu verteilen? Zweitens wird auf einer symbolischen Ebene über legitime Deutungen der Gesellschaft gekämpft, die wieder Auswirkungen auf die Verteilung von Ressourcen und Chancen haben. Wer kann Teil einer Solidargemeinschaft sein, wie ist das „wir" einer Gemeinschaft bestimmt? Wie definieren wir „Leistung" für die Solidargemeinschaft? Welche Beiträge erfahren Anerkennung und welche nicht? Welche Arten von Ungleichheit sind gerecht?

Die vorherrschenden politischen Machtverhältnisse sind sicherlich ein zentraler Faktor, die wesentlichen Einfluss darauf haben, wie diese Auseinandersetzungen geführt werden und welche Richtung sie nehmen. Es ist davon auszugehen, dass die konkreten Situationen und aktuellen Rahmungen im öffentlichen Diskurs immer dort zu Verschiebungen in den Solidaritätsorientierungen führen können, wo wir es nicht mit festgefügten und teils extremen Haltungen zu tun haben. Und das betrifft die große Mitte zwischen den Polen des dargestellten Solidaritätskontinuums. Der Aufstieg rechtspopulistischer bis rechtsextremer Parteien und Regierungen in Europa hat dazu beigetragen, dass im politischen Diskurs vor allem die Spaltungslinien der nationalen und ethnischen Zugehörigkeit in den Vordergrund gerückt werden. Spaltungslinien entlang von Klassenunterschieden werden hingegen öffentlich tabuisiert. Das Leid an den Klassenverhältnissen, auch das zeigt die Studie, ist indessen nicht verschwunden. Nach wie vor gibt es Unterschiede zwischen einem gesellschaftlichen „oben" und „unten", wenn es um Zugänge zu Bildungschancen, Einkommen, politischer Beteiligung, Gesundheit usw. geht. Die Arbeitswelt ist ein zentraler Ort, wo diese Unterschiede erfahren werden, wie folgende Interviewausschnitte aus der Studie zeigen: *„Da gibt es auf der einen Seite Menschen, die 40 Stunden arbeiten oder aus einem zerbombten Land kommen und im Elend sitzen. Und dann gibt es den Chef von der Post, der im Jahr mit 800.000,00 Euro heimgeht dafür, dass er die Leute quält, nämlich wirklich quält, weil die haben keine lustigen Arbeitsbedingungen dort. Das kann es nicht sein. Es ist mehr als genug für alle da, aber es scheitert an einem: Die einen kriegen viel zu viel und die anderen kriegen nichts."* Ein junger Produktionsarbeiter meint dazu: *„Ja, ich denke mir einfach, wofür ich eigentlich arbeite. Eigentlich für nichts, für irgendeinen, der viel Geld kriegt, und ich kriege das wenige. Die einen arbeiten, die anderen, wenn es sie nicht freut zu arbeiten, tun sie halt nichts. Das ist halt das System. Wie die Geschäftsführer, denen eigentlich das alles gehört. Ich meine, die tun nicht wirklich viel. Mir kommt vor, da musst du in einer Familie geboren sein, wo der Papa schon Geschäftsführer ist, dann kannst du sein Nachfolger werden. Aber so, glaube ich, hast du nie die Chance, Geschäftsführer zu werden."*

Hinzu kommt, dass es den herrschenden Klassen an Einsichten in die Lebensumstände der Menschen fehlt (oder sie diese nicht wahrnehmen wollen), wie der Beitrag von Ulrike Papouschek am Typ 2 „Sich für andere einsetzen" gezeigt hat. Aus der Sicht der Privilegierten kümmert sich der Sozialstaat ausreichend um die Bedürftigen. Es ist scheinbar alles in Ordnung und für alle gesorgt. Da man nicht in Berührung mit anderen Lebensrealitäten kommt, erfährt dieses Bild in der Regel keine Korrekturen. Man kennt keine Arbeitslosen oder Menschen mit gesundheitlichen Beeinträchtigungen, Programme für Randgruppen nur vom Hören-Sagen.

Insgesamt entsteht dadurch ein Klima, in dem Ungerechtigkeitsgefühle von wenig privilegierten Klassen, die durch die Enttäuschung von legitimen Erwartungen an angemessene Arbeitsverhältnisse, sozialen Status, Lebensstandard, Beteiligung usw. entstehen, keinen öffentlichen Ausdruck mehr finden. Das Leiden an den Klassenverhältnissen hat keinen öffentlichen Ort mehr. Darüber hinaus können ohne entsprechende politische Narrative und Deutungsangebote diese Benachteiligungen nicht im Sinne einer Klassenerfahrung eingeordnet werden.[3] Das führt nicht selten zu einer Entfremdung von der politischen Klasse, wie das nächste Zitat eines jungen Facharbeiters und Landwirts deutlich macht: *„Weil sie für die kleinen Leute dann eigentlich nix übrig haben. Weil sie einfach in einer anderen Welt schon leben. Die wissen gar nicht, was ein Kleiner verdient. Oder wie schwer er es hat, dass er eine Familie ernährt oder dass er ein Haus baut. Ein Facharbeiter verdient eigentlich auch viel zu wenig."* Das Repräsentationsdefizit erzeugt ein politisches Vakuum, das in den letzten Jahrzehnten insbesondere rechtspopulistische Parteien für sich nutzen konnten. Die Adressierung von Problemlagen der arbeitenden Bevölkerung wurde weitgehend den rechtspopulistischen und rechtsextremen Gruppierungen überlassen und damit einer Problemverschiebung Vorschub geleistet. Werden vertikale soziale Ungleichheiten und Interessengegensätze zwischen den Klassen zu wenig thematisiert, werden niedrige Löhne, prekäre Arbeits- und Lebensbedingungen und mangelnde soziale Sicherheit nicht in Zusammenhang mit der Umverteilung von unten nach oben gebracht, so öffnet das Möglichkeiten für Deutungsangebote, die Zugewanderten und Migrant_innen die Schuld an der eigenen benachteiligten Position zuweisen. Statt der Spaltung zwischen einem gesellschaftlichen „oben" und „unten" wird die nationale und völkische Zugehörigkeit gegenüber den „anderen", den „Fremden" in Stellung gebracht.[4]

Diese Befunde machen allerdings auch deutlich, dass es nicht unwesentlich ist, wie die Auseinandersetzungen entlang der verschiedenen Spaltungslinien – Leistung, Kultur, Klasse – in einer Gesellschaft geführt werden. Zwischen den Polen der umfassenden, universellen Solidarität einerseits und ausgrenzenden bis egoistischen Haltungen andererseits liegt ein umkämpftes Feld, dessen Richtung bedeutsam für die weitere Entwicklung der Gesellschaft und den sozialen Zusammenhalt ist. Die durchaus ambivalenten Haltungen bergen Gefahren, von rechtspopulistischen Diskursen eingeholt zu werden. Sie stellen aber auch eine Chance dar, wenn Anknüpfungspunkte für die Unterstützung einer inklusiven, demokratischen Gesellschaft erkannt und ein entsprechendes politisches Angebot gemacht werden.

Solidarität stärken

Die Studie hat auch Anhaltspunkte dafür ergeben, wie inklusiv solidarische Haltungen bei verschiedenen Gruppen gestärkt werden könnten.

Das Leistungsprinzip, das die Verteilung von Gütern und Ressourcen an eine Gegenleistung meist in der Form von Erwerbsarbeit knüpft, ist in unserer Gesellschaft tief verankert und in vielen Bereichen präsent. Es ist trotz seiner problematischen Folgen in weiten Teilen der Bevölkerung als Maßstab für die Verteilung von Ressourcen akzeptiert. Wenn man diesem Prinzip schon nicht gänzlich entkommen kann, so wäre eine Möglichkeit, ihm etwas von seinem ausgrenzenden Charakter zu nehmen, den Leistungsbegriff mit neuer Bedeutung zu füllen. Unsere Studie zeigt, dass es hierfür durchaus Resonanz in der Bevölkerung gibt. Viele Befragte erleben es als Kränkung, wenn die unbezahlte Arbeit, die sie leisten – das ehrenamtliche Engagement im Verein, ihre Leistungen in der Kinderbetreuung oder Pflege von Angehörigen –, nicht anerkannt und gewürdigt wird. Ein differenzierteres Leistungsverständnis würde den „Wert" von Gesellschaftsmitgliedern nicht mehr ausschließlich an ihren Erfolgen im Erwerbsleben messen. Ziel müsste es sein, unterschiedlichste Beiträge anzuerkennen, die Menschen nach Maßgabe ihrer Möglichkeiten zum Wohl der Gemeinschaft leisten können.

Unsere Ergebnisse zeigen allerdings auch, dass es neben dem Leistungsprinzip andere Werthaltungen in der Bevölkerung gibt, die gestärkt werden können. So gibt es einen weitgehenden Konsens darüber, dass alle Menschen, die Hilfe brauchen, Unterstützung beanspruchen können, damit ein menschenwürdiges Leben und Teilhabe an der Gesellschaft gesichert sind. Erkennbar wird hier eine durchaus breite Zustimmung dafür, die Verteilung von Gütern bzw. die Gewährung von Unterstützung auf der Grundlage von individuellen Bedürfnissen zu gewähren – unabhängig von anderen Vorleistungen. Dieses sogenannte „Bedarfsprinzip", wie es zum Beispiel in der Krankenversicherung enthalten ist, ist ein zentrales Grundelement des Sozialstaates, das in der Diskussion aber oft zu kurz kommt.[5] Die Stärkung und Aufwertung des Bedarfsprinzips im politischen Diskurs kann einen Beitrag dazu leisten, dem einseitigen Fokus auf das Leistungsprinzip, das mit seinen Bedingungen viele ausschließt, entgegenzutreten.

Ein weiterer Ansatzpunkt für die Stärkung inklusiver Haltungen liegt in jenen Momenten, wo von einer grundsätzlichen Gleichheit aller Menschen ausgegangen wird. So hielten beispielsweise Befragte der Studie der kulturrassistischen Ausgrenzung und Dämonisierung von Fremden entgegen, dass es überall „gute" und „schlechte" Menschen gäbe. Oder dass eben allen Menschen, die sich in Notlage befinden, geholfen werden muss. Hier geht es um Bedürfnisse oder Eigenschaften, die als grundlegend für alle Menschen der Welt gesehen werden und Menschen in dieser Hinsicht gleichstellen. Michèle Lamont und andere schlagen in diesem Zusammenhang vor, in politischen Debatten genau diese Vorstellungen einer Gleichheit von Menschen zu stärken.[6] Die Autor_innen bezeichnen diese Haltung als „einfachen Universalismus". Dabei geht es um Eigenschaften, von denen die Menschen glauben, dass alle Menschen sie miteinander teilen und die von allen erreicht werden können, weil sie nicht von Ressourcen abhängig sind. Wie eine gemeinsame menschliche „Natur", oder die Bedeutungslosigkeit der Menschen angesichts der Weite des Kosmos, oder auch spirituell inspirierte Universalismen wie die Gleichheit vor Gott.

Diese Gleichheitsperspektive kann ein Gegengewicht zu den aktuellen ethnisch-kulturellen Spaltungslinien darstellen, die momentan den politischen Diskurs beherrschen. Nicht nur die Freiheitliche Partei, zunehmend auch die türkise Volkspartei unter Sebastian Kurz nutzen jede tagespolitische Gelegenheit, um für unterschiedlichste Problemfelder – von der Arbeitslosigkeit bis zu Femiziden – Migrant_innen und Zugewanderte verantwortlich zu machen.[7] Es scheint daher notwendig, im politischen Diskurs wieder verstärkt auf die sozialen Ungleichheitslagen aufmerksam zu machen, die sich entlang von Klassenspaltungslinien auftun. Viele der Befragten sprechen Erfahrungen von Entwertungen und Ungleichbehandlung an, allerdings mangelt es an einer angemessenen politischen Repräsentation dieser Erfahrungen. Hier gäbe es durchaus Bedarf an anderen Narrativen und Deutungsangeboten.

Anmerkungen

1 Michèle Lamont/Virág Molnár: The Study of Boundaries Across the Social Sciences, in: Annual Review of Sociology 28 (2002), S. 167–195.
2 Dies sind sicherlich nicht die einzigen Spaltungslinien in einer Gesellschaft, vielmehr spiegelt sich darin, was zum Zeitpunkt der Interviews für die Befragten von besonderer Bedeutung war und auch wie wir unsere Forschungsperspektive ausgerichtet haben.
3 Klaus Dörre: In der Warteschlange. Arbeiter*innen und die radikale Rechte, Münster 2020.
4 An dieser Stelle ist zu betonen, dass die Hinwendung der Arbeiter_innenklasse zu rechtspopulistischen Parteien nicht alleine verantwortlich ist für deren Aufstieg. Rechtskonservative bis rechtsextreme Orientierungen finden sich in unterschiedlichen sozialen Schichten. Thesen, die den Aufstieg der Rechten vor allem den „Modernierungsverlierer_innen" überantworten, sind empirisch mehrfach widerlegt.
5 Diether Döring u. a.: Gerechtigkeit im Wohlfahrtsstaat, Marburg 1994.
6 Michèle Lamont/Ann Morning/Margarita Mooney: Particular universalisms: North African immigrants respond to French racism, in: Ethnic and Racial Studies 25 (2002), S. 390–414.
7 Zuletzt hat Integrations- und Frauenministerin Susanna Raab von der ÖVP im Zusammenhang mit der dramatischen Anzahl von Femiziden in Österreich versucht, dem Thema Gewaltschutz einen kulturrassistischen Spin zu geben, in dem suggeriert wird, Gewalt an Frauen sei vor allem durch migrantische Communitys verursacht.

Der Große Markt in Brüssel

Krise am Arbeitsmarkt

Horst Schreiber

Einleitung

Eine Explosion der Arbeitslosigkeit und eine Vertiefung der Spaltungen am Arbeitsmarkt stellt *Armin Erger* als gravierende Auswirkungen der Maßnahmen der Bundesregierung in der Gesundheitskrise fest. In seinem Beitrag: „Tiroler Arbeitsmarkt: Die Folgen von Corona" bezeichnet er die Tiroler Tourismuswirtschaft als die am härtesten betroffene Branche. Die unausgewogene Wirtschaftsstruktur Tirols mit ihrem hohen Anteil an Dienstleistungen ist verantwortlich dafür, dass die Krise die Tiroler ArbeitnehmerInnen härter traf als jene anderer Bundesländer. In 18 von 20 Branchen war die Arbeitslosigkeit hierzulande höher, sie stieg um das Doppelte im Vergleich zum österreichischen Durchschnitt.

Der Beschäftigungsrückgang traf Frauen nur geringfügig mehr als Männer. Dies deshalb, weil die massiven Verluste an Arbeitsplätzen in der Beherbergung und Gastronomie durch die Zunahme von Beschäftigungsverhältnissen in der öffentlichen Verwaltung, im Gesundheits- und Sozialwesen sowie im Lebensmittelhandel gelindert wurden. Was Frauen in der Corona-Epidemie weit mehr belastete als Männer, war weniger der Einbruch der Erwerbsarbeit als vielmehr die ungleiche Aufteilung unbezahlter Arbeit im Haushalt zu ihren Lasten.

Wie sich die Corona-Krise auf die ausländischen Arbeitskräfte auswirkte, die rund ein Viertel aller Tiroler ArbeitnehmerInnen stellen und auf wenige Branchen konzentriert sind, beantwortet Armin Erger so: Die ausländische Beschäftigung nahm im Vergleich zur inländischen um das Dreifache ab. Warum? Weil Nicht-ÖsterreicherInnen in ihrer überwältigenden Mehrheit im Beherbergungs- und Gastronomiewesen arbeiten, einem Wirtschaftsabschnitt, der die Krise am stärksten zu spüren bekam. Dort machen sie um die 60 % aller Arbeitskräfte aus. Einen bemerkenswerten Umstand hebt der Beitrag ganz speziell hervor: Die Arbeitslosenstatistik in Tirol sieht besser aus, als sie es in Wirklichkeit ist. Viele ausländische Beschäftigte bleiben in den Arbeitslosenzahlen unsichtbar, weil sie in ihre Herkunftsländer zurückkehren, ohne sich wie die einheimischen Arbeitskräfte beim AMS arbeitslos zu melden. Somit wird abermals deutlich, dass sich Krisen am Arbeitsmarkt besonders negativ auf Nicht-ÖsterreicherInnen auswirken und sie überdurchschnittlich oft in instabilen Arbeitsverhältnissen tätig sind.

Worauf Erger noch hinweist, ist die erhebliche Steigerung von Langzeitarbeitslosigkeit und Langzeitbeschäftigungslosigkeit: „Nun drohen eine Verfestigung der Arbeitslosigkeit und das Abrutschen der Betroffenen in die Armut, wenn nicht effektiv gegengesteuert wird." Diesbezüglich schaut es jedoch trist aus. Vom „Zusammenhalten", das Christoph Walser, der Präsident der Wirtschaftskammer Tirol, am Höhepunkt der Krise noch so sehr betonte, ist jetzt wenig zu spüren. Seine Interessenvertretung und auch die ÖVP im Bund überbieten sich an Vorschlägen, mit denen sie Druck auf Arbeitslose ausüben. Sie trachten danach, das

Arbeitslosengeld und Zumutbarkeitsgrenzen zu senken. In die Praxis umgesetzt, erhöhen solche Maßnahmen Armutsgefährdung und sozialen Ausschluss.

Eine spezielle Gruppe von ArbeitnehmerInnen, überwiegend Frauen, welche die COVID-Maßnahmen extrem hart getroffen haben, sind die 24-Stunden-BetreuerInnen. Obwohl das österreichische Pflegesystem ohne sie zusammenbräche, findet diese Abhängigkeit keinen Niederschlag in der sozialen Realität der Betreuungspersonen. Denn sie sind Scheinselbständige unter dem Druck ihrer KlientInnen und der Vermittlungsagenturen. Die verhängnisvollen Auswirkungen dieser Konstellation schildert *Simona Ďurišová* in ihrem Beitrag: „24-Stunden-BetreuerInnen organisieren sich selbst". Etwa dass die BetreuerInnen im Durchschnitt zwei bis drei Euro pro Stunde verdienen, weder Anspruch auf Mindestlohn, Urlaub, Arbeitslosen- und Krankengeld haben noch auf den 13. und 14. Monatsgehalt oder den Bezug der Mindestsicherung. In Tirol kümmern sich an die 3.000 BetreuerInnen um rund 1.400 Pflegebedürftige. Harald Schweighofer von der Gewerkschaft der Privatangestellten hinterfragt die Scheinselbständigkeit: „Aus unserer Sicht sollen die Betreuungs- und Pflegekräfte über Mobile Dienste wie die Sozialsprengel regulär angestellt werden", auch wenn dies für die öffentliche Hand Mehrkosten verursacht.[1]

Als im Frühjahr 2020 die Corona-Epidemie ausbrach und die Pflege zehntausender Menschen in Gefahr schien, ließ die Bundesregierung Betreuerinnen aus Rumänien und Bulgarien einfliegen oder sie mit eigenen Zugkorridoren herbeischaffen. Dabei hatte die ÖVP/FPÖ-Regierung den 24-Stunden-Betreuerinnen längst Sozialleistungen gekürzt. Die Verminderung der Familienbeihilfe für im Ausland lebende Kinder war eines der zahlreichen ausländerfeindlichen Leuchtturmprojekte der Türkis-Blauen. Bundeskanzler Sebastian Kurz lobte dieses Vorgehen im Interesse privater Unternehmen und der Wirtschaftskammern als einen „Schritt zu mehr Gerechtigkeit". Er behauptete eine Verzerrung im System, wenn der Staat für Kinder in Ländern mit niedrigeren Lebenshaltungskosten gleich viel Familienbeihilfe auszahlt wie für jene, die in Österreich leben.[2] Auch unter der türkis-grünen Bundesregierung besserte sich die Situation nicht, obwohl die EU-Kommission zuvor ein Vertragsverletzungsverfahren gegen Österreich eingeleitet und im Mai 2020 eine Klage beim Europäischen Gerichtshof in Luxemburg eingereicht hatte. Ihrer Meinung nach sollten alle ArbeitnehmerInnen aus dem EU-Ausland angemessen bezahlt und fair behandelt werden. Schließlich tragen diese mit ihren Steuern und Abgaben ebenso zum Sozialsystem bei wie inländische Arbeitskräfte.

Im Sommer 2020 beschloss die türkis-grüne Bundesregierung einen einmalig ausgezahlten Kinderbonus, um die Folgen der COVID-Krise für Familien zu mindern. Zwar sprach sich die Familiensprecherin der Grünen, Barbara Nessler, eindringlich dagegen aus, auch die Bonuszahlung für im Ausland lebende Kinder zu indexieren („absurd und ethisch nicht vertretbar"). Von diesen Kürzungen waren besonders PersonenbetreuerInnen betroffen. Im Parlament stimmte die Grüne Regierungspartei für die Indexierung und gegen den Antrag der Opposition, auf eine Indexierung zu verzichten.[3]

Wer vertritt also nun die Interessen der 24-Stunden-BetreuerInnen? Dafür zuständig wäre die Wirtschaftskammer, in der sie Zwangsmitglieder sind. Doch unter „Zusammenhalten" verstehen Kämmerer wie Christoph Walser in erster Linie ihresgleichen. Die Vermittlungsagenturen der BetreuerInnen sind nämlich ebenso Mitglieder in der Wirtschaftskammer, deren Interessen letztere unvergleichlich durchschlagskräftiger vertreten. Was also tun? Sich selbst organisieren, betont Simona Ďurišová und stellt den Verband IG24 vor, eine Interessenvertretung für alle PersonenbetreuerInnen, gegründet von slowakischen und rumänischen Frauen in der 24-Stunden-Pflege. Auf die wichtigsten Forderungen des Verbandes macht Ďurišová in ihrem Beitrag für das Gaismair-Jahrbuch aufmerksam.

Zur Unterstützung

- Homepage des Verbandes IG24: https://ig24.at/ig24-wer-wir-sind/
- Unterschriften für die Petition von Amnesty International für die Verbesserung der Arbeitsbedingungen der Betreuer*innen unter: https://action.amnesty.at/petition/24-stunden-unverzichtbar

Anmerkungen:

1 Alexandra Plank: 24-h-Betreuung: Gewerkschaft ist für Anstellung nach Kollektiv, in: Tiroler Tageszeitung, 25.7.2021, S. 14.
2 „Schritt zu Gerechtigkeit": Regierung kürzt Familienbeihilfe für Kinder im Ausland": https://www.diepresse.com/5347733/schritt-zu-gerechtigkeit-regierung-kurzt-familienbeihilfe-fur-kinder-im-ausland, 4.1.2018 (Zugriff 20.8.2021).
3 Andreas Bachmann: Gekürzter Kinderbonus für 24-Stunden-BetreuerInnen: „Das ist nicht okay", https://www.moment.at/story/gekuerzter-kinderbonus-fuer-24-stunden-betreuerinnen-das-ist-nicht-okay, 25.8.2020, APA-Meldung: Scharfe Kritik an Indexierung von Corona-Kinderbonus: https://www.vienna.at/scharfe-kritik-an-indexierung-von-corona-kinderbonus/6698849, 6.8.2020; Parlamentskorrespondenz Nr. 769 https://www.parlament.gv.at/PAKT/PR/JAHR_2020/PK0769/#XXVII_NRSITZ_00045, 6.8.2020 (Zugriff 20.8.2021).

Armin Erger

Tiroler Arbeitsmarkt: Die Folgen von Corona

Zwei Mitarbeiter:innen eines Innsbrucker Hotels, beide aus Italien stammend, waren die ersten offiziell gemeldeten Infizierten mit dem neuartigen Corona-Virus SARS-CoV-2 in Österreich.

Es war der 25. Februar 2020 und zu diesem Zeitpunkt war bereits absehbar, dass eine schwerwiegende Gesundheitskrise in Österreich bevorstand. Gleichzeitig war dies der Auslöser für die größte Krise am österreichischen Arbeitsmarkt seit dem Ende des Zweiten Weltkriegs. Die Folgen waren und sind, nun eineinhalb Jahre später, noch immer tiefgreifend. Tirol war den Auswirkungen aufgrund seiner Branchenstruktur mit dem Schwerpunkt auf die Tourismusindustrie besonders stark ausgesetzt.

Dieser Beitrag vollzieht die Entwicklungen seit dem Ausbruch der Corona-Krise mit ihren Folgen für den Tiroler Arbeitsmarkt in groben Zügen nach. Er stellt kurz den bisherigen Krisenverlauf am Arbeitsmarkt dar und greift drei Aspekte heraus: die Situation der Frauen, die der nicht-österreichischen Beschäftigten und die Entwicklung der Langzeitarbeitslosigkeit bzw. der Langzeitbeschäftigungslosigkeit.

Der generelle Verlauf der Corona-Krise am Tiroler Arbeitsmarkt 2020 – 2021: Beschäftigung und Arbeitslosigkeit

Der Beginn: Katastrophe im März 2020

Ab März 2020 machte die Verbreitung des Corona-Virus in Österreich weitreichende Distanzierungs- und Hygienemaßnahmen notwendig. Der Staat griff massiv in bürgerliche und wirtschaftliche Freiheiten ein: Am 10. März führte er Grenzkontrollen zu Italien ein, am 11. März Beschränkungen der Personenzahlen für Veranstaltungen.[1] Besonders einschneidend war der 14. März. An diesem Tag verordneten die Bezirkshauptmannschaften aller Tiroler Bezirke die Schließung sämtlicher Tourismuseinrichtungen: Hotels, Gastronomiebetriebe, Campingplätze, Privatzimmervermietungen und Seilbahnbetriebe mussten ihren Betrieb einstellen.[2]

Ein „normales" Wirtschaften und Arbeiten war unter diesen Umständen nicht mehr möglich. Viele Unternehmen mussten die gewohnten Arbeitsabläufe umstellen und, wo dies möglich war, die technischen und organisatorischen Voraussetzungen für Home Office schaffen. Die Kurzarbeit wurde massiv genutzt, anfangs vor allem von der Industrie, die das Instrument bereits aus der globalen Finanz- und Wirtschaftskrise von 2009 kannte. Dramatische Verwerfungen am

Arbeitsmarkt konnten trotzdem nicht vermieden werden: Im Laufe des März 2020 verlor Tirol mehr als 50.000 Beschäftigungsverhältnisse – fast so viele wie Wien und Niederösterreich zusammen, die zu diesem Zeitpunkt mehr als viermal so viele Beschäftigte hatten. Die Beschäftigung in Tirol nahm im März 2020 um mehr als 11 % im Jahresvergleich ab. Im österreichischen Schnitt lag die Abnahme bei „nur" 5 %. Im selben Zeitraum nahm die Arbeitslosigkeit in Tirol um 181 % bzw. um knapp 28.000 Personen zu. Zum Vergleich: Im Österreich-Schnitt lag der Anstieg der Arbeitslosigkeit bei 51 %. Die Tiroler Arbeitslosenquote verdreifachte sich von 4 % im Februar auf 12 % im März 2020.[3]

Die Tiroler Tourismuswirtschaft und die mit ihr verbundenen Branchen standen im Zentrum der Krise: Rund 70 % des anfänglichen Jobverlustes ging auf das Konto des Wirtschaftsabschnitts Beherbergung und Gastronomie (knapp 35.000 von 50.000 verlorengegangenen Beschäftigungsverhältnissen). Die branchenspezifische Arbeitslosigkeit in Beherbergung und Gastronomie nahm von Februar auf März 2020 um 1.070 % (!) zu. Dabei spielten die nicht-österreichischen Arbeitskräfte in dieser Branche eine wichtige Rolle. Der Beschäftigungsverlust in Tirol im März 2020 hätte, rechnet man Beherbergung und Gastronomie heraus, statt 11 % nur 4 % ausgemacht. Die quantitative Bedeutung dieses Wirtschaftssektors kann also im Tiroler Kontext kaum übertrieben werden.

Die Beschäftigung

Tirol war aufgrund des hohen Anteils der Dienstleistungen stärker von der Krise betroffen als andere Bundesländer. In 12 von 20 Branchen entwickelte sich die Beschäftigung schlechter als im Österreich-Schnitt und in 18 von 20 Branchen stieg die Arbeitslosigkeit stärker an.

Nach den ersten, dramatischen Beschäftigungsverlusten im März 2020 näherte sich die Beschäftigungsentwicklung Tirols im Laufe des Jahres der gesamtösterreichischen an. In den Sommermonaten, in denen das Infektionsgeschehen nachließ und viele der Hygienebestimmungen und Reisebeschränkungen wieder aufgehoben wurden, pendelte sich die Beschäftigung in Tirol zwischen 5 % (Juni 2020) und 1 % (September 2020) unterhalb des Vorjahresniveaus ein. Im Herbst und Winter 2020 erhöhte sich das Infektionsgeschehen und der Tiroler Beschäftigungspfad wich deutlich vom österreichischen ab. Im November 2020 lag die Beschäftigung in Tirol um 4 % unterhalb des Vorjahresstandes (Österreich: –2 %) und im Zeitraum von Dezember 2020 bis Februar 2021 um rund 13 % darunter (Österreich: –3 %). In absoluten Zahlen ausgedrückt waren in Tirol in diesen Monaten um rund 45.000 Menschen weniger beschäftigt als im Jahr zuvor. Setzt man diese Zahlen mit dem Rückgang der Beschäftigung in ganz Österreich in Beziehung, so zeigt sich, dass Tirol in diesen drei Monaten mehr als ein Drittel des gesamten Beschäftigungsverlustes in Österreich ausmachte!

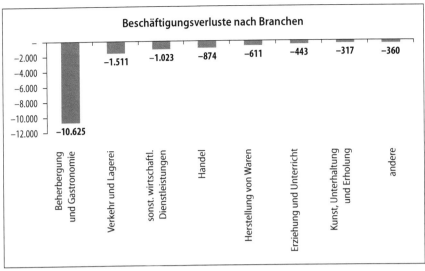

Mit deutlichem Abstand verlor das Tiroler Beherbergungs- und Gastronomiewesen am meisten Beschäftigung im Jahr 2020. Rund 67 % aller Beschäftigungsverluste gingen auf das Konto dieser Branchen. In diesem Zusammenhang sind auch die Jobverluste im Bereich „Verkehr und Lagerei" zu sehen, da darunter die Seilbahnwirtschaft fällt.

Eine gewisse Trendwende in der Beschäftigung zeichnete sich ab März 2021 ab. Die Zahl der Arbeitnehmer:innen in Tirol begann im Vergleich zum Vorjahr zu steigen. Das Vorkrisenniveau der Beschäftigung (bezogen auf 2019) wurde in Tirol wieder im Juni 2021 erreicht.

Im Verlauf der Pandemie zeigte sich der Wirtschaftsabschnitt Beherbergung und Gastronomie, also der Kernbereich des Tiroler Tourismus, am stärksten betroffen: Im Zeitraum von Dezember 2020 bis Februar 2021 ging die Zahl der Arbeitnehmerinnen und Arbeitnehmer um zwei Drittel zurück (im Schnitt um fast 33.000 Personen). Um noch einmal den Vergleich mit dem gesamtösterreichischen Beschäftigungsverlust zu bemühen: Allein der Rückgang an Beschäftigung in der Tiroler Beherbergung und Gastronomie machte während der – ausgefallenen – Wintersaison von Dezember 2020 bis Februar 2021 mehr als ein Viertel (27 %) des Beschäftigungsverlustes von ganz Österreich aus.

In anderen Bereichen des Tiroler Arbeitsmarkts gelang es bei weitem besser, die Erwerbstätigkeit zu stabilisieren. So etwa in der Sachgüterproduktion, also in Industrie und Gewerbe. Diese stellen für Tirol eine wesentliche Stütze stabiler und relativ einkommensstarker Beschäftigung dar. Da in dieser Branche vom Instrument der Kurzarbeit gleich von Anfang an und weit verbreitet Gebrauch gemacht wurde, nahm die Beschäftigung nie um mehr als 2 % gegenüber dem Vorjahr ab. Allerdings wurde bisher (Daten bis inkl. Juni 2021) das Vorkrisenniveau in dieser Branche noch nicht wieder erreicht.

Die Arbeitslosigkeit

Die Arbeitslosigkeit nahm 2020 in Tirol im Vergleich mit dem Jahr 2019 um 77 % zu und die Zahl der arbeitslosen Personen stieg um 12.619 auf 28.928. Die Arbeitslosenquote sprang auf 8,1 % (+3,6 Prozentpunkte). Damit stieg die Tiroler Arbeitslosigkeit 2020 mehr als doppelt so stark an wie im österreichischen Durchschnitt.

Im März 2020 kam es zu einer Verdreifachung der Tiroler Arbeitslosenquote von 4 % auf 12 %. Die Zahl der Arbeitslosen in diesem Monat lag um 199 % höher als im Jahr zuvor. Der Höhepunkt der Arbeitslosigkeit wurde im April 2020 erreicht, als 44.928 Personen beim AMS gemeldet waren. In der Folge ging die Arbeitslosigkeit deutlich zurück. Einerseits, weil wieder mehr Menschen durch die Lockerung von Corona-Regeln in Beschäftigung kamen, andererseits als Ergebnis eines „normalen" Saisonzyklus im Tourismus hin zur Sommersaison 2020. Auch hier muss die zahlenmäßige Bedeutung des Wirtschaftsabschnitts Beherbergung und Gastronomie für den Tiroler Arbeitsmarkt betont werden, denn zeitweilig entstammte fast die Hälfte aller Arbeitslosen dieser Branche. So etwa im April 2020, als 20.859 von insgesamt 44.928 Arbeitslosen, also 46 %, vorher in Beherbergungs- und Gastronomiebetrieben gearbeitet hatten.

Auch im restlichen Jahr 2020 lag die Arbeitslosigkeit in Tirol auf einem deutlich höheren Niveau als im Jahr zuvor. Am vergleichsweise günstigsten war die Situation im Herbst 2020, in dem die Zahl der Arbeitslosen „nur" um 48 % (September) bzw. 39 % (Oktober) über dem Vorjahr lag. In den Monaten Dezember (+145 %), Jänner (+132 %) und Februar (+151 %) wurde die Vorjahresarbeitslosigkeit wieder dramatisch übertroffen. Ab März 2021, also 12 Monate nach Krisenbeginn, begann die Arbeitslosigkeit im Jahresvergleich prozentual zu sinken: sie lag um 24 % unterhalb des Bestandes von 2020 (–10.470 Personen), aber um 299 % (+28.672 Personen) über dem Vorkrisenniveau (hier: März 2019).

Anders als bei der Beschäftigung kann 2021 noch nicht die Rede davon sein, die Arbeitslosigkeit in Tirol auf das Vorkrisenniveau zurückzuführen, auch wenn im Sommer 2021 ein positiver Trend erkennbar ist. Im Juli 2021 (die aktuellsten vorliegenden Daten zum Zeitpunkt des Verfassens dieses Beitrags) lag die Zahl der Arbeitssuchenden noch um 18 % (+2.047 Personen) über dem Vorkrisenniveau von 2019. Wobei die größten absoluten Zunahmen der Arbeitslosigkeit gar nicht im Bereich von Beherbergung und Gastronomie lagen, wie man vielleicht meinen könnte, sondern im Handel (+435 Personen) und in den sonstigen wirtschaftlichen Dienstleistungen (+426 Personen).[4]

Wer war besonders von Arbeitslosigkeit in Tirol betroffen? Der Anstieg der Arbeitslosigkeit bei den Frauen fiel im Jahr 2020 mit 86 % etwas stärker aus als bei den Männern (+69 %). Die Arbeitslosigkeit der Personen mit nicht-österreichischer Nationalität stieg mit 115 % viel stärker als die der Österreicher:innen (+62 %). Ein weiteres gesellschaftlich enorm wichtiges Thema ist die Frage der Langzeitarbeitslosigkeit und Langzeitbeschäftigungslosigkeit. Diese nahmen in der Krise deutlich zu.

Aspekt I: Die Situation der Frauen in der Krise am Arbeitsmarkt

Grundsätzlich wurden alle gesellschaftlichen Gruppen am Arbeitsmarkt durch die Krise in Mitleidenschaft gezogen. Das Geschlecht war nicht unbedingt der ausschlaggebende Faktor, gleichzeitig aber ist das Geschlecht eine der wichtigsten strukturellen Trennlinien am Arbeitsmarkt. Die folgenden Darstellungen konzentrieren sich auf den Arbeitsmarkt (Beschäftigung und Arbeitslosigkeit), wohl wissend, dass die weibliche Krisenbetroffenheit deutlich über quantitative Fragen der Erwerbsarbeit hinausgeht.

Die Betroffenheit der Frauen am Arbeitsmarkt in der Krise war etwas stärker ausgeprägt als die der Männer. Der Beschäftigungsrückgang der Frauen im Vergleich mit dem Vorjahr betrug 7.443 Arbeitsverhältnisse (–5 %), bei den Männern war es ein Minus von 6.986 Arbeitsverhältnissen (–4 %).[5] Ein ähnliches Bild zeigte sich bei der Arbeitslosigkeit. Die Zahl der arbeitslosen Frauen nahm im Jahresschnitt 2020 um 86 % zu (+6.679 Personen), die der Männer um 76 % (+6.270 Personen). Der Grund liegt in der Struktur der Frauenbeschäftigung in Tirol. Vier große Wirtschaftsklassen dominieren den „weiblichen Arbeitsmarkt": der Handel, Beherbergung und Gastronomie, die öffentliche Verwaltung und das Gesundheits- und Sozialwesen. In diesen vier Bereichen sind in einem „normalen" Jahr fast zwei Drittel aller weiblichen Beschäftigten tätig.

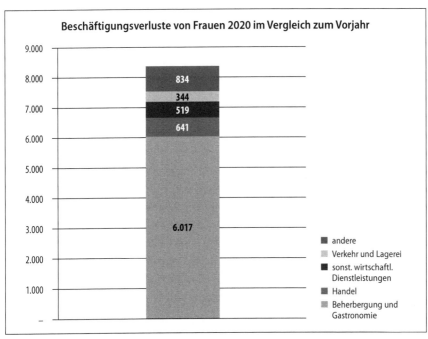

Fast drei Viertel der weiblichen Beschäftigungsverluste im Jahr 2020 betrafen den Bereich Beherbergung und Gastronomie. Ein Großteil waren Frauen nicht-österreichischer Nationalität.

Im Zentrum stand einmal mehr die Gast- und Hotelleriewirtschaft. In ihr waren im Vorkrisenjahr 2019 im Schnitt mehr als 22.300 Frauen beschäftigt, 2020 sank diese Zahl auf knapp 16.300 ab. Es kam also zu einem Verlust von mehr als 6.000 Arbeitsverhältnissen, womit 72 % aller weiblichen Arbeitsplatzverluste in Tirol in dieser Branche verortet waren. Würde man die Verluste in der Beherbergung und der Gastronomie herausrechnen, so hätten sich die weiblichen Beschäftigungsverluste in Tirol im Jahr 2020 von 5 % auf nur wenig über 1 % reduziert. Grundsätzlich gilt ähnliches für die Männer in Tirol, jedoch nehmen Beherbergung und Gastronomie für die Frauen einen größeren Anteil der Gesamtbeschäftigung ein.

Die starke Konzentration der Frauenarbeit auf Beherbergung und Gastronomie bringt mit sich, dass ein hoher Anteil der Beschäftigungsverluste auf Frauen mit einer ausländischen Staatsbürgerschaft entfiel. Obwohl Nicht-Österreicherinnen 2020 nur ein Viertel der weiblichen Beschäftigung in Tirol ausmachten, trugen sie fast die Hälfte (46 %) des Gesamtverlustes. Und fast 90 % davon entfiel auf das Gast- und Hotelgewerbe.

Die nächstgrößere weibliche Branche war der Handel. Frauen sind vor allem im Einzelhandel tätig, Groß- und Kfz-Handel spielen nur eine untergeordnete Rolle. Trotz der teils massiven Einschränkungen des Handels im Lockdown konnte der Beschäftigtenstand weitgehend stabil gehalten werden. Im Tiroler Einzelhandel gingen 565 weibliche Beschäftigungsverhältnisse verloren, der Großteil davon im Bekleidungs- und im Sporthandel (zusammen 362 Beschäftigungsverhältnisse). Bei den größeren Nahversorgern, d. h. den Supermärkten, die als kritische Infrastruktur keinen Lockdown hatten, wurde dagegen Personal eingestellt (+99 Beschäftigungsverhältnisse).

Die öffentliche Verwaltung ist ein Rückgrat stabiler und vergleichsweiser einkommensstarker weiblicher Beschäftigung in Tirol.[6] Rund 56 % der Erwerbstätigen in der Verwaltung sind Frauen, rund 22.400 Personen im Jahr 2020. Die öffentliche Administration war durch Corona auf allen Ebenen stark gefordert und musste Kapazitäten aufbauen. Die weibliche Beschäftigung in diesem Bereich nahm um rund 2 % zu (+362 Beschäftigungsverhältnisse).

In keinem anderen Bereich ist die Rolle von Frauen als essenzielle Systemerhalterinnen deutlicher als im Gesundheits- und Sozialwesen. Das war natürlich schon vor Corona so, wurde aber in seiner Bedeutung vielfach erst in der Krisensituation im vollen Umfang erfasst. In so gut wie jedem einzelnen Bereich des Gesundheitswesens stellen die Frauen die Mehrheit der Beschäftigten: in den Krankenhäusern, den Pflegeheimen, in den Alten- und Behindertenwohnheimen und bei der Sozialbetreuung älterer Menschen.

Eine entsprechende Repräsentation von Frauen in Entscheidungsprozessen geht allerdings vielfach nicht damit einher, das sei an dieser Stelle auch erwähnt. Im Gesundheitswesen wurden im Zuge der Krise personelle Kapazitäten aufgebaut, sodass 2020 etwa 400 Frauen zusätzlich in diesem Bereich eine Tätigkeit aufnahmen. 2020 überholte damit das Gesundheits- und Sozialwesen den Handel als größte Tiroler Beschäftigungsbranche für Frauen.

Im Juni 2021 wurde das Vorkrisenniveau der Frauenbeschäftigung (Vergleich mit 2019) wieder erreicht, die Schwerpunkte weiblicher Beschäftigung hatten sich jedoch verlagert. Jobverluste im Bereich von Beherbergung und Gastronomie (−1.941 Beschäftigungsverhältnisse) oder im Verkehrssektor (zu dem auch die Seilbahnwirtschaft zählt; −533 Beschäftigungsverhältnisse) wurden durch Beschäftigungsaufbau unter anderem im Gesundheits- und Sozialwesen (+1.323 Beschäftigungsverhältnisse) und in der öffentlichen Administration (+919 Beschäftigungsverhältnisse) kompensiert.

Frauen und die Krise: Eine kurze Anmerkung abseits des Arbeitsmarktes

Natürlich ist längst nicht alles, was Arbeit ist, Erwerbsarbeit. Eine der Fragen, die bald nach Pandemiebeginn aufkam, war, ob durch die Krise die Aufteilung unbezahlter (Haus-)Arbeit zwischen den Geschlechtern verändert würde. Schließlich saßen viele Menschen, in welcher Haushaltskonstellation auch immer, aufgrund der Lockdowns zu Hause fest und Arbeitsstunden gingen kollektiv zurück.[7] Die „gewonnene" Zeit wurde laut einer Studie der Universität Wien in Medienkonsum, Schlaf und Telefonieren investiert.[8] Die Frauen verbrachten im Vergleich zu Männern mehr Zeit mit Arbeitsleistungen des Haushalts: mit Einkaufen, Hausarbeit und Kinderbetreuung. Corona hat nicht viel verändert, wie eine Studie der Universität Köln argumentiert.[9] Es wäre zu keiner „Re-Traditionalisierung" der Geschlechterrollen gekommen, sondern die alten Muster wären in der Krise schlicht beibehalten und bestätigt worden.[10] Eine wünschenswerte Stabilität?

Aspekt II: Nicht-österreichische Arbeitnehmer:innen in der COVID-19-Krise in Tirol

Ein Haupttrend am Tiroler Arbeitsmarkt ist die zunehmende Bedeutung von ausländischen Beschäftigten, besonders nach der Öffnung des österreichischen Arbeitsmarktes für die neuen EU-Staaten Osteuropas 2011. Im Vorkrisenjahr 2019 handelte es sich um rund 78.400 Personen. Sie stellten damit fast ein Viertel aller Tiroler Arbeitnehmer:innen. Ausländische Beschäftigte waren stark auf wenige Branchen konzentriert. Allen voran im Beherbergungs- und Gastronomiewesen, in dem fast 30 % aller nicht-österreichischen Beschäftigten tätig waren. Weitere 15 % waren in Industrie und Gewerbe und 12 % im Handel beschäftigt. Im Wirtschaftsabschnitt Beherbergung und Gastronomie machen ausländische Arbeitskräfte mittlerweile regelmäßig über die Hälfte (57 %) der Arbeitnehmer:innen aus, in der Hochsaison über 60 %.

Besonders stark nahm in den letzten Jahren die Zahl ungarischer Arbeitnehmer:innen zu. 2019 waren etwa 8.500 in Tirol tätig. Sie waren damit die zweitgrößte Gruppe nach den Deutschen, die mit mehr als 18.000 Personen mit Abstand größte Gruppe. Arbeitnehmer:innen mit rumänischer, slowakischer, bulgarischer und kroatischer Staatsbürgerschaft nahmen ebenfalls verstärkt am Tiroler Erwerbsleben teil. Auch Personen mit afghanischer und syrischer Herkunft haben mittlerweile am Tiroler Arbeitsmarkt Fuß gefasst, spielen in der Statistik aber noch keine signifikante Rolle. Nach wie vor zu den größten Gruppen ausländischer Arbeitnehmer:innen gehören türkische und italienische Staatsbürger:innen.

Wie wirkte sich die Corona-Krise auf die ausländischen Beschäftigten aus? Grundsätzlich gingen 2020 in Tirol annähernd gleich viele Beschäftigungsverhältnisse von Ausländer:innen (–7.207) wie von Inländer:innen (–7.223) verloren. Da aber die ausländischen Beschäftigten 2020 nur etwa ein Fünftel der Gesamtbeschäftigung ausmachten, waren sie im Verhältnis viel stärker betroffen. Die ausländische Beschäftigung reduzierte sich um mehr als 9 %, die inländische um weniger als 3 %.

Der Beschäftigungsabbau bei den Nicht-Österreicher:innen konzentrierte sich fast zur Gänze auf den Wirtschaftsabschnitt Beherbergung und Gastronomie. 6.918 „ausländische" Beschäftigungsverhältnisse gingen in diesem Bereich verloren, rund 84 % des gesamten Beschäftigungsverlustes bei den Ausländer:innen.[11] Auch bei den Inländer:innen machte die Branche einen großen Teil des Gesamtverlusts aus, der aber mit 47 % doch deutlich niedriger lag.

Ausländische Beschäftigte als „Airbag" für die Arbeitslosenstatistik?

Auf den ersten Blick scheint es eine Diskrepanz zu geben: In Beherbergung und Gastronomie gingen 2020 6.918 Beschäftigungsverhältnisse von Ausländer:innen verloren, gleichzeitig stieg die ausländische Arbeitslosigkeit in der Branche „nur" um 3.041 Personen an, also um weniger als die Hälfte. Warum? Dafür gibt es eine schlüssige Erklärung: Als im März 2020 die Saison im Tourismus abrupt beendet wurde, kehrten viele der ausländischen Arbeitskräfte schlicht in ihre Heimatländer zurück, ohne sich beim AMS anzumelden.

Ein Beispiel: Die Zahl der Beschäftigungsverhältnisse ungarischer Arbeitnehmer:innen reduzierte sich zu Krisenbeginn im März 2020 um 7.632, die Zahl der beim AMS gemeldeten Ungar:innen stieg jedoch um nur 2.042 Personen an. Zwar sind diese beiden Zahlen nicht völlig miteinander vergleichbar,[12] aber dennoch kann eine Größenordnung daraus abgeleitet werden: Offenbar hatte sich nur rund ein Viertel der mit Jobverlust konfrontierten Ungar:innen beim AMS gemeldet.

Ähnlich sieht es auch für andere Gruppen ausländischer Beschäftigter aus: Von den Bulgar:innen meldete sich rund ein Drittel beim AMS, von den Rumän:innen 42 %, von den Deutschen 48 %. Bei den Österreicher:innen tauchten dagegen mehr als 93 % der zu Krisenbeginn verlorenen Beschäftigungsverhältnisse als Zunahme der Arbeitslosigkeit wieder beim AMS auf.

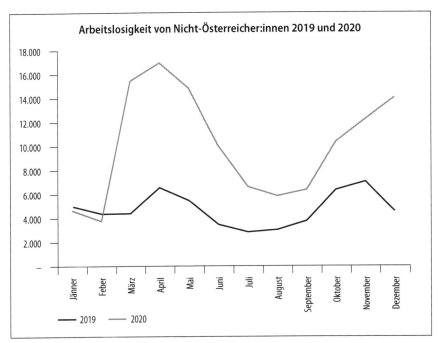

Ausländische Beschäftigte waren den Folgen der Krise stärker ausgesetzt. Die Hauptursache dafür ist die hohe Konzentration nicht-österreichischer Beschäftigung im Bereich Beherbergung und Gastronomie. Aber längst nicht alle ausländischen Arbeitnehmer:innen meldeten sich nach ihrem Jobverlust arbeitslos. Die Zahlen hätten somit noch viel höher sein können.

Über das ganze Jahr 2020 gesehen zeigte sich, dass die Zahl der „ausländischen" Beschäftigungsverhältnisse im Vergleich zum Vorjahr um 7.206 zurückging, die Zahl der beim AMS vorgemerkten ausländischen Personen jedoch nur um 5.392 anstieg. Im Jahresschnitt hatte sich also etwa ein Viertel nicht als arbeitslos gemeldet und blieb damit in den Arbeitslosenzahlen unsichtbar. Die ausländischen Beschäftigten wirkten hier, zynisch formuliert, als „Airbag" für die Arbeitslosenstatistik. Anders ausgedrückt: Wäre der Anteil der Österreicher:innen im heimischen Tourismus höher, wären die ohnehin schon dramatischen Tiroler Arbeitsmarktzahlen noch viel schlechter ausgefallen. Klar ist aber auch, dass dies für die Betroffenen, egal ob aus dem In- oder Ausland, Zahlenspielerei ist: Für sie bleibt die Tatsache bestehen, dass sie keinen Arbeitsplatz mehr haben.

Abschließend: Es gibt keine Anzeichen, dass durch die COVID-19-Krise der Trend zu einer stärkeren Erwerbsbeteiligung von Nicht-Österreicher:innen am Tiroler Arbeitsmarkt unterbrochen wird. Die Krise zeigte jedoch mehr als deutlich, dass ausländische Beschäftigte viel häufiger in instabilen Arbeitsverhältnissen tätig sind. Sie sind den Verwerfungen am Arbeitsmarkt überdurchschnittlich stark ausgesetzt.

Aspekt III: Langzeitarbeitslosigkeit und Langzeitbeschäftigungslosigkeit in Tirol

Langzeitarbeitslosigkeit ist eines der drängendsten arbeitsmarktpolitischen Probleme in der Corona-Krise. Bis zur Pandemie befanden sich Österreich und Tirol auf einem relativ guten Weg – die Zahl der Langzeitarbeitslosen sank. Die COVID-19-Krise hat den mühsam erkämpften Abbau der Langzeitarbeitslosigkeit völlig zunichte gemacht. Nun drohen eine Verfestigung der Arbeitslosigkeit und das Abrutschen der Betroffenen in die Armut, wenn nicht effektiv gegengesteuert wird.

In der Folge wird die Entwicklung der Langzeitbeschäftigungslosigkeit, die eine Erweiterung des Begriffs der Langzeitarbeitslosigkeit ist, in den Fokus genommen.[13] Die Zahl der Langzeitbeschäftigungslosen in Tirol unterlag über die Jahre deutlichen Schwankungen. Der niedrigste Stand der letzten Jahre wurde 2007 erreicht, als nur knapp 1.000 Personen in diese Kategorie fielen. Im Jahr 2016 waren schon mehr als 5.000 Menschen betroffen. In den Jahren danach gelang es aufgrund der relativ guten Konjunktur und gezielter Projekte, wie etwa ab 2017 der „Aktion 20.000", die Zahlen wieder zu senken. Im Vorkrisenjahr 2019 waren im Schnitt 2.871 Langzeitbeschäftigungslose in Tirol gemeldet.

Noch am Ende von 2019 und zu Beginn von 2020 ging die Zahl der Langzeitbeschäftigungslosen in Tirol zurück. Im Februar 2020 waren 2.778 Personen gemeldet – der niedrigste Wert für den Monat Februar seit dem Jahr 2013. Mit März 2020 änderten sich die Bedingungen am Tiroler Arbeitsmarkt aber völlig. Die drastische Zunahme der Arbeitslosigkeit, gekoppelt mit einem Rückgang der Neueinstellungen, ließen den Arbeitsmarkt zunehmend „enger" werden. Die Zahl der beim AMS gemeldeten offenen Stellen nahm über das ganze Jahr hinweg um über ein Viertel ab, was die Stellenandrangziffer (Anzahl der Arbeitslosen pro offene Stelle) massiv verschlechterte. Im Jahr 2020 kamen rund 7 Arbeitslose auf eine offene Stelle beim AMS. Im Jahr zuvor betrug das Verhältnis 3 zu 1. Das Resultat: Arbeitsuchende mussten sich bei Bewerbungen qualifikatorisch „nach unten" orientieren. Die Konkurrenz für bereits langzeitbeschäftigungslose Personen erhöhte sich nochmals.

Mit jedem Monat der Krise stieg die Zahl der Langzeitbeschäftigungslosen. Ausgehend von 2.865 Personen im März 2020 stieg sie auf 4.256 Langzeitbeschäftigungslose im Dezember 2020 an. Im März 2021, ein Jahr nach Beginn der Krise, waren es bereits 5.614 Personen. Der vorläufige Höhepunkt wurde im Mai 2021 mit 6.390 Personen erreicht – eine Steigerung um 100 % gegenüber dem Vorjahr. Viele Personen, die zu Krisenbeginn ihre Arbeit verloren hatten, waren auch nach einem Jahr immer noch beim AMS gemeldet und rutschten nun in die Langzeitarbeitslosigkeit. Seit Juni 2021, mit Beginn der Sommersaison, sinken jedoch die Zahlen der Langzeitbeschäftigungslosen deutlich. Im Juni waren sie um 78 % über dem Vorjahresniveau, im Juli um „nur" mehr 51 %.

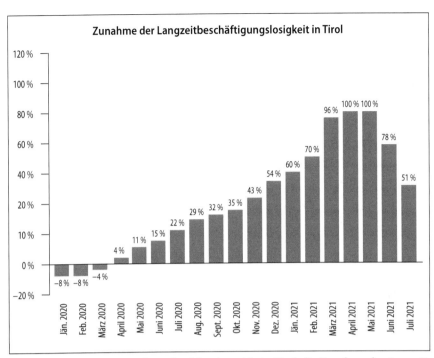

Im Verlauf der Corona-Pandemie beschleunigte sich in Tirol die Zunahme der Langzeitbeschäftigungslosigkeit immer mehr. Ab März 2021 hatten sich die Zahlen verdoppelt.

Das ist zwar ein positiver Trend, aber die Erfahrungen der Vergangenheit zeigen, dass der Abbau von verfestigter Arbeitslosigkeit langwierig und mühsam ist. Denn in der Regel sind Personen betroffen, die qualifikatorischer und/oder gesundheitlicher Einschränkungen unterliegen. Deshalb ist ein Unterkommen im Arbeitsmarkt nach langer Unterbrechung der Erwerbsarbeit mit vielen Schwierigkeiten verbunden. Dennoch ist die Bekämpfung langer Phasen von Arbeitslosigkeit essenziell, um langfristige Armutsgefährdung[14] und soziale Exklusion mit entsprechenden individuellen und gesellschaftlichen Folgekosten zu vermeiden. Zusätzlicher Druck auf Arbeitslose durch Verringerung des Arbeitslosengeldes (Stichwort: Diskussion über ein mit der Zeit sinkendes = degressives Arbeitslosengeld) und eine weitere Lockerung der Zumutbarkeitsregeln ist in der nach wie vor fragilen Arbeitsmarktsituation kontraproduktiv. Dieser Druck erhöht das Risiko der Armutsgefährdung.

Zusammenfassend

Tirols Arbeitsmarkt erlebte durch die Corona-Pandemie einen tiefgreifenden Schock. Die Beschäftigung brach ein und die Arbeitslosigkeit explodierte. Gleichzeitig waren die extremsten Auswirkungen zumindest in der kurzen Frist in quantitativer Hinsicht stark auf den Tiroler Tourismus und die mit ihm verbundenen Branchen konzentriert. Nun, mehr als ein Jahr nach dem Beginn der Krise, sind gewisse Verschiebungen in der Beschäftigungsstruktur Tirols zu erkennen. Schwerpunkte, vor allem weiblicher Beschäftigung, verlagern sich etwas weg von touristischen Aktivitäten hin in den Gesundheitsbereich und die öffentliche Verwaltung. Dies muss allerdings als Zwischenergebnis gesehen werden, da nach wie vor sehr viel vom weiteren Verlauf des Infektionsgeschehens abhängt. Im Grunde wurden in der Krise die bereits vorhandenen Bruchlinien im Arbeitsmarkt nochmals deutlich gemacht. Schon vorher exponierte und prekäre Beschäftigungsverhältnisse wurden durch das Krisengeschehen noch exponierter und prekärer, die Spaltungen am Arbeitsmarkt vertieften sich tendenziell. Aber es hätte viel schlimmer kommen können. Massive staatliche Interventionen auf zahlreichen Ebenen haben, zu einem hohen finanziellen Preis, viel Beschäftigung gerettet – und damit österreichweit hunderttausende Menschen vor einem sozialen Abrutschen.

Anmerkungen

1 Vgl. BGBl. II Nr. 84/2020 und Bote für Tirol (2020) 10 a, Nr. 110–118.
2 Vgl. Bote für Tirol (2020) 10b, Nr. 119–127.
3 In der Folge: Alle Daten zur Beschäftigung entstammen der BaliCore Datenbank des Bundesministeriums für Arbeit, Daten zur Arbeitslosigkeit den Arbeitsmarktdaten online des AMS.
4 Im Wirtschaftsabschnitt „sonstige wirtschaftliche Dienstleistungen" wird ein breites Spektrum zumeist unternehmensbezogener Dienstleistungen zusammengefasst, wie etwa Reinigungsservices, Hausmeisterdienste, aber auch Securitydienste und Arbeitskräfteüberlassungen. In der Regel sind dies Wirtschaftsbereiche mit einer hohen Fluktuation und einem geringen Einkommensniveau.
5 Quelle dieser und alle folgenden Zahlen, so nicht anders ausgewiesen: Bundesministerium für Arbeit – BaliCore (2021).
6 Im öffentlichkeitsnahen Bereich (= öffentliche Verwaltung, Erziehung und Unterricht, Gesundheits- und Sozialwesen) werden rund 40 % des gesamten weiblichen Bruttoeinkommens in Tirol erzielt.
7 Vgl. Statistik Austria (2020) – Arbeitsmarktstatistik 2. Quartal 2020, S. 14 f.
8 Vgl. Universität Wien – Austrian Corona Panel Project (2020): Worauf die Zeit während der Corona-Krise verwendet wird.
9 Vgl. IDW – Informationsdienst Wissenschaft (2020): Universität Köln – Familiäre Arbeitsteilung ist in Corona-Zeiten in Bewegung.
10 Vgl. ebd.
11 An dieser Stelle wird nur der „reine" Beschäftigungsverlust gezählt, d. h. nur Wirtschaftsabschnitte mit negativer Beschäftigungsentwicklung. Auch in der Krise gab es Branchen mit Beschäftigungszunahmen, z. B. im Baubereich.
12 In der Beschäftigtenstatistik des Dachverbands der österreichischen Sozialversicherung werden Beschäftigungsverhältnisse gezählt, in der Arbeitslosenstatistik des AMS Personen.

13 Definition Langzeitbeschäftigungslosigkeit: Langzeitarbeitslosigkeit wird als eine gemeldete Arbeitslosigkeit von mindestens 365 Tagen Dauer definiert. Unterbrechungen des Status AL („arbeitslos") beim AMS, die weniger als 28 Tage dauern, werden dabei nicht berücksichtigt. Solche Unterbrechungen können kurze Schulungen, Krankenstände oder vorübergehende Beschäftigungsepisoden sein. Diese Definition ist jedoch recht restriktiv. Deshalb wird vom AMS noch der Begriff der Langzeitbeschäftigungslosigkeit verwendet. Hierbei werden alle Meldeepisoden, unabhängig vom Status beim AMS (z. B. arbeitslos, in Schulung, Krankenstand, usw.), zusammengehängt. Bei einer Gesamtdauer von mehr als 365 Tagen gilt eine Person als langzeitbeschäftigungslos. Damit werden auch Personen erfasst, die zwar beim AMS gemeldet sind, d. h. keiner Erwerbsarbeit nachgehen, aber nicht dauerhaft den Status AL haben (z. B. weil sie an einer längeren Schulung teilnahmen oder längere Krankenstände aufwiesen).

14 In Österreich sind 60 % der Haushalte mit mindestens einer langzeitarbeitslosen Person armuts- oder ausgrenzungsgefährdet; vgl. Statistik Austria, EU-Silc 2020. Die Armutsgefährdungsschwelle ist definiert als 60 % des Medianeinkommens für den jeweiligen Haushaltstyp.

Simona Ďurišová

24-Stunden-BetreuerInnen organisieren sich selbst

Obwohl BetreuerInnen wichtige gesellschaftliche Arbeit leisten, erfahren sie kaum soziale Anerkennung. Im Gegenteil, sie müssen unter prekären Arbeitsbedingungen arbeiten, während die anderen AkteurInnen von ihrer Zwangslage profitieren. Als formal Selbständige üben die BetreuerInnen ihre Gewerbetätigkeit in voller Abhängigkeit von Vermittlungsagenturen und betreuten Personen aus und das bringt ihnen viele Nachteile in sozial- und arbeitsrechtlicher Hinsicht.

Scheinselbständigkeit auf allen Ebenen

BetreuerIn und die zu betreuende Person

Das Leben der BetreuerIn im Haushalt der betreuten Person – das Zusammenleben mit dem eigenen Auftraggeber (Live-In) – birgt viele Probleme. Ein grundsätzliches Problem besteht im Konflikt, der sich aus der formalen Selbständigkeit der BetreuerInnen ergibt: Die Gestaltung der Tagesabläufe in einem Betreuungshaushalt hängt vom Gesundheitszustand der betreuungs- bzw. pflegebedürftigen Person ab. Aus diesem Grund sind die BetreuerInnen örtlich, zeitlich und sozial gebunden und können über die Arbeitszeiten, den Arbeitsort und die Art der Durchführung von Arbeitstätigkeiten nicht frei entscheiden. So etwa gönnen sich die BetreuerInnen die in dieser Branche üblichen zwei Stunden Ruhepause meistens, wenn ihre KlientInnen einen Mittagsschlaf machen. In der Mehrheit der Fälle betreuen die BetreuerInnen langfristig nur eine Klientin bzw. einen Klienten, was ebenso auf ein abhängiges Arbeitsverhältnis hindeutet.

Die betreuungs- bzw. pflegebedürftige Person kann mit ihrem Verhalten die Handlungsspielräume der BetreuerIn deutlich einschränken, wenn sie glaubt, eine übergeordnete Rolle in dem Betreuungsverhältnis zu spielen. Oftmals sind die BetreuerInnen gezwungen, sich neben der Betreuungs- bzw. Pflegetätigkeit um den Garten oder sogar die Landwirtschaft zu kümmern, Haushaltsarbeiten für alle Familienmitglieder auszuüben oder Dienstleistungen für die NachbarInnen zu verrichten.

Es ist leider nicht zu vermeiden, dass manche BetreuerInnen von den Betreuungsfamilien schlecht behandelt werden. Obwohl die Betreuungsfamilie Kost und Logis für ihre BetreuerInnen sichern soll, kommt es immer wieder vor, dass BetreuerInnen bei manchen KlientInnen wortwörtlich hungern müssen oder sie gezwungen werden, im Keller oder im Zimmer ihrer KlientInnen auf einer

Matratze zu schlafen. Erniedrigung, Mobbing und Ausbeutung treffen viele BetreuerInnen, sanktioniert wird jedoch kaum eine Betreuungsfamilie. In ihrem Beruf sind manche BetreuerInnen auch mit sexueller Belästigung durch KlientInnen oder Familienangehörige konfrontiert und es ist nicht unüblich, dass BetreuerInnen in Konfliktsituationen auf der Straße landen – ohne Hilfe und Unterstützung der Agentur.

BetreuerIn und Agentur

Im Verhältnis zwischen Vermittlungsagenturen und BetreuerInnen haben die letzteren eine schwache Position inne. Denn die Agenturen agieren oft so, dass sie in die Kompetenzen der formal selbständig tätigen BetreuerInnen eingreifen. Die Arbeitsbedingungen der Betreuungskräfte werden durch die Agenturen vorbestimmt. Ebenso organisieren einige Agenturen den Transport der BetreuerInnen nach Österreich und in vielen Fällen zwingen sie die BetreuerInnen, ihre Transportdienste in Anspruch zu nehmen. Darüber hinaus intervenieren die Agenturen in das Betreuungsverhältnis, wenn sich Probleme zwischen BetreuerInnen und Betreuungsfamilien ergeben.

Wenn es also um die Gestaltung der Arbeitsbedingungen der PersonenbetreuerInnen geht, agieren Vermittlungsagenturen in gewisser Hinsicht als Quasi-Arbeitgebende. Sie führen Bewerbungsgespräche durch, gestalten die Werkverträge der BetreuerInnen, verhandeln ihre Honorare und konkrete Arbeitsbedingungen – alles in ihrer Abwesenheit, nur in Absprache mit den Betreuungsfamilien. In vielen Fällen verlangen Agenturen von BetreuerInnen eine Vollmacht in Gewerbeangelegenheiten oder bezüglich Inkasso und Sozialversicherung. Dies verursachte bereits vielen BetreuerInnen Probleme. So entstehen den BetreuerInnen immer wieder große Rückstände bei der Sozialversicherung (SVS), wenn die Agentur die SVS-Abgaben nicht abgeführt hat. Bezahlt die Betreuungsfamilie die Abgaben der Betreuerin, nutzen manche VermittlerInnen ihre Machtposition und verhandeln mit der Betreuungsfamilie, die SVS-Abgaben der BetreuerIn zuerst an die Agentur zu entrichten. Bei einer Inkassovollmacht werden oftmals versteckte Gebühren verrechnet, oder die BetreuerInnen müssen allzu lange warten, bis die Agentur ihnen ihren Werklohn überweist.

Organisationsverträge, die zwischen Agenturen und BetreuerInnen abgeschlossen werden, enthalten in manchen Fällen unzulässige Kündigungs- und Konkurrenzklauseln, Verschwiegenheitspflichten für BetreuerInnen sowie Haftungsausschlüsse für das erfolgreiche Zustandekommen des Betreuungsverhältnisses. Einige Agenturen verhängen Vertragsstrafen, wenn die Agentur den Vermittlungsvertrag mit der Betreuungsfamilie gekündigt hat und die BetreuerIn trotzdem in der Betreuungsfamilie tätig bleibt. Bei Nichtbezahlung droht die Agentur der BetreuerIn mitunter eine Gerichtsvorladung an. Ebenso werden KlientInnen Strafen angedroht, wobei das Beschäftigungsverbot einer Pflegerin nach der Kündigung des Vertrags mit der Agentur auch zeitlich völlig unbegrenzt sein kann. BetreuerInnen sind verpflichtet, die Informationen über den Gesundheitszustand ihrer KlientInnen vertraulich zu behandeln. In manchen Organisationsverträgen oder sogenannten Verhaltenskodexen der Agenturen sind jedoch Verschwiegenheitspflichten zu finden, die sich auf die privaten Angelegenheiten der BetreuerInnen beziehen. In solchen Fällen ist der BetreuerIn zum Beispiel untersagt, Fragen über ihren Werklohn oder über die Sozialversicherung an die Betreuungsfamilie zu stellen. Ebenso haben viele BetreuerInnen ihre Korrespondenz der Agentur offenzulegen.

Da sich die Agenturen auf dem Pflegearbeitsmarkt gegen Konkurrenz durchsetzen wollen, bieten sie die BetreuerInnen als möglichst billige Arbeitskräfte an. Seit der Legalisierung der 24-Stunden-Betreuuung im Jahr 2008 sind die Tagessätze der BetreuerInnen nicht gestiegen, sondern tendenziell gesunken. Die BetreuerInnen verdienen im Durchschnitt zwei bis drei Euro pro Stunde. Zumeist rechtfertigen Agenturen und Betreuungsfamilien das Lohndumping mit dem Einkommensgefälle und den unterschiedlichen Lebenshaltungskosten in Österreich und in den Herkunftsländern der BetreuerInnen.

Negative Folgen der Scheinselbständigkeit

Nicht nur die persönliche Unabhängigkeit der BetreuerInnen ist eingeschränkt, sie sind auch arbeitsrechtlich ungeschützt und von den meisten staatlichen Sozialleistungen ausgeschlossen. Durch die teilweise Integration in das Sozialsystem besteht für BetreuerInnen Sozialversicherungspflicht, prinzipiell sind sie daher berechtigt, Leistungen von der Kranken-, Unfall- und Pensionsversicherung zu beziehen. So haben BetreuerInnen mit Kindern einen Anspruch auf Familienbeihilfe. Das Personenbetreuungsgewerbe weist jedoch Merkmale der Scheinselbständigkeit auf und bringt die BetreuerInnen in eine prekäre Lage. Durch die Etablierung des Personenbetreuungsgewerbes wurden den BetreuerInnen folgende Sozialrechte aberkannt: Mindestlohn, Urlaubsanspruch, Entgeltfortzahlung im Krankheitsfall, Arbeitslosenversicherung, 13. und 14. Monatsgehalt. Der Bezug von anderen wohlfahrtsstaatlichen Leistungen (Karenzgeld, Kindergeld, Mitversicherung von Angehörigen etc.) ist eingeschränkt oder gar nicht möglich (Mindestsicherung), weil sie an den ständigen Wohnsitz in Österreich gekoppelt sind.

Ein zentrales Problem der 24-Stunden-BetreuerInnen bei der Scheinselbständigkeit ist die niedrige Pension und damit drohende Altersarmut. Aus dem Charakter der 24-Stunden-Betreuung und Pflege ergibt sich, dass es für die Betreuungskräfte unmöglich ist, mehr als eine Klientin oder einen Klienten im Rahmen ihrer Turnusse zu betreuen. Sie können also als „UnternehmerInnen" bei Gewinn und Umsatz nicht wachsen und ihr Unternehmen weiterentwickeln. Sie haben geringe Einkünfte und keine Möglichkeit zu expandieren. Dennoch zahlen sie im Verhältnis zum Einkommen sehr hohe Sozialabgaben. Die Pension, die nach der Bemessung dieser Beiträge herauskommt, ist aber – wegen der schlechten Bezahlung in dieser Branche – extrem niedrig! Nach zehn oder fünfzehn Jahren Betreuungstätigkeit in Österreich erhalten die BetreuerInnen eine Pension in Höhe von ungefähr 100 Euro pro Monat.

Für Betreuungskräfte gelten weder das Arbeitszeitgesetz noch ArbeitnehmerInnenschutzbestimmungen. Die hohe zeitliche Flexibilität (permanente Verfügbarkeit) und die hohe physische und psychische Anstrengung werden als besondere Belastung der Betreuungskräfte betrachtet. Die BetreuerInnen führen eine emotional aufgeladene Arbeit aus und setzen ihre ganze Persönlichkeit im Arbeitsprozess überproportional ein. Obwohl diesem großen Arbeitsdruck ausgesetzt, genießen die BetreuerInnen keinen arbeitsrechtlichen Schutz. Dies hat negative Auswirkungen auf ihre Gesundheit.

Fehlende effektive Interessenvertretung

Als formal Selbständige sind die BetreuerInnen zur Zwangsmitgliedschaft in der Wirtschaftskammer verpflichtet und somit sollten hier die Interessen der BetreuerInnen offiziell vertreten werden. Genauso sind Vermittlungsagenturen Mitglieder in der Wirtschaftskammer. BetreuerInnen und Agenturen sind im Rahmen einer gemeinsamen Fachgruppe zusammengeschlossen: „Personenberatung und Personenbetreuung". Obwohl die BetreuerInnen die Mehrheit der Mitglieder in dieser Fachgruppe ausmachen, haben sie die geringste Anzahl an VertreterInnen. Es ist kein Geheimnis, dass die offiziellen VertreterInnen eigene Agenturen betreiben und als VermittlerInnen tätig sind. Es liegt ein Interessenkonflikt vor, der eine effektive Interessenvertretung verhindert, weil die (Profit)Interessen der Agenturen im Vordergrund stehen.

IG24: Interessengemeinschaft der 24-Stunden-BetreuerInnen

Entstehung

Die strukturellen Probleme in der 24-Stunden-Betreuung und mangelnde soziale Anerkennung der Betreuungstätigkeit führten zur Herausbildung des Verbands IG24, der eine Plattform für die Selbstorganisierung der BetreuerInnen bietet und Interessen dieser Berufsgruppe in umfassender Weise vertritt. InitiatorInnen des Verbands sind die Iniciatíva24, ein Zusammenschluss slowakischer BetreuerInnen, sowie DREPT (Gerechtigkeit in der Pflege und Personenbetreuung), ein Zusammenschluss rumänischer BetreuerInnen. Deren Tätigkeit erstreckt sich auf die in Österreich tätigen BetreuerInnen, umfasst aber auch Verhandlungen und politisches Lobbying in den Herkunftsländern.

Die prekären Arbeitsbedingungen der BetreuerInnen haben sich in der Corona-Krise noch verschärft. Die Benachteiligung hat eine neue Dimension erreicht: Diskriminierung der BetreuerInnen im Rahmen von Härtefallfonds, bürokratische Hürden bei der Antragstellung für den Bleib-da-Bonus[1] und bei der Refundierung der Kosten für die Corona-Tests, Nichtanerkennung der BetreuerInnen als systemrelevante Berufsgruppe, dubiose Organisation von Charterflügen und Sonderzügen für BetreuerInnen und die Abnahme ihrer Reisepässe während der Quarantäne. All dies führte zu einer intensiven und koordinierten Zusammenarbeit zwischen DREPT und Iniciatíva24 mit dem Ziel der Etablierung einer starken Interessenvertretung.

Tätigkeiten

Als Interessenvertretung unterstützen wir solidarisch BetreuerInnen bei ihrer Selbstorganisierung und kommunizieren ihre Interessen nach außen, der Politik und der Gesellschaft gegenüber. In unseren medialen Auftritten weisen wir auf die strukturellen Probleme in der 24-Stunden-Betreuung sowie auf die aktuellen Unstimmigkeiten in der Branche hin. Wir führen Aufklärungskampagnen für BetreuerInnen durch, um ihnen zu zeigen, wie sie sich selbst vor unsauberen Praktiken der Agenturen oder am Arbeitsplatz schützen können. Wir leisten laufend Übersetzungsarbeit, bieten erstsprachliche Beratungen und im Falle von Konflikten vertreten wir BetreuerInnen vor Agenturen und betreuten Personen. Zu diesem Zweck kooperieren wir mit anderen Institutionen und JuristInnen wie die Antidiskriminierungsstelle Steiermark, LEFÖ (Frauen-und MigrantInnenorganisation), UNDOK (Anlaufstelle für undokumentiert Arbeitende), CuraFAIR (Anlaufstelle für rumänische 24h-BetreuerInnen), ZARA-Zivilcourage&Anti-Rassismusarbeit, Zentrum für MigrantInnen und Frauen beraten Frauen. Wir bieten Unterstützung für interessierte BetreuerInnen anderer Nationalitäten an, die

Treffen mit Gesundheitsminister Rudolf Anschober (Foto: IG24)

im Rahmen ihrer Community organisierend tätig werden wollen und vergleichbar mit den slowakischen und rumänischen KollegInnen Beratungs- und Lobbyingstrukturen aufbauen wollen. Die Eigeninitiative der Communitys ist das wichtigste Werkzeug der IG24.

Seit unserer Entstehung haben wir viel an medialer Präsenz erreicht und politische Lobbyarbeit geleistet. Wir haben im Rahmen der vom Bundesministerium für Gesundheit, Soziales, Pflege und Konsumentenschutz initiierten Taskforce Pflege im Zuge der Pflegereform Probleme und Interessen der BetreuerInnen eingebracht und verhandelt.

Unsere Aktivitäten wurden vor kurzem mit dem ersten Preis für soziale Innovation und dem Publikumspreis der SozialMarie von der Unruhe Privatstiftung ausgezeichnet. Wir sind sehr dankbar für die Anerkennung des Potentials unserer Tätigkeit durch die Jury, die aus FachexpertInnen aus verschiedenen Bereichen besteht. Dank des Preises haben wir mehr an medialer Aufmerksamkeit gewonnen und können notwendige Ausgaben des Verbandes decken.

Die Arbeit innerhalb der IG24 erfolgt unentgeltlich und auf Basis von ehrenamtlicher Tätigkeit und der Unterstützung von engagierten AktivistInnen und der BetreuerInnen selbst. IG24 bezieht derzeit minimale Mitgliedsbeiträge, die für die Bedürfnisse der Communitys aufgewendet werden. Sie reichen jedoch für den Aufbau einer stabilen Infrastruktur nicht aus, daher streben wir weitere Kooperationen an und sind aktiv auf der Suche nach UnterstützerInnen und SpenderInnen.

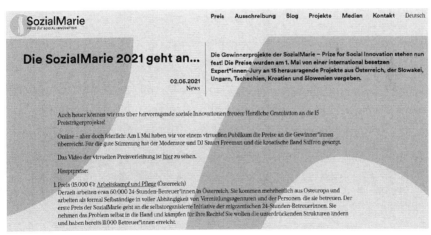

IG24 gewinnt den Hauptpreis der SozialMarie. (Foto: Unruhe Privatstiftung)

Forderungen

Abschaffung der Scheinselbständigkeit

Unser langfristiges Ziel ist die Abschaffung der Scheinselbständigkeit und die Einführung eines staatlich organisierten und finanzierten Anstellungsmodelles. Das entsprechend der Branche novellierte Hausgehilfen- und Hausangestelltengesetz kann auf das abhängige Arbeitsverhältnis in der 24-Stunden-Betreuung angewendet werden. Dabei sollte bundesweit ein kollektivvertraglich festgelegter Mindestlohn eingeführt werden. Die Anstellung der Betreuungskräfte sollte durch bereits etablierte gemeinnützige Sozialorganisationen erfolgen, die über die zur Qualitätssicherung benötigte Infrastruktur verfügen.

Aufbau einer österreichweiten Beratungsstruktur und neutraler Anlaufstellen

Der Bedarf an erstsprachlicher Beratung ist groß. Die BetreuerInnen holen sich Ratschläge im Rahmen ihrer Facebook-Gruppen, in denen oftmals falsche und unvollständige Informationen verbreitet werden. In Bezug auf verschiedene Konfliktsituationen zwischen den AkteurInnen mangelt es an einer neutralen Anlaufstelle, die rasch und flexibel handeln könnte. Die BetreuerInnen haben ohne juristische Beratung bzw. Rechtsvertretung fast keine Chance, ihre Ansprüche und Rechte geltend zu machen. Die Kosten für so eine Rechtsvertretung müssen sie derzeit selbst tragen.

Regulierung der Vermittlungstätigkeit der Agenturen

Die Vermittlungstätigkeit der Agenturen ist nicht genügend geregelt und kontrolliert. Es gibt Standes- und Ausübungsregeln für die Organisation in der Personenbetreuung und das derzeit freiwillige Zertifizierungsprogramm für Vermittlungsagenturen, von denen wesentliche Probleme, die zu Missständen in der Vermittlungsbranche führen, unberührt bleiben. Wir fordern daher Abschaffung der Inkassovollmacht, Aufhebung von sittenwidrigen Vertragsklauseln, Verbot der Bedingung des gebundenen Transports, Verbot des Festsetzens der Tagessätze der BetreuerInnen durch die Agenturen, Regulierung der Vermittlungsgebühren, Kontrolle und Sanktionierung der Agenturen wegen Intransparenz.

Professionalisierung in der 24-Stunden-Betreuung

Das Personenbetreuungsgewerbe und das Gewerbe der Vermittlungstätigkeit erfordern keine Qualifikation, was in vielerlei Hinsicht problematisch ist. Die PersonenbetreuerInnen haben mit alten, pflege- und betreuungsbedürftigen Menschen zu tun, die unter alters-assoziierten Beeinträchtigungen, gerontopsychiatrischen

Erkrankungen und Multimorbidität leiden. Es geht nicht nur um die reine Betreuung der KlientInnen, die haushaltsnahen Dienstleistungen, die Unterstützung im Alltag und das Gesellschaft leisten beinhaltet. In vielen Fällen üben die BetreuerInnen pflegerische Tätigkeiten aus, für die sie gar nicht ausgebildet sind, und zwar ohne ärztliche Delegierung und Anleitung durch diplomiertes Pflegepersonal. VermittlerInnen, die für das Matching, die Auffindung von passenden Betreuungskräften für KlientInnen, zuständig sind, müssen keine Qualifikation nachweisen und tragen keine rechtliche Verantwortung für das Matching. Sie schließen sogar die Haftung für das erfolgreiche Zustandekommen des Betreuungsverhältnisses aus. Dies ist insofern problematisch, als die gesamte rechtliche Verantwortung für den Gesundheitszustand der KlientInnen auf die Betreuungskräfte abgewälzt wird. Im Falle gefährlicher Pflege werden allein die BetreuerInnen als formal Selbständige sanktioniert. Wir fordern daher die Einführung eines reglementierten Vermittlungsgewerbes, die Sicherung des Case-Care Managements und ein qualitätsvolles Angebot an Weiterbildungsmöglichkeiten für BetreuerInnen.

Anmerkung

[1] Österreichweit gibt es für 24-Stunden-BetreuerInnen einen Bonus von 500 Euro, wenn sie ihren Turnus um vier Wochen verlängern. Eine Antragstellung scheitert oftmals schon allein daran, dass die BetreuerInnen keine Steuernummer und kein Konto in Österreich haben.

Parlament Wien

Kommentare zur Lage

Horst Schreiber

Einleitung

Der Internationale Holocaust-Gedenktag am 27. Jänner 2021, dem 76. Jahrestag der Befreiung des Konzentrations- und Vernichtungslagers Auschwitz, stellte das Schicksal der Kinder in den Mittelpunkt der Feierlichkeiten. Kanzleramtsministerin Karoline Edtstadler (ÖVP) erklärte in einer Aussendung: „Die Zeit des Nationalsozialismus hat gezeigt, wie schnell Worte zu Taten werden können und dass es nur ein kleiner Schritt von Hass und Hetze zu Verfolgung und Gewalt ist". Kanzler Sebastian Kurz mahnte, die schrecklichen Verbrechen nie zu vergessen.[1]

Die Bundesregierung leistete einen besonderen Beitrag zum Gedenktag, der, so Präsident Alexander van der Bellen, in Erinnerung rufe, die Grund- und Freiheitsrechte entschieden zu verteidigen. In der Nacht vom 26. auf den 27. Jänner 2021 inszenierte Innenminister Karl Nehammer medial groß aufgemacht die Abschiebung von zwei Familien mit ihren Kindern aus Wien nach Georgien und Armenien. Mit Helmen und Sturmhauben ausgerüstete Wega-Beamte verfrachteten sie in ein Flugzeug. Ein weiteres Mal, so *Simon Lukasser* in seinem Beitrag „Abflug in ein fremdes Land. Anmerkungen zur Asylpolitik und Abschiebepraxis Österreichs", vermittelte die türkise ÖVP auf solche Weise die Botschaft, in der Frage von Asyl und Migration härter und ideologisch standfester zu sein als die FPÖ.

Franz Klug stellt in seinem Artikel „Tiroler Grüne Regierungsjahre – Bilanz und Ausblick" die beiden Wahlprogramme der Grünen von 2013 und 2018 den jeweiligen Regierungsprogrammen der Koalition von ÖVP und Grünen im Tiroler Landtag gegenüber, um sie an der Realität zu messen und Erfolge wie Versäumnisse darzustellen. Für die Zukunft empfiehlt er der Grünen Spitze, sich weitaus stärker als bisher für den Ausbau der Partei in den Bezirkshauptstädten, aber auch am Land zu engagieren und die Basis bei großen Grünen Regierungsprojekten vermehrt einzubinden. Denn, so Klug: „Wenn die politische Arbeit der Grünen weitergeht wie bisher, werden sie auch künftig je nach politischer Großwetterlage zwischen Wahlgewinnen und Wahlverlusten schwanken. Die Möglichkeiten, in der Regierung viel mehr und Grundlegenderes umzusetzen, bleiben dann weiterhin ungenutzt und damit auch die Chance, die Grünen nachhaltig zur zweitstärksten Partei in Tirol aufzubauen."

In seinem Beitrag „Laizität 2.0. Die Trennung von Staat und Weltanschauung im 21. Jahrhundert" führt *Niko Alm* aus, warum Laizität begrifflich und inhaltlich aktualisiert und neu definiert werden muss. Er verweist auf lediglich 12 Staaten mit laizistischer Verfassung, doch selbst sie „unterliegen dem Fehlschluss, Religion besonders behandeln zu müssen" und trennen Religion und Politik nicht entschieden genug. Die Situation in Österreich ist besonders kurios. Die Sonderrechte der katholischen Kirche stützen sich auf einen völkerrechtlich bindenden Vertrag von 1933, andere Religionsgemeinschaften sind über einen niedrigeren Rechtsstatus anerkannt, sei es als Körperschaft öffentlichen Rechts oder lediglich wie ein Verein. Dieser „religiösen Dreiklassengesellschaft" steht jedoch gegenüber, dass der Staat einer Gesellschaft der Diversität Rechnung trägt und immer mehr Religionsgemeinschaften anerkennt, die sich über Religionsprivilegien erfreuen können. „In Summe unterhält die Republik damit je nach Zählart 16 oder 26 Staatsreligionen, die über viele Rechte verfügen und wenige Pflichten erfüllen müssen." Die das Nachsehen haben, sind die Konfessionsfreien. Sie zählen derzeit rund zwei Millionen Menschen, denen der Zugang zu den Privilegien der Religionsgemeinschaften verwehrt ist. Niko Alm plädiert daher für eine verordnete, in der Verfassung verankerte Laizität, die weltanschauliche Neutralität garantiert und die gesetzlichen Privilegien von Religionsgemeinschaften beseitigt. Für den Staat ist die Art und die Begründung der Weltanschauung seiner Bürgerinnen und Bürger gleichgültig, solange diese sich an die Gesetze halten: „Er gibt Religion nur keine Sonderbehandlung mehr – weder bevorzugend noch benachteiligend."

Der Beitrag von *Steffen Arora* „Die Unheilsbringer. Tiroler Seilschaften und das Geschäft mit den PCR-Tests" liest sich wie ein spannend konstruierter Krimi, in dem Familienbanden ein Geschäftsmodell darstellen, das den Weg zu Politik und Geld bahnt. Bis man ungläubig den Kopf schüttelt, sich in einer Satire wähnt, die doch die Wirklichkeit nicht toppen kann. Mitten in der Corona-Pandemie, als PCR-Testungen noch vor der Möglichkeit, sich impfen zu lassen, den Königsweg zur Eindämmung des Virus und für den Zugewinn an Freiheit im täglichen Leben und Arbeiten darstellten, brach das Land Tirol mit den damaligen Anbietern und vergab den Millionenauftrag an ein einziges Unternehmen, die HG Lab Truck. Das Absonderliche: Es gab keine Ausschreibung, die Firma war soeben gegründet worden, besaß keine Erfahrungen auf diesem Gebiet und hatte sich dem Land Tirol selbst angedient. Eine wesentliche Rolle spielte bei diesem Deal im September 2020 ein gut vernetztes Ehepaar aus der Kitzbüheler Society, das regelmäßig mit ihren Unternehmungen gescheitert war, mit Medizin nichts zu tun hatte, dafür umso mehr mit Eventmanagement, und enge familiäre Beziehungen zum Ehepaar Herwig unterhielt. Ralf Herwig, der wie seine Frau in Kitzbühel einflussreiche Verbindungen pflegt, war der Geschäftsführer der Firma HG Lab Truck, die quasi einen all-inclusive Vertrag des Landes Tirol für die Durchführung der PCR-Tests erhielt. Herwig ist aber kein Virologe, sondern ein Urologe, gegen den mehrere Gerichtsverfahren wegen schwerer Körperverletzung und schweren Betrugs anhängig waren und sind. Den Arztberuf darf er nach einer Entscheidung der Wiener Ärztekammer vorläufig seit dem Frühjahr 2021 nicht mehr ausüben. Weshalb das Land Tirol keine Recherchen über diesen Hintergrund angestellt hat, bleibt unerklärlich. Es möchte auch nicht öffentlich machen, mit wem das Kitzbüheler Ehepaar die Vorgespräche zur Beauftragung der HG Lab Truck geführt hat und wer im Justiziariat den Vertrag unterzeichnete.

Die Wirtschafts- und Korruptions-Staatsanwaltschaft hat sich der Causa angenommen und einen Vorhabensbericht an das Justizministerium übermittelt. Unter anderem stellt sich die Frage, ob die PCR-Tests sach- und fachgerecht durchgeführt wurden. Auch der Landesrechnungshof stellt Überprüfungen an, ebenso das Finanzamt. Die Zusammenarbeit mit Ralf Herwig hat das Land Tirol im Mai

2021 aufgekündigt, im August 2021 versandte Herwig dennoch zehntausende positive PCR-Testergebnisse aus Tirol mitsamt den Daten der PatientInnen – unverschlüsselt per E-Mail. Ermittlungen der Staatsanwaltschaft und der Datenschutzbehörde sind die Folge. Steffen Arora bemerkt zu all diesen Vorgängen: „Eigene Fehler in der Causa HG Lab Truck räumte das Land Tirol nicht ein. Alles richtig gemacht."

Anmerkung

1   Holocaust: Online Gedenken an die Befreiung von Auschwitz, 27.1.2021: https://www.wienerzeitung.at/nachrichten/politik/welt/2090363-Online-Gedenken-an-die-Befreiung-von-Auschwitz.html (Zugriff 1.9.2021).

Simon Lukasser

Abflug in ein fremdes Land. Anmerkungen zur Asylpolitik und Abschiebepraxis Österreichs

Die Abschiebung von zwei Familien mit ihren Kindern aus Wien nach Georgien und Armenien in der Nacht vom 26. auf den 27. Jänner 2021 erschütterte Mitschüler*innen, die Zivilgesellschaft und die Regierungskoalition in Österreich. Dass Kinder, die in Wien geboren sind und Österreich als ihre Heimat bezeichnen,[1] in einer nächtlichen Polizeiaktion von mit Helmen und Sturmhauben ausgerüsteten Wega-Beamten in ein Flugzeug verfrachtet und in die Herkunftsländer ihrer Eltern abgeschoben wurden, war eine erneute Eskalation eines schon länger bestehenden Konflikts in der österreichischen Politik und Gesellschaft. Die Frage, ob Österreich Menschen, die vor Krieg und Gewalt, aber auch vor Hunger und menschenunwürdigen Verhältnissen in ihrer Heimat flüchten müssen, Schutz und eine Perspektive auf ein Leben in Würde gewähren soll, entzweit die politisch Verantwortlichen und die Bevölkerung. Insbesondere seit dem so genannten „Sommer der Migration" im Jahr 2015, als sich mehr Menschen als in den Jahren zuvor auf die gefährliche Flucht nach Europa aufmachten, gab sich die europäische Politik überfordert und politisch Verantwortliche zogen sich zum Teil auf eine nationalistische Abschottungspolitik zurück. Rechte Parteien nutzen seither die Verunsicherung darüber, wie auf die Ankunft von geflüchteten Menschen reagiert werden soll, für ihre politischen Ziele. Die in Österreich lebenden Menschen werden durch rassistische Rhetorik gespalten und Flüchtlinge und Migrant*innen durch „Illegalisierung" oder unsichere und nicht dauerhafte Aufenthaltstitel ihrer Rechte auf ein Leben in Würde und Teilhabe an der Gesellschaft beraubt.

Inszenierung und Protest

Die Abschiebung von Familien mit Kindern Ende Jänner war für Österreich zwar kein Tabubruch oder etwa ein einmaliger Vorgang. Sie führte aber aufgrund der Art der Durchführung und der medialen Aufmerksamkeit zu heftigen Wortgefechten in der Politik und zu Protesten von unterschiedlichen Seiten. Während der Bundespräsident in einem öffentlichen Statement anmerkte, es nicht glauben zu können und zu wollen, „dass wir in einem Land leben, wo dies in dieser Form wirklich notwendig ist", machte die Durchführung und die Inszenierung der Abschiebung die Brüche in der Koalition zwischen der neuen Volkspartei und den Grünen offensichtlich. Die Volkspartei entschied sich bewusst für die medial inszenierte Eskalation dieses Konfliktes, um ein Signal an die politisch rechte Wähler*innenschaft zu senden. Um deren Gunst bemüht sich die türkise Volkspartei seit dem Ende der ÖVP-FPÖ-Regierung sehr. Die abgeschobenen Kinder sind also dem politischen Kalkül geschuldet, denn natürlich hätte es in einem solchen Fall einen politischen Spielraum und Alternativen zu den fremdenrechtlichen Vorgaben einiger Hardliner aus dem Innenministerium gegeben. Innenminister Karl Nehammer und seine Partei entschieden sich aber dagegen. Die Grünen bekundeten nach dieser Provokation gegenüber ihrer Partei und ihren Wähler*innen ihre Entrüstung über die Vorgangsweise des Koalitionspartners. Zu mehr als einigen öffentlich kommunizierten Unmutsbekundungen ließen sich die Grünen letztlich aber nicht hinreißen.

Die offenen Brüche innerhalb der Koalition wurden einstweilen damit gekittet, dass eine „Kindeswohlkommission" eingerichtet wurde, die im Justizministerium angesiedelt ist und von der früheren Präsidentin des Obersten Gerichtshofs, Irmgard Griss, geleitet wird. Teil dieses koalitionären Kompromisses war aber auch, dass die Vorschläge der neu eingerichteten Kommission rechtlich nicht bindend sind.[2] Inwieweit eine solche neu geschaffene Institution, der nur eine beratende Funktion eingeräumt wurde, Abschiebungen von Kindern effektiv verhindern können wird, muss sich erst zeigen.

Abseits von der Parteipolitik gab es auch Proteste aus der Zivilgesellschaft, die in Wien prominent von Schüler*innen getragen wurden. Neben mehreren Protestaktionen und Demonstrationen richteten organisierte Schüler*innen einen offenen Brief an den Innenminister und die österreichische Bundesregierung, der von mehr als 50 Schulen aus Ostösterreich unterzeichnet wurde. In diesem bemerkenswerten Schreiben, in dem sich die Schüler*innen offen mit ihren abgeschobenen Mitschüler*innen solidarisieren („Wer sie angreift, der greift uns alle an"), fordern sie die handelnden Politiker*innen auf, sich nicht ihrer humanitären Verantwortung zu entziehen, sondern die Kinderrechte zu stärken und die Gesetze so zu verändern, dass Kinder wie Tina zukünftig nicht mehr aus ihrem gewohnten Leben gerissen und ihrer Zukunft beraubt werden.[3]

Am 30. Jänner, also wenige Tage nach der martialisch inszenierten Abschiebung aus Wien, fand in Innsbruck eine angemeldete Demonstration gegen Abschiebungen und das Grenzregime der EU unter dem Titel „Grenzen töten" statt. Rund 800 Menschen folgten dem Aufruf und zogen durch die Stadt, um ihrem Protest öffentlich Ausdruck zu verleihen. Während der Demonstration kam es zu massiver Repression und einer Auflösung der Versammlung mit völlig unverhältnismäßigen Mitteln unter Einsatz von Pfefferspray und des Einkesselns von Teilnehmer*innen. Das Vorgehen der Exekutive führte zu einer intensiven medialen Diskussion und einer Maßnahmenbeschwerde der Organisator*innen gegen den Polizeieinsatz. Das Landesverwaltungsgericht hat im April dieses Jahres den Einsatz von Pfefferspray durch die Exekutive als „absolut gesetzeswidrig" bezeichnet. Außerdem stellte es fest, dass das Kesseln der Polizei das Versammlungsrecht der Demonstrierenden verletzt hat.[4]

Die Tertiarschwestern des heiligen Franziskus in Hall in Tirol brachten ebenfalls ihren Protest gegen die Asylpolitik und die Missachtung des Kindeswohls zum

Schwester Maringele befestigt ein Spruchband an die Klostermauer. (Foto: Tertiarschwestern des hl. Franziskus)

Ausdruck. Sie hängten ein Plakat mit dem bereits zitierten Satz von Bundespräsident Alexander van der Bellen öffentlichkeitswirksam an die Klostermauern. Initiatorin dieser Aktion war Schwester Notburga Maringele, deren Plakat sowohl im Internet große Verbreitung fand, als auch viele Ordensgemeinschaften und andere Institutionen dazu inspirierte, sich dem Protest anzuschließen. Einige Wochen später wurde das Plakat heruntergerissen, es hatte „jemanden sehr gestört". Schwester Notburga hängte es nicht wieder auf, sie stellte es dem Haus der Geschichte in Wien zur Verfügung, „weil das Plakat vor allem im Internet seine Wirkung getan hat[te]".[5]

Flüchtlingscamps als Schande Europas

Die Bundesregierung setzt aber nicht nur bei Abschiebungen auf eine Inszenierung der Härte, sondern auch in der Frage der Aufnahme von Geflüchteten in Österreich. Ihre Weigerung, Flüchtlinge aus den Elendslagern an den EU-Außengrenzen – auf den griechischen Inseln und in Bosnien – aufzunehmen, veranlasste einige Aktivist*innen in Innsbruck erstmals kurz vor Weihnachten 2020 dazu, als Zeichen des Protests und zugleich der Solidarität mit Geflüchteten selbst in Zelten zu übernachten. Unter dem Slogan „Ein Wochenende für Moria" stellten sie ihre Zelte am Platz vor dem Innsbrucker Landestheater auf, um auf die schreckliche

Situation der Flüchtlinge aufmerksam zu machen und sich für eine menschenwürdige Unterbringung dieser Menschen in Europa zu engagieren. Seither „besetzen" sie jedes Wochenende den Platz, um den Schutzsuchenden vor und an den Toren Europas, die dort von der EU möglichst unsichtbar gemacht und in ihrem Elend allein gelassen werden, Gehör zu verschaffen, aber auch um die globale Ungerechtigkeit anzuprangern.[6] Seitdem hat sich der Protest solidarischer Menschen auf viele Dörfer in Tirol und auf mehrere Städte österreichweit und sogar in Deutschland ausgedehnt, mit Mahnwachen und weiteren Zeltlagern.

Die Forderungen der Aktivist*innen an die politisch Verantwortlichen sind sehr konkret, nämlich die Schließung der Gefangenenlager an den Toren Europas und die menschenwürdige Aufnahme der Schutz suchenden Menschen bei uns vor Ort – in den Städten und Gemeinden in Österreich. Tatsächlich unterstützen Gemeinden und Kirche die Forderungen tatkräftig – in Innsbruck etwa Bürgermeister Georg Willi und Bischof Hermann Glettler durch die persönliche Teilnahme an den Protesten. Mit breiter Mehrheit hat sich der Innsbrucker Gemeinderat in einem Brief an die österreichische Bundesregierung für die Aufnahme von geflüchteten Menschen ausgesprochen, die unter humanitär katastrophalen Zuständen in Lagern in Griechenland untergebracht sind. Doch die verantwortlichen Bundespolitiker*innen zeigten sich bisher unbeeindruckt vom inzwischen monatelangen Protest und blieben bisher bei ihrer Haltung, keine einzige Familie und kein einziges Kind in Österreich aufzunehmen.

Besonders zynisch handeln in diesem Zusammenhang Kanzler Sebastian Kurz und Innenminister Nehammer samt ihrem Umfeld. Sie entziehen sich ihrer

Protestcamp vor dem Tiroler Landestheater (Foto: Florian Scheible/Wochenende für Moria)

Verantwortung. Wiederholt argumentierten ÖVP-Minister*innen, dass Österreich bereits im Jahr 2020 mehr als 5.000 Kinderflüchtlinge aufgenommen hätte. Deshalb könnten keine weiteren Menschen mehr aufgenommen werden. Eine parlamentarische Anfrage entlarvte diese Argumentation als bewusste Desinformation. Tatsächlich wurden in Österreich im gesamten Jahr 2020 lediglich 186 (!) unbegleitete minderjährige Flüchtlinge (UMFs) aufgenommen. Weitere 2.314 Kinder kamen als begleitete Minderjährige, also im Familienverband mit ihren Eltern, nach Österreich. Der überwiegende Teil der Kinderflüchtlinge, nämlich 3.220 Minderjährige, wurde in Österreich geboren und nicht, wie die ÖVP behauptet hatte, „aufgenommen".[7] Dass diese Kinder überhaupt als „Fremde" aufscheinen, liegt einzig und allein an den restriktiven Gesetzen zur Erlangung der Staatsbürgerschaft, die in Österreich geborene Kinder von Schutzberechtigten zu „Nicht-Österreicher*innen" machen.

Afghanistan ist nicht sicher

Oftmals von einer breiteren Öffentlichkeit unbemerkt, stehen Abschiebungen von Schutz suchenden Menschen aus Österreich in internationale Kriegs- und Krisengebiete auf der Tagesordnung – etwa nach Afghanistan, in ein Land, das auf nunmehr fast 20 Jahre durchgehende und verheerende Kriegshandlungen zurückblickt. Einzig die COVID-19-Pandemie, die den weltweiten Flugverkehr lahmgelegt hat, brachte die regelmäßigen Abschiebeflüge für einige Monate ins Stocken. Kämpfe ums Bleiberecht für einzelne Menschen, die meist vom persönlichen Umfeld der Betroffenen geführt werden, sowie Proteste gegen Abschiebungen nach Afghanistan, die von einer breiten Mobilisierung verschiedener NGOs und engagierten Einzelpersonen getragen werden, begleiten Österreich und die zuständigen Politiker*innen bereits seit Jahren.

Erinnert sei etwa an die Proteste gegen die Abschiebung der Familie Magomedov mit ihren drei Töchtern in die russische Republik Dagestan im Jahr 2018. Trotz öffentlich bekundeter Unterstützung durch die Stadt Lienz, in der die Familie gewohnt hat, die Schule der ältesten Tochter, die katholische Kirche und einen breiten Kreis an Freund*innen und Bekannten, wurde der Vater abgeschoben und damit die Familie auseinandergerissen. Die Mutter tauchte mit den Töchtern zunächst unter, sah sich letztlich aber trotz aller Unterstützung gezwungen, freiwillig auszureisen und dem abgeschobenen Familienvater nachzufolgen, weil die zuständige Behörde kein humanitäres Bleiberecht zuließ.[8] Beispielhaft zeigte sich bei dieser Auseinandersetzung wieder einmal, wie ohnmächtig ein Bündnis an Unterstützer*innen trotz breitester Solidarität auf lokaler politischer Ebene und durch die katholische Kirche mit Bischof Hermann Glettler dem Innenministerium und dem ihm unterstellten Bundesamt für Fremdenwesen und Asyl (BFA) gegenübersteht.

Abschiebungen nach Afghanistan ziehen deshalb besonders viel Kritik auf sich, weil das Land seit Jahrzehnten destabilisiert ist, als Schauplatz internationaler Konflikte, von Bürgerkrieg und Terroranschlägen. In den letzten Jahren hat sich die Sicherheitslage nochmals verschärft. Das Institute for Economics and Peace, das jährlich einen Global Peace Index erstellt, stuft Afghanistan 2020 im zweiten Jahr in Folge ganz am Ende seiner 163 Länder umfassenden Liste ein, noch hinter dem Südsudan, Irak und Syrien. Afghanistan gilt als „unfriedlichstes" Land weltweit.[9] Auch der aktuelle Bericht des UN-Generalsekretariats vom März 2021 zur Situation in Afghanistan spricht eine eindeutige Sprache. Trotz der afghanischen Friedensverhandlungen verzeichneten die Vereinten Nationen einen Anstieg an „sicherheitsrelevanten Vorfällen" um 10 Prozent zum Vorjahr, somit einen neuen Rekord seit dem Beginn ihrer Aufzeichnungen im Jahr 2007.[10]

Aufgrund dieser katastrophalen Situation und weil Österreich Afghanistan – entgegen besseren Wissens – als „sicheres Land" einstuft, in das Menschen abgeschoben werden, entstehen laufend Protestkampagnen aus der Zivilgesellschaft. Im Dezember 2020 und im Feber 2021 fanden trotz der weltweiten Pandemie wieder erste Charterabschiebungen aus Wien nach Kabul statt, gegen die Aktivist*innen protestiert und demonstriert haben. Allen schockierenden Fakten, Berichten und Protesten zum Trotz verteidigt das österreichische Innenministerium die Abschiebungen nach Afghanistan weiterhin als rechtskonform und alternativlos.

Dass Abschiebungen in das Kriegsland so reibungslos möglich sind, liegt an einem zwischen der EU und der afghanischen Regierung ausgehandelten Rückübernahmeabkommen. Das seit Oktober 2016 unter dem Titel „Joint Way Forward" bestehende und aktuell im Februar 2021 durch eine neue Vereinbarung mit dem Titel „Joint Declaration on Migration Cooperation" verlängerte Abkommen regelt die Wiederaufnahme von in die EU geflüchteten Afghan*innen. Unter wirtschaftlichem Druck stimmt die afghanische Regierung mit dieser Vereinbarung unter anderem zu, dass die EU Sammelabschiebungen ins Kriegsland mit insgesamt bis zu 500 Menschen monatlich durchführt.[11]

Fremd im eigenen Land

Die Abschiebung ist allerdings lediglich der Schlussakt eines ausgrenzenden politischen Systems, das Menschen, die ein selbstverständlicher Teil der Gesellschaft sind und die sich in den Städten und Gemeinden Österreichs zugehörig und „heimisch" fühlen, zu „Fremden" macht. So wie es auch die Schüler*innen in ihrem offenen Brief fordern, ist es notwendig, die Grundlagen des politischen Systems, also auch die Gesetze, zu ändern, um Menschen unabhängig von ihrer eigenen oder der Herkunft ihrer Eltern Zugang zu vernünftigen Aufenthaltsperspektiven und der Staatsbürgerschaft zu ermöglichen. In Österreich ist in den letzten Jahren aber genau das Gegenteil passiert. Menschen, die einen Antrag auf internationalen Schutz stellen, haben (nahezu) keine Möglichkeit mehr, zu arbeiten oder einer anderen sinnvollen Beschäftigung nachzugehen, obwohl viele von ihnen jahrelang auf eine rechtskräftige Entscheidung im Asylverfahren warten müssen. Selbst nach der rechtskräftigen Entscheidung erhalten die Betroffenen oft nur unsichere und kurzfristige Aufenthaltstitel, die regelmäßig verlängert werden müssen. Jene, die schon jahrelang in Österreich leben und arbeiten, haben oft keine längerfristige

Perspektive oder Sicherheit.¹² In weiterer Folge ist auch der Zugang zur Staatsbürgerschaft in Österreich sehr restriktiv und bietet beträchtliche Hürden – etwa in Form der nachzuweisenden Art und Dauer des bisherigen Aufenthalts oder des geforderten Mindesteinkommens.

Auch und insbesondere für in Österreich geborene und/oder aufgewachsene Kinder mit rechtlich als „Fremde" definierten Eltern ergeben sich daraus massive Konsequenzen. Denn die Vergabe der Staatsbürgerschaft richtet sich nach der Staatsangehörigkeit der Eltern, unabhängig davon, ob Kinder in Österreich geboren sind oder wie lange sie schon hier leben. In Österreich geborene Kinder müssen also beispielsweise ein Mindesteinkommen nachweisen, um überhaupt die Chance zu haben, eingebürgert zu werden. Durch solche unverhältnismäßigen Hürden bleibt ein immer größer werdender Teil der Bevölkerung von der österreichischen Staatsbürgerschaft ausgeschlossen. Inzwischen leben daher mehr als 220.000 in Österreich geborene Menschen als „Fremde" in ihrem Geburtsland.¹³ Und dieses „Fremdsein" schließt die Betroffenen vom Wahlrecht aus, es erlegt ihnen Reisebeschränkungen auf und es verhindert, dass Menschen, die hier zuhause sind, die gleichen Rechte besitzen wie ihre Freund*innen, Mitschüler*innen und Arbeitskolleg*innen.

Ob sich in den nächsten Jahren die Rhetorik und Politik der rassistischen Spaltung und der Entsolidarisierung, wie sie die türkise Volkspartei massiv vorantrieb, fortsetzen oder sogar verschärfen wird, lässt sich aus heutiger Sicht noch nicht abschätzen. Viel wird davon abhängen, wie erfolgreich die Proteste gegen Ausgrenzung und Abschiebungen sein werden und für das Recht auf ein Leben in Sicherheit und Würde sowie auf gesellschaftliche und politische Teilhabe für alle Menschen.

Weiterführende Links und Literatur

Afghanistan Zhaghdablai, Blog des Afghanistan-Experten Thomas Ruttig,
    https://thruttig.wordpress.com/
Petition „Ja zur Einbürgerung hier geborener Kinder!" von SOS Mitmensch,
    https://www.hiergeboren.at/
#sicher sein. Engagiert gegen Abschiebungen nach Afghanistan,
    https://www.sichersein.at/ist-es-sicher/unsicheres-afghanistan/
Website von Erik Marquardt, Mitglied des Europäischen Parlaments
    (greens/EFA, Bündnis 90/Die Grünen), Schwerpunktthemen Flucht,
    Migration und Menschenrechte, https://erik-marquardt.eu/
Website der Protestbewegung „Wochenende für Moria",
    https://www.und-lieben.tirol/wochenende-für-moria/

Anmerkungen

1 Anm.: Die 12-jährige Tina, die durch ihre mediale Präsenz zu einem Symbol für die Kinderabschiebungen wurde, bezeichnete in einem kurz nach ihrer Abschiebung geführten Interview mit der ZIB 2 Österreich als ihre Heimat.
2 Zur „Kindeswohlkommission" vgl. Nina Horaczek, „Das Recht und die Kinder", Falter, 6/21, S. 19.
3 Vgl. kontrast.at, 4.2.2021, https://kontrast.at/abschiebung-tina-petition/, Zugriff 15.4.2021.
4 Vgl. Melina Mitternöckler, Der Polizeieinsatz gegen die Grenzen-töten-Demo in Innsbruck war rechtswidrig, 29.4.2021, https://www.bonvalot.net/der-polizeieinsatz-gegen-die-grenzen-toeten-demo-in-innsbruck-war-rechtswidrig-721/, Zugriff 5.5.2021.
5 Vgl. Medienreferat der Österreichischen Bischofskonferenz, Tirol: Vandalismus-Aktion gegen Kloster in Hall, 2.3.2021, https://www.katholisch.at/aktuelles/133432/tirol-vandalismus-aktion-gegen-kloster-in-hall, Zugriff 26.4.2021.
6 Anm.: Hingewiesen sei an dieser Stelle auch auf die Strategie der Abschreckung und Zurückweisung in der EU. Es gibt zahlreiche Berichte sog. „illegaler Pushbacks" von Flüchtlingen an der kroatischen Grenze zu Bosnien. Außerdem schreckt die EU nicht vor Verhandlungen mit gewalttätigen Akteuren und Regimen etwa in Nordafrika zurück, um „Asylzentren" außerhalb des EU-Territoriums zu errichten und dadurch die Flucht Schutzsuchender in die EU-Staaten zu verhindern.
7 Vgl. Presseaussendung der asylkoordination österreich, http://www.asyl.at/de/info/presseaussendungen/asylzahlenwiderlegendesinformationskampagnederoevp/, Zugriff 27.4.2021.
8 Anm.: Eine Dokumentation des Kampfs um ein Bleiberecht für die Familie Magomedov findet sich beim Onlinemagazin dolomitenstadt.at, https://www.dolomitenstadt.at/tag/familie-magomedov/, Zugriff 19.4.2021.
9 Vgl. Institute for Economics and Peace, Global Peace Index 2020, p. 8–9, https://www.economicsandpeace.org/wp-content/uploads/2020/08/GPI_2020_web-1.pdf, Zugriff 19.4.2021.
10 Vgl. UN General Assembly Security Council, The situation in Afghanistan, 12.3.2021, p. 4, https://unama.unmissions.org/sites/default/files/sg_report_on_afghanistan_march_2021.pdf, Zugriff 19.4.2021.
11 Vgl. Erik Marquardt, Neues EU-Abkommen erleichtert Abschiebungen nach Afghanistan, 25.3.2021, https://erik-marquardt.eu/2021/03/25/neues-eu-abkommen-erleichtert-abschiebungen-nach-afghanistan/, Zugriff 26.4.2021.
12 Anm.: Im November 2015 wurde das sog. „Asyl auf Zeit" eingeführt. Seither wird Asylberechtigten in Österreich kein dauerhaftes Aufenthaltsrecht mehr gewährt, sondern ein auf 3 Jahre befristeter Schutzstatus. Anschließend wird überprüft, ob die Asylgründe weiterhin vorliegen oder ein Aberkennungsverfahren eingeleitet wird. Für subsidiär Schutzberechtigte, die ohnehin nur eine befristete Aufenthaltsbewilligung erhalten, traten in den letzten Jahren Verschärfungen im Familiennachzug und hinsichtlich des Anspruchs auf Sozialleistungen in Kraft.
13 Vgl. SOS Mitmensch, Petition und Kampagne zur Einbürgerung von in Österreich lebenden Menschen, https://www.hiergeboren.at/, Zugriff 20.4.2021.

Franz Klug

Tiroler Grüne Regierungsjahre – Bilanz und Ausblick

Die Ausgangssituation

Die Tiroler Grüne Alternative erreichte mit der Spitzenkandidatin Ingrid Felipe 2013 12,6 % der abgegebenen Stimmen und damit ein Plus von 1,86 % gegenüber der Landtagwahl 2008, die ÖVP unter Landeshauptmann Günter Platter 39,95 %, somit ein Minus von 1,15 %. In absoluten Zahlen entschieden sich 39.904 WählerInnen für die Grünen und 124.689 für die ÖVP. Sie nahm als mit Abstand stärkste Partei nach Sondierungsgesprächen mit allen Parteien Koalitionsverhandlungen mit den Tiroler Grünen auf. Diese wurden erfolgreich mit dem ersten Koalitionsvertrag abgeschlossen. Ingrid Felipe (Umweltschutz/Verkehr) und Christine Baur (Soziales) zogen in die Regierung ein. 2018 erfolgte eine Neuauflage der Schwarz-Grünen Koalition, auch wenn die Tiroler Grüne Alternative die Wahl verlor und auf 10,7 % mit etwas über 34.000 Stimmen zurückfiel. Die Tiroler Grünen werden seitdem in der Regierung von Ingrid Felipe (Umweltschutz/Verkehr) und Gabi Fischer (Soziales) vertreten.

Von ihrem ersten Einzug in den Landtag 1989 bis zur letzten Wahl 2018 schwankt die Tiroler Grüne Alternative zwischen 30.000 und 45.000 Stimmen. Ihr bestes Ergebnis bei Landtagswahlen erreichte sie 2003 mit einem WählerInnenanteil von 15,6 % (44.000 Stimmen). Das Ergebnis von 2018 mit 34.000 Stimmen bedeutet einen Rückfall auf jenes der Landtagswahl 1994, bei der die Tiroler Grünen bereits 39.000 Stimmen erzielt hatten.

Diese großen Schwankungen werden Grün-intern einerseits mit der Konkurrenz neu auftauchender Parteien und Namenslisten erklärt – Liste Fritz, Neos, Liste Vorwärts –, andererseits mit dem Rückgang von StammwählerInnen und der Zunahme von WechselwählerInnen. Welche Rolle eigene Fehler und die eigene Regierungsarbeit für die Verluste von 2018 spielten, wurde nie gründlich diskutiert.

In Tirol sind die Grünen nur im Zentralraum Innsbruck stark verankert, landesweit haben sie dies bis heute nicht geschafft. Die Stärke der Innsbrucker Grünen, die in der Landeshauptstadt als dominierende Kraft nach einer Direktwahl mit Georg Willi den Bürgermeister stellen, verdeckt das Schwächeln in den Bezirkshauptstädten und im ländlichen Raum. In Innsbruck ist es gelungen, die bereits bei der Gründung der Grünen prognostizierten 25 % Stimmanteil zu erreichen, 2018 legten die Innsbrucker Grünen auf 24,16 % zu. Sehr gute Ergebnisse erzielten sie auch in Gemeinden rund um Innsbruck wie Sistrans (25 %), Axams (23 %), Lans (23 %) und Aldrans (18 %). Doch stellen die Grünen außerhalb der Landeshauptstadt weiterhin keine BürgermeisterInnen und auch bei der Bürgermeisterstellvertretung schaut es für sie nicht gut aus. Es gibt mit Gabi Kapferer-Pittracher in Axams und Christoph Walch in Telfs tirolweit nur zwei VizebürgermeisterInnen.

Anforderungen einer Analyse der Grünen Regierungsarbeit

Eine Analyse der Grünen Regierungsbilanz muss mehrere Punkte berücksichtigen. Erstens inwieweit das versprochene Wahlprogramm ins Regierungsprogramm eingeflossen ist. Zweitens welche Punkte des gemeinsamen Koalitionsprogramms umgesetzt wurden. Drittens sind außerordentliche Ereignisse zu berücksichtigen, die nicht vorhersehbar waren. Unabhängig von den Regierungsprogrammen gab es in beiden Regierungsperioden überraschende gesellschaftliche Großereignisse, die politisch bearbeitet werden mussten. In der ersten Periode war dies das Flüchtlingsthema, in der zweiten die Corona-Pandemie.

Das Grüne Wahlprogramm für 2013

Das Grüne Wahlprogramm für 2013 mit dem Titel „Damit Tirol grün bleibt" enthielt auf 21 Seiten zahlreiche allgemeine Forderungen. Der politische Forderungskatalog reichte vom Schutz der Tiroler Naturjuwele, von der verstärkten Förderung biologischer Landwirtschaft und des öffentlichen Verkehrs, vom weiteren Wasserkraftausbau – nur wenn keine ökologisch wertvollen Fließstrecken geopfert werden – und vom sparsamen Umgang mit Grund und Boden bis zur Ökologisierung des Tourismus. Gefordert wurden weiters Löhne und Gehälter, eine Bedarfsorientierte Grundsicherung, die Einführung einer gemeinsamen Schule der 6- bis 14-Jährigen, die Abschaffung der Sonderschulen, die finanzielle Absicherung von autonomen Fraueneinrichtungen, gesundes regionales Essen in allen Kindergärten, Schulen und öffentlichen Kantinen sowie die Absicherung von KünstlerInnen durch mehrjährige Fördervereinbarungen. Als Leuchtturmprojekt und konkrete, in Zahlen gegossene Forderung tauchte jedoch nur die Einführung eines Tirol-Jahrestickets für Bahn und Bus in der Höhe von 365 Euro auf. Um große politische Projekte umzusetzen und auch eine gute Ausgangsbasis für Regierungsverhandlungen zu haben, ist es aber notwendig, dass die Grünen Forderungen bereits im Grünen Wahlprogramm zahlenmäßig beziffert werden.

Das Regierungsprogramm 2013–2018

Das erste Regierungsabkommen stand unter dem Motto „Verlässlich handeln. Neu denken".[1] Im Vorwort des 55-seitigen Regierungsprogrammes wurden als Hauptziele der gemeinsamen Arbeit festgehalten: Vollbeschäftigung, Tourismusland Nummer 1, flächendeckende Bewirtschaftung der Landwirtschaft, Wohnbauoffensive, neue Wege in der Bildung, revolutionäres Ticketsystem im öffentlichen Verkehr, Gleichstellung von Mann und Frau, Gerechtigkeit und Transparenz, verantwortungsvoller Umgang mit der Natur und ein energieautonomes Tirol.

Bei den über 300 politischen Forderungen, die im Regierungsprogramm enthalten sind, findet man in Hinblick auf die Finanzierung der geplanten Maßnahmen keine Zahlen – bis auf die Grüne Forderung nach dem 365-Euro-Ticket und selbst hier gab es die Einschränkung nach Maßgabe der finanziellen Möglichkeiten. Diese Weigerung, konkret festzuschreiben, wieviele finanzielle Mittel für geplante Projekte in die Hand genommen werden, führte in der politischen Praxis dazu, dass der zuständige ÖVP-Finanzlandesrat gute Grüne Projekte abwürgen konnte: immer mit dem Hinweis auf das fehlende Geld.

Beim Thema Agrargemeinschaft versus Gemeindeeigentum – ein Streit, der vor allem in der vorhergehenden Regierungsperiode den Landtag zeitweise dominiert hatte – einigte man sich darauf, das Urteil des Obersten Gerichtshofs abzuwarten. Die Koalitionspartner gaben als Ziel eine möglichst gütliche Einigung der Streitparteien aus und den Willen, die Erkenntnisse des Gerichts in einem neuen Landesgesetz umzusetzen. Während die Tiroler ÖVP vor allem wegen des Bauernbundes eher eine bauernfreundliche Lösung bevorzugte, waren die Grünen hier immer auf der Seite der Gesamtbevölkerung.

Überraschenderweise tauchten im gemeinsamen Regierungsprogramm zahlreiche Zusammenschlüsse von Schigebieten auf, welche die ÖVP seit langem forciert hatte. Beim geplanten Zusammenschluss Pitztaler Gletscher/Ötztaler Gletscher gab es als Zugeständnis an die Grünen die Formulierung, man gehe davon aus, dass der Mittelbergferner maximal überspannt werde und bei der Erweiterung des Schigebietes Thurntaler eine Verbindung in Richtung Innervillgraten abzulehnen sei. Für den geplanten Brückenschlag zwischen Schlick 2000 und Axamer Lizum – von der ÖVP gewünscht, von den Grünen abgelehnt – wurde ein koalitionsfreier Raum vereinbart. Auch das Ausbauprogramm für Wasserkraftwerke sah aus, als ob es die TIWAG geschrieben hätte. Es verlangte unter anderem den Ausbau der Kraftwerksgruppe Sellrain-Silz/Kühtai, den Ausbau der Kraftwerksgruppe Kaunertal, die Umsetzung eines Ausleitungskraftwerks Ötztaler Ache Tumpen/Habichen und die Errichtung eines Ausleitungs-Laufkraftwerks Imst–Haiming.

Wasserkraftausbau –
ein Hauptstreitpunkt der ersten Regierungsjahre

Die Problematik wertvolle ökologische Gewässer versus Strom aus sauberer Energie legte die ÖVP bis jetzt immer zugunsten der Energiegewinnung aus. Das Faktum, dass Tirol bereits jetzt viel mehr Strom aus Wasserkraft erzeugt, als Strom hierzulande überhaupt verbraucht wird, ignorieren ÖVP und große Teile der Bevölkerung. Die Umweltanwaltschaft Tirol stellt dazu fest:

„2019 wurden in Tirol insgesamt 6.991,4 GWh (Gigawattstunden) Strom erneuerbar produziert. Rund 95,5 Prozent dieses Stroms stellte die Wasserkraft bereit, nur ein geringer Anteil wurde durch Verbrennung biogener Stoffe erzeugt. Die Stromgewinnung aus Fotovoltaik betrug 2019 gerade einmal 1,55 Prozent. Der Stromverbrauch Tirols im Jahre 2019 belief sich auf 6.329,2 Gigawattstunden (GWh). Tirol erwirtschaftete im Jahr 2019 somit eine bilanzielle Stromüberproduktion von 662,2 GWh. Sieht man sich eine längere Jahresreihe von 2005 bis 2019 an, so ist zu erkennen, dass ab dem Jahr 2008 eine stete Überproduktion erzielt wurde. Das gesteckte Landesklimaziel, nämlich spätestens 2030 bilanziell aufgrund erneuerbarer Produktion stromautonom zu sein, ist somit bereits (über)erfüllt."[2]

In der Öffentlichkeit ist die Debatte – Strom aus Wasserkraft versus letzte biologische wertvolle Ökosysteme an Alpenbächen und Alpenflüssen – schwierig zu führen. Viele Menschen, die für saubere Energie aus Wasserkraft sind, verstehen nicht, warum es NaturschützerInnen gibt, für die unverbaute Flussläufe ein wichtiger ökologischer Wert sind, den es zu erhalten gilt.

Um die geplanten Wasserkraftwerke rasch umzusetzen, verabschiedete die Tiroler Landesregierung 2014 ein Maßnahmenpaket. Die Umweltschutzverbände kritisierten diese Projekte, die zum Verschwinden von naturnahen Fließstrecken mit hohem ökologischen Wert führen, scharf. Sogar Freda-Meissner Blau stellte fest: „Es ist mir als Grüne der ersten Stunde völlig unbegreiflich, dass sich die Grünen in Tirol auf eine derartige Vereinbarung einlassen."[3] Die Grüne Regierungsseite stellte beschwichtigend fest, dass im Rahmenplan für den Wasserkraftausbau sehr wohl noch die Möglichkeit bestehe, ökologische Parameter durchzusetzen.

Neben der Debatte um den Ausbau der Schigebiete und der Wasserkraft waren die Herausforderungen bei Menschen auf der Flucht ein weiteres wichtiges Thema in dieser Regierungsperiode.

Das Thema Menschen auf der Flucht

Auf Grund der massiven Verschlechterung der Lebensumstände in Syrien, im Irak und in Afghanistan im Zuge der Bürgerkriege suchten 2014/2015 viele Menschen aus diesen Ländern Zuflucht in Europa. Am Beginn der Flüchtlingskrise überwog die Solidarität mit den Flüchtenden – auch in Tirol und obwohl in den Medien Schlagzeilen mit den Aufgriffen von „illegalen Flüchtlingen", die auf dem Weg nach Deutschland waren, dominierten. Tirol stellte Anfang 2015 2.800 Flüchtlingsquartiere zur Verfügung, Soziallandesrätin Christine Baur sprach in der Tiroler Tageszeitung vom 18. Februar 2015 „von einem ‚Kraftakt aller Beteiligten' – von Landeshauptmann Günther Platter (ÖVP) über die Bezirkshauptleute und Bürgermeister bis hin zu den Mitarbeitern der Flüchtlingskoordination, aber auch der Tiroler Bevölkerung." Im weiteren Verlauf der Krise, in der auch die Anforderungen an die Bundesländer bei der Bereitstellung von Quartieren anstiegen, kam es in Tirol zu Problemen. Im Dezember 2015 waren anstatt der vom Bund geplanten 6.250 Plätze nur 5.100 vorhanden, Tirol befand sich bei der Unterbringungsquote auf dem letzten Platz. Um die Flüchtlingshilfe besser zu organisieren, wurde sie in eine landeseigene Firma ausgelagert, in die Tiroler Soziale Dienste GmbH (TSD). 2015 weigerten sich die von der ÖVP regierten Gemeinden im Vorfeld der anstehenden Gemeinderatswahlen, mehr Plätze zur Verfügung zu stellen. Wegen der fehlenden Plätze kaufte die TSD fünf Traglufthallen als vorübergehende Flüchtlingsunterkünfte an. In der Folge häuften sich Probleme mit der Aufstellung und der Nutzung der Hallen. Die Opposition kritisierte die Arbeit der TSD scharf, sie bezweifelte die Sinnhaftigkeit der Ausgliederung aus dem Landesdienst. Daher setzte der Tiroler Landtag in der zweiten Regierungsperiode von Schwarz-Grün einen Untersuchungsausschuss ein, der die Arbeit der TSD durchleuchtete. Unabhängig von potenziell besser zu gestaltenden Vorgangsweisen oder ausgelassenen Möglichkeiten wie den Bau von Holzunterkünften, die in der Nachnutzung Studierenden als Wohnraum dienen hätten können, wurde doch Tausenden von Menschen in Not rasch geholfen und sie wurden mit dem Lebensnotwendigsten versorgt.

Bilanz der ersten Regierungsperiode von Schwarz-Grün

Als Bilanz der ersten Regierungsperiode von Schwarz-Grün kann festgehalten werden, dass auf der Positivseite vor allem zahlreiche Erfolge im Verkehrs-, Mobilitäts- und Sozialbereich zu verzeichnen waren. Das versprochene Jahresticket wurde mit einem Preis von 490 Euro im Juni 2017 geschaffen sowie Tempo 100 und das LKW-Dosiersystem auf der Autobahn eingeführt. Im Naturschutzbereich erfolgte die Weisungsfreistellung des Umweltanwaltes, im Sozialbereich die Erhöhung des Sozialbudgets, die Verhinderung von Kürzungen und die Absicherung der Sozialvereine durch dreijährige Leistungsverträge. Weitere Erfolge waren der Bau eines neuen Frauenhauses, die Verdoppelung des Frauenbudgets, ein echtes Teilhabegesetz, das die Grundwerte der UN-Behindertenrechtskonvention wahrt und die Einrichtung eines Petitionsausschusses. Natürlich zählt zu den Erfolgen, trotz aller Probleme, auch die Politik für Menschen auf der Flucht. Ebenso die Agrarregelung, die ohne massiven Einsatz der Grünen bauernfreundlicher und nicht gemeindefreundlicher ausgefallen wäre.

Negativ ist zu verbuchen, dass es vor allem in den Bereichen Naturschutz versus Wasserkraft – neue Wasserkraftwerke und Naturschutz versus Tourismus – und Schigebietszusammenschlüssen nicht gelang, die ÖVP von ihrer traditionellen Betonierpolitik abzubringen. Negativ und unnötig war auch die Genehmigung des Kraftwerkes Tumpen-Habichen 2015 im Naturschutzverfahren, trotz negativen Naturschutzgutachtens, durch die zuständige Grüne Landesrätin Ingrid Felipe. Negativ und unverständlich ist auch, dass das im Regierungsprogramm beschlossene Sonderförderprogramm Solar und Photovoltaik bei öffentlichen Gebäuden – eine Uraltforderung der Grünen, bereits erstmals 1989 beim Einzug in den Tiroler Landtag erhoben – nicht umgesetzt wurde.

Rückblickend zeigt sich, dass die Erwartung der Grünen, die ÖVP würde sich aufgrund ihrer leichten Wahlverluste deutlich in Richtung Grün bewegen, nicht erfüllt wurde. Da half auch nicht die Unterschrift von Landeshauptmann Günter Platter unter das Regierungsübereinkommen in grüner Farbe. Zu beobachten war auch, dass die Grün-nahen NGOs wie der Alpenverein und der World Wide Fund For Nature (WWF) die Grüne Regierungspolitik kritisierten und gegen die Grünen auftraten. Die vielen Wasserkraftwerksvorhaben zum Schaden der Natur, welche die ÖVP durchsetzte, wurden den Grünen zur Last gelegt. Die NaturschützerInnen demonstrierten nicht mehr vor der ÖVP-Parteizentrale, sondern vor dem Parteitag der Grünen.

Grünes Wahlprogramm 2018

Das Grüne Wahlprogramm 2018 mit dem Titel „Nur mit Dir" war mit 45 Seiten wesentlich umfangreicher als 2013 und enthielt einen ausführlichen politischen Forderungskatalog. Es gab zwar kein Leuchtturmprojekt wie 2013 mit der Forderung nach einem 365-Euro-Ticket, dafür viel mehr Einzelforderungen. Darunter auch Grundsätzliches wie die Forderung für einen nachhaltigen sozial und ökologisch verträglichen Tourismus und nach drastischer Reduktion des Ressourcenverbrauchs; also der Anspruch, unsere Wegwerf-Gesellschaft in eine Reparatur- und Wiederverwertungsgesellschaft umzubauen und regionale Wirtschaftskreisläufe zu fördern.

Das Regierungsprogramm 2018–2023

Für die neue Regierungsperiode legte Schwarz-Grün ein 77-seitiges Regierungsprogramm vor.[4] Der Schwerpunkt lag auf Verkehr und Wohnen. Für leistbares Wohnen wurde vereinbart, 230 Millionen Euro zusätzliche Mittel zur Verfügung zu stellen und 12.000 geförderte Wohnungen zu bauen. Das Ziel beim Transit war es, die Fahrten schrittweise so zu reduzieren, dass 2027 die LKW-Obergrenze von einer Million Fahrten pro Jahr zu erreicht wird. Zudem sollten jährlich 1,5 Millionen Tonnen auf die Schiene verlagert werden. Die Grünen lehnten den Fernpassscheitel- und Tschirganttunnel ab, den die ÖVP forcierte. Beim Scheiteltunnel bestanden sie auf die Einhaltung des 7,5 Tonnen Limits, um das Entstehen einer neuen Transitroute zu verhindern. Der Tschirganttunnel ist ein Projekt der ASFINAG und fällt nicht in den Zuständigkeitsbereich der Grünen. Beide Projekte wurden nicht verwirklicht, sie stecken im Planungsstadium fest. Neben den Schwerpunkten Verkehr und Wohnen wurden für zahlreiche Politikfelder von Bildung über Soziales, Pflege, Gesundheit, Tourismus, Arbeit und Beschäftigung, Integration und Migration, Umwelt- und Naturschutz, Frauen und Gleichstellung bis zu Kunst und Kultur insgesamt über 500 Einzelforderungen aufgestellt. Ab dem Frühjahr 2020 war eine Umsetzung dieses ambitionierten und ausführlichen Regierungsprogrammes nicht mehr möglich. Die weltweit grassierende Corona-Pandemie bestimmte von nun an Politik und Alltagsleben der Menschen.

Die Corona-Pandemie

In der Corona-Pandemie tauchte die Regierungsspitze der Tiroler Grünen als eigenständige politische Kraft völlig ab. Es wurde nur mehr nachvollzogen, was die ÖVP, Landeshauptmann Platter und der Krisenstab vorgaben. Die Frage der Notwendigkeit von Maßnahmen wie das totale Demonstrationsverbot bis 1. Mai 2020 in

Tirol oder die landesweiten nächtlichen Ausgangssperren thematisierten die Tiroler Grünen nie. Eine große Mehrheit begrüßte sogar ein Dispositiv des „Überwachens und Strafens" im Namen der Bekämpfung von Corona, trotz teilweiser Missachtung der Verfassung. Auch der Umstand, dass in diesem Zusammenhang Polizei und Militär massiv gegen die Bevölkerung in Stellung gebracht wurden, rief keine Kritik hervor. Die völlige Abwesenheit einer eigenständigen Grünen Politik in Zeiten von Corona ist darauf zurückzuführen, dass die Grüne Regierung und der Grüne Landtagsklub froh waren, die einschneidenden Entscheidungen dem Landeshauptmann und dem Krisenstab überlassen zu können. Dazu kam, dass die Grünen Regierungsmitglieder und der Grüne Landtagsklub die eigenen Parteigremien ignorierten. Sie bezogen das zuständige Parteigremium, den Grünen Vorstand, im Vorfeld der politischen Entscheidungen einfach nicht mit ein. Grün-intern erfolgte die Kommunikation so wie in der ÖVP, die bereits getroffenen Entscheidungen wurden diskussionslos nach unten an die Basis weitergereicht. In der medial heftig ausgetragenen Auseinandersetzung mit dem Fall Ischgl – KritikerInnen warfen der Landesregierung vor, zu spät reagiert zu haben, ÖVP-Gesundheitslandesrat Bernhard Tilg wiederholte mantraartig, „man habe alles richtig gemacht" – bemängelten die Grünen öffentlich nur zaghaft die Fehler der verantwortlichen Regierungsmitglieder der Volkspartei. Die Grüne Regierungsspitze zog sich auf die Position zurück, dass vor Rücktrittsforderungen erst alles aufgeklärt werden müsse. An der Grünen Basis gab es parteiintern hingegen sehr wohl den Ruf nach einem Amtsverzicht von Landesrat Tilg und dem Rückzug der zuständigen Spitzenbeamten.

Im Zuge der Corona-Pandemie nutzten die Grünen viel zu wenig die Möglichkeit, für einen massiven Umschwung im Tiroler Tourismus zu werben. Auch wenn Landeshauptmannstellvertreterin Ingrid Felipe und andere Grüne Spitzenpolitikerinnen in Interviews immer wieder die Notwendigkeit betonten, in Tirol nach dem Ende von Corona einen naturnahen klimafreundlichen Tourismus zu entwickeln, mobilisierten sie weder die Grünen noch die Grün-nahen Organisationen für dieses Vorhaben. Ein breiter öffentlicher Diskurs über die dringend notwendige Wende im Tourismus ist ebenso noch ausständig wie die Präsentation des Masterplans für einen ökosozialen Tourismus. Die Chance, in der aktuellen Gesundheits- und Klimakrise eine umfassende Diskussion über unsere ressourcenverschwenderische Lebensweise mit all ihren ökosozialen Kosten anzustoßen, haben die Grünen nicht ergriffen. Selbst die bereits existierenden Konzepte für eine Postwachstumsgesellschaft haben sie nicht viel stärker als bisher in die Öffentlichkeit getragen. Positiv ist hingegen, dass Schwarz-Grün bis Juni 2021 rund 870 Millionen Euro aus dem Landesbudget zur Unterstützung der von der Corona-Pandemie Betroffenen bereitstellte.

Die Regierungsbilanz 2018–2021

Ein Erfolg in der Regierungsarbeit war, dass es auch in Corona-Zeiten gelang, Grüne Schwerpunkte im Verkehrs- und Sozialbereich zu realisieren. Das günstige Jahresticket und der Lufthunderter auf der Autobahn konnten verlängert, der öffentliche Nahverkehr ausgebaut und die Lärmbelästigung durch Motorradfahrerinnen reduziert werden. Mobilitäts- und Umweltschutzlandesrätin Ingrid Felipe legte zudem eine durchdachte Nachhaltigkeits- und Klimastrategie für Tirol vor. Was aber noch fehlt, ist, diesen Zukunftskompass auch umzusetzen. Soziallandesrätin Gabi Fischer konnte die von den Grünen eingeführte längerfristige Budgetierung von Sozialvereinen auf drei Jahre fortsetzen, ein Gewaltschutzprogramm auflegen und für die Gleichstellung der Frauen 10 Millionen Euro im Budget zusätzlich bereitstellen. Grüne Erfolge sind auch beim Projekt „Leistbares Wohnen für Alle" auszumachen. Mit der ÖVP vereinbart ist eine Abgabe auf leerstehende Wohnungen und das Verbot, in Gemeinden mit hohem eigenen Wohnungsbedarf Freizeitwohnsitze zu errichten.

Bis jetzt wurden von den versprochenen 12.000 Wohnungen 8.000 gebaut. Die restlichen 4.000 Wohnungen sollen bis zum Ende der Legislaturperiode 2023 fertiggestellt werden. Misslungen ist die geplante verstärkte Verlagerung des LKW-Verkehrs auf die Schiene. Die Rollende Landstraße (RoLa) verzeichnete 2019 mit 124.873 transportierten LKWs gegenüber 2018 ein Minus von rund 8 % (18.284 LKWs). 2019 wurden nur ca. 54 % der möglichen Kapazität der RoLa genutzt. Der Spitzenwert von 245.000 transportierten LKWs über den Brenner datiert weiterhin aus dem Jahr 2010.[5] (Verkehr in Tirol. Bericht 2019)

Positiv ist für beide Regierungsperioden generell zu bewerten, dass die Grünen mit ihrem hohen Frauenanteil in der Regierung das männliche Politikbild durchbrochen und damit Druck auf die anderen Parteien ausgeübt haben, ihren Frauenanteil zu erhöhen. Die Regierungsprogramme enthalten nun eigene Frauen- und Gleichstellungskapitel, die es so vorher nicht gab.

Negativ war in der zweiten Regierungsperiode, dass es den Grünen nicht gelungen ist, aus Regierungsfehlern der ÖVP Kapital zu schlagen. Weder im Fall Tilg (Ischgl) noch im Fall Geisler (Luder Sager) entwickelten die Grünen eine konsequente politische Strategie und Haltung gegenüber der ÖVP, die zu nachweislichen Erfolgen geführt hätten. Ebenfalls negativ fällt auf, dass bereits in der ersten Periode erreichte Standards nicht eingehalten werden. Während 2014 das Naturparkhaus Klimmbrücke am Lech errichtet wurde, ein plus Energiehaus mit 130 m^2 Solaranlage, wurde diese Chance im 2019 eröffneten Längenfelder Naturparkhaus liegengelassen. Und negativ fällt auf, dass die im neuen Regierungsprogramm versprochene Photovoltaikoffensive wieder nicht umgesetzt wurde und entgegen aller Versprechungen der viel zu hohe Bodenverbrauch nicht gestoppt wird.

Auch wenn die zweite Regierungsperiode noch nicht zu Ende ist, zeigt die Arbeit der Tiroler Grünen in beiden Regierungsperioden, dass sie die Möglichkeit, grundlegend anders zu regieren, nicht eingelöst haben. Statt eng mit Grün-nahen Organisationen und der Umweltanwaltschaft zusammenzuarbeiten und auch die Schwarmintelligenz der eigenen Parteibasis bei wichtigen Entscheidungen einzubinden, informiert die Grüne Spitze meistens nur mehr über ihre Beschlüsse auf Regierungsklausuren. Statt die Basis für gemeinsame Offensivkampagnen einzusetzen, wird sie, wie bei den anderen Parteien, nur mehr dafür benötigt, im Wahlkampf Stimmen zu maximieren.

Ausblick

Die Grüne Regierungsarbeit im Land Tirol hat viele Erfolge vorzuweisen, jedoch auch schmerzliche selbstverschuldete Niederlagen. Der Verlust von Prozenten und Mandaten nach der ersten Regierungsperiode zeigte, dass die Grüne Regierungsarbeit bis jetzt in Tirol weder zur Stärkung der Grünen WählerInnenbasis noch zu einem Zuwachs an Mandaten führte.

Die Grünen, die mit ihren Grundsätzen ökologisch, solidarisch, basisdemokratisch, gewaltfrei, selbstbestimmt und feministisch immer noch den politischen Bedürfnissen der Gegenwart am ehesten gerecht werden, müssten, um noch viel stärker als bisher ihre Werte zum Leuchten zu bringen, mutig einen Dreischritt wagen. Erstens eine starke Verbesserung der Grünen Regierungsarbeit durch den Einbau von selbstreflexiven Schleifen: Was läuft gut, was schlecht, wie werden wir besser? Zweitens die Mitnahme und Einbindung der Basis bei großen Grünen Regierungsprojekten. Die kritische Forderung von Michel Foucault, „anders zu regieren", sollte eine Grüne Regierung eigentlich umsetzen. Drittens ein viel stärkeres Engagement der Grünen Spitze, unabhängig von Regierungsbeteiligungen, für den Ausbau und die Stärkung der Partei in den Bezirkshauptstädten und in allen Gemeinden.

Wenn die politische Arbeit der Grünen weitergeht wie bisher, werden sie auch künftig je nach politischer Großwetterlage zwischen Wahlgewinnen und Wahlverlusten schwanken. Die Möglichkeiten, in der Regierung viel mehr und Grundlegenderes umzusetzen, bleiben dann weiterhin ungenutzt und damit auch die Chance, die Grünen nachhaltig zur zweitstärksten Partei in Tirol aufzubauen.

Weiterführende Literatur

Ulrich Brand/Markus Wissen: Imperiale Lebensweise. Zur Ausbeutung von Mensch und Natur im globalen Kapitalismus, München 2017.
Tamara Ehs: Krisendemokratie. Sieben Lektionen, Wien 2020.
Georg Seeßlen: Die „Zweite Welle". Corona & Kultur, Wien 2021.

Anmerkungen

1 https://www.tirol.gv.at/fileadmin/regierung/downloads/koalitionsuebereinkommen-2013.pdf (Zugriff 2.8.2021).
2 Tiroler Umweltanwaltschaft: Energiewirtschaftliche und ökologische Aspekte der Wasserkraft in Tirol. https://www.tiroler-umweltanwaltschaft.gv.at/naturschutz/tiroler-fliessgewaesser-unter-strom/ (Zugriff 2.8.2021).
3 Freda Meissner-Blau kritisiert Tiroler Grüne wegen Wasserkraftplänen. https://www.derstandard.at/story/2000004884864/freda-meissner-blau-kritisiert-tiroler-gruene-wegen-wasserkraftplaenen, 28.8.2014 (Zugriff 2.8.2021).
4 https://www.tirol.gv.at/fileadmin/buergerservice/Bilder_Div/Landesregierung_NEU_2018-2023/Regierungsprogramm_2018-2023.pdf (Zugriff 2.8.2021).
5 Land Tirol: Verkehr in Tirol. Bericht 2019, S. 19. https://www.tirol.gv.at/fileadmin/themen/verkehr/verkehrsplanung/Carole/Dokumente/VB_2019_web.pdf (Zugriff 2.8.2021).

Niko Alm

Laizität 2.0 – die Trennung von Staat und Weltanschauung im 21. Jahrhundert

Mit Laizismus oder Laizität wird gemeinhin die Trennung von Staat und Religion beschrieben. Dabei handelt es sich nicht um ein präzise definiertes Prinzip, sondern ein Bündel an zweckorientierten Maßnahmen, die sich in der Praxis der Verfassungen und Gesetze einzelner Staaten erheblich unterscheiden. Zusätzlich haben sich seit der erstmaligen Verwendung dieses unscharfen Begriffes Ende des 19. Jahrhunderts auch die Anforderungen im Verhältnis von Staat und Weltanschauung in einer pluralistischeren Gesellschaft stark verändert. Der folgende Beitrag soll verdeutlichen, warum es für das 21. Jahrhundert einer Aktualisierung und neuen Definition von Laizität bedarf.

Aufklärung in einer feinstofflichen Umwelt

Religiöse Lehren geben keine Anleitung ab, die Natur zu verstehen. Ihre Weltbilder stehen oft im Widerspruch zur Realität oder werden erst sehr spät an diese angepasst. Davon unmittelbar betroffen sind die Anhänger:innen dieser Religionen, deren individuelle Weltanschauungen mit diesen Sichtweisen korrelieren.

„The Demon-Haunted World" ist der Titel eines Buches von Wissenschaftserklärer Carl Sagan, der den Menschen damit den Aberglauben an eine von feinstofflichen Wesen oder Kräften gelenkte Natur austreiben wollte. Dieses „Austreiben" ist hier nicht etwa mit den exorzistischen Maßnahmen des Katholizismus oder ähnlichen Voodoo-Methoden gleichzusetzen, die ohne Schaden an Leib und Leben kaum vorübergingen, sondern baute auf die wissenschaftliche Methode vermittelt durch Worte. Über viele Jahrtausende hinweg hat sich die Menschheit aus eigener Kraft, ganz ohne göttlichen Beistand, über Versuch und Irrtum, Logik und Empirie aus dieser Geisterwelt befreit, den Lauf der Natur zu ihren Gunsten geändert und sich eine komfortablere Umwelt kultiviert. Religion hat zum Fortschritt netto nichts beigetragen, sondern diesen oft dogmatisch verhindert.

Das Licht im Dunkel, einer durch Aberglauben erklärbar gemachten Welt, haben die Menschen selbst angemacht; kein übernatürliches Wesen, kein Gott und auch nicht Prometheus haben es gebracht. Eine besondere Phase in der jüngeren Geschichte für den Durchbruch von Rationalität und Verweltlichung war die Aufklärung, die mit ihrem etwas hochtrabenden englischen Begriff *Enlightenment* für diese Ausleuchtung natürlicher Wirkmechanismen steht. Die Aufklärung übertrug nicht nur das Primat der Welterklärung von der Religion auf die Wissenschaft, sie erfasste auch die Politik. Die neuen Republiken wollten in ihren Verfassungen und

Gesetzen zwar nicht so schnell auf Gott verzichten, aber die Legitimation der Herrschaft nicht mehr aus einem Gottesgnadentum schöpfen, sondern als *res publica* aus dem Volk selbst.

Der Einfluss auf weltliche Gesetze und die Privilegierung der christlichen Kirchen in Gesetzen wurden fortan in Europa immer weiter beschränkt. Das Wesen der Religionsfreiheit änderte sich von einem Herrschaftsprivileg zu einer individuellen Wahlmöglichkeit – wenn auch zunächst nur eingeschränkt zwischen Religionen (katholisch oder protestantisch). In weiterer Folge umfasste die spezielle Form der Gewissensfreiheit auch die Freiheit von Religion und die damit verbundene Möglichkeit keiner Religionsgemeinschaft anzugehören.

Frankreich etablierte 1905 als erstes Land mit dem Trennungsgesetz das Konzept der Laizität (laïcité) oder auch Laizismus[1], um Religion aktiv aus dem Staatswesen und öffentlichen Einrichtungen – aber nicht der Öffentlichkeit an sich – herauszuhalten.

Diese Abwehrhaltung kann aus heutiger Sicht auch als sachte Überreaktion der Gesetzgebung gesehen werden. Nur mit einer expliziten Klarstellung der Unerwünschtheit von Religion in den Gewalten und Institutionen der Republik konnte ein Zustand hergestellt werden, der die fortgeschriebene – wie es heute genannt wird – *Normalisierung* gesetzlicher Privilegien abstellte. Das Ideal einer Art staatlichen, atheistisch geprägten Agnostizismus trat in Form der Laizität an diese Stelle.

Zum Vorbild für die Welt wurde Frankreich damit nicht, mit Ausnahme der Türkei und ihrem kemalistischen Laizismus, der 1923 mit einem radikalen Zurückdrängen des Islam aus der staatlichen Sphäre bei gleichzeitiger Kontrolle der Religion selbst eingeführt wurde. Bis heute hat sich daran nicht viel geändert; es gibt gerade einmal zwölf Staaten mit laizistischen Verfassungen, obwohl die weltanschauliche Diversität der Bevölkerung weltweit in allen Ländern im Steigen begriffen ist. Die Laizität wurde nicht zu einem populären konstitutionellen Werkzeug, das einen grundsätzlichen Beitrag zur weltanschaulichen Neutralität des Staates liefert.

Säkularisierung und Laizität

Auch wenn die explizite Trennung von Staat und Religion kein beliebter Textbaustein republikanischer Verfassungen ist, sickerte die Idee durch das Staatenwesen und fand in vielen Ländern praktischen Niederschlag als Säkularisierung. Das bedeutet nicht weniger als eine schrittweise Verweltlichung durch die Entfernung religiöser Privilegierungen und Entflechtung institutioneller Verbindungen. In vielen Grundgesetzen werden auch die weltanschauliche Neutralität des Staates und gleiche Rechte für alle Bürger:innen hervorgehoben oder wie im österreichischen Bundesverfassungsgesetz[2] Vorrechte aufgrund des Bekenntnisses ausgeschlossen. Doch, wie heißt es so schön: Ausnahmen bestätigen die Regel. Denn viele Gesetze halten sich nicht an diese Vorgaben der Verfassung.

So führt diese langsame und teilweise Trennung in vielen Staaten zu einem Zustand, der sich weltanschaulicher Neutralität annähert, aber diese doch niemals erreichen kann.

Charles Taylor und Jocelyn Maclure sprechen von „Regimen der Laizität"³, die in vielen Ländern anzutreffen sind und dabei unterschiedliche Formen der „Trennung der politischen und religiösen Gewalten" und der freien Religionsausübung gewährleisten. Die länderspezifischen Unterschiede sind mannigfaltig und reichen von einigermaßen restriktiven bis zu sehr offenen Positionen. Doch eine Gemeinsamkeit in der Richtung der Entwicklung lässt sich ohne Zweifel feststellen: Moderne liberale Demokratien sind zunehmend säkular, auch wenn sie Religion in ihren Gesetzen und Institutionen noch immer mitschleppen und alimentieren.

Gute Beispiele dafür sind die skandinavischen und nordischen Staaten, die bis vor wenigen Jahrzehnten sogar protestantische Staatskirchen unterhielten und diesen Weltanschauungen damit einen besonderen Platz in der Gesellschaft gaben, aber sie bis zur Unkenntlichkeit zähmten und de facto durch die Kontrolle über das Gemeinwesen ideologisch aushöhlten. Die Bevölkerung bringt in diesen Ländern Religion als traditionelle Serviceeinrichtung oft nicht einmal mehr aktive Ablehnung, sondern nur mehr Desinteresse entgegen.⁴

Dieser starke Einfluss des Staates auf die Religion ist – und das ist weniger paradox als es klingt – mit dem türkischen Laizismus zu vergleichen, der weniger in einer Sphärentrennung besteht, sondern eine klare Kontrolle des Staates über die dominante Religion ermöglicht hatte. Genaugenommen handelt es sich bei beiden Wegen um Säkularisierung über eine Verstaatlichung von Religion, die sich durch eine sehr enge Führung auszeichnet.

Die politische Wirklichkeit des säkularen Staats und laizistischer Verfassungen zeigt, dass die Ergebnisse dieser vorsätzlichen Herangehensweisen und praktischen Entwicklungen sehr unterschiedlich ausfallen. Das liegt vor allem daran, dass es kein allgemeingültiges oder gar verbindliches Rezept für die Trennung von Staat und Religion gibt – ja, nicht einmal eine verbindliche Definition von Laizität, die von den Ländern mit laizistischer Praxis geteilt wird. Schlimmer noch: Auch die Staaten mit explizit laizistischer Verfassung erfüllen wesentliche Grundprinzipien nicht zur Gänze und unterliegen dem Fehlschluss, Religion besonders behandeln zu müssen. Daraus den Schluss zu ziehen, dass Laizität ein untaugliches Konzept oder gar gescheitert wäre, wäre zu voreilig, aber in den vorliegenden Formen bedarf sie einer Erneuerung oder vielmehr einer modernen und präzisen Definition.

Die zunehmende Ungläubigkeit heutiger Bevölkerungen und das wachsende Desinteresse an Religion und insbesondere organisierter Religion als Folge individueller und freier Sinnsuche befördert die Säkularisierung moderner Demokratien. Sie führt zwar zu „Regimen der Laizität", aber sie führt zu keiner tatsächlichen Trennung von Politik und Religion und kann damit der Pluralität von Überzeugungen niemals vollständig Rechnung tragen. Im schlimmsten Fall setzt sie die Bevorzugung traditioneller moralischer Einfalt fort, die sich über die Wertvorstellungen einer ehemals dominanten oder de facto Einheitsreligion entwickelt hat.

In dieser Hinsicht ist die *verordnete Laizität* als bewusste Trennung – top down über den Weg der Verfassung – gegenüber der schleichenden Entwöhnung von Religion jedenfalls zu bevorzugen. Erstens weil sie die Fragestellung, wie sich der Staat gegenüber Religionen und in einem übergeordneten Sinn Weltanschauungen verhalten soll, löst. Und zweitens weil nur durch eine konsequente republikanische Position die gesellschaftliche Normalisierung der Ausnahmestellung von religiösen Überzeugungen und gesetzliche Sonderrechte beendet werden können.

Das schlampige Österreich

Gerade Österreich gibt ein gutes Beispiel dafür ab, warum eine säkulare Gesellschaft und eine langsame Abkehr der Politik von Religion vielleicht einen halbwegs erträglichen diskriminierungsfreien, aber keinen politisch erstrebenswerten Zustand darstellt.

Selbstverständlich hat sich die Situation für Konfessionsfreie, Atheist:innen, Frauen, Homosexuelle etc., die durch die weltanschauliche Privilegierung religiöser Organisationen oder durch religiös geprägte gesetzliche Bestimmungen diskriminiert wurden, deutlich verbessert. Aber nur eine völlige Gleichstellung kann und darf als diskriminierungsfrei bezeichnet werden. Und davon ist die Republik noch sehr weit entfernt.

Die Grundlage für das Verhältnis von Staat und Religion bildet in Österreich das kooperative Modell, es fußt auf dem Konkordat mit dem Heiligen Stuhl. In Form eines völkerrechtlichen Vertrags sicherte sich der Katholismus – als politischer Katholizismus – 1933 Einfluss, Finanzierung und Sonderrechte in der Republik. Anderen Religionen, die bekanntlich nicht gleichzeitig auch Staaten sind, wie die katholische Kirche, konnten naturgemäß keinen Vertrag auf Augenhöhe schließen und wurden über spezielle Religionsgesetze anerkannt. Heute befinden sich 16 Kirchen und Religionsgemeinschaften in diesem besonderen Zustand einer Körperschaft öffentlichen Rechts. Daneben gibt es zehn religiöse Bekenntnisgemeinschaften, die aber rechtlich kaum bessergestellt sind als normale Vereine. In Summe unterhält die Republik damit je nach Zählart 16 oder 26 Staatsreligionen, die über viele Rechte verfügen und wenige Pflichten erfüllen müssen. Dass es sich hier um eine religiöse Dreiklassengesellschaft handelt, ergibt sich schon aus der rechtlichen Natur der Sonderbehandlung via Konkordat, Gesetz oder als vereinsähnliche Bekenntnisgemeinschaft.

Die Republik will damit sichtlich der gesellschaftlichen Wirklichkeit einer diversen Gesellschaft entsprechen und dehnt dabei die Religionsprivilegien auf immer mehr nach willkürlichen Kriterien anerkannte Religionsgemeinschaften aus. Damit erreicht der Staat aber bei weitem keine weltanschauliche Vollversorgung, sondern befördert im Gegenteil eine immer größere Diskriminierung jener, die nicht zum Kreis der rechtlich bessergestellten zählen. Der Gruppe der Konfessionsfreien ist der Zugang zu den Privilegien der religiösen Dreiklassengesellschaft grundsätzlich verwehrt. Ihre Zahl ist stetig im Steigen begriffen und wäre mit ca. zwei Millionen Menschen mit großem Abstand die zweitgrößte *Glaubensgemeinschaft*. Natürlich fehlen dazu sowohl der Glaube als auch die Gemeinschaft.

Diese grundlegende Ungleichbehandlung findet ihre praktische Umsetzung in den wiederholt erwähnten Religionsprivilegien. Dazu zählen ganz konkret neben direkten Subventionen, die Öffnung für religiöse Unterweisung in Schulen und

Universitäten inklusive ihrer Finanzierung, die für die Religionsgemeinschaften kostenlose Berücksichtigung im öffentlich-rechtlichen Rundfunk, Steuererleichterungen (unter anderem die Absetzbarkeit des Kirchenbeitrages) und vieles mehr. Carsten Frerk und Christoph Baumgarten haben die Finanzierung der Religionsgemeinschaften durchleuchtet und kommen auf eine Größenordnung der Zuwendungen von fast vier Milliarden Euro pro Jahr.[5]

Auch von einer institutionellen Trennung kann keine Rede sein. Die Republik Österreich verletzt das Identifikationsverbot, also das Verbot des Staates, sich mit einer bestimmten Religion zu identifizieren, in vielen Bereichen: Militärseelsorge, Religionsunterricht, Schwurgarnituren (mit Kreuzen) in Gerichtssälen, Kreuze in Klassenzimmern öffentlicher Schulen oder Kindergärten etc.

Darüber hinaus kommt es immer wieder zu schamlosen Vermengungen von Religion und offizieller Politik. Das Privatleben von Politiker:innen genießt als Recht auf Privatsphäre auch selbstverständlich das allgemeingültige Ausmaß an Weltanschauungsfreiheit. Wenn also eine Politikerin die Sonntagsmesse, ein Fußballspiel oder eine Filmvorführung im Kino besucht, dann sind das private Aktivitäten, die für das politische Geschehen nicht von besonderem Interesse sind. Kritisch wird es, wenn es hier zu einer nicht mehr erkennbaren Unterscheidung mit dem Amt kommt, beispielsweise in dem Fall, als sich Bundeskanzler Sebastian Kurz 2019[6] bei einer evangelikalen Messe in der Wiener Stadthalle auf der Bühne anbeten ließ. Mit etwas Wohlwollen lässt sich sogar das noch als private Aktivität sehen, wenngleich es einigermaßen unsensibel inszeniert wurde, Kurz letztendlich mehr schadete als nützte und auch für christlichsoziale Wähler:innen schwer zu verdauen war. Jedenfalls zu weit geht die Einladung des Vorarlberger Landeshauptmanns Markus Wallner 2021 zu einer „interreligiösen Gedenkfeier" mit „Kerzenritual"[7] oder das Abhalten einer Adventfeier im Parlament[8] Ende 2020 auf Initiative von Nationalratspräsident Wolfgang Sobotka, der als Innenminister auch Polizeistuben[9] segnen ließ.

Derartige Instrumentalisierungen der Politik durch Religion sind selbst ohne Laizität in einem säkularen Staat, der weltanschauliche Äquidistanz wahrt, ausgeschlossen. Es reicht, wenn in einer Demokratie gewählte Repräsentant:innen danach trachten, ihre Wertvorstellungen in der Legislative durchzusetzen. Diese Möglichkeit steht allen offen, und auch hier legt die Verfassung mitunter andere Maßstäbe an als die Gewissensfreiheit parlamentarischer Mehrheiten, wie etwa 2017 das Urteil des Verfassungsgerichtshofs[10] zur Öffnung der Ehe für gleichgeschlechtliche Paare bewiesen hatte.

Notwendigkeit einer Neudefinition

Auch wenn realpolitisch die Spielräume organisierter Religion im säkularen Staat enger werden, kann weltanschauliche Neutralität ausschließlich durch ein aktualisiertes Regime einer neuen Laizität erreicht werden. Dass die bisherigen Umsetzungen laizistischer Verfassungen und quasi-laizistischer Rechtssysteme und -sprechungen dieses Ziel mehr oder weniger weit verfehlt haben, ist neben dem politischen Willen auch ein konzeptionelles Problem.

Gleichzeitig ist es auch eine Chance, Laizität begrifflich zu erneuern, an das 21. Jahrhundert anzupassen und sie über republikanische Verfassungen zur Grundlage einer offeneren, freiheitlicheren und letztendlich gerechteren Gesellschaft zu machen.

Diese Schärfung des Begriffs bis hin zu einer Neuformulierung folgt einer Zweckorientierung, die sich in den letzten 125 Jahren auch geändert hat.

Im ausgehenden 19. Jahrhundert war die französische Laïcité eine Reaktion auf den Katholizismus, eine rote Linie, um die Begehrlichkeiten der Kirche grundlegend abzustellen und sie zu entmachten. In ähnlicher Weise verfuhr der Kemalismus in der Türkei bei der Implementierung des Laizismus als republikanisches Prinzip. In beiden Fällen wurde eine gesellschaftlich und auch politisch dominante Religion durch diese sehr radikale Maßnahme von der Macht getrennt und ihr der Zugang zu Politik verwehrt.

Die Laizität wurde damit, obwohl sie funktional nur als Reaktion auf jeweils eine Religion etabliert wurde, zum Sammelbegriff für eine Trennung von Republik und Religion. Ihr Ziel bestand darin, Religion aus der Politik und aus öffentlichen Einrichtungen aktiv herauszuhalten. Diese Abwehrhaltung reflektiert also keineswegs einen souveränen Umgang mit religiöser Weltanschauung. Sie führt zu einer willkürlichen Sphärentrennung, die einer Vermischung von weltlichen Gesetzen und tradierten Wertvorstellungen, die in der Gesellschaft nach wie vor große Wichtigkeit hatten, Einhalt gebieten sollte. Die Republiken sahen sich einer mächtigen moralischen Monokultur tradierter religiöser Wertvorstellungen gegenüber und hatten primär gar nicht das Bedürfnis, weltanschauliche Neutralität herzustellen, sondern das Primat des Staates in den Regeln des Zusammenlebens sicherzustellen, die in Gesetzen niedergeschrieben waren.

Im Laufe des letzten Jahrhunderts spalteten sich diese moralischen Monokulturen zu pluralistischen Gesellschaften liberaler Demokratien auf. Es entwickelten sich – auch, aber nicht nur durch Migration – multikulturelle, polyethnische Bevölkerungsspektren, die heute durch eine Vielzahl an moralischen Standpunkten geprägt sind. Sie ergeben sich keineswegs nur aus dem Mix verschiedener Religionen, sondern entwickelten sich manchmal über ebenso wenig evidenzbasierte Ideen (Esoterik). Man könnte polemisch sagen: Der Aberglaube ist damit zwar nicht aus der Welt verschwunden, aber er ist zumindest diverser geworden.

Daneben gibt es naturgemäß eine Vielzahl humanistischer Philosophien, die ihre Weltbilder ganz ohne übernatürliche Erklärung errichtet haben, aber keineswegs als eine homogene Restkategorie Ungläubiger zusammengefasst werden können.

Die Aufgabe der Laizität im 21. Jahrhundert ist also nicht mehr, die Privilegien einer dominanten Weltanschauung im Staat zu entfernen und mit diesem Vorgang en passant auch religiöse Kleingruppierungen zu privatisieren, sondern die Freiheit aller Weltanschauungen gleichermaßen zu gewährleisten. Laizität enthält keine staatliche Aufgabe, einen aktiven Interessenausgleich zwischen divergierenden Moralvorstellungen organisierter Religionen zu schaffen.

Das bedeutet auch, dass kollektiven, identitären Überzeugungskatalogen und damit verbunden Interessen kein Vorzug gegenüber individueller Gewissensfreiheit und Moralvorstellungen gegeben wird. Der Weg kann also unter keinen Umständen über eine Aufnahme weiterer Mitglieder in den Klub der anerkannten Weltanschauungen führen. Selbst wenn es praktisch universell möglich wäre, zählt die Förderung von individuellen Überzeugungen nicht zu den Aufgaben des Staates. Er hat alleine die Freiheit des Gewissens und der Ausübung im Rahmen allgemeingültiger Gesetze zu schützen.

Privatisierung der Religion

Die Anforderungen des Staates im Hinblick auf eine nicht-privilegierende und nicht-diskriminierende Haltung gegenüber Religion und Weltanschauung haben sich in der Begegnung mit dem wachsenden moralischen Pluralismus geändert. Damit sollte sich auch die Natur der Laizität wandeln, die für diese Haltung steht. Weltanschauliche Neutralität herzustellen, kann heute nur über den Weg führen, Religion kategorisch – und zwar im wörtlichen Sinn als weltanschauliche „Kategorie" – zu vermeiden. Für den Staat ist es unerheblich, welcher Weltanschauung seine Bürger:innen anhängen, ob diese rational oder jenseitig begründet sind, solange die aus diesen Ideologien entspringenden Handlungen sich im Rahmen allgemeingültiger Gesetze bewegen.

Der Staat kann damit einen entspannten Umgang mit Religionsgemeinschaften pflegen, er kann mit ihnen weiterhin Verträge eingehen,[11] beispielsweise für Leistungen, die Caritas und Diakonie für die Allgemeinheit erbringen. Er gibt Religion nur keine Sonderbehandlung mehr – weder bevorzugend noch benachteiligend.

Laizität legt den Träger:innen (Institutionen wie Individuen) nicht-religiöser und religiöser Weltanschauungen damit die Akzeptanz einer „vorpolitischen Voraussetzung"[12] auf, wie sie Cinzia Sciuto benennt: Dass für keinen Gott oder eine andere Überzeugung Ausnahmen aus allgemeingültigen Gesetzen gemacht werden. Laizität strebt damit keine Gleich-Gültigkeit von Religionen und Weltanschauungen an, sondern Indifferenz im Sinne einer Uninteressiertheit an persönlichen Moralvorstellungen und deren Unterscheidbarkeit, solange die Grundrechte respektiert werden.

Die traditionelle Bevorzugung der Religion verunmöglicht seit Jahrhunderten diese vorpolitische Notwendigkeit. Nicht zuletzt deswegen verheißen Religionen im Gegensatz zu Tradition, Sprache und anderen kulturellen Charakteristika „aufgrund des privilegierten Status, den sie heute genießen, das größte Konfliktpotenzial".[13] Sie verhindern das Etablieren eines Wertegefüges, das von allen geteilt werden kann. „Je weiter die Komplexität zunimmt, desto schärfer müssen Bürgerschaft und ethnisch-religiöse Zugehörigkeit unterschieden werden. Es muss ein Grundstock von Werten ausgemacht werden, die den Kern der Bürgerschaft ausmachen und von nationalen, ethnischen, kulturellen und religiösen Zugehörigkeiten unabhängig und diesen übergeordnet sind."[14] Nach Sciutos Befund stellen nur Fundamentalist:innen ihre eigene Moral als das Fundament des gesellschaftlichen und politischen Zusammenlebens über diesen kleinsten gemeinsamen Nenner.

Laizität löst das kooperative Modell zwischen Republik und Religionen vollständig auf. Das birgt sogar die Gefahr in sich, dass die Kontrolle über organisierte Religion teilweise abhandenkommt, weil unter anderem religiöse Gegenleistungen wegfallen und religiöse Indoktrination auf Universitäten und öffentlichen Schulen nicht mehr stattfinden kann, wo sie, wenn auch nur teilweise, vom Staat kontrolliert werden kann. Auch andere Gesetzesdetails wie das Verbot der Auslandsfinanzierung im Islamgesetz würden nicht mehr greifen.

Diese besonderen und letztendlich zahnlosen Werkzeuge der Kontrolle über Privilegien teuer zu erkaufen, ist ein unwürdiger Handel, der nicht nur mit demokratischen Grundprinzipien im Widerstreit steht, sondern in Summe auch zu Ungunsten des Staates und der Gesellschaft ausfällt. Eine robuste Demokratie muss – mit oder ohne religiöse Sonderbehandlung – über Gesetze und exekutive Mechanismen verfügen, die jegliche negative Konsequenz religiöser Praxis auf Individuum und Gesellschaft ungeachtet ihres religiösen Ursprungs abwehrt.

Ein Herauslösen der Religion aus der staatlichen Sphäre, also eine *Privatisierung der Religion*, ist eine Grundvoraussetzung für die Entpolitisierung der Religion. Mit der politischen Nicht-Behandlung von Religion werden gesetzliche Ausnahmen oder Besserstellungen aus rein religiösen Gründen vermieden, das heißt, Religion kann als Begründung für ein derartiges Privileg nicht als Argument anerkannt werden. Damit endet die bevorzugte Stellung von Religion und die Instrumentalisierung der Religionsfreiheit als fortgesetzte Durchsetzung eines kollektiven Forderungskatalogs, der auf moralischer Einfältigkeit beruht und per se nichts zum politischen Interessenausgleich, sondern eher zu einer gesellschaftlichen Schieflage beiträgt.

Trotzdem erblindet der Staat nicht gegenüber religiösem und auch politischem und ideologischem Fundamentalismus, der den gemeinsamen Wertekern und Laizität als vorpolitische Voraussetzung einer modernen Demokratie aufgrund der eigenen moralischen Überzeugung nicht akzeptieren kann. Religiöse Organisationen müssen weiter mit besonderer Wachsamkeit beobachtet werden, aber nicht, weil es sich um Religion an sich handelt, sondern weil bewiesen ist, dass fundamentalistische Wertvorstellungen von Religion oft im Widerspruch zum Wertegerüst konstitutioneller Bedingungen von Allgemeinwesen stehen und mit Laizität als Garant von moralischer Vielfältigkeit inkompatibel sind.

Wenn man jetzt meint, diese Konzeption reflektiert nicht mehr die Laizität des frühen 20. Jahrhunderts, sondern nur etwas Ähnliches, das konsequenterweise auch anders heißen sollte, dann ist das ein nachvollziehbarer Standpunkt. Diese Diskussion kann, darf und soll auch geführt werden. Ich bin der Meinung, dass der Begriff aus praktischen Gründen beibehalten und neu gefasst werden sollte. Laizität erfüllt im Kern weiterhin den praktischen Nutzen, das Verhältnis von Staat und Religion zu regeln und muss lediglich an die Anforderungen von Gesellschaften mit diversen Überzeugungen adaptiert werden, ohne dabei diskriminierend zu wirken. Man könnte auch einfach von Laizität 2.0 sprechen.

Eine Neudefinition der Laizität löst in der praktischen Politik natürlich nichts, solange der politische Wille und noch zuvor das politische Verständnis nicht mehrheitsfähig sind. Davon ist man in Österreich und auch im Rest der Welt weit entfernt.

Literaturtipp

Alm, Niko: Ohne Bekenntnis – Wie mit Religion Politik gemacht wird, Salzburg 2019.

Anmerkungen

1 Die Begriffe sind prinzipiell synonym, werden aber durchaus bewusst praktisch verschieden angewendet. Siehe dazu unter anderem Niko Alm: Ohne Bekenntnis – Wie mit Religion Politik gemacht wird, Salzburg 2019, S. 220.
2 § 7 Abs. 1 B-VG.
3 Jocelyn Maclure/Charles Taylor: Laizität und Gewissensfreiheit, Berlin 2011, S. 37 ff.
4 Zuckerman hat das anhand der Bevölkerungen von Dänemark und Schweden beschrieben: Phil Zuckerman: Society without God, New York 2008.
5 Siehe Carsten Frerk/Christoph Baumgarten: Gottes Werk und unser Beitrag – Kirchenfinanzierung in Österreich, Wien 2012.
6 https://alm.net/kurz-gebet/ (Zugriff 1.9.2021).
7 https://ohnebekenntnis.substack.com/p/das-land-vorarlberg-betet (Zugriff 1.9.2021).
8 https://www.derstandard.at/story/2000122354775/kein-mandat-fuer-advent-im-parlament (Zugriff 1.9.2021).
9 https://alm.net/kostenlose-segnung-im-letzten-innenausschuss/ (Zugriff 1.9.2021).
10 https://www.vfgh.gv.at/medien/Ehe_fuer_gleichgeschlechtliche_Paare.de.php (Zugriff 1.9.2021).
11 Vgl. Alm: Ohne Bekenntnis, S. 226.
12 Cinzia Sciuto: Die Fallen des Multikulturalismus – Laizität und Menschenrechte in einer vielfältigen Gesellschaft, Zürich 2020, S. 11.
13 Ebd., S. 8 ff.
14 Ebd., S. 141.

Steffen Arora

Die Unheilsbringer – Tiroler Seilschaften und das Geschäft mit den PCR-Tests

Inmitten der größten Gesundheitskrise unserer Zeit vertraut das Land Tirol auf einen Eventmanager, der als notorischer Pleitier gilt, und einen Arzt, der seinen Beruf nicht mehr ausüben darf. Und wie schon im Fall Ischgl gesteht man den Fehler nicht ein, sondern sieht sich zu Unrecht in der Kritik.

Rückblick in den September 2020

Der kollektive Schock nach der ersten Corona-Welle im Frühjahr sitzt noch tief. Den Sommer über wiegt man sich in kollektiver Schein-Sicherheit ob der niedrigen Infektionszahlen. Doch am Horizont ziehen bereits die nächsten drohenden Wolken auf. Die Bundesregierung stellt am 4. September 2020 die Corona-Ampel als neues Werkzeug zur Pandemiebekämpfung vor. Tirol leuchtet – noch – grün auf dieser Landkarte, allein im Bezirk Kufstein schaltet das ExpertInnengremium der Ampelkommission bereits zu Beginn auf Gelb. In der politischen Diskussion in Tirol rund um Corona dreht sich in diesen Tagen alles um den Tourismus. Die Wintersaison naht, im Oktober starten die ersten Skidestinationen. Nach den Pandemie-bedingten Ausfällen im Frühjahr will die Branche alles daransetzen, wieder in Vollbetrieb zu gehen. Den Sommer über wächst der Druck auf Gesundheitsminister Rudolf Anschober (Grüne), ein Corona-taugliches Konzept für den Wintertourismus zu erstellen. Der Tiroler Wirtschaftsbund liefert im Juni 2020 sogar einen fertigen Konzeptvorschlag an das Ministerium und beklagt Anfang September bitterlich, dass man dazu noch immer keine Rückmeldung erhalten habe. Zentrales Element des Papiers: die Teststrategie. Umfangreiche und kostenlose PCR-Testmöglichkeiten sollen für Gäste wie Einheimische einen sorg- und vor allem infektionslosen Winter möglich machen. Im Konzept wird betont, dass die Prozesse rund um PCR-Testungen unbedingt beschleunigt werden müssten, „als Voraussetzung für einen erfolgreichen Weg in der Tourismuswirtschaft in den kommenden Monaten".

Intransparente Vergabe eines Millionenauftrags

Bis September 2020 teilen sich die etablierten Tiroler Labore die PCR-Testungen im Land auf. Doch zum Ende dieses Monats ändert sich das schlagartig. Ein neuer Player im Geschäft um die Corona-Tests tritt plötzlich auf den Plan: die HG Lab Truck. Am 26. September 2020 verkündet das Land Tirol:

„Modernste Labortechnik, komprimiert in einem futuristisch wirkenden, Wohnmobil-artigen Fahrzeug von zwölf Metern Länge und vier Metern Höhe: Heute nehmen die sogenannten Lab Trucks im Raum Innsbruck ihre Arbeit auf. In der Startphase werden zwei bis drei Lab Truck tirolweit einen wichtigen Beitrag zur Pandemiebekämpfung leisten."

Der Leiter des Tiroler Corona-Einsatzstabes, Elmar Rizzoli, macht aus seiner Begeisterung für das neue Konzept anlässlich der Vorstellung keinen Hehl:

„Ganz wichtig bei der Eindämmung des Coronavirus sind ausreichend PCR-Testungen und rasche Testergebnisse. Schnelligkeit, Effizienz und Datenqualität sind ausschlaggebende Kriterien für die Bewältigung der kommenden Wochen und Monate. Durch die Kooperation mit dem anbietenden Tiroler Unternehmen setzen wir einmal mehr einen wichtigen Schritt zur Vorbereitung auf den kommenden Herbst und Winter, wofür wir uns bestmöglich rüsten müssen."

Die futuristisch anmutenden Lkw werden als rollende Hightech-Labore angepriesen, die „bis zu 400 Testungen pro Stunde durchführen" können sollen. Die Testergebnisse würden „binnen maximal drei Stunden" vorliegen. „Der Truck sieht nicht nur von außen futuristisch aus, sondern er ist auch im Inneren mit den modernsten Analysegeräten und Probenaufarbeitungs-Robotern bestückt. Es wurde im Speziellen darauf geachtet, dass höchste Qualität auch bei extrem hohem Probendurchsatz gewährleistet ist. Hierzu wurde in enger Zusammenarbeit mit dem Partner Procomcure Biotech, dem Hersteller der Test Kits, der Analysegeräte und Geräte zur Probenaufbereitung, ein optimales Konzept entwickelt", erläuterte Ralf Herwig, Geschäftsführer der HG Lab Truck bei der Präsentation. Zudem verfüge man über „eine intelligente Software-Lösung in Kooperation mit der Firma Vitavo". Stolz ließ sich Landeshauptmann Günther Platter (ÖVP) mit dem vermeintlichen Heilsbringer Ralf Herwig im Lab Truck ablichten. In einem Zusatz zur offiziellen Presseaussendung informierte das Land über die Person Herwig und dessen Unternehmen HG Pharma, das als 100-Prozent-Eigentümerin hinter der HG Lab Truck steht, wie folgt: „Die österreichische HG Pharma GmbH wurde 2015 von dem Mediziner Ralf Herwig und dem Biochemiker Joachim Greilberger gegründet. Mit dem Ziel, Ursache, Entstehung und Progression von Krankheiten und deren Symptome besser zu verstehen, erforscht ein Team von WissenschaftlerInnen und Ärzten die Zellgesundheit. Auf Basis dieser Forschungsarbeit konnten neuartige, patentierte Medizinprodukte zur Aktivierung und Unterstützung der Gesundheit entwickelt werden."

Für die bisher mit PCR-Tests beauftragten Tiroler Labore löste der Markteintritt der HG Lab Truck im September 2020 jedoch vielmehr ungläubiges Staunen aus. Einerseits kostete sie der neue Mitbewerber gutes Geld, das sie bislang mit den Tests verdienten. Andererseits konnten viele nicht ganz glauben, was da alles versprochen wurde. Bemerkenswert an der Vergabe des PCR-Test-Auftrages an die HG Lab Truck war vor allem, dass sie ohne vorherige, eigentlich obligatorische

Ausschreibung passiert ist. Und dass das Unternehmen selbst erst Ende September 2020 gegründet wurde. Man gab also einer Firma, die keinerlei Erfahrung auf diesem Gebiet besaß und die sich gerade in Gründung befand, quasi einen „all inclusive" Auftrag. Nachträglich rechtfertigte sich Gesundheits-Landesrat Bernhard Tilg (ÖVP) in einer Anfragebeantwortung an die Liste Fritz im April 2021 für dieses Vorgehen damit, dass „äußerst dringliche und zwingende Gründe" vorgelegen hätten:

> „Der seinerzeit gegebene dringende Bedarf konnte letztlich nur vom beauftragten Auftragnehmer in der gewünschten und notwendigen Form, insbesondere mit der dringend erforderlichen unverzüglichen Auswertung der Tests erbracht werden, sodass die Vergabe ohne vorherige Bekanntmachung mit nur einem Unternehmer begründet werden kann."

Doch dieser Darstellung widersprachen die Tiroler Labore, wie eine Nachfrage der Tageszeitung *Der Standard* bei der Firma Sinsoma im Mai 2021 zeigte. Das auf DNA- und RNA-Analysen spezialisierte Tiroler Unternehmen ist ein Spin Off der Universität Innsbruck und hatte seit dem Frühjahr 2020 einen Werkvertrag mit dem Land Tirol. Sinsoma erbrachte bis September 2020, so wie einige weitere Labore in Tirol auch, ebendiese Dienstleistungen für das Land. Doch plötzlich, von einem Tag auf den anderen und ohne Begründung, erhielt man ab Mitte September keine Proben mehr. „Das war für uns auch wirtschaftlich nicht ganz ohne, weil wir mit den Aufträgen gerechnet hatten", erklärte Corinna Wallinger von Sinsoma. Unverständnis herrschte vor allem darüber, dass das Land Tirol den neuen PCR-Testauftrag ohne Ausschreibung vergeben hatte, weil dadurch die bisher beauftragten Labore gar keine Möglichkeit hatten, sich zu bewerben. Somit bestand auch keine Möglichkeit, darzulegen, was sie leisten könnten und zu welchen Konditionen. Hätte man das gemacht, so wäre schnell klar geworden, dass es durchaus auch Tiroler Firmen gab, die das bewerkstelligen hätten können. „Ich kann nur für die Sinsoma sprechen, hier erfolgte die Übermittlung der Ergebnisse in der Regel innerhalb von 24 Stunden, längstens jedoch 48 Stunden nach Einlangen der Proben. Zu der Dauer der Analyse bei anderen Unternehmen kann ich nichts sagen. Ich weiß, dass auch nach Übernahme der Tests durch die HG Pharma trotzdem teilweise Wartezeiten von mehreren Tagen auf die Ergebnisse gegeben waren", erklärte Wallinger im *Standard*.

Ein weiteres Argument des Landes für die Vergabe an HG Pharma bzw. HG Lab Truck war, dass das Unternehmen garantiere, die PCR-Laborbefunde „innerhalb kürzester Zeit, mit guter Qualität und mit einem für andere Systempartner geringeren logistischen Aufwand" zur Verfügung zu stellen – „also insgesamt ökonomischer und flexibler als die bis zu diesem Zeitpunkt bestehenden Abläufe der ISCO Datenbank als zentrales Instrument der statistischen Erfassung und Information". Doch auch das hätte Sinsoma gekonnt, wie Wallinger erklärte: „Wir verfügen über eine HL-7 Schnittstelle an die Datendrehscheibe der World-Direct eBusiness solutions GmbH und somit an die Landes Corona-Datenbank. Wir haben ja über einen längeren Zeitraum auch die behördlichen Tests für die 1450 [zu Pandemie-Beginn meldete man sich über die Gesundheitshotline 1450 zu PCR-Tests an, Anm. St. A.] für das Land gemacht."

Ein weiteres Argument, das laut Auskunft des Landes für die HG Lab Truck gesprochen habe, sei der Preis, hieß es in der Anfragebeantwortung. Denn das Herwigs Labor bot die PCR-Testanalysen für 38,50 Euro pro Stück an. Herwig behauptete gegenüber dem *ORF Tirol*, dass er trotz des günstigen Preises höchste Qualität anbiete. Das bezweifelten allerdings andere Experten auf diesem Gebiet, wie etwa der Osttiroler Virologe Gernot Walder, der ebenfalls mit PCR-Tests beauftragt war. Gegenüber dem *ORF Tirol* erklärte er dazu im April 2021, dass man für 38,50 Euro pro Test „relativ sportlich unterwegs sein" müsse, um dennoch Qualität zu liefern.

Familienbande und gute Beziehungen

Offenbar, so ergibt es sich aus der Anfragebeantwortung von Landesrat Tilg, war das Land Tirol vom Angebot der HG Lab Truck sehr beeindruckt. Futuristische, mobile Testlabore, die günstiger arbeiten als alle Mitbewerber und dennoch mehr Testungen pro Stunde schaffen als diese. Seit allerdings im Mai 2021 bekannt wurde, wie es zu der Auftragsvergabe ohne vorherige Ausschreibung an die HG Lab Truck kam, erscheint dies in neuem Licht. Denn es war nicht das Land selbst, das im September 2020, angesichts der später behaupteten Dringlichkeit, nach neuen und zusätzlichen Testkapazitäten suchte. Es erfolgte eine „initiative Kontaktaufnahme" durch die HG Lab Truck. Allerdings nicht etwa durch medizinische ExpertInnen des Unternehmens, sondern durch das Ehepaar Hanspeter und Margot Rass, Eventmanager aus Kitzbühel. Die beiden erlitten zwar unternehmerisch regelmäßig Schiffbruch, sie sind jedoch bestens in der illustren Kitzbüheler Society vernetzt. Und: Die Ehefrau von Ralf Herwig ist die Schwester von Hanspeter Rass. Der scheint allerdings kein Händchen fürs Geschäft zu haben. Der Kreditschutzverband (KSV) von 1870 gibt über ihn die Auskunft: „In Zusammenhang mit dem Ehepaar Rass sind drei gelöschte Gesellschaften sowie zwei Insolvenzverfahren vermerkt. Insgesamt sind aus den beiden Insolvenzverfahren rund 1,2 Millionen Euro an Verbindlichkeiten offen. Bislang kam es zu keiner Entschuldung." Insgesamt, so der KSV, gab es im Fall Rass offene Fragen, die vor dem Insolvenzgericht nicht geklärt werden konnten. Die Sachlage lege den Schluss nahe, dass „mangelnde betriebswirtschaftliche Kenntnisse mit ein Grund für die Insolvenzen" sein könnten.

Mit wem das Ehepaar Rass im September 2020 die Vorgespräche zur Beauftragung der HG Lab Truck führte, gibt das Land Tirol bis heute nicht preis. Nur, dass in der Folge der Vertragsabschluss direkt mit Ralf Herwig in dessen Funktion als Geschäftsführer erfolgt ist. Auf Seiten des Landes hat ein Mitarbeiter oder eine Mitarbeiterin des Justiziariats den Vertrag unterzeichnet. Doch wer genau, wird ebenfalls geheim gehalten. Die entsprechenden Stellen in den Werkverträgen wurden vor Veröffentlichung geschwärzt.

Die familiären Bande zwischen Herwig und Rass sind maßgeblich für das Geschäftsmodell HG Lab Truck. Denn das Unternehmen, das stets als „Tiroler

Lösung" angepriesen wurde, ist in Kirchberg ansässig. Just an jener Adresse, an der Hanspeter und Margot Rass zuletzt ihre Eventagentur KB1 gemeldet hatten. Und es kommt noch ein dritter familiärer Player hinzu: Thomas Rass, Bruder von Hanspeter und somit ebenfalls Schwager von Ralf Herwig. Thomas Rass ist – wie sein Bruder – in der Kitzbüheler Eventbranche tätig und dadurch auf Du und Du mit den dortigen Verantwortungsträgern. Thomas Rass war es auch, der das Konzept HG Lab Truck dem Kitzbüheler Bürgermeister Klaus Winkler (ÖVP) im September 2020 vorgestellt hat. Woraufhin der Stadtchef Räumlichkeiten im ehemaligen Kitzbüheler Krankenhaus an die Firma vermietete, die sie als Labor nutzte. Diese Vermietung erfolgte bis April 2021 ohne schriftlichen Vertrag, wie Winkler gegenüber Medien bestätigte. Danach wurde ein Vertrag aufgesetzt, der noch bis November 2021 läuft. In Kitzbühel wurde der Lab Truck als Lösung für die nahende Wintersaison präsentiert. Mit großem Pomp und Thomas Rass als Initiator. Später wollte dieser nichts mehr von einer solchen Initiatorenrolle wissen und bestritt, in das Unternehmen verwickelt zu sein. Allerdings stand sein Name, wie auch der seines Bruders, samt Handynummer noch im Juni 2021 als „Kontakt" auf Informationsblättern in der Screeningstraße Kitzbühel. MitarbeiterInnen der Screeningstraße bestätigten gegenüber Medien, dass es Thomas Rass sei, der regelmäßig PCR-Tests abhole und zur Analyse ins Labor der HG Lab Truck nach Kitzbühel gebracht habe. Thomas Rass bestreitet dies ebenfalls.

Fest steht, dass dieses familiäre Trio – Ralf Herwig, Hanspeter und Thomas Rass – die Idee des Lab Truck Kitzbühels dem Bürgermeister und den Verantwortlichen des Landes Tirols angetragen haben. Unklar ist bis heute, warum niemand näher hingesehen und nachgefragt hat. Kitzbühels Stadtchef erklärte dazu gegenüber Medien, dass er Thomas Rass kenne und ihm vertraut habe. Zudem habe er sich auf die Entscheidung des Landes gestützt, das die HG Lab Truck noch vor ihm beauftragt habe. Er ging offenbar davon aus, dass das Unternehmen auf Landesebene geprüft wurde, bevor die Vergabe erfolgte. Landes-Einsatzstab-Leiter Elmar Rizzoli erklärte gegenüber dem *ORF Tirol*, dass er weder Herwig noch dessen Unternehmen vor der Beauftragung gekannt habe.

Das Land spielte nun aber den Ball weiter an den Bund und verwies darauf, dass die HG Lab Truck bzw. HG Pharma vom Gesundheitsministerium „nach erfolgter Validierung auf die Liste der fachärztlich geführten humanmedizinischen Labore gesetzt" worden sei und man sie daher beauftragt habe. Das Ministerium verweist jedoch darauf, dass ein E-Mail mitsamt Beantwortung eines Fragebogens genüge, um auf dieser Liste zu stehen. Eine Prüfung der Angaben bzw. der Qualität der Arbeit der Labore bedeute das nicht. Dies ist auch direkt so auf der Liste vermerkt. Im Fall der HG Lab Truck bzw. HG Pharma ist vor allem unklar, wer die fachärztliche Aufsicht innehat. Ralf Herwig ist Urologe und kein Facharzt für Labormedizin, zudem laufen gegen ihn Strafverfahren, in denen ihm die Staatsanwaltschaft Wien das Verbrechen der Körperverletzung mit Dauerfolgen, das Verbrechen der schweren Körperverletzung, das Vergehen der fahrlässigen Körperverletzung sowie das Vergehen des schweren Betruges vorwirft. Es gilt die Unschuldsvermutung. Die Ärztekammer Wien hat Herwig deshalb im Frühjahr 2021 die Ausübung des Arztberufs vorläufig untersagt.

Überhaupt wirft die Person Herwig viele Fragen auf. Schon eine kurze Internet-Recherche hätte den Verantwortlichen im Innsbrucker Landhaus gezeigt, mit wem sie sich einließen. Denn der Urologe hat eine sehr bewegte Vergangenheit, die nicht für seine Expertise als Mediziner spricht. Das Nachrichtenmagazin *profil* widmete der Person Herwig im Mai 2021 einen ausführlichen Bericht unter dem Titel „Der Aufschneider". Darin heißt es zum Beispiel wörtlich:

„Ralf Herwig, geboren 1965 in Deutschland, verheiratet, vier Kinder, Medizinstudium, Facharztausbildung in Urologie, Andrologie und Chirurgie in Münster, arbeitete ab dem Jahr 2000 in Innsbruck, ab 2005 am Wiener AKH, zunächst als Oberarzt, ab 2012 als assoziierter Professor und Leiter der andrologischen Ambulanz. Nebenher ordinierte er privat, war zudem an Spitälern wie dem Wiener Rudolfinerhaus und dem evangelischen Krankenhaus tätig. Außerdem betreibt er eine Firma namens HG Pharma, über deren Webshop Nahrungsergänzungspräparate verkauft werden. Manche davon versprechen sogar Nutzen bei gravierenden Erkrankungen wie Krebs, ALS und Autismus. Im Herbst des Vorjahres hat Herwig noch ein weiteres Betätigungsfeld erschlossen, das Kenner des Falles staunen ließ: Da bot er mit einem ‚Lab Truck' seiner Firma HG Pharma mobile COVID-Tests in Kooperation mit dem Land Tirol an, trat in Medien als Pandemieexperte auf und absolvierte gemeinsame Pressetermine mit Landeshauptmann Günther Platter – zu einem Zeitpunkt, als die Staatsanwaltschaft Wien bereits an der Anklageschrift tippte."

Die erwähnte Anklageschrift der Staatsanwaltschaft Wien enthält gravierende Vorwürfe gegen den Urologen Herwig. Er soll an Patienten, die unter Erektionsstörungen litten, gegen Barzahlung nicht zugelassene Operationstechniken angewandt haben. Mit verheerenden Folgen für zumindest fünf Betroffene, deren Fälle ihm nun zur Last gelegt werden. Wobei zwei dieser betroffenen Männer nicht mehr aussagen können. Sie haben sich wegen der Folgen der verpfuschten Operationen das Leben genommen, weil sie statt der versprochenen Heilung nun unter kompletter Impotenz litten. Es gilt auch hier die Unschuldsvermutung für Herwig, der zum ersten Strafprozesstermin im Mai wegen angeblicher „Herzprobleme" nicht erschienen war. Einem seiner Opfer wurde mittlerweile aber bereits vom Obersten Gerichtshof Recht gegeben. Der Mann erhielt 50.000 Euro, weil der von Herwig an ihm durchgeführte Eingriff als Kunstfehler gewertet wurde.

Überhaupt beschäftigte der Urologe schon mehrmals die Gerichte, wie der *ORF* berichtete: Das Landesgericht Innsbruck eröffnete nach Angaben der APA im Herbst 2010 ein Insolvenzverfahren über den damals in finanzielle Turbulenzen geratenen Herwig. Ein Sanierungsplan wurde erstellt und im September 2012 abgeschlossen, wobei sich die angemeldeten Forderungen auf 1,11 Millionen Euro beliefen. Nachdem er wieder auf die Beine gekommen war, widmete er sich eigenen Angaben zufolge der Forschung im Bereich biochemischer Therapieformen zur Systemregeneration und seiner Praxis für Urologie und Andrologie. Im August 2019 wurde Herwig in Wien wegen versuchter Abgabenhinterziehung zu einer Geldstrafe von 100.000 Euro oder zwei Monaten Ersatzfreiheitsstrafe verurteilt.

Es hätte aber noch mehr Alarmzeichen gegeben, die den Verantwortlichen in der Landesregierung sowie dem Corona-Einsatzstab hätten auffallen müssen.

Denn Herwig ist in Tirol keineswegs unbekannt. Er war von 2001 bis 2005 an der Medizinischen Universität Innsbruck tätig, über die Gründe für seinen Abgang wird keine Auskunft erteilt. 2003 gab es Probleme im Bezirkskrankenhaus Kitzbühel, wo Herwig als Konsiliararzt die nicht zugelassene Substanz Ketoglutarat in Infusionsform an medizinisch austherapierten Karzinompatienten anwandte. Im Jahr 2009 versuchte Herwigs Frau das Kitzbüheler Spital wegen eines angeblichen Kunstfehlers zu klagen, allerdings wurde diese Klage abgewiesen. Seit 2016 ist Herwig, der im Bezirk Kitzbühel lebt, als medizinischer Experte für „Zellenergie" im High-Society-Treff Kitzbühel Country Club (KCC) aktiv, der dem Stanglwirt-Sohn und Adlerrunde-Mitglied Richard Hauser gehört. In Kitzbühels besserer Gesellschaft ist der Urologe also sehr gut vernetzt.

Mangelnde Kontrolle und Zahlungsmoral

Warum das Land Tirol angesichts all dieser einfach in Erfahrung zu bringenden Fakten den größten PCR-Test-Auftrag im Wert von mehr als 12 Millionen Euro dennoch an das Unternehmen von Herwig vergeben hat, bleibt unklar. Vor allem auch deshalb, weil die Rechtfertigungen des Landes ebenfalls Fragen aufwerfen. Es beruft sich auf eine dreifache Prüfung der HG Lab Truck. Die erste sei demnach vor Vertragsabschluss im September 2020 durch die Landessanitätsdirektion erfolgt. Allerdings wurde die Firma HG Lab Truck erst Ende September gegründet. Was genau man damals geprüft hat, ist bis heute unbekannt. Die zweite Prüfung fand gemäß Angaben des Landes im November 2020 durch einen Mitarbeiter des Departments Innere Medizin der Universitätsklinik Innsbruck statt. Auf kritische Nachfrage hin musste man dies aber korrigieren: Es handelte sich um einen mittlerweile pensionierten Mitarbeiter, der diese „Überprüfung" nicht im Rahmen seiner Tätigkeit für die UniKlinik durchführte, sondern als privater Dienstleister. Und schließlich verwies das Land auf einen Ringversuch der Österreichischen Gesellschaft für Qualitätssicherung und Standardisierung (Öquasta) im Februar 2021. Ergebnisse dieser Ringversuche dürfen aber nicht veröffentlicht werden.

Nachdem die Causa HG Lab Truck im April 2021 durch die Beantwortung der Landtagsanfrage der Liste Fritz in der Person des damaligen Gesundheits-Landesrats Bernhard Tilg medial losbrach, kamen immer mehr Ungereimtheiten ans Licht. So ging die HG Lab Truck beider Partnerfirmen verlustig, deren „enge Kooperation" sie im September noch hervorgehoben hatte. Procomcure Biotech, der Hersteller der Test Kits, der Analysegeräte und Geräte zur Probenaufbereitung, beendete nach eigenen Angaben die Zusammenarbeit schon im November 2020, weil Rechnungen nicht bezahlt wurden. Vitavo, der Software-Hersteller, zog im Mai 2021 einen Schlussstrich unter die Kooperation. Es sind Verbindlichkeiten in der Höhe von über zwei Millionen Euro offen. Die HG Lab Truck wiederum wurde, wie es die offengelegten Werkverträge mit dem Land Tirol zeigen, monatlich entlohnt. Bis Juli 2021 waren es mehr als 12 Millionen Euro, die das Land ausbezahlt hat. Als angesichts dieser Brüche mit den als essenziell vorgestellten Partnern medial Zweifel an der Qualität der durchgeführten Tests geäußert wurden, reagierte die HG Lab Truck umgehend mit Klage gegen die Tageszeitung *Der Standard*, die diese Zweifel publiziert hatte. Das Verfahren dazu lief im September 2021 noch. Bestätigt ist mittlerweile, dass die Mutationszuordnung bei PCR-Tests in zumindest 380 Fällen falsch war.

Land Tirol zieht nach medialer Kritik die Reißleine

Die intensive mediale Berichterstattung zur Causa HG Lab Truck im Mai und Juni 2021 führte dazu, dass sich Ralf Herwig offiziell als Geschäftsführer des Unternehmens zurückgezogen hat. Die Innsbrucker Staatsanwaltschaft legte aufgrund der Medienberichte einen Akt an. Es stehe der Vorwurf im Raum, dass eine Tochterfirma der HG Pharma, die HG Lab Truck, vom Land Tirol in Auftrag gegebene PCR-Tests „nicht sach- und fachgerecht durchgeführt hätte bzw. zur Durchführung solcher Tests nicht qualifiziert und berechtigt gewesen sei", hieß es gegenüber dem *ORF Tirol*. Die Causa wurde in der Folge an die Wirtschafts- und Korruptions-Staatsanwaltschaft (WKStA) abgetreten, weil diese für Ermittlungsverfahren bei Vermögensdelikten mit einem möglichen Schaden von mehr als fünf Millionen Euro zuständig ist. Diese Ermittlungen waren im September 2021 abgeschlossen, die WKStA übermittelte einen Vorhabensbericht an das Justizministerium. Dort hieß es, man werde bis Ende des Monats über das weitere Vorgehen entscheiden. Gleichzeitig prüfte der Landesrechnungshof auf einstimmigen Beschluss des Tiroler Landtages die Vergabe des Auftrages an die HG Lab Truck, die ohne Ausschreibung erfolgt war. Mit einem Ergebnis wurde bis Herbst 2021 gerechnet. Auch das Finanzamt befasste sich mit dem Unternehmen und kündigte bis Ende September 2021 Erkenntnisse zum weiteren Vorgehen in der Sache an.

Das Land Tirol kündigte die Zusammenarbeit mit Ralf Herwig noch Ende Mai auf und schrieb die PCR-Testungen mit Juli 2021 europaweit neu aus. Tirol wurde dazu in vier Lose aufgeteilt, die jeweils eigens vergeben wurden. Es kamen insgesamt drei Anbieter zum Zug. Das Los Region Mitte ging an eine Bietergemeinschaft dreier Tiroler Labore – Tyrolpath, Labor Dr. Möst, Labor Dr. Walder. Die Lose West und Ost gingen an die Wiener Lifebrain. Und das Los Region Süd, das Osttirol entspricht, ging an die Virologie der Medizinischen Universität Innsbruck. Letztere kooperiert allerdings mit einem Sub-Unternehmer, der für sie vor Ort die Tests durchführt: die Firma Novatium. Dieses Unternehmen wurde Anfang April 2021 gegründet. Und zwar vom damaligen Sprecher der HG Pharma, einem jungen Juristen namens C. Er schien zuerst als alleiniger Gesellschafter und Geschäftsführer der Novatium auf. Die Medizinische Universität bezeichnete die Novatium als „Auffanggesellschaft der HG Lab Truck", die mit dieser aber in keinerlei Verbindung mehr stehe. Das sei im Vorfeld der Kooperation geprüft worden. Man habe lediglich Personal sowie Gerätschaften der HG Lab Truck übernommen.

Im August 2021 sorgten die HG Lab Truck und ihr ehemaliger Geschäftsführer allerdings erneut für Schlagzeilen. Der Tageszeitung *Der Standard* sowie dem *ORF Tirol* wurde ein E-Mail zugespielt, das Ralf Herwig am 10. August 2021 an einen externen IT-Techniker versandt hatte, der bis zum Frühjahr noch für die Firma

Novatium, den einstigen Partner der HG Lab Truck, tätig war. Der Inhalt des E-Mails war hochbrisant: mehr als 24.000 positive PCR-Testergebnisse aus Tirol mitsamt den dazugehörigen Patientendaten. Die in einer Excel-Datei gesammelten Daten wurden offenbar unverschlüsselt per E-Mail verschickt, was Datenschutzexperten als grob fahrlässig und Verstoß gegen den Datenschutz werteten. Herwig behauptete, Opfer eines Hackerangriffs geworden zu sein. Warum er im August 2021, nachdem er offiziell keine Funktion mehr in der HG Lab Truck bekleidete, überhaupt noch Zugriff auf diese Daten hatte, blieb vorerst unklar. Er selbst gab an, sie zum Zwecke eines „Back Ups" verschlüsselt versandt zu haben. Die Staatsanwaltschaft Innsbruck leitete nach den Medienberichten zum Datenleak Ermittlungen gegen Unbekannt wegen Verstoß gegen den Datenschutz ein. Auch die Datenschutzbehörde startete ein Prüfverfahren. Das Land Tirol verwies auf die Auftragsnehmer, die für die Einhaltung aller Vorgaben und gesetzlichen Bestimmungen verantwortlich seien. Eigene Fehler in der Causa HG Lab Truck räumte das Land Tirol nicht ein. Alles richtig gemacht.

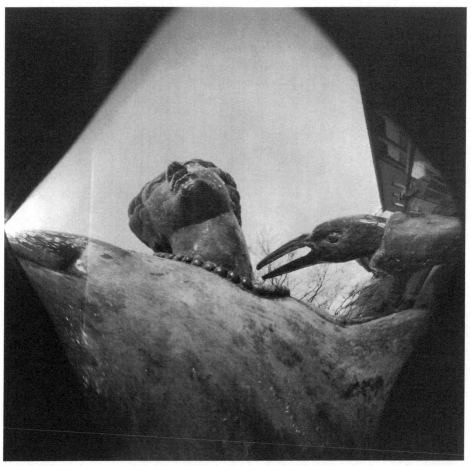
Moorgöttin

Schwangerschaftsabbruch
in Österreich und Polen

Elisabeth Hussl

Einleitung

Bis in die 1970er-Jahre waren Schwangerschaftsabbrüche in vielen westlichen Ländern verboten. Damals hatten sich Frauen vermehrt zusammengeschlossen und lautstark das Recht auf Selbstbestimmung über den eigenen Körper und eine Entkriminalisierung des Schwangerschaftsabbruchs gefordert. Der Slogan „Mein Bauch gehört mir" ist mit dem Kampf der Frauenbewegung in die Geschichte eingegangen und hat heute – ca. 50 Jahre später – kaum etwas an Aktualität eingebüßt. An mehreren Schauplätzen rund um den Globus wird für das Recht der Frau, eine Schwangerschaft legal und sicher abzubrechen, demonstriert. Das zeigen nicht zuletzt die jüngsten Erfolge in Neuseeland und Argentinien, aber auch die Rückschläge in Texas und Polen. In den meisten Mitgliedsstaaten der Europäischen Union sind Schwangerschaftsabbrüche nun zwar unter bestimmten Voraussetzungen straffrei, was auf den Erfolg der Frauenbewegung zurückgeht. Doch vielerorts, auch in Österreich, sind Abtreibungen – unter dem starken Einfluss der Kirche – nicht selbstverständlich möglich und nach wie vor Tabu. Mit dem gesellschaftspolitischen Wandel in ehemals realsozialistischen Ländern, dem Erstarken rechtspopulistischer Parteien und ihrem Einzug in europäische Regierungen wird das Recht auf Schwangerschaftsabbruch zunehmend in Frage gestellt. Während etwa in Polen vor der Wende Abtreibung noch akzeptiert und Teil der Familienplanung war, wurde das Recht, eine Schwangerschaft zu beenden, nun de facto ausgehebelt. Der vorliegende Schwerpunkt zeigt diese Entwicklungen rund um das Recht auf Schwangerschaftsabbruch am Beispiel Österreich und Polen auf.

In Österreich gilt seit 1975 die sogenannte Fristenlösung. Das heißt, dass Schwangerschaftsabbrüche innerhalb der ersten drei Monate der Schwangerschaft straffrei gestellt sind. Wenn eine ernste Gefahr für das Leben der Schwangeren oder des Kindes besteht und eine Person das 14. Lebensjahr noch nicht vollendet hat, ist ein Eingriff auch nach der 12. Schwangerschaftswoche möglich. Geregelt ist das im Strafgesetzbuch. Seither hat sich wenig geändert. Konservative Bürgerinitiativen bzw. Pro-Life-Aktivist:innen, unterstützt von ÖVP-Politiker:innen und Vertreter:innen der katholischen Kirche, verharren seit Jahrzehnten in ihren religiös untermauerten Positionen, tragen das Thema hochemotional in die Öffentlichkeit und fordern eine Statistik über die Anzahl und Motive der vorgenommenen Schwangerschaftsabbrüche. Befürworter:innen von Schwangerschaftsabbrüchen befürchten darin eine Grundlage, das Recht auf Selbstbestimmung und Entscheidungsfreiheit von Frauen zu beschneiden und betonen, dass dieses nicht verhandelbar ist. Stets müssen immer noch dieselben Argumente vorgebracht werden, mit denen damals die Fristenlösung erkämpft wurde. Als mehrere Ministerinnen mit Unterstützung der kirchennahen „Aktion Leben" jüngst versucht hatten, erneut eine Debatte über das Abtreibungsrecht in Österreich anzustoßen, warnte der Verfassungsexperte Heinz Mayer vor einem „politischen Katholizismus".[1] Doch speziell im heiligen Land Tirol will man davon wenig wissen. In ihrem Beitrag „Schwangerschaftsabbruch: Das ewige Tabu" beschreibt *Alexandra Keller* diesen mühsamen Weg der ständigen Angriffe auf hart erkämpftes Recht und erläutert ihre Hintergründe und Auswirkungen. Auf einen Beschluss der Medizinischen Fakultät Innsbruck aus dem Jahr 1974 gegen die Durchführung von Schwangerschaftsabbrüchen scheint man sich immer noch zu berufen. Nach wie vor ist ein Abbruch der Schwangerschaft in keiner Tiroler Klinik möglich. Der einzige niedergelassene Arzt, der Schwangerschaftsabbrüche durchführt, war es auch, der auf Nachfrage bei Gynäkolog:innen in Tirol angab, einen medikamentösen Schwangerschaftsabbruch mit dem seit Mitte 2020 zugelassenen Präparat „Mifegyne" anzubieten. Neben dem dürftigen Angebot eines Schwangerschaftsabbruchs, je weiter man in den Westen Österreichs blickt, wird eine ausreichende Sexualpädagogik in den Schulen und Aufklärung über Formen und Möglichkeiten eines Abbruchs der Schwangerschaft bemängelt. „Auch 46 Jahre nach Einführung der Fristenlösung wird Frauen in Österreich vielfach das Recht auf Selbstbestimmung erschwert und damit bis zu einem gewissen Grad auch verwehrt", bringt die Autorin die aktuelle Situation in Österreich auf den Punkt. In Bezug auf Tirol gibt sie aber auch zu bedenken: „Die Tatsache, dass in Tirol seit Jahren kaum bis gar nicht mehr lautstark gefordert wird, dass das seit so vielen Jahren geltende Gesetz endlich zur Anwendung gelangt, wirkt ernüchternd."

Lautstark protestierten hunderttausende Menschen gegen eine Verschärfung des Abtreibungsgesetzes in Polen, das schon zuvor als eines der striktesten in Europa gegolten hatte. Damals war ein Abbruch der Schwangerschaft nur bei Lebensgefahr für die Mutter, nach einer Vergewaltigung und bei einer festgestellten schweren Fehlbildung oder Erkrankung des Fötus erlaubt. Im Oktober 2020 erklärte das Verfassungsgericht nun auch Letzteres für illegal. Dies kommt praktisch einem absoluten Abtreibungsverbot gleich und stößt auf heftige Kritik, denn rund 97 Prozent der bisher noch legalen Abtreibungen in Polen lassen sich auf diese Bestimmung zurückführen. *Magda Borysławska* und *Izabela Wnorowska* schildern in dem Beitrag „Die Hölle der Frauen. Schwangerschaftsabbruch in Polen", wie sich die gesetzlichen Rahmenbedingungen historisch verändert haben, hatte Polen doch Anfang der 1930er-Jahre eine der liberalsten Abtreibungsregelungen in Europa. Die Autorinnen schreiben vom Kampf um das Recht auf Abtreibung, von breiter Solidarisierung und Demonstrationen, die teils gewaltsam von der Polizei unterdrückt wurden und letztlich auch ein klares Zeichen gegen die Politik der autoritär regierenden rechtspopulistischen PiS-Partei „Recht und Gerechtigkeit" setzten. Berichten zufolge handelte es sich um die größten Proteste seit den Streiks der polnischen Gewerkschaftsbewegung „Solidarność" in den 1980er-Jahren, die den Weg für den politischen Umbruch in den ehemaligen Ostblock-Staaten öffnete. Benachteiligungen und Einschnitte, die Frauen im Zuge der Systemtransformation nach 1989 erfahren mussten, fanden insbesondere in dem Abtreibungsgesetz von 1993, das letztlich verschärft wurde, ihren Ausdruck. Es rief eine Welle von Protesten hervor und markiert die Geburt der zweiten polnischen Frauenbewegung. „Der größte Gegenspieler der Frauenbewegung in Polen war und ist immer noch die katholische Kirche, die dank ihres Engagements im antikommunistischen Widerstand und ihres Bündnisses mit der damaligen Opposition Glaubwürdigkeit erlangte und zu einer politischen Kraft aufstieg," so die Autorinnen. In dem Beitrag veranschaulichen sie die Macht der katholischen Kirche in Polen und die gesellschaftspolitischen Folgen auf die Stellung der Frau angesichts konservativer Rollenbilder und Geschlechternormen, die das Leben auf einschneidende Weise bestimmen. Während die Zahl der Personen, die einen Schwangerschaftsabbruch benötigen, nicht gesunken ist, sind Angst und Verzweiflung rund um eine Schwangerschaft im Steigen begriffen, nicht zuletzt auch, weil Empfängnis- und Notfallverhütung für Frauen erschwert zugänglich sind. Was diese Einschränkungen bedeuten, wie sich Frauen unter diesen schwierigen Voraussetzungen über Grenzen hinweg selbst organisieren, gegenseitig unterstützen und ermutigen können, davon handelt dieser Beitrag.

Anmerkung

1   Polen halt? Das Verhältnis von Kirche und Staat, 7.1.2021, https://www.derstandard.at/story/2000122715301/polen-halt-das-verhaeltnis-von-kirche-und-staat (Zugriff 3.9.2021).

Alexandra Keller

Schwangerschaftsabbruch: Das ewige Tabu[1]

Auch 46 Jahre nach Einführung der Fristenlösung wird Frauen in Österreich vielfach das Recht auf Selbstbestimmung erschwert und damit bis zu einem gewissen Grad auch verwehrt. Mit je nur einer vertrauenswürdigen Adresse für den Eingriff ist das Thema Schwangerschaftsabbruch vor allem in Vorarlberg und Tirol ein Tabu. Sexuelle und reproduktive Rechte von Frauen stehen im Rang der Menschenrechte. Doch sind sie auch in Österreich alles andere als in Stein gemeißelt. Erst im Frühjahr 2021 musste wieder ein Angriff abgewehrt werden.

„Das kontinuierliche Rütteln der ÖVP am Schwangerschaftsabbruch ist inakzeptabel. Frauen haben ein Recht auf Selbstbestimmung. Wir weichen keinen Millimeter", stellten die SPÖ-Abgeordneten Petra Bayr, Gabriele Heinisch-Hosek und Eva Maria Holzleitner am 25. März 2021 in einer Aussendung klar. Den kämpferischen Ton mussten sie wohl anschlagen, weil tags zuvor eine nicht minder starke Kampfformation von ÖVP-Politiker*innen per Aussendung ausgerückt war, um ihre Position zum Thema Schwangerschaftsabbruch deutlich zu machen. Mitte März hatte der Petitionsausschuss im österreichischen Parlament die Forderungen der Bürgerinitiativen „Fakten Helfen" und „faierändern" – eine Statistik über Schwangerschaftsabbrüche in Österreich jährlich zu veröffentlichen sowie „Motivforschung" zu betreiben – abgelehnt. VP-Frauensprecherin Elisabeth Pfurtscheller stellte dazu fest: „Wir werden es auch nach der koalitionsbedingten Einstellung der Bürgerinitiativen weiterhin als unsere Aufgabe ansehen, im Rahmen unserer Möglichkeiten und im Rahmen dessen, was im jetzigen Regierungsprogramm vereinbart wurde, an der Umsetzung von Unterstützungsmaßnahmen für Frauen in Schwangerschaftskonflikten zu arbeiten."

Scharfe Klinge

Hinter diesen sanft klingenden Worten versteckt sich eine scharfe Klinge, die schon Susanne Raab und Christine Aschbacher – Frauenministerin der ÖVP die eine, Ex-Familienministerin die andere – gezückt hatten, indem sie die Bürgerinitiativen im November 2020 offiziell unterstützten. Der Gegenwind war nicht minder stark.

„Wir lehnen den Vorstoß zweier ÖVP-Ministerinnen bezüglich Statistik und Motivforschung zu Schwangerschaftsabbrüchen entschieden ab. Es wird sie nicht geben. Selbstbestimmungsrechte von Frauen sind für uns nicht verhandelbar", hatte die Grünen-Sprecherin für Frauen und Gleichberechtigung, Meri Disoski, getwittert, nachdem die Stellungnahmen der VP-Ministerinnen veröffentlicht worden waren.

„Warum man sich für eine Abtreibung entscheidet, ist und bleibt die Sache der Betroffenen! Diese ‚Fakten' helfen nicht den Betroffenen, sondern denen, die gegen Entscheidungsfreiheit einstehen", stellte Hannah Svoboda, Frauensprecherin des VSStÖ, damals klar. Und mit dem Hinweis, dass es genau zwei Gründe für einen Schwangerschaftsabbruch gibt, stellte NEOS-Frauensprecherin Henrike Brandstötter die Sinnhaftigkeit einer Statistik grundsätzlich in Frage. Sie sagte: „Entweder es gibt medizinische Gründe oder die Frau will das Kind nicht. Mehr muss der Staat nicht wissen."

Brandstötter zieht mit ihrer Feststellung jene Grenze, die das Selbstbestimmungsrecht der Frauen gegenüber dem Staat markiert beziehungsweise markieren sollte. Die Grenze muss regelmäßig verteidigt werden.

„Mit gutem Grund gibt es keine Statistik und Motivforschung zu Abbrüchen, denn damit würden Frauen, die sich ohnehin in einer Notsituation befinden, zusätzlich belastet", erklärte Gisela Wurm, ehemalige Frauensprecherin der SPÖ. Ende 2009 tat sie das. Die ÖVP hatte damals eine Schwangerschaftsabbruchs-Statistik gefordert und die SPÖ-Frauensprecherin sah sich gezwungen, klarzustellen: „Wenn es zu einer ungewollten Schwangerschaft kommt, aus welchen Gründen auch immer, so müssen die Frauen Entscheidungsfreiheit haben und Unterstützung erhalten, egal welche Entscheidung sie treffen."

Schwere Kämpfe

Zwölf Jahre später wurde diese Diskussion wieder geführt. Wieder musste befürchtet werden, dass eine Statistik über Schwangerschaftsabbrüche als Grundlage dafür benutzt werden könnte, die Rechte der Frauen zu beschneiden. Wieder mussten Argumente vorgebracht werden, mit denen vor bald einem halben Jahrhundert ein harter Kampf endete.

1975 wurde mit der Einführung der Fristenlösung der Schwangerschaftsabbruch in Österreich zumindest teilweise entkriminalisiert. Teilweise in dem Sinn, dass ein Schwangerschaftsabbruch bis zur zwölften Schwangerschaftswoche straffrei gestellt wurde.

Seither ist zwar kein rechtlicher Rückschritt passiert, aber auch kein allzu großer Fortschritt. So wird anhaltend bemängelt, dass die Sexualpädagogik für Mädchen und Jungen in den Schulen genauso unzureichend ist wie die Aufklärung über die unterschiedlichen Formen von Schwangerschaftsabbrüchen oder eben die Möglichkeiten, einen Schwangerschaftsabbruch durchführen zu lassen. Die Liste der Adressen, an die sich ungewollt schwangere Frauen wenden können, wird dürftiger und dünner, je weiter man in den Westen Österreichs kommt. Sieben offizielle und vertrauenswürdige Adressen für Schwangerschaftsabbrüche gibt es in Wien, je vier in der Steiermark und Kärnten, drei in Niederösterreich, je zwei in Oberösterreich und Salzburg und je eine in Vorarlberg und Tirol.

Hier, in Tirol, hatte die Straßenzeitung *20er* Anfang 2020 bei 50 der 115 niedergelassenen Gynäkolog*innen nachgefragt, ob sie die seit Juli 2020 bestehende Möglichkeit nutzen, mit „Mifegyne" den medikamentösen Schwangerschaftsabbruch anzubieten. Aus keiner Praxis kam ein Ja, 24 antworteten mit Nein und 25 gar nicht. „Eine Behandlung mit Mifegyne erfordert konsequente Aufsicht und Abrufbarkeit. Meine Kollegen schicken die Frauen lieber zu mir", hatte der einzige Gynäkologe des Landes, der Schwangerschaftsabbrüche durchführt, gegenüber der Zeitung festgehalten. Und der im Mai 2021 zurückgetretene Gesundheitslandesrat Bernhard Tilg meinte Anfang des Jahres auf Anfrage des *20er* recht lapidar: „Die bestehende Versorgungssituation wird in Tirol von den ExpertInnen als adäquat eingestuft."

Adäquat? Tirol hat im Zusammenhang mit dem Thema Schwangerschaftsabbruch so seine Geschichte. Eine Geschichte, die auch direkt zu den im März 2021 im Parlament abgeschmetterten Forderungen führt. Die „Fakten Helfen"-Initiative wurde von „Aktion Leben" gestartet, einem bestens vernetzten, konservativ und katholisch geprägten Verein, der auf vielen Ebenen gegen Schwangerschaftsabbrüche kämpft. 1971 wurde dieser Verein gegründet, um die von der Frauenbewegung geforderte Entkriminalisierung des Schwangerschaftsabbruches zu verhindern. „Den Auftakt der ‚Aktion Leben' im Kampf gegen die Liberalisierung der Abtreibung bildete die Ausstellung ‚Laß mich leben', die im Jänner 1972 in Innsbruck eröffnet und anschließend in den Bezirken gezeigt wurde". So beschreibt die Innsbrucker Politologin Alexandra Weiss in einem Vortrag aus dem Jahr 2015 den Startschuss für den starken Gegenangriff, mit dem die Einführung der Fristenlösung verhindert werden sollte.

Dieser Kampf gegen die Selbstbestimmung der Frauen gipfelte in Tirol am 15. Juni 1973 mit einer als Schweigemarsch inszenierten Demonstration, an der rund 10.000 Menschen teilnahmen. Der damalige Bischof der Diözese Innsbruck, Paulus Rusch, hatte alle Pfarren des Landes angeschrieben und aufgefordert, mit „einer möglichst großen Abordnung" zur Kundgebung zu kommen. „Neben der katholischen Kirche unterstützten in Tirol auch viele Persönlichkeiten aus Medizin und Politik die ‚Aktion Leben'", schreibt Alexandra Weiss.

Dass im Rahmen der großangelegten Mobilisierung gegen die Fristenlösung auch der Geburtenrückgang oder die „steigenden Ausländergeburten" als Argumente genannt wurden, ist ein abstoßendes Detail. Ein weiteres ist ein Beschluss der Medizinischen Fakultät Innsbruck aus dem Jahr 1974, mit dem sie sich grundsätzlich gegen die Durchführung von Abbrüchen nach der Fristenregelung ausgesprochen hat. 1975 wurde die Legalisierung der Schwangerschaftsabbrüche innerhalb der dreimonatigen Frist in Gesetz gegossen. Schwangerschaftsabbrüche waren und sind seither jedoch an keiner Tiroler Klinik möglich. Laut Alexandra Weiss „berief und beruft man sich bis heute" auf den Beschluss aus dem Jahr 1974.

Hartes Pflaster

Tirol ist ein hartes Pflaster, wenn es um Frauenrechte geht. Angela Eberl, die als SPÖ-Politikerin so hartnäckig wie aktionistisch für ebendiese Frauenrechte kämpfte, findet starke Worte, um die rundum unbefriedigende Situation beziehungsweise die Akteure „dahinter" zu beschreiben. „Das ist eine konservative, heuchlerische Partie", sagt sie. 2012 wurde von Eberl und ihren damaligen Mitstreiterinnen die letzte große Aktion organisiert, um auf den Missstand aufmerksam zu machen. Eberl: „Jetzt hörst du gar nichts mehr, null."

Dass das Land Tirol seit Oktober 2015 über den sogenannten „Härtefallfonds" finanzielle Unterstützung für Schwangerschaftsabbrüche und Verhütungsmittel für einkommensschwache Frauen gewährt, ist ein stiller Erfolg. Lautstark und öffentlichkeitswirksam, wie vor bald 10 Jahren, wurde in Tirol nie mehr für die Rechte der Frauen gekämpft. Dabei waren Schwangerschaftsabbrüche damals noch in drei privaten Ordinationen Tirols durchgeführt worden und 2013 hatte das Gremium des Landessanitätsrates einstimmig befunden, „dass die derzeitige Versorgung für Schwangerschaftsabbrüche in Tirol adäquat und ausreichend" sei. Dieser Landessanitätsrat setzt sich aus dem Landessanitätsdirektor und dreizehn weiteren Mitgliedern zusammen, welche die Landesregierung und den Landeshauptmann in – wie in der Geschäftsordnung festgehalten wird – „allen ihnen obliegenden Angelegenheiten des Gesundheitswesens" beraten.

Der Befund dieses Rates hat sich offenkundig auch nicht geändert, als es nur noch eine Adresse gab, an die sich die Tirolerinnen wenden konnten. „Die Versorgungslage von Frauen in Tirol, die ungewollt schwanger werden, kann sowohl als quantitativ unzureichend wie auch, was die Höhe der Kosten anbelangt, für viele der Betroffenen nur als unzumutbar bezeichnet werden", musste das Tiroler Aktionskomitee Schwangerschaftsabbruch im Jahr 2014 in einer Aussendung feststellen, als es in Tirol letztmals leicht brodelte.

Ende Juli 2014 hatte der damalige Gesundheitsminister Alois Stöger (SPÖ) mit seiner wiederholten Forderung, dass auch die Bundesländer Vorarlberg und Tirol Schwangerschaftsabbrüche an öffentlichen Krankenhäusern anbieten sollen, punktgenau in dieses ewig dunkle Tiroler Kapitel gestochen. Die Reaktionen zeigten, dass Schwangerschaftsabbruch in der Tiroler Gesellschaft ein Tabu geblieben war. In zahlreich abgedruckten Leserbriefen durften Fundamentalist*innen ihre Sicht der Dinge darlegen. In diesem reaktionären Reigen forderte etwa die Christlich Soziale Arbeitsgemeinschaft Österreichs (CSA), eine so skurrile wie radikale Organisation, der beispielsweise der katholische Aktivist und „Pornojäger" Martin Humer angehörte, den Rücktritt Stögers mit dem Hinweis: „Diese Aktivitäten von Politikern sind schon vor dem Hintergrund, dass in Österreich die Geburtenrate weiter rückläufig ist und Kinder fehlen, nicht zu verstehen."

Die Steigerung der Geburtenrate war bereits für Kaiserin Maria Theresia Grund dafür, 1768 das Verbot der Abtreibung in Österreich einzuführen. 2014 ergänzte die CSA das Argument der Kaiserin mit den Worten: „Fachleute haben errechnet, dass Österreich bis 2050 islamisiert sein wird, weil Nichtmuslime ihre Kinder häufig abtreiben lassen".

Auch die Vereinigung „Aktion Leben" hatte im August 2014 Aufwind bekommen und in der deutschen Tageszeitung *TAZ* wurde unter dem Titel „Rechte Phalanx gegen Fristenlösung" nicht nur auf die damals aktuelle österreichische Debatte, sondern auch darauf aufmerksam gemacht, dass sich in der ÖVP Stimmen regen, „die eine parlamentarische Mehrheit gegen die Fristenlösung suchen."

Längst war neuerlich klar geworden, wie recht die 2010 verstorbene SPÖ-Frauenpolitikerin Johanna Dohnal hatte, als sie feststellte: „Frauen haben in der

Geschichte nur das erreicht, was sie sich selber erkämpft haben, doch die Frauenbewegung ist immer notwendig. Wenn bei all den Themen, wie etwa Quotenregelung oder Schwangerschaftsabbruch, nicht immer Kräfte dahinter sind, die das strukturell absichern, ist die andere Macht stärker."

Starke Macht

Erst angesichts der ewigen Aktualität dieser Einsicht kann nachvollzogen werden, was die österreichische Frauenbewegung geleistet hat, bevor im Rahmen der so genannten „großen Strafrechtsreform" 1975 der Schwangerschaftsabbruch mit der Einführung der Fristenlösung legalisiert wurde.

Die richtig dunklen Zeiten für Frauen und ihre Rechte liegen noch nicht lange zurück. Als Johanna Dohnal Ende der 1960er-Jahre damit begann, für eine bessere, friedlichere und gerechtere Welt zu kämpfen, waren Frauen ihren Ehemännern rechtlich untergeordnet, Männer konnten ihren Frauen den Arbeitsplatz kündigen, ledige Mütter wurden unter Amtsvormundschaft gestellt, Vergewaltigung in der Ehe war kein Straftatbestand und auf Abtreibung stand zwischen einem Jahr und fünf Jahren schwerer Kerker. Neben 1975 war auch 1989, als die Vergewaltigung in der Ehe unter Strafe gestellt wurde, im Zusammenhang mit der Selbstbestimmung der Frauen und der gesetzlichen Anerkennung ihrer Rechte ein herausragendes Jahr.

Es sind Leuchttürme und doch ist die Stärke der „anderen Macht" eben nie zu unterschätzen. Diese „andere Macht" hat viele Gesichter. Sie ist eine Meisterin der verschlungenen Wege. Und das seit über 2000 Jahren. „Über viele Jahrhunderte war die katholische Kirche nicht nur eine geistliche Institution, sondern eine weltliche Macht. Das wirkt massiv nach, weil die Trennung zwischen Staat und Kirche ja bis jetzt keinesfalls vollständig vollzogen ist", sagt Wolfgang Obermüller. Der Tiroler ist Sprecher der Österreichischen Gesellschaft für ein humanes Lebensende (ÖGHL), die schon seit Jahren für eben dieses kämpft. Mit Erfolg. Anfang Dezember 2020 kippte der Österreichische Verfassungsgerichtshof (VfGH) das Verbot der Hilfeleistung zum Suizid und stärke damit das Recht auf ein selbstbestimmtes Leben der Österreicher*innen.

Im Vorfeld hatten kirchennahe Sterbehilfe-Gegner*innen und Vertreter der Kirche selbst starke Geschütze aufgefahren, um Stimmung gegen die straffreie Möglichkeit des assistierten Suizids zu machen. Die Verfassungsrichter*innen blieben davon unbeeindruckt und das VfGH-Urteil hat durchaus revolutionären Charakter für das Verhältnis des Staates und der katholischen Kirche. Bei Fragestellungen am Ende des Lebens wurde der katholischen Kirche traditionellerweise die moralische beziehungsweise ethische Kompetenz zugesprochen. „Das gilt auch für Fragestellungen am Beginn des Lebens. Die geistige Elite ist indoktriniert von den Moralvorstellungen der Kirche. Über Parteigrenzen hinweg gibt es hier eine unselige Allianz, doch möglicherweise wird über das Fallbeispiel Sterbehilfe der Gesellschaft generell klar: Hoppla, Kirche ist gut, aber bei staatlichen Fragen hat sie nichts zu melden", sieht Obermüller die Chance, dass der Diskurs rund um die Sterbehilfe weitere Kreise zieht und den Einfluss katholischer Moralvorstellungen und Deutungshoheiten zurückdrängt. Schnell geht das nicht. Obermüller: „Politiker sind auch nur Menschen, die entsprechend sozialisiert wurden. Deren Wertvorstellungen wurden ganz tief geprägt." Gerne zitiert Obermüller den französischen Schriftsteller und Politiker Victor Hugo, der sagte: „Nichts auf der Welt ist so mächtig wie eine Idee, deren Zeit gekommen ist."

Fatale Signale

Auf Frauenrechte in Tirol lässt sich der starke Satz nicht leicht anwenden. Die Tatsache, dass in Tirol seit Jahren kaum bis gar nicht mehr lautstark gefordert wird, dass das seit so vielen Jahren geltende Gesetz endlich zur Anwendung gelangt, wirkt ernüchternd. Im Tiroler Landtag hat die letzte Diskussion zum Thema am 30. Juni 2016 stattgefunden. In der Bugwelle der Forderung des SPÖ-Ministers Alois Stögers hatte der Landtagsklub der Tiroler SPÖ am 23. Juni 2015 den Antrag mit dem Titel „Schwangerschaftsabbruch ist eine Aufgabe der Gesundheitspolitik und muss an den öffentlichen Landeskrankenanstalten in Tirol möglich sein" eingebracht und den Landtag aufgefordert, ebendies zu beschließen.

Weil die im Antrag genannten Gründe nach wie vor aktuell sind, lohnt es, sie zu zitieren: „Schwangerschaftsabbrüche zählen zu den häufigsten Eingriffen in der Frauenheilkunde und sind eine Aufgabe der Gesundheitspolitik. Frauen muss es ermöglicht werden, diese medizinische Behandlung an öffentlichen Krankenhäusern in Tirol vornehmen zu lassen. Dass in Tirol diese Möglichkeit nicht besteht, ist ein fatales Signal und bedeutet für Frauen mitunter ein gesundheitliches Risiko, weil vielfach, ohne professionelle Beratung nach anderen Möglichkeiten gesucht wird, eine Schwangerschaft abzubrechen. Die Situation ist auch im niedergelassenen Bereich prekär, da nur mehr ein Arzt in Tirol Schwangerschaftsabbrüche vornimmt. (…) Jede Frau muss einen sicheren Zugang zu Verhütungsmitteln und Schwangerschaftsabbrüchen haben. Es ist ein grundlegendes Recht aller Frauen, selbst über ihren Körper zu bestimmen. Sexuelle und reproduktive Gesundheit gehören ganz essenziell dazu. Schwangerschaftsabbrüche zu verbieten, verhindert sie nicht, sondern macht sie lediglich für die betroffenen Frauen schwieriger, teurer und gefährlicher. Aufklärung und einfacher bzw. kostenloser Zugang zu Verhütungsmitteln verhindern Schwangerschaftsabbrüche! (…)"

Knapp ein Jahr später kam es dann zur Diskussion im Tiroler Landtag. Und mit 30. Juni 2016 ist der vom damaligen Landtagspräsidenten Herwig van Staa unterzeichnete Beschluss des Tiroler Landtages datiert, der keinen der im Antrag genannten Gründe anerkannte. Knapp drei Zeilen nehmen die Worte in Anspruch: „BESCHLUSS Der Antrag des SPÖ-Landtagsklubs betreffend Schwangerschaftsabbruch ist eine Aufgabe der Gesundheitspolitik und muss an den öffentlichen Landeskrankenhäusern in Tirol möglich sein! wird abgelehnt." Das war's. Schwangerschaftsabbruch bleibt ein ewiges Tabu.

Weiterführende Literatur & Informationen

Weiss, Alexandra/Erika Thurner (Hg.): Johanna Dohnal und die Frauenpolitik der Zweiten Republik. Dokumente zu einer Pionierin des österreichischen Feminismus, Wien 2019.

www.schwangerschaftsabbruch-tirol.at
www.oegf.at
www.abtreibung.at

Anmerkung

[1] Teile des Beitrages sind in Artikeln der Autorin in der Straßenzeitung 20er („Beharrlich Frauenfeindlich", Februar 2021, Nr. 221) und im Fachmagazin ÖKZ – Das österreichische Gesundheitswesen (Ausgabe 06–07/2021, 62. Jahrgang) erschienen.

Magda Borysławska/Izabela Wnorowska

Die Hölle der Frauen.
Schwangerschaftsabbruch in Polen[1]

Gleich nach Ausbruch der Corona-Pandemie 2020 entbrannte im polnischen Parlament abermals eine hitzige Debatte über die Verschärfung des Abtreibungsgesetzes. Schon damals zählte es zu den restriktivsten in Europa, wurde aber ironischerweise als „Kompromiss" bezeichnet.

Laut dem Gesetz aus dem Jahr 1993 war Abtreibung nur in drei Fällen erlaubt: bei Lebensgefahr der Mutter, nach einer Vergewaltigung und bei einer embryopathischen Indikation, d. h. einer festgestellten schweren Erkrankung des Embryos. In den 27 Jahren, die seither vergangen sind, wurden viele Kämpfe um Abtreibung ausgefochten. Seitdem die rechtspopulistische Partei PiS (Prawo i Sprawiedliwość, zu deutsch: Recht und Gerechtigkeit) 2015 an die Macht kam, ist das Thema erneut ins Zentrum politischer Debatten gerückt. Die ersten Versuche der Regierung, das Recht auf einen Schwangerschaftsabbruch vollständig abzuschaffen, gehen auf das Jahr 2016 zurück, als der Gesetzesentwurf „Stoppt die Abtreibung" im Parlament eingebracht wurde. Der Vorstoß rief eine gewaltige Widerstandsbewegung auf den Plan, die den Gesetzesentwurf erfolgreich abwenden konnte und als „Schwarzer Protest" in die Geschichte einging.

Massenproteste gegen verschärftes Abtreibungsgesetz

Damals glaubte kaum jemand daran, dass sich das schlimmste Szenario noch verwirklichen könnte. Denn im Oktober 2020 erklärte das durch die nationalkonservative Regierungspartei PiS gesteuerte Oberste Gericht, die Abtreibung auch bei fetalen Anomalien, d. h. bei schwer fehlgebildeten Föten, für verfassungswidrig. In 97 % aller Fälle stellen diese die Ursache für Schwangerschaftsabbrüche in Polen dar.

Die Entscheidung kommt laut Menschenrechtsorganisationen einem vollständigen Abtreibungsverbot gleich, bedeutet daher in der Tat die Abschaffung des Rechts auf Schwangerschaftsabbruch in Polen und stieß auf gewaltigen sozialen Widerstand. Als Antwort darauf gab es wochenlang Massenproteste in mehreren Städten, die teils von der Polizei – unter Einsatz von Tränengas – brutal unterdrückt wurden. Hunderttausende Menschen ließen sich nicht einschüchtern und gingen trotz pandemischen Versammlungsverbotes auf die Straßen, um ihre Wut und Frustration auszudrücken.

Vor diesem Hintergrund blieb die Veröffentlichung der Urteilsbegründung für drei Monate aus. Die AktivistInnen schöpften Hoffnung, das drakonische Gesetz noch verhindern zu können. Eine breite und bunte Öffentlichkeit übte immer

Solidaritätskundgebung in Wien gegen Verschärfung des Abtreibungsgesetzes in Polen, Oktober 2020 (Fotos: Aleksandra Tulej)

stärker Kritik an dem sogenannten „Kompromiss" im Abtreibungsrecht. Und trotzdem: Das – auch international und vom Europaparlament – höchst umstrittene Urteil des polnischen Verfassungsgerichtshofes vom Oktober 2020 trat Ende Januar 2021 in Kraft. Seither gilt ein neues Abtreibungsrecht, das Schwangerschaftsabbruch nur noch erlaubt, wenn die Schwangerschaft das Leben der Mutter bedroht oder wenn eine Frau aufgrund von Vergewaltigung schwanger geworden ist. Was für viele EuropäerInnen unvorstellbar scheint, ist nun in Polen Realität.

Nachfrage nach Schwangerschaftsabbrüchen nicht gesunken

Abtreibung per Gesetz ist in Polen nur noch in genannten zwei Fällen möglich. Gleichzeitig ist die Zahl der Personen, die einen Schwangerschaftsabbruch benötigen, nicht gesunken. Staatliche Unterstützung erfahren die Betroffenen keine. Zu erwarten ist, dass die bestehende Rechtslage zur Erhöhung der Zahl von illegalen Abtreibungen führen wird.

Finanzielle und organisatorische Unterstützung als auch Informationen über Möglichkeiten des Schwangerschaftsabbruchs zu Hause oder in ausländischen Kliniken bietet das feministische Kollektiv „Abtreibung ohne Grenzen" (Polnisch: Aborcja Bez Granic, ABG)[2] an. Dieses Solidaritätsnetzwerk, bestehend aus sechs Organisationen in mehreren Ländern, eröffnet den betroffenen polnischen Frauen Zugang zu sicheren und legalen Verfahren. In Österreich hilft dabei die Initiative „Ciocia Wienia"[3] in Wien. „Die meisten, die aus Polen nach Wien kommen, haben eine medizinische Indikation für eine Abtreibung. Sie haben erfahren, dass es voraussichtlich zu einer schweren gesundheitlichen Schädigung des Embryos kommen wird. In solchen Fällen ist eine Abtreibung in Polen nun nicht mehr legal möglich, auch Ärzte, Personal und Kliniken machen sich strafbar, wenn sie dennoch abtreiben", betonte eine Aktivistin der Organisation am 1. April 2021 im Interview mit FM4. Die Initiative unterstützt auch bei anonymen Geburten, die in Polen nicht ohne Weiteres möglich sind, denn: „Zwar gibt es auch in Polen Babyklappen, allerdings wird dort als erstes die Polizei informiert, die eine Anzeige legt. Viele biologische Mütter werden ausfindig gemacht. Sie sind dann ein Leben lang stigmatisiert, denn viele Fälle landen in den Fernsehnachrichten."

Laut Angaben von „Abtreibung ohne Grenzen" stieg die Anzahl der Anfragen nach der Entscheidung des Verfassungsgerichts im Oktober um ein Vielfaches. Zwischen Dezember 2019 und 22. Oktober 2020 wandten sich 2.700 Menschen mit der Bitte um Hilfe an die Organisation. Vom 22. Oktober bis 10. Dezember waren es weitere 2.500. Innerhalb von sechs Monaten nach der Urteilsverkündung nahmen 597 Personen die Unterstützung bei der Organisation einer Reise wahr, um in einer ausländischen Klinik eine Abtreibung nach dem dritten Schwangerschaftsmonat in Übereinstimmung mit dem geltenden Recht im jeweiligen Staat durchzuführen. In diesem Zeitabschnitt half ABG 17.000 Personen in Polen bei der Bestellung von Tabletten für einen medizinischen Schwangerschaftsabbruch.

„Ich hatte eine Abtreibung."

In dem konservativ-katholischen Diskurs in Polen behauptet man, dass Abtreibung eine Todsünde ist. Die Kirche droht, dass sie ein unbewältigbares Trauma nach sich zieht. Im Gegensatz dazu berichten Frauen von psychischer Erleichterung nach einem Schwangerschaftsabbruch. Aus den Schilderungen zweier Betroffener geht hervor, welchen Hürden, psychischen Belastungen und gesundheitlichen Risiken Frauen, die sich für einen Schwangerschaftsabbruch entscheiden, aufgrund der restriktiven Gesetzeslage ausgesetzt sind:

> „Ich hatte eine Abtreibung – es ist so schwierig, diese Worte zu sagen, wenn man in den Vorkarpaten lebt, in einem Dorf, in dem PiS 70 % gewinnt. Wo die Kirchenglocke den Rhythmus des Tages läutet. Ja, ich hatte eine Abtreibung. Mein Mann und ich haben zwei Kinder geplant. Und 2 haben wir bekommen. (…) Entscheidung – wir wollen ein Baby und Bah! (…)
> Leider wurde ich trotz Verhütungsmitteln in Form von Vaginalringen zum dritten Mal schwanger. Schon damals dachte ich über Abtreibung nach, aber wir sprachen das ganze Wochenende mit meinem Partner und beschlossen, dass wir es schaffen könnten. Und es war so! Nach der Geburt habe ich meine Empfängnisverhütung auf Pillen umgestellt. Nach einiger Zeit musste ich mich mehrere Tage übergeben. Ich muss die Pillen erbrochen haben, weil meine Periode nicht erschienen ist. Der Test fiel positiv aus. Wut, Hilflosigkeit und das Wissen, dass wir es nicht schaffen werden.

4 Kinder sind zu viel für uns. Und genau wie zuvor haben wir über das Thema gesprochen. Entscheidung – Abtreibung in der Slowakei. Es gibt nur eine 2-stündige Fahrt. Wir werden mit den Kindern einen Ausflug machen. Nachdem wir alles arrangiert hatten, schloss die Slowakei die Grenze. Massaker. Wie viele Tränen habe ich vergossen, dass dies das Ende meines Berufslebens bedeutet. (…)

Ich habe den Fragebogen bei WHW [Women Help Women] ausgefüllt und eine Spende gemacht. Diese Woche des Wartens auf Pillen war ein Albtraum. (…) Überlegungen, ob dieser Brief pünktlich ankommt oder nicht, denn es war bereits die 7. Woche. Und er kam. Ich war noch nie so aufgeregt wie damals. (…) Ich hatte Angst, es wurde so viel über Trauma gesagt, über die Schrecken der Abtreibung. Abgesehen von dem Fieber bekam ich nur eine etwas schmerzhaftere Periode und das war's. Ein bisschen stärker, aber das war nur eine Periode! Ich wechselte Monatsbinden und suchte nach einem Embryo in den Blutgerinnseln, konnte aber nichts finden, was einem Menschen ähnelte. Bei all dieser Propaganda über Abtreibung waren wir angenehm überrascht, dass sie überhaupt nicht so schrecklich aussieht. Wir weinten beide vor Glück und Erleichterung.

Ein Jahr ist vergangen, wir sind deswegen nicht traumatisiert, wir denken nicht darüber nach, weil nichts Schlimmes passiert ist. Viel Gutes ist passiert. ‚Abtreibung ohne Grenzen' in Polen würde Frauen den Stress ersparen, der durch das Organisieren von Reisen, das Warten auf Pillen usw. entsteht. Liebes, ich bin bei Ihnen! Ich hatte eine Abtreibung!"

Abtreibung stellt die Kontrolle über die Fruchtbarkeit wieder her, ist ein Bestandteil der Familienplanung und eine häufige Erfahrung von Frauen. Frauen jeden Alters, aus verschiedenen sozialen Schichten, mit unterschiedlichen politischen Ansichten, Gläubige und Atheistinnen: Ein Schwangerschaftsabbruch kann jede betreffen. „Falls du das liest, bist du wahrscheinlich in der gleichen Situation wie ich vor ein paar Wochen" schreibt eine anonyme Frau auf der Webseite von „Abtreibung ohne Grenzen":

„Als ich schwanger wurde, war es überhaupt nicht die richtige Zeit dafür. Mein Partner und ich suchten sofort nach Informationen über Abtreibung. (…) Ich hatte Angst, dass mich jemand betrügen und mir ein paar Vitamine oder Schmerztabletten schicken würde. Tag und Nacht habe ich darüber gelesen. Ich habe es gewagt zu bestellen. Ich habe eine Spende von 75 Euro bezahlt. Die Tabletten kamen nach 7 Tagen. Seltsamerweise verpackt, aber ich habe gelesen, dass es so sein sollte. Am ersten Tag, als ich diese 1 Tablette einnahm, hatte ich überhaupt keine Schmerzen. Nach 24 Stunden nahm ich weitere 4. Das Blut begann nach 2 Stunden zu laufen. Alles tat weh, als hätte ich gerade meine Periode gehabt. (…) die Wehen dauerten ungefähr 20 Minuten, danach war ich so müde, dass ich sofort einschlief. Als ich aufwachte, taten nur mein Bauch und meine Wirbelsäule weh. Die Blutung war leicht. Wenn ich es noch einmal tun müsste, würde ich es tun."

Frauenprotest gegen Verschärfung des Abtreibungsgesetzes in Warschau, Oktober 2020 (Fotos: Karolina Troszczyńska)

Keine Aufklärung, keine Pille, keine Verhütung

Die katholische Lehre dringt auch in andere Bereiche ein, die mit Sexualität zu tun haben. Seitdem die PiS an der Macht ist, wird der Sinn des Unterrichts „sexueller Aufklärung" in der Schule in Frage gestellt. Auch der Zugang zu Verhütungsmethoden wird weiter eingeschränkt. Im Jahr 2015 ist in Polen (wie in allen anderen europäischen Ländern) die „Pille danach", d. h. eine Notfallverhütung, aufgrund der Entscheidung der EU-Kommission für über 15-Jährige rezeptfrei erhältlich geworden. 2017 hat die PiS die Rezeptpflicht für die Pille wieder eingeführt. Mit Blick auf das ständig überforderte polnische Gesundheitssystem und die daraus resultierenden außerordentlich langen Wartezeiten bedeutet die Rezeptpflicht praktisch ein Verbot. Davon betroffen sind insbesondere Minderjährige, unter prekären Bedingungen lebende und einkommensschwache Frauen, die sich einen Besuch in einer privatärztlichen Praxis nicht leisten können. Darüber hinaus berufen sich viele Ärzte auf die Gewissensklausel, d. h. das Recht auf Verweigerung von medizinischer Behandlung aufgrund persönlicher ethischer Bedenken. Es passiert nicht selten, dass in einer Situation, in der jede Minute zählt, eine Frau stundenlang vergeblich nach einer Praxis sucht, die ihr die Pille verschreiben könnte. Oft endet die Suche im Internet, auf feministischen Seiten, auf denen sich Frauen gegenseitig die Pille organisieren oder ÄrztInnen in jeweiligen Städten empfehlen, die die Verschreibung der Pille nicht verweigern. Viele Frauen kaufen während eines Aufenthalts im Ausland Pillen auf Vorrat für den Notfall – für sich selbst, aber auch für andere Frauen.

Sexuelle Aufklärung wird in polnischen Schulen nur in Form des Unterrichts „Erziehung zum Leben in der Familie" angeboten. Vor seiner Wahl zum Präsidenten hat sich der rechtskonservative Kandidat Andrzej Duda im Juni 2020 zu dem Thema folgendermaßen geäußert:

> „(…) niemand sollte das Recht haben (…), den Kindern arrogant und unverschämt in der Schule die sexuelle Propaganda aufzuzwingen (…). Ich werde nie damit einverstanden sein und werde es niemals erlauben, Kinder aggressiv zu sexualisieren und ich werde auch niemals erlauben, dass Kinder von gleichgeschlechtlichen Paaren adoptiert werden."

Der Unterricht wird von Religions- oder BiologielehrerInnen oft aufgrund eigener Überzeugungen, aus Scham oder aus Angst vor den Eltern der Kinder möglichst „unschuldig" gestaltet. Im Unterricht besprochene Themen sind: die traditionelle Rolle der Frau in der Familie, natürliche Verhütung, die mit dem Willen Gottes übereinstimmt, Ursprünge und Folgen der „homosexuellen Devianz". Sexueller Konsens, sexuelle Gewalt gegen Frauen, Methoden der Verhütung, sicherer Sex und Diversität kommen hingegen gar nicht oder nur äußerst selten zur Sprache.

Wie lässt sich dieser Albtraum in einem Land erklären, das seit 2004 Mitglied der Europäischen Union ist, zu den am besten entwickelten Ländern des ehemaligen Ostblocks gehört und in anderen Bereichen oft einen modernen Zugang vertritt? Woher kommt diese starke Ablehnung von Schwangerschaftsabbrüchen in der polnischen Gesellschaft und die Einschränkung von Frauenrechten?

Vor dem Kompromiss

Die gesetzliche Regelung der Abtreibung hat sich im 20. Jahrhundert in Polen mehrfach geändert. Interessanterweise war die Gesetzgebung weitaus liberaler als heute. 1932 wurde ein Gesetz verabschiedet, laut dem der Schwangerschaftsabbruch in zwei Fällen erlaubt war: wenn es eine medizinische Begründung gab oder wenn Schwangerschaft die Folge einer Straftat war. Zu diesem Zeitpunkt war das die liberalste Gesetzgebung in Europa. In den 1950er-Jahren gelangte Abtreibung wieder auf die politische Agenda. In dem Gesetz von 1956 wurden die zwei Gründe zur legalen Abtreibung um einen dritten Punkt erweitert: schwierige Lebensbedingungen der Mutter. Genau dieser Punkt gewährleistete Frauen de facto Abtreibungen auf Verlangen. Sie mussten zwar theoretisch eine Erklärung über ihre schwierigen Lebensumstände unterzeichnen, aber in der Praxis wurde das nie kontrolliert. Die politische Wende 1989 brachte dann weitreichende Änderungen mit sich: Die Verabschiedung des eingangs erwähnten „Kompromisses" im Jahr 1993 war der Anfang der Einschränkung des Rechts auf Abtreibung im postsozialistischen Polen.

Das antifeministische Gesicht der Transformation

Das Transformationsprojekt setzte die Schaffung eines auf Gleichheit und Solidarität beruhenden demokratischen Systems sowie freier Marktwirtschaft voraus. Die neuen Möglichkeiten, die die ökonomischen Bedingungen boten und in der man endlich, wie im Westen, alles kaufen konnte, beeindruckten weite Teile der Bevölkerung des postkommunistischen Staats. Im Zuge blinder Begeisterung für einen dynamischen Kapitalismus und unbegrenzten Konsum verschwanden soziale Rechte, die in der Volksrepublik Polen selbstverständlich waren: ein gesicherter Arbeitsplatz nach dem Mutterschaftsurlaub, staatlich finanzierte Kinderkrippen bzw. Kindergärten und das Recht auf Schwangerschaftsabbruch.

Die Folgen der Demontierung des öffentlichen Sektors (Schul- und Gesundheitswesen), der wilden Privatisierung und der Schließung großer Fabriken betrafen Frauen mehr als Männer, da sie zur Feminisierung der Armut beitrugen. Eine rückschrittliche Familienpolitik und ökonomische Diskriminierung förderten die Übernahme der traditionellen Rolle der Frau als Hausmütterchen. Zunehmend stieg die Unzufriedenheit polnischer Frauen, die von politischen Institutionen weitgehend ausgeschlossen blieben. Zwischen 1989 und 2001 betrug der durchschnittliche Anteil der weiblichen Abgeordneten im Sejm, dem polnischen Parlament, nur 13 %. Um für ihre Rechte zu kämpfen, wurden Frauen in Nichtregierungsorganisationen (NGOs) aktiv. Die zweite polnische Frauenbewegung entstand. Der Fall des Eisernen Vorhangs erleichterte nicht nur den Zugang zu westlichen Produkten und Dienstleistungen, sondern auch zu westlichen Ideen und Denkweisen. Der gesellschaftliche Wandel in der Sphäre der Sexualität in der zweiten Hälfte des 20. Jahrhunderts im Westen erreichte in den 1990er-Jahren endlich auch Polen. Doch im Zuge neoliberaler Marktwirtschaft und katholisch-konservativer Restauration gingen die Errungenschaften der zweiten Frauenbewegung verloren: die Gleichstellung der Geschlechter, die Akzeptanz ihrer sexuellen Bedürfnisse und die Achtung der Reproduktionsrechte.

Die Rolle der Frau durch die Brille der katholischen Moral

Der größte Gegenspieler der Frauenbewegung in Polen war und ist immer noch die katholische Kirche, die dank ihres Engagements im antikommunistischen Widerstand und ihres Bündnisses mit der damaligen Opposition Glaubwürdigkeit erlangte und zu einer politischen Kraft aufstieg. Nach 1989 musste sie eine neue Mission finden. Das Episkopat meldete sich in öffentlichen Debatten über Frauenrechte zu Wort, machte seinen Einfluss für das Abtreibungsverbot 1993 geltend und prangerte Sexualerziehung ebenso an wie Empfängnisverhütung. Der Rückgriff auf den Mythos der „Mutter Polin" aus dem 18. und 19. Jahrhundert, der die Hingabe der Frau an Heim, Kind und Familie forderte, festigte wieder das traditionelle Frauenbild. Der Kampf um eine größere Autonomie der Frau und die Ausübung mehrerer sozialer Rollen jenseits von Mutterschaft und Hausfrauendasein scheiterten in Polen nicht zuletzt aufgrund der mächtigen Position der Kirche.

Sie popularisierte den Topos in der polnischen Kultur der „Mutter Polin", deren von Gott geschenkte Berufung es ist, neue Generationen patriotischer Polen und Polinnen zu gebären und zu erziehen. Die konventionell katholischen Tugenden wie Keuschheit und Bescheidenheit, die eine Frau auszeichnen, haben keineswegs an Bedeutung verloren. Sexuelle Bedürfnisse von Frauen werden gleichgesetzt mit Zügellosigkeit und Mangel an Achtung für sich selbst und den eigenen Körper. Weibliche Sexualität muss schamhaft sein und sich der Fortpflanzung unterordnen. Leben Frauen ihre Sexualität aus, ist die öffentliche Verurteilung nicht weit, erscheinen sie als nuttig, billig und leicht zu haben. Gesellschaftlich akzeptiert ist Sexualität für Frauen nur, wenn sie Empfängnis und Mutterschaft im Sinne haben. Außerehelicher Sex, der nicht der Fortpflanzung dient, wird in Polen, einer zumindest theoretisch säkularen Gesellschaft, immer noch als sündhafte Tat dargestellt, deren Konsequenzen, wie ungeplante Schwangerschaft (sprich: der Wille Gottes), man tragen muss. Betroffen sind selbstverständlich in erster Linie Frauen, „Mutter-Polinnen", die eine gottgegebene Rolle zu übernehmen haben.

„Wir sprechen darüber, ob man in Polen ein unschuldiges Kind ersticken kann"

Die politische Motivation, Schwangerschaftsabbruch zu verbieten, speist sich aus religiösen Überzeugungen, die Abtreibung mit Mord gleichsetzen. Priester vermitteln praktizierenden polnischen KatholikInnen in den Sonntagsmessen eine klare Botschaft: Ab dem Moment der Zeugung muss potenziell menschliches Leben geschützt werden, dem Embryo kommen die gleichen Rechte zu wie einer Frau, der Unwille, Mutter zu werden, ist Ausdruck von Egoismus. Die nationalkonservativen kirchennahen Parteimitglieder der Regierungspartei PiS berufen sich auf ihren Glauben und plädieren im Einklang mit der katholischen Kirche für ein Verbot des Schwangerschaftsabbruchs ohne Ausnahme. Ihre Sprache manipuliert und weckt bei Frauen Schuldgefühle, ohne Unterlass äußern sie den Vorwurf der Ermordung ungeborener Kinder. Die katholische Lehre unterstreicht die Heiligkeit des menschlichen Lebens und rechtfertigt ihre Anschuldigungen mit dem fünften Gebot: Du sollst nicht töten. Die Ignoranz gegenüber den Forderungen der zweiten Frauenbewegung und religiös orientierte Argumente bestimmen das Leben von Frauen auf einschneidende Weise. Die Allgegenwärtigkeit der Kirche in der Öffentlichkeit und ihr politischer Einfluss haben dazu geführt, dass Frauen in Polen in ihren Rechten zugunsten „heiliger Embryos" beschnitten werden: im Namen Gottes.

Anmerkungen

1 Teile von diesem Text basieren auf einem im Magazin an.schläge V/2020 erschienenen Artikel, www.anschlaege.at.
2 https://abortion.eu.
3 https://www.facebook.com/ciociawienia/.

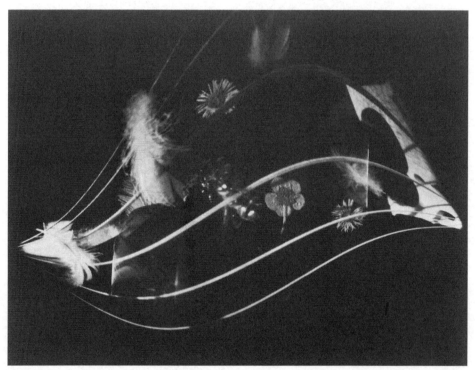
Violine

Vom Jenischen –
regionale und historische Einblicke

Elisabeth Hussl / Heidi Schleich

Einleitung

Im diesjährigen Jahrbuch gibt der jenische Schwerpunkt Einblicke in verschiedene regionale und historische Zusammenhänge und macht Station in der Schweiz, Tirol, Kärnten und Niederösterreich. Jenische Familien leben in vielen Ländern Europas, manche fahrend und andere sesshaft, während ein Teil saisonal auf Reisen geht. Nach wie vor fehlt die Anerkennung auf politischer Ebene, allein die Schweiz hat Jenische offiziell anerkannt und könnte damit Vorbild innerhalb Europas sein.

In der Schweiz gilt *Mariella Mehr* als eine Vorreiterin im Kampf um die Rechte der Jenischen. Bereits in den 1970er-Jahren engagierte sie sich für die Anliegen der Minderheit und spielte eine wichtige Rolle bei der Gründung der „Radgenossenschaft der Landstrasse", der Dachorganisation der Jenischen und Sinti in der Schweiz. Als jenisches Kind war sie von der Aktion „Kinder der Landstrasse" betroffen, dessen „Hilfswerk" jenischen Eltern ihre Kinder systematisch weggenommen hat. Früh von ihrer Mutter getrennt, wuchs sie in Heimen, Pflegefamilien und Erziehungsanstalten auf. In ihren Publikationen gewährt die Schriftstellerin tiefe Einblicke in die schmerzhafte Geschichte der Jenischen. Für ihr literarisches Werk und ihren gesellschaftspolitischen Einsatz für unterdrückte Minderheiten wurde sie mehrfach ausgezeichnet. Unter dem Titel „Vom Leben und anderen Zumutungen" versammelt das Gaismair-Jahrbuch sechs bisher unveröffentlichte Gedichte von Mariella Mehr aus dem Jahr 2015.

Im Anschluss schreibt *Christa Baumberger* unter dem Titel „Stachel im Fleisch des Wortes – Zu den Gedichten von Mariella Mehr" über das literarische Schaffen und Leben der Schriftstellerin. Christa Baumberger bearbeitete gemeinsam mit Nina Debrunner das Archiv von Mariella Mehr am Schweizerischen Literaturarchiv der Nationalbibliothek und hat 2017 den Band *Mariella Mehr. Widerworte. Geschichten, Gedichte, Reden, Reportagen* herausgegeben. In dem Beitrag veranschaulicht sie: „Mehrs Gedichte sind nie resignativ, und ihr Schreiben insgesamt leistet Widerstand gegen das Festgefügte und Glatte. Mehr schreibt aus einer oppositionellen Haltung heraus. (…) Ihre Gedichte sind voller Widerhaken und sprachlicher Stachel, die sich beim Lesen tief einbohren und haften bleiben." Baumberger lädt dazu ein, diesen eindringlichen Stimmen in Mariella Mehrs literarischen Werken zuzuhören.

Mit einem alten Brauch im Tiroler Oberland beschäftigt sich *Stefan Dietrich* in seinem Beitrag „Ein problematisches Verhältnis: Die Jenischen und ihre kostümierten Nachahmer in der Telfer Fasnacht". Symbolfigur dieses Großereignisses, auch Schleicherlaufen genannt, ist der Naz, eine Puppe, die zur Laningergruppe gehört. Die Gruppe der Laninger spielte in diesem farbenprächtigen Spektakel von Beginn an mit Klischees, die Jenischen zugeschrieben wurden und werden, eine

Hauptrolle. Der Blick in historische Quellen zeigt, dass sich unter den Fasnachts-Laningern jedoch keine Angehörigen der bekannten jenischen Familien befanden. Vielmehr stieß Dietrich auf Protest und Kritik der parodierten und verspotteten Bevölkerungsgruppe und beschreibt, wie sich „das durch die Brille der Fasnacht projizierte Bild der Jenischen in einem Zeitraum von fast zweihundert Jahren" gestaltet hat.

Schon längst vor der NS-Herrschaft war das Bild Jenischer als Landstreicher, Diebe und Arbeitsscheue präsent. Jenische standen daher bereits im März 1938 als Gesamtgruppe unter Generalverdacht, erläutert *Horst Schreiber* in seinem Beitrag „Die Jenischen im Nationalsozialismus – Verfolgung und Familiengedächtnis". Auf Grundlage des Erlasses über die „Vorbeugende Verbrechensbekämpfung" fielen Jenische vor allem als „Asoziale" und „Kriminelle", aber auch „erbbiologisch Minderwertige" der nationalsozialistischen Diktatur zum Opfer. „Der Nationalsozialismus setzte alles daran, die Identitäten und das Selbstverständnis der Jenischen als eigene Volksgruppe zu zerstören. Das Ziel, sie kulturell auszulöschen, hat die NS-Diktatur nicht zur Gänze, aber in hohem Maß erreicht", schildert der Autor und beschreibt, wie sich die Benachteiligung nach 1945 fortsetzte und die Vergangenheit zu einem Tabuthema wurde: „Fast alle Angehörigen der jenischen Volksgruppe litten unter einer kollektiven Traumatisierung, die intergenerationell weitergegeben wurde. Nur wenige waren als Opfer des Nationalsozialismus anerkannt und erhielten Leistungen aus der staatlichen Opferfürsorge." Vom Umgang mit der eigenen Identität, dem Bekenntnis zur jenischen Herkunft, der Weitergabe jenischer Werte und von Wehrhaftigkeit angesichts leidvoller Erfahrungen handelt dieser Beitrag.

Karin Lehner zeichnet in ihrem Beitrag „Die Strazzensammler von Sitzenthal. Zur Ausgrenzung, Verfolgung und Ermordung von Jenischen in Österreich" die Geschichte von Jenischen in der niederösterreichischen Gemeinde Loosdorf nach. Ausgehend von Gesprächen mit dem jenischen Künstler Bernhard Pable, der in der Gegend aufgewachsen ist, ist sie in historischen Quellen vielfach auf den Familiennamen „Pable" gestoßen. Es war ein häufiger Name unter Jenischen, anhand dessen sich zurückverfolgen lässt, wie Jenische aus Sitzenthal über Jahrhunderte hinweg behandelt wurden. Auch sie wurden Opfer der nationalsozialistischen Selektions- und Vernichtungspolitik. Dass Gewalt und Erniedrigung selbst in der Zweiten Republik kein Ende nahmen, bringt Karin Lehner ebenso zur Sprache: Bis in die 1980er-Jahre wurden Kinder in Institutionen der Fremdunterbringung gedemütigt. Auch Bernhard Pable weiß davon als ehemaliges Heimkind zu berichten.

Über seine Erfahrungen mit dem Jenischen in Loosdorf erzählt *Artis Franz Jansky-Winkel* in seinem Beitrag „Noppi Gadschi – Jenisch Baaln. 30 Jahre nach der Publikation zum Jenischen in Loosdorf". Er hat 1991 ein Buch mit dem gleichnamigen Titel herausgegeben – mit der Absicht, den Schatz der jenischen Sprache in Loosdorf zu sichern. Der Autor berichtet von seiner Entdeckung und Sammlung der jenischen Sprache, der Publikation und darauffolgenden Reaktionen, nimmt Bezug auf die Geschichte der Jenischen in Loosdorf und verweist auf den besonderen Stellenwert und die Bedeutung des Jenischen in der Marktgemeinde. Denn viele Jugendliche in Loosdorf finden es cool und haben Freude daran, Wörter in jenischer Sprache zu benutzen, schildert der Autor: „Die hiesigen Jugendlichen halten das kulturelle Erbe der Jenischen am Leben."

Dass es Jenische in Österreich gibt, die über Jahrhunderte hier beheimatet und österreichische StaatsbürgerInnen mit eigener Sprache und Kultur sind, will auch die Initiative zur Anerkennung der Jenischen aufzeigen. Gemeinsam mit Heidi Schleich hat *Simone Schönett* die Initiative 2020 ins Leben gerufen. Die mehrfach ausgezeichnete jenische Schriftstellerin lebt in Kärnten, war Mitbegründerin des ersten jenischen Vereins in Österreich und ist Mitglied der transnationalen jenischen Organisation „schäft quant". Das vorliegende Jahrbuch präsentiert fünf Gedichte der Schriftstellerin – jeweils zweisprachig, jenisch und deutsch verfasst: „Schugger / Schön", „Grawis / Groß", „Austupfen / Ausstechen", „Schuberle / Kleiner Teufel" und „Schetterlich / Lächerlich". Die Gedichte geben Eindruck und zeugen davon, wie vielseitig Jenisch sein kann.

Mariella Mehr

Sechs Gedichte aus der Sammlung „Vom Leben und anderen Zumutungen" (2015)

In weichem Silberstaub
sonnenloser Welten
suche ich Ruhe
Freude für einen Augenblick
Lang dreht sich der Mond
um seine eigene Achse
dem Lauscher zuflüsternd
und immer wieder
das Gebet des Lebens
in den Abgründen des Zweifels
leckt sich ein Fuchs
das Fell der Zeit.

Nichts
kein Ort
den weissen Mauern entlang
die Schatten
der Niemandstrauer.
Gib mir
ruf ich
den Weg zurück
zu den grünen Hügeln
an den Rebhängen vorbei
zur silbernen Schlangengrube
führt mich ein Engel
in Stahl gekleidet
wie meine Seele
die nicht zu atmen wagt
ehe die Nacht ihre Flügel ausbreitet
und zum Mahle lädt
zu Brot und Gnade
aus der Quelle des Mondes
der den Sternen befiehlt
für mich zu leuchten.

Die Zeit im Anzug
die schwarzen Stiefel glänzen
im Stechschritt wird
die Zukunft abgemessen
Die Nachricht wäre doch:
noch ist das Heute nicht Gewähr.
Ein Feuerzeichen
wittert meine Haut
kriecht ein und aus
und sammelt sich
im Dunkeln unverdorben
denn wo Geschichte haust
bewegen sich Gedanken
lautlos der Tanz
die Hoffnung längst im Fadenkreuz
der Angst doch spürbar
auch das Frohe
erträumt sich eine Welt
mit Dorn wird
keiner Rose Sein beschert.

Auf meiner Haut
die Blindenhand
des Zweifels
wortentwachsen längst
dem Tage hinterher
ruft Eislaub jetzt
am Ort der Träume
der Verstand erdrosselt:
es wird kalt
in meinen Poren
haust kein Lied
und Stille spricht mich frei
der Wölfe Laut.

Dunkel
am Handgelenk
Fesselgebete zieren
das weithin verstreute Schwarz
umgeiert die sterbende Nacht.
Ich blute sag ich
blute aus alten Wunden
sag ich
aus Überallwunden
fliesst alles Leben
eine Entladung der Nervenzellen
einen Lichttanz ohnegleichen
bräuchte dieser Tag.
Zeit wandert mit großen Schritten
durch mein Geviert
gleitet ein fremder Wahn.
Im Innenhof dieser Zeit
verblüht die Zukunftsrose
in den Niederungen dieser Zeit
weiss ich mich sicher
der Nimmerlinge viele
halte ich auf.

Niemandes
Wurzel zu sein,
die Söhne,
zu spät Geborene,

nur hingeheultes Geschlecht.

Eine Aberstunde Licht
hängt über der Seinerzeitwaage,

nachts wird sie zur Himmelskarte
wider den Wahn.

Abgenabelte Worte
füllen die Ausserwelthöhle,

finden nicht in den Tag,

nicht zu den Einschnittstellen
der Sterne zurück

kein Gesang.

Christa Baumberger

Stachel im Fleisch des Wortes –
Zu den Gedichten von Mariella Mehr

„Womit habe ich meine innere Leere gefüllt? Ich habe sie gefüllt mit Sprache, und diese Sprache ist mein Zuhause."[1] Wer so spricht, für die hat Sprache eine besondere, gar existenzielle Bedeutung. Mariella Mehr ist Schriftstellerin und Dichterin, für sie steht fest: Ihre Heimat ist die Sprache, und sie möchte auf keine andere Herkunft festgelegt werden. Bekannt geworden ist Mariella Mehr jedoch als engagierte Vertreterin der Jenischen. Angesprochen auf ihre Zugehörigkeit zu den Jenischen, sagte sie 2003 mit Verve: „Ich bin zuerst Mensch, ein weiblicher Mensch und zuletzt Angehörige einer verachteten Minderheit."[2] In einem Gespräch 2016 bekräftigte sie mir gegenüber: „Ich bin eine Autorin deutscher Sprache." Damit kündigt sie allerdings keineswegs ihre Verbundenheit mit den Jenischen auf, sondern bekennt sich vielmehr dezidiert zur Universalität von Literatur. Literatur kennt keine, schon gar keine nationalsprachlichen Grenzen.

Mariella Mehr. Zürich, 2017.
(Foto: Ayse Yavas)

Mariella Mehr ist vor allem für ihre Romane bekannt geworden, allen voran die sogenannte „Trilogie der Gewalt", bestehend aus den drei Romanen *Daskind* (1995), *Brandzauber* (1998) und *Angeklagt* (2002). Mindestens so bekannt ist ihre leidvolle Lebensgeschichte. Bereits 1981 hat sie diese im autobiografischen Roman *steinzeit* festgehalten. 1947 als Angehörige der Jenischen in Zürich geboren, wurde sie als kleines Kind ihrer Mutter weggenommen und Pflegeeltern übergeben. Sie wuchs in vielen verschiedenen Heimen und Erziehungsanstalten auf. Später hat sie als Journalistin und Aktivistin einen großen Teil ihres Lebens der Aufdeckung und Aufarbeitung der Pro Juventute-Aktion „Kinder der Landstrasse" gewidmet. Diese zielte darauf ab, die sogenannten „Fahrenden" sesshaft zu machen, indem jenische Kinder von 1926 bis 1973 systematisch ihren Eltern weggenommen und in Heimen untergebracht wurden. Im Unterschied zu anderen Opfern dieses menschenverachtenden und ungeheuer leidvollen Projektes besaß Mariella Mehr die Gabe, die am eigenen Körper erlittene Gewalt mittels Sprache zu transzendieren und in Literatur zu verwandeln. Als Autorin und Journalistin wollte sie das Schweigen durchbrechen und die Erinnerung an das Geschehene wachhalten. Ihre Reportagen, Erzählungen und Romane lassen sich jedoch keinesfalls auf das Label „autobiografisches Schreiben" reduzieren. Mariella Mehr war während Jahren mit Leib und Seele Journalistin, und so galt ihr Interesse immer auch anderen „Fällen", sprich anderen Menschen mit Gewalterfahrungen. Ihre eigene, aber ebenso andere, und mit den Jahren zunehmend auch fiktionale Geschichten, wollte sie festhalten und der Nachwelt überliefern. Kurt Marti hat die obsessive Erinnerungsarbeit hervorgehoben, hinter der sich die Utopie einer besseren Zukunft verbirgt.[3] Gehört die „Trilogie der Gewalt" inzwischen zum Kanon der Deutschschweizer Literatur, so blieb Mariella Mehrs Lyrik hingegen lange Zeit nahezu unbemerkt. Sehr zu unrecht, bilden Gedichte doch seit den frühen 1970er-Jahren einen roten Faden durch ihr Schaffen. Bis heute sind vier Gedichtbände erschienen: *In diesen Traum schlendert ein roter Findling* (1983), *Nachrichten aus dem Exil* (1998), *Widerwelten* (2001) und *Das Sternbild des Wolfes* (2003). Dazu eine zweisprachige Gedichtsammlung mit italienischen Übersetzungen von Anna Ruchat: *San Colombano e attesa / San Colombano und Wartezeit* (2010). Es ist das letzte Buch von Mariella Mehr, das erschienen ist, doch hat sie in den vergangenen zehn Jahren nicht aufgehört zu schreiben. Insbesondere Gedichte, eigene und fremde, begleiten sie weiterhin. Namhafte deutschsprachige Lyriker wie Paul Celan oder Nelly Sachs sind ihr unentbehrliche Begleiter auf einem Weg, der beharrlich weiterführt. Zahlreiche neue Gedichte sind in den letzten Jahren entstanden. Wie viele Schätze es noch zu heben gibt, wurde mir klar, als wir von 2014 bis 2016 am Schweizerischen Literaturarchiv Mariella Mehrs Archiv systematisch erschlossen. Im Zuge der Erschließung und den Recherchen zu dem Band *Widerworte. Geschichten, Gedichte, Reden, Reportagen*, den ich 2017 mit Nina Debrunner im Limmat Verlag herausgab, besuchte ich Mariella Mehr mehrere Male in ihrer damaligen Zürcher Wohnung und konnte ausführliche Gespräche mit ihr führen. Beim ersten Besuch stachen mir die vielen Bücher ins Auge: Mariella Mehr besitzt eine beeindruckende Bibliothek, erste Bücherregale standen bereits beim Eingang, sie schlängelten sich dem Korridor entlang und verteilten sich auf alle Zimmer. Bei jedem

Besuch waren andere Bücher aufgeschlagen, einmal ein Gedichtband von Ingeborg Bachmann, beim nächsten Mal lag ein Buch von Paul Celan auf dem Schreibtisch. Auch wenn Mariella Mehr zu diesem Zeitpunkt wegen ihres Augenleidens seit langem nur noch mit der Lupe lesen konnte, so begleiteten sie diese Autorinnen und Autoren als Weggefährten durch einen beschwerlichen Alltag. „Keine Autorin trennt sich zu Lebzeiten von ihren Büchern", sagte mir Mariella Mehr einmal. Bücher bedeuten Leben. Und Schreiben ist der Lebensatem. Das mag pathetisch klingen, doch zeigen gerade die zahlreichen unveröffentlichten Gedichte und Manuskripte, welch existenzielle Bedeutung das Schreiben für Mariella Mehr hat. Bei den Recherchen im Archiv der Autorin im Schweizerischen Literaturarchiv fiel mir zuerst das Typoskript mit dem Titel „Zafferano" auf, eine Sammlung von rund 90 Gedichten, überliefert in verschiedenen Fassungen. An diesem vierten Gedichtband arbeitete Mariella Mehr von 2003 bis 2005. Wie die vorhergehenden drei Bände war er für die Publikation im Drava Verlag gedacht, doch ist er dort nie erschienen. Aus den folgenden Jahren sind weitere unveröffentlichte Gedichte erhalten. Unter dem sprechenden Titel „Vom Leben und anderen Zumutungen" sind 21 Gedichte versammelt, datiert auf 2015. Aus dieser Sammlung werden hier sechs Gedichte abgedruckt. Wer Mariella Mehrs Lyrik kennt, wird einige bekannte Motive wiederfinden. Spuren von Wildtieren etwa: ein Fuchs leckt sich „das Fell der Zeit" und man hört Wölfe heulen. Der Wolf taucht in vielen ihrer Texte auf, er steht für das endlose Umherstreifen und die Nichtsesshaftigkeit, auch für Angriff und Gefahr. Wie in den früheren Gedichten entfaltet sich eine Welt voller Schatten, es ist häufiger Nacht als Tag. Doch auch wenn es „sonnenlose Welten" sind, so wird die Dunkelheit vom Licht des Mondes aufgehellt und Sterne spenden Trost. Die Szenerien erscheinen dadurch im Zwielicht und sind nicht ausschließlich ins Schwarz der Nacht getaucht. Überhaupt eignet diesen Gedichten etwas überraschend Frohgemutes, am Ende eines Gedichtes vollzieht sich unverhofft eine Öffnung zum Licht und ein Hoffnungsschimmer wird sichtbar. Die Gedichte verbleiben im Schwebezustand.

Mehrs Gedichte sind nie resignativ, und ihr Schreiben insgesamt leistet Widerstand gegen das Festgefügte und Glatte. Mehr schreibt aus einer oppositionellen Haltung heraus. In einem Gedicht heißt es programmatisch: „Es wuchs das wort / Mir im mund / Zur steinschleuder / In der hand." Ihre Gedichte sind voller Widerhaken und sprachlicher Stacheln, die sich beim Lesen tief einbohren und haften bleiben. Dazu passt das Wort „wider", das in vielerlei Kombinationen auftaucht: „Widerwelten", „Widerworte", „wider den Wahn". Ein anderes Wort, das Opposition markiert und ständig wiederkehrt, ist „nie". Es kommt ebenfalls in verschiedenen Variationen vor: „niemand", als Neologismus „Niemandstrauer" oder „Nimmerlinge". Mit ihm wird das Schicksal der Jenischen und ihrer Kinder ins Gedächtnis gerufen. Als nichtige Minderheit verachtet, wurde ihre Identität negiert und ihnen jeder Wert abgesprochen. Selbst im Wort „Zukunftsrose" schimmert der Begriff „niemand" auf, kann es doch als eine Reminiszenz auf Paul Celans Gedichtzyklus „Niemandsrose" (1963) gelesen werden. Celan, von der Shoah und dem Verlust der Eltern geprägt, fand als seine einzige Beheimatung die deutsche Sprache. Mariella Mehr wird nicht müde, ihre Geistesverwandtschaft mit Paul Celan und

Nelly Sachs zu betonen. Die Heimatlosigkeit ist auch bei ihr eine Grunderfahrung und sie benutzt Sprache, um ihrem inneren, unauslöschlichen Schmerz in Gedichten Ausdruck zu verleihen. Die Singularität dieses Schmerzens drückt sich in zahllosen Wortschöpfungen und Komposita wie „Ausserwelthöhle" und „Seinerzeitwaage" aus. Wie nah ihr neben dem Jenischen auch das Jüdische und die spezifisch jüdische Ausgrenzungserfahrung ist, belegt der Begriff „Niemandsland", der sich durch ihr gesamtes Werk zieht. Es ist keine Wortschöpfung von Mariella Mehr, sondern der Titel des ersten Buches, das sie als Kind in die Finger bekam und las: der Roman „Niemandsland" (1940) der deutsch-jüdischen Autorin Renée Brand. Er handelt von jüdischen Flüchtlingen, die während des Zweiten Weltkrieges verzweifelt versuchen, über die Grenze in die Schweiz zu gelangen. Immer wieder werden sie ausgewiesen und landen im „Niemandsland", dem Streifen zwischen der Schweiz und Deutschland. Dieses Buch führte Mariella Mehr schon sehr früh vor, welche existenzielle Dringlichkeit Literatur haben kann. Engagierte und widerständige Literatur. Und wie wichtig es ist, die Stimme zu erheben. Mariella Mehrs Essays und auch die Stimmen in ihren Romanen sind schneidend scharf und klar, in ihren Gedichten hingegen erklingen andere, weichere Stimmen. Doch sind sie nicht weniger eindringlich, und es lohnt sich, ihnen zuzuhören.

Mariella Mehr. Zürich, 2017.
(Foto: Ayse Yavas)

Bibliografie

Baumberger, Christa/Debrunner, Nina: Mariella Mehr. Kritisches Lexikon der Gegenwartsliteratur KLG. München, Text & Kritik 2018.

Baumberger, Christa: „Windwurzeln, Luftwurzeln, Mutterwurzeln". Herkunftsmetaphorik in der Lyrik von Fahrenden (Albert Minder, Papusza, Mariella Mehr), in: Binder, Eva/ Klettenhammer, Sieglinde/Mertz-Baumgartner, Birgit (Hg.): Lyrik transkulturell. Würzburg, Königshausen & Neumann 2016 (Saarbrücker Beiträge zur vergleichenden Literatur- und Kulturwissenschaft 78), S. 271–288.

Eulberg, Rafaela: „Sprache ist mein Zuhause." Interview mit der Romni-Schriftstellerin Mariella Mehr, in: Schlangenbrut, 21. Jg., Nr. 82, 2003, S. 21–25.

Mehr, Mariella: fröhlich verwildern. Geschichten und Gedichte. Mit einem Nachwort von Christa Baumberger. Illustrationen von Isabel Peterhans. Zürich, SJW Verlag 2019.

Mehr, Mariella: Widerworte. Geschichten, Gedichte, Reden, Reportagen. Hg. von Christa Baumberger und Nina Debrunner. Zürich, Limmat Verlag 2017.

Mehr, Mariella: San Colombano e attesa. San Colombano und Wartezeit. Ins Italienische übersetzt von Anna Ruchat. Milano, Effigie edizioni 2010.

Mehr, Mariella: Das Sternbild des Wolfes. Klagenfurt, Drava Verlag 2003.

Mehr, Mariella: Widerwelten. Ušalinake ljumi. Übersetzung ins Romanes von Mišo Nikolić. Mit einem Geleitwort von Kurt Marti. Klagenfurt, Drava Verlag 2001.

Mehr, Mariella: Nachrichten aus dem Exil. Nevipe andar o exilo. Übersetzung ins Romanes von Rajko Djurić. Mit einem Nachwort von Marianne Pletscher. Klagenfurt, Drava Verlag 1998.

Anmerkungen

1 Rafaela Eulberg: „Sprache ist mein Zuhause." Interview mit der Romni-Schriftstellerin Mariella Mehr, in: Schlangenbrut, 21. Jg., Nr. 82, 2003, S. 22.
2 Ebd.
3 Kurt Marti: „Geleitwort" in Mariella Mehr: Widerwelten. Ušalinake ljumi. Übersetzung ins Romanes von Mišo Nikolić. Klagenfurt, Drava Verlag 2001.

Stefan Dietrich

Ein problematisches Verhältnis: Die Jenischen und ihre kostümierten Nachahmer in der Telfer Fasnacht

In einer 1985 erschienenen Publikation des Volkskundlers Hans Gapp über das Telfer Schleicherlaufen[1] findet sich ein interessanter und gut fundierter Aufsatz von Siegfried Kluibenschedl über die „Laninger"[2]. In der Einleitung stellt der Autor bedauernd fest, dass diese ausgestorben seien, dass *der Hobel unserer Zivilisation ... sie gründlich beseitigt* habe, merkt aber dann an:

> *Zum Glück gibt es die Tiroler Fasnacht, in der das Laningerwesen und -unwesen noch weiterleben kann. Es muss schon eine besondere Faszination von diesem Völklein der Landfahrer ausgegangen sein, um beim Telfer Schleicherlaufen in einer traditionellen Gruppe verewigt zu werden. Selbst Landeshauptmann Eduard Wallnöfer gehört seit 1975 als „Ehrenlaninger" zu diesem erlesenen Kreis der Fasnacht. Wie heißt es im Volksmund: „In Telfs ist die Wiege, in Mötz die Schreibstube und in Nassereith das Kommando".*

Unüberhörbar ist hier bei aller Ironie eine verklärende Tendenz, die eine augenzwinkernd-verständnisvolle Hinwendung zu den Laningern vermuten lässt. Die große Sympathie, die der Fasnachtsgruppe auch und besonders heute entgegengebracht wird, ist ein unbestreitbares Phänomen.

Die Laninger, früher lange Zeit die letzte Gruppe des Schleicherlaufens, sind ein zentraler und wichtiger Bestandteil des Fasnachtsgeschehens nicht nur am eigentlichen Aufführungstag, sondern auch in den mit verschiedensten Aktivitäten ausgefüllten Wochen davor und danach. Insbesondere gilt das für das Aus- und Eingraben des „Naz", der zur Sippe der Laninger gehörenden Symbolfigur des Schleicherlaufens.

Jenische, die Jenische spielen?

Von außenstehenden Beobachtenden ist gelegentlich die Meinung zu hören, dass es sich bei den Laningern tatsächlich um Jenische handle, die in der Fasnacht sich selbst spielen. Das überrascht nicht sehr, erfüllen die Gruppenmitglieder doch mit Leidenschaft alle Klischees, die dieser Bevölkerungsgruppe zugeschrieben werden bzw. wurden: Man gibt sich polternd, lautstark, sangesfreudig, leichtlebig, rüpelhaft, streitlustig und subversiv.

Dass die bereits im 19. Jahrhundert ausgeprägten Klischeebilder vom freien, einfachen Leben, vom Temperament, der urtümlichen Lebensfreude und Promiskuität der Jenischen kaum etwas mit deren tatsächlichen mühseligen und tristen Leben zu tun haben, liegt auf der Hand. Ebenso wenig haben die Laninger der Fasnacht mit ihren realen Vorbildern zu tun. Vielmehr war und ist das Gegenteil der Fall. Seit Nachrichten über diese Fasnachtsgruppe vorliegen, ist erkennbar, dass hier die tatsächlichen Landfahrer von den sesshaften Bürgern und Bauern parodiert, ja verhöhnt und diffamiert wurden. Man kann sogar argumentieren, dass die Darstellung der Jenischen in der Fasnacht – zumindest bis vor einigen Jahrzehnten – Teil der Diskriminierung dieser Bevölkerungsgruppe war, ehe sich das Verhältnis zur bereits angedeuteten Verklärung wandelte, die zu der Zeit einsetzte, als die Stigmatisierung der Jenischen bzw. ihrer Nachfahren durch die zunehmende Pluralisierung und den raschen Wandel der Gesellschaft im Alltag immer weniger eine Rolle spielte.

Vor diesem Hintergrund erscheint es interessant, einen Blick auf einige historische Quellen zu werfen, die das Verhältnis zwischen den Laningern der Telfer Fasnacht und den Jenischen beleuchten. Hier gibt es aussagekräftige Texte. Sie geben zwar – mit einer bemerkenswerten Ausnahme – die Sicht der „eingesessenen" bürgerlichen Bevölkerung wieder, sind aber dennoch oder gerade deshalb interessant. Und sie zeigen das durch die Brille der Fasnacht projizierte Bild der Jenischen in einem Zeitraum von fast zweihundert Jahren – von den Tagen, als die Jenischen mit ihren Karren in den Oberländer Dörfern zum Alltag gehörten bis in die Gegenwart, in der sich niemand mehr an den Anblick eines „Laningerkarrens" außerhalb der Fasnacht erinnern kann.

Vorweg: Dass die Jenischen bzw. ihre Nachfahren NICHT mit den Laninger-Darstellern der Telfer Fasnacht identisch sind, belegen nicht nur subjektive Einschätzungen, sondern auch die Teilnehmerlisten, die in den Fasnachtchroniken[3] seit 1905 fallweise vorhanden sind. Unter den hier angeführten Personen findet sich über Jahrzehnte kein einziger Angehöriger einer der bekannten jenischen Familien. Heute, nachdem es die Jenischen hierzulande als geschlossene und konsequent ausgegrenzte Bevölkerungsgruppe nicht mehr sichtbar gibt, sind derartige Abstempelungen kaum mehr ein Thema. Jenische der älteren Generation, die die Diffamierungen und Anfeindungen noch persönlich erlebt haben, stehen der Fasnacht aber sehr wohl noch mit Ablehnung oder zumindest gleichgültig gegenüber.[4]

Fasnacht 1830:
Der Pfannenflicker gab „Stoff zum allgemeinen Gelächter"

Die älteste Erwähnung und Beschreibung der Laninger in der Telfer Fasnacht – und in einer Tiroler Fasnacht überhaupt – stammt aus dem Jahr 1830. Damals verfasste der Telfer Landrichter Johann Nepomuk von Mersi nach einer Beschwerde des Ortspfarrers Franz Hirn im Auftrag des k. k. Kreisamts Imst einen Bericht über das in diesem Jahr abgehaltene Schleicherlaufen, in dem auch die Laninger bzw. ihre Vorgänger erwähnt werden. Und zwar heißt es:

> *Nebenbei tratt auch ein Bärentreiber mit einem Bären und einem Affen, dann ein Zillerthaler mit einer Zillerthalerin, ein Pfannenflicker mit seinem Weibe und einem Buben, die stets mit dem Bettelvogte zu kämpfen hatten auf, und gaben einigen Stoff zum allgemeinen Gelächter.*[5]

Bemerkenswert ist, dass offenbar bereits eine mindestens vier Personen starke Gruppe von „Fahrenden" existierte (das Zillertaler-Paar nicht mitgerechnet, das später als Tuxer und Tuxerin Teil der Innengruppe der Schleicher wurde) und ein noch heute unverzichtbares Element der Laninger-Aufführung belegt ist: Die Auseinandersetzung mit dem Vertreter der staatlichen Obrigkeit. Damals war der Kontrahent der mit dem für die Durchsetzung der Bettlerordnung zuständigen „Bettelvogt", heute nehmen diese Rolle die „Schandi" (Gendarmen) bzw. „Stanzer" ein. Ob die vier auch bereits einen Karren dabeihatten, bleibt unklar. Doch auch die kurze Notiz lässt keinen Zweifel: Der Auftritt der Laninger war als Slapstick-Einlage, als Parodie auf Kosten der Jenischen angelegt.

Nach dem interessanten Bericht des Landrichters, der im Übrigen das Fasnachtstreiben als harmlos beschrieb und gegen die Angriffe und Vorwürfe des Pfarrers in Schutz nahm, schweigen die Quellen lange Zeit über die Einzelheiten der Aufführungen. Erst als Ende des 19. Jahrhunderts die Zeitungen von den volkstümlichen Maskenläufen Notiz zu nehmen beginnen, erfahren wir wieder Näheres über die Laninger und ihre Vorstellung. So in einer Reportage der Innsbrucker Nachrichten vom 6. Februar 1890. Darin heißt es:

> *Es folgte dann der Tiroler Karawanenzug mit Kindern, Krummschnäbeln und Hunden ec. Eine echte Laningerbande war es, die vor unseren Augen ihr Unwesen trieb, bald vereint den „Gratten" mit'm „Gfratz" zog, bald wieder theils unter sich, theils mit der sie als Wache begleitenden Gemeindepolizei, genannt „Unter-" und „Ober-Stanzer" balgten und am Schlusse wieder bei einer Flasche „Gigges" (Schnaps) die spitzbübisch lustigen Weisen des Dörcherliedes erklingen ließen, wie selbes Dr. L. v. Hörmann in seinem bekannten Werke aufgezeichnet.*[6]

Dass die Fasnachtler damals auch sonst keine Scheu vor der Diskriminierung von Minderheiten hatten, zeigt übrigens auch der Auftritt eines „Juden", den der Berichterstatter der „Innsbrucker Nachrichten" im selben Artikel so beschreibt:

> *Der (sic!) Schluß des Zuges bildete ein von sog. Wilden, welche für europäische Menschenkinder sammeln und der (sic!) Reinertrag zu wohlthätigen Zwecken verwenden, eskortierter Jude. Derselbe, angethan mit einem langen Kaftan, auf den historischen Locken einen schäbigen Cylinder, die Kielfeder hinter dem Ohre, musste an seinem Gürtel einen schweren Holzprügel, der ihm bis auf die Knie herunterreichte, tragen, und außerdem auf einem einrädrigen Schiebkarren einen eisenbeschlagenen Geldkoffer fahren, wobei er fortwährend von den, mit allerdings nur sog. „Baumbart" gefüllten Tuchknütteln bewaffneten Wilden geschlagen wurde. Das Warum blieben uns die Wilden schuldig.*

Im zitierten Absatz über den „Karawanenzug" der Laninger sind wichtige weitere Stereotype erkennbar, die bis zum heutigen Tag mit dem Auftritt der Laningergruppe verbunden sind: Die Jenischen sind kinderreich, halten Hunde, sprechen reichlich dem Alkohol zu, sind spaßig und sangesfreudig. Und sie prügeln sich dauernd untereinander und mit der Staatsgewalt.

Alkoholkonsum und Alkoholmissbrauch gehören überhaupt zu den unverzichtbaren Klischees bei der Darstellung der Laninger in der Fasnacht. Schon für das Schleicherlaufen des Jahres 1884 existiert ein Entwurf von Josef Pöschl für einen Wagen der Laninger, auf dem eine Schnapsbrennerei zu sehen ist.[7] Und bei der Fasnacht 1905 zierte den Laningerkarren eine Tafel mit folgendem Spruch:

Die Buhn und die Korrner
haben's gleiche Gfrött
wenn sie koan Dampf nöt hobn
fahrn se nöt!

Auch in einem Radiovortrag des Fasnachtchronisten Josef Schweinester über das Schleicherlaufen im Jahr 1935 durfte der Hinweis auf den Schnaps – und auch auf das ungestüme Benehmen der Laninger – nicht fehlen:

Als letzte Gruppe erscheinen die Laninger (Karner) und Schleifer. Das ist eine Gesellschaft, die aus dem besten Frieden wegen eines Schluckes Schnaps in Zank und Hader geraten (sic!) *und sich manchmal benehmen, als wäre es Wirklichkeit. Auf dem*

Die frühesten Fotos der Laninger-Gruppe der Telfer Fasnacht stammen aus den Jahren vor dem Ersten Weltkrieg. Hier ein Bild aus dem Jahr 1910. (Foto: Sammlung Stefan Dietrich)

Marktplatz kocht die Gesellschaft ab, nur nimmt das Ganze ein schreckliches Ende, weil der Bär der slowakischen Truppe entläuft, zufälliger Weise hierher kommt, und in den Knödelkessel fällt. Die Knödel kugeln auf der Straße herum, aber das macht nichts, in der Knödelsuppe werden sie ein bißchen abgespült und dann werden sie gegessen.[8]

Fasnacht 1930: Ein einzigartiges Selbstzeugnis Telfer Jenischer

Auch wenn bei den Schilderungen der Laninger-Auftritte in den Medienberichten fallweise so etwas wie Sympathie aufblitzt, überwiegen doch eindeutig Hohn und Spott über die strikt ausgegrenzte und als „anders" empfundene Bevölkerungsgruppe. Es bedarf keiner großen Fantasie um sich vorzustellen, dass wohl kein Betroffener von dieser Darstellung amüsiert war. Aber wissen wir wirklich, was die Jenischen – vor allem die in Telfs ansässigen – tatsächlich über die Verächtlichmachung dachten, die ihnen hier regelmäßig vor einer großen Zuschauermenge widerfuhr? Ja! Denn darüber gibt eine Quelle aus dem Archiv der Marktgemeinde Auskunft, die ein einzigartiges Selbstzeugnis der Telfer Jenischen darstellt.

Am 29. Jänner 1930, kurz vor dem für dieses Jahr geplanten Schleicherlaufen, richtete Andrä Pellin, der einer bekannten Telfer jenischen Familie angehörte, folgendes Schreiben an die Bezirkshauptmannschaft Innsbruck:

Endgefertige Arbeiter aus Telfs erlauben sich einen Protest wegen der Faschingsaufführung, welche am 9ten Februar in Telfs stattfinden sollte, an die löbliche Bezirkshauptmannschaft zu erheben.
Wir begründen denselben wie folgt: Es wird nämlich beim Faschingszuge zum Schlusse desselben eine Gruppe mit einem Karren, welcher herumziehende Karrner (Laninger genannt) versinnbildlichen soll, durch den Markt fahren. Dabei will aber diese Gruppe nur uns Arbeiter als Karrner hinstellen. Wenn auch unsere Vorfahren einmal mit einem Karren herumgezogen sein sollten, so dulden wir selbst das nicht. Sondern wir unser Brot mit schwerer Arbeit verdienen, und auch im Felde im Krieg gestanden sind, und vielleicht mehr geleistet haben, als so mancher Bürger von Telfs. Wir lassen selbe auch in Ruhe, obwohl so manches von ihnen ans Tageslicht gebracht werden könnte.
An der Spitze als Obmann des Fasnachtskomitees fungiert Bürgermeister Gapp von hier. Man möchte meinen, daß dieser mehr Moral in sich hätte und solche Herausforderungen unterbleiben ließe. Wir glauben, daß wir mit der Arbeitslosigkeit geplagt genug sind und so ekelerregende Witze keine verlangen.
Der Hoffnung Ausdruck gebend, daß dieser Protest seitens von der löbl. Bezirkshauptmannschaft oder Marktgemeinde Telfs Anklang findet, zeichnen hochachtungsvoll (...)
Anhängend möchten wir noch erwähnen, wenn dieses Schreiben fruchtlos bleiben sollte, müssen wir uns selbst Mittel schaffen, wobei Unannehmlichkeiten herauskommen könnten, welches wir aber nicht wollen.[9]

Dieses Schreiben ist in mehrfacher Hinsicht eine bemerkenswerte Quelle, die keinen Zweifel über die Meinung der Jenischen über ihre Darstellung in der Fasnacht lässt. Interessant erscheint auch, dass das die Zugehörigkeit zum Arbeiterstand so sehr betont und die fahrenden Vorfahren in eine weit zurückliegende Vergangenheit verbannt werden. Tatsächlich war damals die Sesshaftwerdung und der Übergang vieler ehemaliger Landfahrer ins Industrieproletariat in vollem Gang. Doch zweifellos lag dieser Prozess, von dem noch die Rede sein wird, keineswegs so weit zurück, dass die Erinnerung an die Zeit davor schon verblasst gewesen wäre.

Über Auswirkung des Schreibens ist nichts bekannt. Es ist aber bezeichnend, wie die Behörde damit umging: Die Bezirkshauptmannschaft schickte die Beschwerde zur weiteren Behandlung an die Gemeinde und damit ausgerechnet an den kritisierten Bürgermeister und Fasnachtsobmann Josef Gapp!

Jedenfalls traten Laninger bei der Fasnacht am 9. Februar 1930 mit 26 Mitwirkenden ungehindert in Aktion. Den Karren zierte der Spruch:

Hoch zu Rad der Laningerkarrn,
Die Möschln hobns fein,
Die Högl miassn voraus ziachn,
Von hinten geahts nit fein.

Die Muatter pfliagelt an Schnupftabak
Und macht an tollen Zug
Die Gretl keart dem Mungenascht
Die Nanni nach Kastelruth.[10]

Fasnachts-Laninger mit ihrem Karren in den Straßen von Telfs beim Schleicherlaufen 1935 (Sammlung Stefan Dietrich)

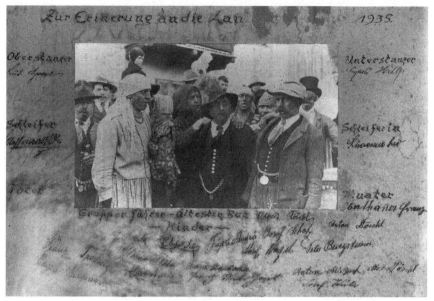

Auf diesem Erinnerungsfoto aus der Telfer Fasnacht 1935 haben sich die Mitglieder der Laninger-Gruppe mit ihren Unterschriften verewigt. Keiner der angeführten Namen ist einer der bekannten örtlichen jenischen Familien zuzuordnen. (Archiv der Gemeindechronik Telfs)

Fasnacht 1950: „Durchwegs angesehene Herren" und „erbeingesessene Bürger"

Sozusagen das Gegenstück zur „Positionsbestimmung" der Telfer Jenischen gegenüber ihren kostümierten Nachahmern im Protestschreiben ist eine interessante Aussage, die sich in der Chronik des Schleicherlaufens im Jahr 1950 findet. Anton Föger überliefert dort anhand von zwei Schreiben eine Kontroverse mit dem Wiener Tierschutzverein, in der es um den Vorwurf geht, dass eine „Zigeunergruppe" bei der Fasnacht Hunde geschlachtet habe. Ein Brief dieses Inhalts erreichte den Gendarmerieposten Telfs kurz nach dem Schleicherlaufen 1950. Die Gendarmen reichten das Schreiben offenbar an Fasnachtobmann Bürgermeister Josef Härting weiter. Dieser wies in seiner Antwort den Vorwurf, der auch bei späteren Fasnachten immer wieder einmal auftauchen sollte, entschieden zurück. Er erklärt das Ganze als „harmlosen Scherz" und beteuert, dass die Veranstalter des Schleicherlaufens *durchwegs angesehene Herren wie Fabrikanten, Gemeinderäte, Baumeister, Gastwirte und Lehrer* seien. Der für unser Thema interessanteste Satz findet sich im Postskriptum des Briefes, das im endgültigen Schreiben offenbar weggelassen wurde, sich aber im in die Chronik aufgenommenen Entwurf noch findet. Dort heißt es:

> *Eigentliche Zigeuner gibt es bei uns überhaupt nicht, sondern dieser unstete Menschenschlag wird bei uns Laninger genannt. Diese Laninger ziehen als Händler durch das Oberinntal und ihr Hauptwohnsitz befindet sich in der*

Nähe von Telfs. Seit Jahrhunderten wird das Treiben dieser Leute beim Telfer Schleicherlof'n von erbeingesessenen Bürgern dargestellt.[11]

Auch diese Quelle lässt keinen Zweifel am grundsätzlich problematischen Verhältnis zwischen den Fasnacht-Laningern und den Angehörigen der von ihnen parodierten und verspotteten Bevölkerungsgruppe, das viele Jahrzehnte lang bestand.

Aus den Unruhestiftern werden Lebenskünstler

Und wie stellt sich die Situation heute dar? Wie schon erwähnt, setzte sich in der Nachkriegszeit der bereits begonnene Prozess fort, den Andrä Pellin andeutete, wenn er sich und die seinen so vehement als „Arbeiter" bezeichnet.

Vor dem Hintergrund der raschen gesellschaftlichen Umwälzungen der Nachkriegsjahrzehnte, der Änderung der gesetzlichen Rahmenbedingungen (vor allem im Hinblick auf das Heimatrecht), von Zuzug und Wachstum, wechselten immer mehr Nachkommen von jenischen Familien ins Arbeitermilieu, ins Kleinbürgertum und schließlich in die Mittelschicht. Als geschlossene Bevölkerungsgruppe spielten die Jenischen bald kaum mehr eine Rolle, zumindest nicht sichtbar. Was aber nicht hieß, dass Diskriminierung und Ausgrenzung sofort und völlig verschwanden. 1979 wurde in Telfs das legendäre gemeindeeigene „55er-Haus" abgerissen, das bis dahin als Unterkunft und letztes Auffangbecken für sozial deklassierte Familien – darunter aber längst nicht nur Jenische – gedient hatte. Und in

Das im Jahr 1979 abgebrochene „55er-Haus", auch „Laninger-Haus" genannt. Hier wurden von der Gemeinde sozial gestrandete Familien, darunter viele Jenische, untergebracht. (Sammlung Stefan Dietrich)

Gruppenfoto am Tag der Fasnacht: Die Laninger samt ihrem Karren und dem „Naz" beim Schleicherlaufen im Jahr 2020. (Foto: Andreas Willinger)

den Achtzigerjahren konnte Siegfried Kluibenschedl, wie eingangs zitiert, mit wehmütigem Unterton schreiben, dass die Jenischen ausgestorben seien. Kluibenschedls Ausführungen zeigen aber nicht zuletzt auch, wie sich im Gefolge ihres Verschwindens die Mythisierung und Romantisierung der Laninger in der Fasnacht einstellte.

Dieser neue Umgang mit der den Fasnachtsteilnehmern und ihrem Publikum nur mehr vom Hörensagen bekannten Welt der Jenischen ist zwar weniger diffamierend und diskreditierend als die bösartige Verhöhnung von früher, folgte aber letztendlich ebenfalls Klischeebildern: Der aggressive, unruhestiftende, ärgniserregende, groteske Jenische wurde endgültig zum lustigen, leichtlebigen, ständig zum Singen und Feiern aufgelegten Lebenskünstler. In jüngster Zeit ist das besonders bei den vielen kleinen Auftritten und Aktivitäten zu beobachten, die die Laninger – immer von „Ziachorgel"-Spielern und dem Naz begleitet – in den Wochen vor dem eigentlichen Aufführungstag bestreiten und bei denen sie vom Publikum stets stürmisch begrüßt und gefeiert werden.

Dies gipfelt mitunter in einer regelrechten „Verbrüderung" mit den Laningern, oder besser: mit dem Laninger-Mythos, frei nach dem Motto „eigentlich sind wir doch alle Laninger".

Interessant auf den Punkt gebracht wird diese Sicht der Dinge in der Chronik des Schleicherlaufens von 2010. Sie enthält das Mail eines Schweizer Jenischen aus dem Jahr 2012, dem zu Ohren gekommen war, dass beim Telfer Schleicherlaufen die Jenischen verspottet würden. Insbesondere die Darstellung des „rauchenden und saufenden Kindes" – gemeint ist der Naz – fand der Schreiber „geschmacklos

Laninger in Aktion bei der Fasnacht 2020. Die Rauferei mit den Ordnungshütern ist traditionell ein Fixpunkt des Auftritts. (Foto: Markus Kuntner)

und diskriminierend". Darauf antwortete Fasnachtsobmann Bürgermeister Christian Härting mit folgenden Worten:

Vorerst darf ich mich für Ihr Mail bedanken und gleichzeitig für die späte Beantwortung entschuldigen.
Ich vermute, dass Sie die Telfer Fasnacht, das Schleicherlaufen, nicht aus eigenem Erleben, sondern nur aus den Medien kennen.
Wenn man die Fasnacht vor Ort erlebt, wird schnell klar, dass die Laninger keineswegs negativ dargestellt werden, sondern Respekt, ja Bewunderung erfahren. Neben dem klamaukhaften Spektakel, das es auf allen Fasnachtswagen gibt, stehen bei ihrer Darstellung Eigenschaften wie sozialer Zusammenhalt, Lebensfreude und freigeistige Unangepasstheit im Vordergrund.
Die Laninger sind als Teil unserer Fasnacht seit fast 200 Jahren nachweisbar. Der „Naz", das Laningerkind, ist die Symbolfigur des Schleicherlaufens, die von allen Gruppen geradezu „kultisch" verehrt wird.
Als Nicht-Telfer werden Sie nicht wissen, dass Telfs als Winterlager der Jenischen einer der „Laningerorte" des Oberinntals war, eine Tradition, die man in der Marktgemeinde nicht versteckt, sondern auf die viele Telfer heute sogar stolz sind.
Bei uns ist es ein geflügeltes Wort, dass jeder echte Telfer „Laningerblut in den Adern hat". So betrachtet ist die Aufführung in der Fasnacht alles andere als eine Diskriminierung, sondern viel mehr ein Ausdruck von Selbstironie. Und sie ist ein Ausdruck der Wertschätzung für eine soziale Gruppe, die in der Ver-

gangenheit zweifellos Diskriminierung erfuhr, aber auch als Symbol für den mutigen Kampf der kleinen Leute gegen obrigkeitliche Willkür gilt.[12]

Damit gab der Fasnachtsobmann eine äußerst freundliche Interpretation der Laninger und ihrer Rolle in Telfs und in der Fasnacht wieder, eine Interpretation, die in der Marktgemeinde heute so oder so ähnlich immer wieder zu hören ist. Einmal mehr ist es aber eine Außensicht auf die Jenischen, von der man annehmen darf, dass sie deren realer Lebenssituation in der Vergangenheit und – soweit noch vorhanden – in der Gegenwart nicht ganz gerecht wird. Auch für die neue, wohlwollendere Sicht gilt, was E. Paur bereits in der Zeitschrift „präsent" vom 20. November 1980 über die Tiroler Jenischen geschrieben hat:

Viele Phänomene werden interessant und „gesellschaftsfähig", sobald es sie nicht mehr gibt. Und so verleitet die historische Distanz nicht selten dazu, eine harte und ernste Realität im Nachhinein in ein mildes, ja sogar romantisierendes Licht zu rücken.[13]

Anmerkungen

1 Hans Gapp: Ergänzende Veröffentlichungen zum Schleicherlaufen in Telfs, Telfs 1985, S. 71.
2 „Laninger" ist eine Bezeichnung für die Tiroler „Fahrenden", die im Oberinntal regional begrenzt üblich ist, so u. a. im Raum Telfs. (Siehe dazu: Toni Pescosta: Die Tiroler Karrner, Innsbruck 2003.). Als „Jenische" definieren sich jene Menschen, die in der Fasnacht verzerrt parodiert werden, selbst. Dabei berufen sie sich auf ihre eigene Geschichte und Kultur, die kaum schriftlich verfasst wurde und deshalb kaum in der „offiziellen" Geschichte vorkommt. Jenische empfinden „Karrner", „Dörcher" und „Laninger" als abwertende Bezeichnungen. Diese Absicht liegt mir natürlich fern. Ich verwende diese Begriffe in meinem Aufsatz für die Figuren in der Fasnacht bzw., sofern sie in den Quellen vorkommen, in den Zitaten.
3 Für die „Frühzeit" des Schleicherlaufens – von den Anfängen bis 1950 – gibt es zwei Chroniken. Die eine, die sich als Leihgabe im Fasnacht- und Heimatmuseum im Noaflhaus in Telfs befindet, wurde vom Heimatkundler und Ortschronisten Josef Schweinester zusammengestellt, die andere von Lehrer Anton Föger. (Sie entstand in den 1950er-Jahren, weil die Schweinester-Chronik damals vorübergehend nicht mehr greifbar war.) Die Föger-Chronik wird im Archiv der Gemeindechronik aufbewahrt. Ab 1955 gibt es dann jeweils für jedes Schleicherlaufen eigene Chroniken, die von wechselnden Chronisten verfasst wurden und ebenfalls im Archiv der Gemeindechronik liegen.
4 In diesem Sinn äußerte sich ein Telfer Jenischer im Gespräch mit dem Autor.
5 Mitgeteilt in: Hans Gapp, Ergänzende Veröffentlichungen zum Schleicherlaufen in Telfs, Telfs 1985, S. 19.
6 Innsbrucker Nachrichten, 6.2.1890, Nr. 30, S. 8.
7 Enthalten in der Fasnachtchronik von Anton Föger.
8 Ein Manuskript des Radiovortrags findet sich in der Fasnachtchronik von Josef Schweinester. Selbstverständlich treten die genannten Klischees und Stereotype auch in den Texten der Aufführungen der Laninger immer wieder hervor, die in den Chroniken zum Teil überliefert sind. Auf diese einzugehen würde hier aber zu weit führen.
9 Gemeindearchiv Telfs, Aktenbestand 1930, „Allgemeine Angelegenheiten".
10 Telfer Fasnachtchronik von Anton Föger, 1930. „Möschl" = Jenisch für „Frau, Mädchen"; „Högl" = Mann; pfliagelen = betteln.
11 Telfer Fasnachtchronik von Anton Föger, 1950.
12 Mitgeteilt in Hans Gapp: Die großen Fasnachten Tirols, Innsbruck 2004 (2. Auflage), S. 21.
13 Telfer Fasnachtchronik, 2010.

Horst Schreiber

Die Jenischen im Nationalsozialismus – Verfolgung und Familiengedächtnis

Die Politik des Nationalsozialismus war gegenüber den Fahrenden zunächst mehr Kontinuität als Bruch, sie setzte die traditionellen Verfolgungsmaßnahmen fort und professionalisierte sie.[1] Das Bild der „typischen Karrner" als Landstreicher und Vagabunden, Diebe, Kriminelle, Raufbolde und Säufer, Almosenempfänger und Degenerierte, Arbeitsscheue und Asoziale war längst vor Beginn der NS-Herrschaft allgegenwärtig. Daher standen die Jenischen schon im März 1938 unter Generalverdacht, die „Volksgemeinschaft" zu zersetzen. Und zwar als Gesamtgruppe, ohne dass deswegen jede und jeder Einzelne in die NS-Verfolgungsmaschinerie geraten musste. Aber es war potenziell immer möglich. Der Wert des Menschen im Nationalsozialismus hing davon ab, ob und wie produktiv er der ihm zugewiesenen Arbeit nachkam. Die Jenischen galten landläufig als die Leistungsunwilligen und Leistungsunfähigen. Viele Jenische arbeiteten hart, um mit ihren Familien überleben zu können. Doch die wenigsten sahen in der Erwerbsarbeit jenen tiefen Sinn des Lebens, der die Sesshaften dazu bewog, Arbeit zu einer Religion zu erheben. Bis 1938 war ein engmaschiges Kontrollnetz um die Jenischen als weniger Leistungsfähige, weniger Brauchbare, Abweichende und sich Verweigernde gezogen worden. Das Lebensrecht als Menschen hatten sie behalten. Nun war selbst das nicht mehr sicher.

Zunächst verfolgten die Nationalsozialisten die Jenischen als „nach Zigeunerart umherziehende Personen". Die Behörden verweigerten ihnen Hausierpässe und Wandergewerbescheine, Jenische gingen dennoch auf Reise – wovon sollten sie sonst leben – und machten sich dadurch strafbar. Die Jenischen waren meist arm und randständig,[2] sie begehrten auf und kamen oft in Konflikt mit dem Gesetz. Nun war die Gelegenheit gekommen, sie loszuwerden oder zumindest gefügig zu machen. Aus Tirol kamen viele Forderungen gegenüber den oberen Instanzen des Deutschen Reiches, schneller, umfassender und radikaler gegen „Zigeuner" und Jenische vorzugehen, die Jenischen als Gruppe zu verfolgen und die jenische Kultur endgültig zu beseitigen. Diese Ungeduld brachte der Kommandeur der Gendarmerie des Gaues Tirol-Vorarlberg auf den Punkt. Josef Albert forderte, sie „rücksichtslos in eigenen Arbeitslagern zu sammeln und zur Arbeit zu zwingen. Alle Zigeuner und ähnliche wären, ihrer frühen Reife entsprechend, zeitgerecht unfruchtbar zu machen."

Das Ziel, die Jenischen in ihrer Gesamtheit in Konzentrationslager zu deportieren, erreichten die vielen Initiativen aus Tirol nicht. Die Zentralbehörden hatten entschieden, das „zigeunerähnliche Gesindel", als das sie die Jenischen ansahen, nicht als „Fremdrassige", sondern als asoziale Einheimische zu verfolgen. Schließlich unterstellte man ihnen auch minderwertiges Erbgut, nicht nur kriminelles Verhalten. In Tirol ging es darum, die Familienverbände der Jenischen zu zerschlagen. Ihr Nachwuchs war unerwünscht, daher verweigerten die Gesundheitsbehörden zahlreichen jenischen Familien die Zuerkennung von Kinderbeihilfen und Ehestandsdarlehen, die Fürsorge verstärkte ihre Praxis der Kindesabnahme. Ein Teil der Kinder und Jugendlichen wurde mit Gewalt zu sesshaften und arbeitswilligen Subjekten umerzogen, andere wiederum unfruchtbar gemacht.

Grundlage der Verfolgung Jenischer war der Erlass über die „Vorbeugende Verbrechensbekämpfung". Ins KZ überstellt werden konnte, wer als „Berufs- und Gewohnheitsverbrecher" galt oder „ohne Berufs- oder Gewohnheitsverbrecher zu sein, durch sein asoziales Verhalten die Allgemeinheit gefährdet". Viele Jenische hatten mehrere Vorstrafen wegen Verwaltungsübertretungen, kleineren Diebstählen, verbal und körperlich ausgetragenen Konflikten mit Autoritäten. Offenkundig ist: Nie war es so einfach wie unter der neuen Gesetzeslage, die Jenischen und andere Arme einer „Sonderbehandlung" zuzuführen. Der Zugriff der Diktatur auf sie folgte einer weiteren Logik: eigenem Macht- und Profitstreben. Die Verfolgten deckten einen Teil des Bedarfs an – billigen – Arbeitskräften für die Kriegsvorbereitung und den Ausbau der Konzentrationslager zu Produktionsstätten der SS.

Jenische Opfer

Die Innsbrucker Gestapo überstellte Franziska Leitner am 7. Dezember 1939 ins KZ Ravensbrück. Dort wurde sie zunächst als asozial bezeichnet, dann als „Zigeunerin". Die 28-jährige „Vagantin" Frieda Lechner, geboren am 25.6.1911 in Eger, wohnhaft in Innsbruck, wurde am 4. August 1939 verhaftet und als Asoziale ins KZ Ravensbrück überstellt. Sie starb am 14.4.1943 im KZ Auschwitz.[3] Mehrere Angehörige der jenischen Familie G., der Kusin von Anton Haslacher und der Großvater von Rudi Strele kamen in ein KZ. Franz Maier (Mayer) verbrachte Jahre in den Lagern Dachau, Mauthausen und Buchenwald. Franz Monz ging in Melk, einem Außenlager des KZ Mauthausen, zugrunde, Rudolf Monz im Hauptlager, Emil Unterkofler im KZ Flossenbürg.

Seit Herbst 1942 konnten nach einer Übereinkunft höchster NS-Behörden zur „Vernichtung asozialen Lebens" gerichtlich Verurteilte vor, während und sogar nach der Verbüßung ihrer Haftstrafe vom Zuchthaus ins KZ verfrachtet werden. Einer dieser sogenannten Asozialen war Peter Mungenast, geboren am 19.5.1901 in Alberschwende, heimatzuständig in Zams, wo sich die Familie während der Wintermonate in einer Baracke am Inn aufhielt. Am 8. August 1938 verschleppte ihn die Innsbrucker Kriminalpolizei ins KZ Mauthausen, obwohl er gegen kein Gesetz verstoßen und alle seine Straftaten verbüßt hatte. Auf seiner KZ-Häftlingskarte stand als Grund seiner Inhaftierung: Vorstrafen. Der Gendarmerieposten Zams verhinderte auf Anfrage der Innsbrucker Kriminalpolizei eine mögliche Entlassung aus dem KZ Mauthausen. Er denunzierte die Eltern von Peter Mungenast als „moralisch verkommen" und bezeichnete sie als eine „nach Zigeunerart herumziehende Familie": „Das hiesige Kommando ist der vollen Überzeugung, dass Mungenast Keime in sich trägt, die ihn als unverbesserlichen Gewohnheitsverbrecher stempeln." Daher sei „eine langwährende Vorbeugungshaft das zweckmässigste Mittel um die Gemeinschaft vor dem Verbrecher und Asozialen zu schützen." Die Gestapo schickte Mungenast abwechselnd in die Lager Dachau und Buchenwald. Im Juli 1940 beantragte die Kriminalpolizeileitstelle Innsbruck die Entlassung von Peter Mungenast aus der polizeilichen Vorbeugungshaft im KZ. Sie erwähnte seinen Arbeitseinsatz vor der Verhaftung und unterstrich, dass die letzte, noch dazu längst verbüßte Strafe, aus dem Jahr 1937 stammte, und führte als weiteren mildernden Umstand an: „Bemerkt sei noch, daß ein Bruder namens Hugo Mungenast im Lager verstorben ist." Hugo Mungenast, geboren am 31.8.1904 in Innsbruck, starb am 11.1.1940 im KZ Mauthausen. Peter Mungenast schindete sich in den Konzentrationslagern zugrunde. Erschöpft, ausgebrannt und schließlich arbeitsunfähig, hatte er keinen Wert mehr. Das Urteil sprach eine Ärztekommission, die im Frühjahr 1941 die Lager Sachsenhausen, Auschwitz und Buchenwald besuchte, um Häftlinge zu selektieren und sie in die ehemalige Heilanstalt Pirna-Sonnenstein nahe Dresden zu verlegen. Sie war eine der sechs Anstalten in Deutschland, in denen die Nationalsozialisten den Massenmord an kranken Menschen zentral durchführten. Der 15. Juli 1941 war ein durchaus sonniger, wenn auch bewölkter Tag mit fallweise leichtem Regen. Touristen fuhren in Pirna auf Dampfern der Elbe entlang, passierten Sonnenstein, unterhalb der Gaskammer. Dort starb der Tiroler Jenische Peter Mungenast aus Zams einen qualvollen Tod, der sich minutenlang dahinzog.

Die nationalsozialistische Diktatur verfolgte Jenische zwar hauptsächlich unter dem Vorwand, kriminell, asozial und erbbiologisch minderwertig zu sein, zudem aber auch aus vielen anderen Gründen. Etwa wegen Desertion: Franz Glatz aus Mötz und Johann Haslacher aus Schwaz überlebten das KZ Dachau bzw. das Strafgefangenenlager Esterwegen und das Militärstrafgefangenenlager Pocking bei Passau. Eine andere Ursache für die Einlieferung in ein Konzentrationslager war verbotener Umgang mit ausländischen Zwangsarbeitern. Theresia Monz kam als „Polenliebchen" ins KZ Ravensbrück, dann ins KZ Auschwitz, das sie überlebte.

Der Nationalsozialismus setzte alles daran, die Identitäten und das Selbstverständnis der Jenischen als eigene Volksgruppe zu zerstören. Das Ziel, sie kulturell auszulöschen, hat die NS-Diktatur nicht zur Gänze, aber in hohem Maß erreicht. Hatten Industrialisierung und Diskriminierung das fahrende Leben im ersten Drittel des 20. Jahrhunderts stark zurückgedrängt, war nach der NS-Zeit die Zahl der nicht-sesshaften und zeitweise wandernden Jenischen auf ein Minimum geschrumpft.

1945 ff: Keine Wiedergutmachung, die Verfolgung geht weiter

Nach 1945 existierte in der Mehrheitsgesellschaft weder ein Schuldbewusstsein noch ein Bemühen um Wiedergutmachung. Unter demokratischen Vorzeichen ging die systematische Benachteiligung der Jenischen weiter, polizeilich, justiziell, administrativ, gewerblich, fürsorgerisch, schulisch und psychiatrisch-heilpädagogisch. Fast alle Angehörigen der jenischen Volksgruppe litten unter einer kollektiven Traumatisierung, die intergenerationell weitergegeben wurde. Nur wenige waren als Opfer des Nationalsozialismus anerkannt und erhielten Leistungen aus der staatlichen Opferfürsorge. Die Tiroler Landesverwaltung rechtfertigte die Verfolgungspraxis im Nachhinein. Warum, so die Sicht des Landes Tirol, hatten die Jenischen im Gefängnis gesessen, in der Zwangspsychiatrie, im Arbeitserziehungslager Reichenau und im KZ? Wegen ihres asozialen Verhaltens. Sie blieben, was sie in den Augen der Autoritäten immer schon waren, eine kriminelle Plage, die es sich auf Kosten der Allgemeinheit gutgehen ließ. Die Umerziehung der jenischen Kinder führten die staatlichen und katholischen Erziehungsheime bis in die 1980er-Jahre durch: mit exzessiver psychischer, körperlicher und sexueller Gewalt. In diesen ersten Jahrzehnten der Zweiten Republik lieferten die Wissenschaften weiterhin die Rechtfertigung für diese Verbrechen gegen die Jenischen und deren rassistisch begründete Diskriminierung: wie vor 1938 und gerade so, als hätte der Nationalsozialismus nie existiert.

Die Angst im Nacken:
Trauma und Selbstbewusstsein in einer jenischen Familie

In seinem Roman *Die Wolfshaut* beschreibt Hans Lebert die ländliche Idylle eines österreichischen Alpendorfes, bewohnt von Verbrechern, Dieben und Mördern, allesamt „als harmloses Almvieh getarnt": Die Männer schauen drein wie Ochsen, die Frauen wie Kühe. Im Krieg haben sie aus Gehorsam vergewaltigt und gemordet, mitgeholfen, in der Fremde ein ganzes Dorf von Untermenschen auszurotten und im eigenen Kaff noch rechtzeitig vor dem Ende der Naziherrschaft Zwangsarbeiter zu liquidieren. Wenn die braven Leute nach überstandenem Krieg etwas quälte, dann sicherlich kein schlechtes Gewissen. Der Name ihres Dorfes war charakteristisch für ihr Verhalten gegenüber der einst so als glorreich erlebten Vergangenheit. Es hieß Schweigen und schweigen war ihnen höchste Tugend – wenn nicht gerade Alkohol ihre Zungen löste und das Hitlerische sich wieder freimachte.

Tabuthema Vergangenheit

Auch Franz Monz konnte nicht aus seiner Haut, entkam nicht den Verkrampfungen des Herzens und den Verdunkelungen seines Gemüts.[4] Doch ihm bot das Schweigen Schutz vor den Dämonen der Vergangenheit, dem Übelwollen der Behörden und dem denunziatorischen Dünkel der besseren Gesellschaft. Sein Fluch war das Jenischsein, die Unterdrückung seiner Identität, die die Mächtigen solange betrieben hatten, bis es auch ihm angeraten schien, sie selbst zu verheimlichen. Nicht einmal sein Geburtsdatum wollte er offen nennen, 1927 wird es wohl gewesen sein, gibt eine seiner Töchter an. Schon seine Kindheit war von Geheimnissen geprägt, nicht nur von Armut, die ist, spricht man von Jenischen, geradezu als selbstverständlich vorauszusetzen. Franz Monz war Südtiroler Herkunft, geboren in Nordtirol, aufgewachsen in Seefeld und untergebracht eine Zeitlang bei Ötztaler Bauern, gemeinsam mit seinem Bruder Hansi. Dort arbeiteten beide hart für Kost und Logis, ohne angemeldet zu sein. Dafür waren sie versteckt, den Fängen der Obrigkeit entzogen, vor dem Zugriff des Jugendamtes verschont. Über Kindheit und Jugend des Franz Monz gäbe es vieles zu sagen – wenn er darüber etwas mitgeteilt hätte. Der Tochter ist die Vergangenheit des Vaters ein ungeöffnetes Buch, unauffindbar obendrein. Die älteren Geschwister wüssten etwas, mutmaßt sie, doch Bruder wie Schwester wechseln das Thema, sobald die Sprache benennen soll, was das Familiengedächtnis verborgen hält. Die Tochter hat sich oft schon gefragt, wo Opa und Oma geblieben waren, denn es gab sie nicht, weder von Vaters noch von Mutters Seite. Warum dies so war, weiß sie nicht, auch sonst beantwortet niemand ihre Fragen. Die Vergangenheit ist eine Wand, der sie seit Jahren entlanggeht, überwinden konnte sie die Festung noch nie. Kleine Details sind es, die sie herausfinden konnte, weitergeholfen haben sie nicht, eher noch mehr Fragen aufgeworfen. Was war 1935 oder 1943, wie gestaltete sich das Leben des Vaters als junger Mann, auch die 1960er-Jahre kommen undurchsichtig grau daher. Sie selbst ist Mitte der 1970er-Jahre geboren.

„Der Wohnwagen war sein Leben"

Ihre eigenen Kindheitserinnerungen muten verschwommen an, vieles kann die Tochter nicht einordnen, eine Weile war sie mit der Familie in einem Heustadl versteckt, die Ursachen entziehen sich ihr. Eines aber weiß sie, es ist gefühlte Erinnerung: „Papa und Mama lebten immer in Angst, in dieser Atmosphäre bin ich aufgewachsen."

Der Vater war lustig, hat viel gesungen, Ziehorgel gespielt. Letztendlich ist es ihm aber nicht gutgegangen, besonders dann, als er das Fahren aufgeben musste. Bis zu seinem Tod hielt er sich einen Wohnwagen, kein Schmuckstück zwar, aber auch kein Karren mehr. Noch in den 1970er-Jahren unternahm er ausgedehnte Fahrten, die älteste Tochter mit ihm, zwei, drei Tage lang auch die Mutter, immer wieder. Sie selbst entsinnt sich dessen nicht mehr, auch wenn sie als Kleinkind manchmal mit von der Partie war. Ende der 1970er-Jahre war damit endgültig Schluss und Vater ansässig, den Wohnwagen dennoch immer im Blick, auch wenn er nur mehr am Wochenende und für den Urlaub am Campingplatz in Bregenz in Verwendung war. „Der Wohnwagen war sein Leben", betont die Tochter. Ihre Schwester besitzt noch Zeugnisse mit dem Vermerk Fahrendes Volk, Fahrende Schule. Eigentlich gab es nur einen Zeitabschnitt, in dem der Vater gut verdiente, als Handelsvertreter. Er war ein brillanter Verkäufer, dennoch gelang es ihm nicht, auf Dauer in regulären Arbeitsverhältnissen unterzukommen. Meist war er prekär beschäftigt und angewiesen, Kleinhandel auf Reisen zu betreiben, teils mit selbst hergestellten Produkten, häufig ohne Gewerbeschein. Besondere Kompetenz bewies Franz Monz beim Bau von Ziehorgeln und beim Recyceln von Uhren. Eine weitere Einnahmequelle waren Auftritte mit einer seiner Töchter in Gasthäusern, wo sie Tiroler Lieder sangen und jodelten.

Er wird als gutmütig und liebevoll beschrieben, aber auch als emotional verschlossen. Franz Monz konnte über seine Vergangenheit und somit über sich nicht sprechen, daher blieb immer eine Distanz zu ihm. Das Schweigen half, traumatische Ereignisse abzusperren, half zu funktionieren, zu überleben, sich und die Welt auszuhalten. Wenig erstaunlich wurde er dennoch immer wieder von Traumata eingeholt. Ebenso von Phasen innerer Verstimmung und auch, trotz allen demonstrativ gezeigten Humors, von einer Einsamkeit, die der Mangel an Gelegenheit bedingt, Leid zu entäußern und zu teilen. Ob er sich seiner Frau oder ab und zu den ältesten seiner Kinder anvertraute, ist ungewiss und nicht auszuschließen, jedenfalls für ihn zu hoffen. Seine Tochter beschreibt ihn als Respektperson, der man folgte; da genügte es, wenn er die Augenbrauen hochzog: „Er war halt ein richtiger Mann, ein richtiger Tiroler."

Franz Monz, von seiner Krebserkrankung gezeichnet, erlag 1994 mit 67 Jahren einem Hirnschlag, ein Sohn folgte ihm ein Jahr später nach, ein weiterer vor nicht allzu langer Zeit. Nach seinem Tod kam für seine Frau eine Wiederverehelichung nicht mehr in Frage, sie starb 2015 im Alter von 76 Jahren.

Abgehängt im Obdachlosenheim Hunoldstraße

Das eigene Aufwachsen stand unter dem Druck der Anpassung, es war eine völlig abgeschottete Kindheit, niemand habe gewusst, dass die Familie jenisch war. Zumindest sollte es niemand wissen. Die Mama war eine Jenische aus Deutschland, aufgewachsen in drückender Armut, mit ihren Eltern noch darauf angewiesen, bei Bauern zu hausieren und um Essen zu betteln. Nun war sie Hüterin der eigenen Familie und folglich oberste Hüterin der Geheimhaltung der jenischen Herkunft, um Schaden von den Lieben abzuwenden. So ging die Abwertung der Mehrheitsgesellschaft den Jenischen unter die Haut, verstopfte jede Pore und erzeugte Scham aus dem Bedürfnis nach Schutz und aufgrund der Allgegenwärtigkeit der Angst. Die Schande speiste sich nicht nur aus den Jahren der Verfolgung, die nie aufgehört hatte und deren Anfang man nicht kannte, weil es nie anders gewesen war, zumindest erinnerte sich niemand an andere Zeiten, nur an bessere als jene des Nationalsozialismus, doch das war keine Kunst. Die Schande speiste sich auch aus dem Umstand, dass erzwungene Sesshaftigkeit die Armut nicht minderte, die Not der Behausung verschärfte. Statt eines zeitweisen Lebens in der Natur, oft wenig romantisch und dennoch frei, blieb die Wahl zwischen Baracke und Elendshütte oder einem Asyl. Dort landete die Familie, sechs Personen in einem Raum, zusammengepfercht im Obdachlosenheim Hunoldstraße in Innsbruck. Die bürgerliche Gesellschaft entrüstete sich über die schlimmen Folgen des unsteten Lebenswandels der Fahrenden für ihre Kleinen und steckte sie in Heime. Menschenwürdigen Wohnraum verwehrte sie ihnen jedoch, das Leben unter erwachsenen Alkoholkranken mit Gemeinschaftsduschen war für jenische Kinder Förderung genug. So sah Wiedergutmachung für die Jenischen in der Republik Österreich und im katholischen Tirol aus für erlittenes Leid im Nationalsozialismus und davor. Drei, vier Jahre lang währte dieser Zustand des Jammers, er vergrößerte Schmach und

Schande von Mutter und Vater, ihren Kindern kein besseres Leben bieten zu können. Dann winkte auch ihnen endlich eine Stadtwohnung im Olympischen Dorf, so geräumig, dass die Jungs ein eigenes Zimmer hatten.

Schule der Gewalt und jenische Wehrhaftigkeit

Die Tochter hoffte nun auf bessere Behandlung in der Schule. Wohnadresse Hunoldstraße und ihr Nachname, der sie als „Karrnerin" auswies, hatten ihr „große Beliebtheit" bei der Lehrerin und der Direktorin der Leitgeb-Volksschule eingehandelt. Die Erinnerung an die Zeit in der Volksschule möchte sie am liebsten aus ihrem Gedächtnis löschen. Das Geringste waren die unflätigen Schimpftiraden der Direktorin, die es sich zur Gewohnheit gemacht hatte, unfeine Manieren der Tochter von Franz Monz zu tadeln. Der Unangemessenheit ihrer Worte, noch dazu gegenüber einem Volksschulkind, war sie sich wohl bewusst. Die bürgerliche Fassade des feinen Tones wusste sie deshalb zu wahren, die Maske der Niedertracht fiel nur im Inneren der direktoralen Kanzlei. Die Schulmeisterin hatte weniger Bedenken, schließlich stand sie jeden Tag in der Klasse und war sie es, die sich mit dem verhassten Karrnerkind herumzuplagen hatte, das so gar nicht zur Leitgebschule passte. Nach ihrem Verständnis eine gute Schule auf einer Stufe mit den Volksschulen der Inneren Stadt. Die blieben scheinbar verschont von derartigem Rattlernachwuchs, der die wohlerzogenen Kinder aus den anständigen Familien einem schlechten Einfluss aussetzte und verdarb. Der Name Monz sagte schon alles. Mehr brauchte es nicht, um Bescheid zu wissen, mit wem und womit man es zu tun hatte. Der pädagogische Spürsinn in der Schulstube stützte sich auf die Praxis der Sippenhaft, aber auch auf einen erb- und milieutheoretischen Blick. Die Lehrerinnen und Pädagogen bedienten sich schon lange vor der Nazizeit dieses psychologischen Instrumentariums, traditionsbewusst nutzten sie es ebenso in der Demokratie jüngeren Datums. Auch von anderen Praktiken der guten alten Zeit zum Wohle des zu erziehenden Kindes konnten sie die Finger nicht lassen. G'sunde Watschen, Scheitelknien, der fliegende Schlüsselbund, das Ohrenziehen, die Kopfnuss, das Rohrstaberl und andere Gewaltmethoden aus dem Arsenal der bürgerlichen Gehorsamsdisziplinierung kannten zwar auch andere Volksschulkinder. Der Tochter von Franz Monz waren sie aber vertrauter als das Alphabet und das kleine Einmaleins. Ihre beste Freundin und Gefährtin im Leid war auch ein jenisches Kind, so wie sie eine Außenseiterin ohne Zugehörigkeit in der Klasse. Die Lehrerin schlug und demütigte nicht nur, sie weigerte sich überdies, Fragen der jenischen Mädchen zu beantworten; so mussten sie andere Kinder bitten, die Autorität um Erklärungen zu ersuchen. Was tröstete, war der Umstand, dass Vater und Mutter hinter ihr standen. Was aufrichtete, war jenische Wehrhaftigkeit, für die Mittelschicht Beweis einer kriminellen Persönlichkeit. Als die Lehrerin wieder einmal den Bambusstecken schwang und ein wimmerndes Kind die geschwollenen Finger kaum strecken konnte, schritt Franz Monz zur Tat, getreu alttestamentarischen Empfehlungen vergolt er Gleiches mit Gleichem. Ob ihm aus seinem Handeln zur Herstellung von Gerechtigkeit Konsequenzen erwuchsen, kann die Tochter nicht sagen. Sehr wohl erinnert sie sich an die sichtbaren Spuren väterlichen Engagements. Die Verfechterin Schwarzer Pädagogik unterrichtete mit einbandagierter Hand, die längere Zeit weder Kreide noch Schlagstöcke zu fassen bekam.

Wie sehr die Eltern hinter ihren Kindern standen, demonstrierte auch die Mutter. Als einer ihrer Söhne mit einem blauen Auge nach Hause kam, das ihm ein Polizist zur Strafe verpasst hatte, weil er, ohne zu zahlen, die Mauer des Tivoli-Schwimmbades überwunden hatte, eilte sie in Patschen und mit Lockenwicklern am Kopf zur Wachstube. Dort stellte sie den Übeltäter zur Rede. Ein resolut vorgetragener Satz, oft wiederholt und unter Gelächter weitererzählt, hat sich ins Monz'sche Familiengedächtnis tief eingegraben, aber auch einen Polizisten sprachlos zurückgelassen: „Vor deiner Uniform habe ich Respekt, doch was drinnen steckt, spucke ich an."

Den eigenen Weg gegangen

Der Vorwurf, dumm zu sein, und die Prognose, es im Leben zu nichts zu bringen, ist das Mantra der Privilegierten, deren beschränkter Horizont allemal ausreicht, einflussreiche Positionen zu besetzen, gegenüber den Ausgebeuteten und Unterdrückten, den Armen und Niedergehaltenen oder auch ganz einfach gegenüber ihren Frauen. Die Tochter von Franz Monz ist trotz solcher Prophezeiungen, die Legionen von Schülerinnen und Schülern kennen, ihren Weg gegangen. Den eigenen Weg gehen – fast schon eine Floskel, die leicht über die Lippen geht, wenn unter den so denkbar schlechten Voraussetzungen nicht das Logische eingetreten ist, sondern das Unwahrscheinlichere, das Geglückte, und nicht der Abstieg und das Verharren in materiellem Elend und psychischer Not. Nach der Volksschule widerfuhr ihr das Übliche, Überstellung in die Sonderschule, kannst nix bist nix. Auch wenn dort nicht alles eitel Wonne war, Anfeindungen und Ablehnungen nicht ausblieben, erlebte das jenische Mädchen Förderung. Seine Noten waren hervorragend, allein, der Freude waren enge Grenzen gesetzt, am Arbeitsmarkt half ein Zeugnis der Sonderschule wenig, zum Stigma der Herkunft gesellte sich das der Wertlosigkeit des Bildungsabschlusses. Eine Lehre zu finden, war schwierig, später holte sie im zweiten Bildungsweg die Hauptschule nach, kellnerte und gründete schließlich mit zwei Geschwistern ein eigenes Cafe, die Mutter kochte, die Gäste bewunderten den immensen Familienzusammenhalt. Nach erfolgreichen Jahren in der Gastronomie mit langen Arbeitszeiten fand sie eine neue Tätigkeit im öffentlichen Dienst, die ein geregeltes Einkommen sicherte und bessere Möglichkeiten bot, Beruf und Kindererziehung in Einklang zu bringen.

Weitergabe jenischer Werte

Die Tochter von Franz Monz hält nachdrücklich fest: „Das Jenische ist die Kultur von mir." Deshalb ist sie bestrebt, diese Kultur ihren Kindern zu vermitteln, schließlich habe sie, habe ihre Familie als Angehörige der Volksgruppe auch einen hohen Preis gezahlt. Daheim sprachen Vater Franz und die Mutter fast immer jenisch. Wenn es um etwas ging, das Außenstehende nicht wissen sollten, sowieso. Deshalb benützt auch sie daheim oft die Sprache des Fahrenden Volkes, ihre Buben verstehen sie, das Sprechen allerdings ist eine andere Sache. Als typisch jenisch bezeichnet sie ihr Einfühlungsvermögen, ihre Menschenkenntnis und das gut geölte Mundwerk, schließlich hing von diesen Fähigkeiten ab, wie gut oder wie schlecht man sich durchs Leben schlug in der Mehrheitsgesellschaft. Kämpfen und nicht aufgeben, hält sie für weitere Werte, welche die jenische Gemeinschaft charakterisieren, wahre Überlebenskünstler entwachsen ihr, weibliche wie männliche. Was sie aber besonders hochhält und bei ihren Kindern als jenisches Erbe pflegt, sind Gastfreundschaft und Solidarität, das Geben und das Teilen. Ohne gegenseitige Hilfe und Zusammenhalt hätten die Jenischen in einer feindlichen Umwelt kein Auskommen gehabt, deshalb entwickelten sie diese Tugenden, die nicht verlorengehen dürfen.

Die Tochter von Franz Monz erzählt von ihrer Mutter, einer beherzten Frau, die ihrem Ehemann das Butterbrot in Würfeln schnitt, die Schnürsenkel band und ihm so wie den Buben beim Essenschöpfen stets den Vortritt gab. Patriarchale Haltungen würden die Beziehungen zwischen den Geschlechtern charakterisieren. „Die Frau tut alles für den Mann, sie ist sehr loyal. So habe ich es auch gelernt, das ist eine Hierarchie, in der die Männer oben stehen." Allerdings erweckt meine Interviewpartnerin nicht gerade den Eindruck, bereit zu sein, sich als Frau unterzuordnen, so entschlossen und selbstbewusst tritt sie auf.

Die Erfahrungen von Armut und Entbehrungen, Ausgrenzung und Diskriminierung lassen sie klare Ziele verfolgen; Ziele, die in vielen jenischen Familien wegweisend sind. Die Kinder sollen diese bitteren Erfahrungen nicht mehr machen, sie sollen es besser haben, etwas erreichen, Anerkennung finden, ein gutes Leben haben. Diese Absicht erzeugt aber Ambivalenzen. Die Tochter von Franz Monz unterstützt ihre Kinder, sich in die Gesellschaft einzufügen, sie verlangt ihnen Leistung, Selbstdisziplin und Fleiß ab, um das Außenseitertum hinter sich zu lassen, sie auf die Anforderungen der Arbeitswelt vorzubereiten. Damit fördert sie die Integration der Kinder in die Gesellschaft und den sozialen Aufstieg in die Mittelschicht. Daher hält sie ihre Kinder an, die jenische Herkunft in der Schule zu verheimlichen. Zu groß erscheint weiterhin die Gefahr von Missachtung und Ausschluss.

Die Angst der Eltern sitzt der Tochter von Franz Monz nicht mehr im Nacken. Sie befürchtet keine Verfolgung wie zu Zeiten von Kaiser und Führer oder in der postnazistischen Gesellschaft der Zweiten Republik mit systematischer Abnahme jenischer Kinder und ihrer Zurichtung mittels überschießender bis hin zu terroristischer Gewalt. Ihre Mutter schämte sich zwar nicht, Jenische zu sein, wohl aber wenn sie nach außen als solche erkannt wurde. Die Tochter von Franz Monz bekennt sich zu ihrer jenischen Identität, geht in immer mehr Zusammenhängen offen mit ihr um. Gefühle von Scham und Schande wegen der Herkunft sind ihr inzwischen fremd. Aber: Vorsichtig ist sie weiterhin, generell outen möchte sie sich wie viele andere ihrer Volksgruppe nicht. Auch wenn Vorurteile seltener geworden sind und das Wissen um Jenische, gerade bei jungen Menschen, stark nachgelassen habe: „Ich bin jetzt stolz darauf, jenisch zu sein, halte es aber mit meinem Vater, das nicht nach außen zu tragen."

Anmerkungen

1. Grundlage der Darstellung des Nationalsozialismus in diesem Beitrag ist der Aufsatz von Horst Schreiber: Die Jenischen im Nationalsozialismus, in: Michael Haupt/Edith Hessenberger: Fahrend? Um die Ötztaler Alpen. Aspekte jenischer Geschichte in Tirol, Innsbruck–Wien–Bozen 2021, S. 125–155.
2. Siehe Horst Schreiber: Restitution von Würde. Kindheit und Gewalt in den Heimen der Stadt Innsbruck, Innsbruck–Wien–Bozen 2015, S. 191–216. Hier weist der Autor auf die Tradition der „residualen Armut" und den Prozess der Stigmatisierung, Degradierung und Ignorierung hin, in denen jenische Familien über lange Zeiträume hinweg lebten.
3. Personendatenbank des DÖW.
4. Die folgende Darstellung basiert auf das Interview des Autors mit Frau N.N., der Tochter von Franz Monz, 18.8.2021. Franz Monz ist nicht ident mit dem Jenischen gleichen Namens, der in Melk, einem Außenlager des KZ Mauthausen, ums Leben kam.

Karin Lehner

Die Strazzensammler von Sitzenthal.
Zur Ausgrenzung, Verfolgung und Ermordung von Jenischen in Österreich

Als 2018 in Portugal Waldbrände wüteten, war auch das aus Mauthausen stammende Künstlerehepaar Monika und Bernhard Pable betroffen. Die Wohnung brannte vollständig aus, Bernhard Pable entkam mit Verbrennungen nur knapp den Flammen. Unterstützt durch Hilfsorganisationen erhielten die beiden nach einem Aufenthalt in einem Zeltlager eine Bleibe in einem Wohnwagen. Jäh unterbrochen war auch die künstlerische Tätigkeit, die beiden waren gezwungen, ihr Atelier aufzugeben. Mithilfe einer Schulfreundin aus Mauthausen erschien im vergangenen Dezember in der Zeitung „Perger Tips" ein Beitrag unter dem Titel „Nach Brandkatastrophe – Ehemaliger Mauthausener kämpft um seine Existenz". Erwähnt wurde unter anderem, dass zur Unterstützung großformatige Drucke aus Korkrinde von Bernhard Pable erstanden werden können. Darauf zu sehen sind Gesichter inmitten vieler fließender Linien.

Unter der Zwischenüberschrift „Fahrender Künstler" ist in besagtem Blatt zu lesen: „Pable sieht sich als Abstammender des fahrenden Volkes der ‚Jenischen', einer transnationalen europäischen Minderheit."[1] In einem ähnlichen Bericht wurde gleichfalls erwähnt, dass die Familien Pable – es wurde der Plural verwendet – jenischer Abstammung seien.[2]

Bernhard Pable verbrachte seine Kindheit bis zum 11. Lebensjahr in Marbach, gelegen zwischen Mauthausen und dem angrenzenden Ried i.d. Riedmark am nordöstlichen Fuß der heutigen Gedenkstätte Mauthausen, unter Jenischen, wie er nach einer ersten Kontaktaufnahme schrieb. Dass er Jenischer sei, wisse er, seit er sich erinnern könne, in der Familie sei Jenisch gesprochen worden.

In historischen Quellen wird der Familienname „Pable" immer wieder genannt. Es war ein häufiger Familienname von Jenischen, der sich durch Einträge u. a. in Sterbebüchern[3] der Gemeinde Sitzenthal in Niederösterreich bis Ende des 18. Jahrhunderts zurückverfolgen lässt. Anhand dieses Namens kann gezeigt werden, wie Jenische sesshaft wurden oder zumindest eine Zeitlang wohnhaft waren. Der Name ist mit Schicksalen von Menschen verbunden, die ausgegrenzt, verfolgt und ermordet wurden.

Sitzenthal im 19. Jahrhundert:
Die Stigmatisierung und Ausgrenzung einer Bevölkerungsgruppe

Das Dorf Sitzenthal, eine Katastralgemeinde von Loosdorf im Bezirk Melk, liegt in unmittelbarer Umgebung des Schlosses Sitzenthal. Warum gerade hier bereits im ersten Drittel des 19. Jahrhunderts Jenische lebten, ist ungewiss, und diese Ungewissheit gab und gibt – wie die Frage nach der Herkunft der Jenischen fast immer – Anlass für allerlei Erklärungsversuche: Unter Maria Theresia seien hier Sträflinge am Gutshof angesiedelt worden,[4] etwa zehn jenische Familien seien nach Sitzenthal zugezogen, die Geburt eines unehelichen Mädchens sei der Beginn der jenischen Gemeinschaft gewesen.[5] Unbeantwortbar bleibt auch die Frage, ab wann in Sitzenthal Jenisch gesprochen wurde. Über die jenische Sprache in Sitzenthal hat der langjährige Loosdorfer Lehrer Franz Jansky bereits 1991 publiziert, unterstützt vom 1919 geborenen Josef Fischer, „einem echten Jenischen"[6], dessen Urgroßmutter laut Taufbuch eine „Strazzensamlerswitwe" namens Anna Maria Pable war.[7] Interesse an der „vergessenen Minderheit der Jenischen von Sitzenthal" bekundete der Salzburger Historiker Albert Lichtblau bereits in den 1980er-Jahren. Lichtblau griff noch auf die Publikation „Die Tiroler Karrner" von Armand Mergen zurück. Dies ist dem Stand der damaligen Forschung geschuldet. Neuere Forschungen zu Armand Mergen machen deutlich, dass Mergens Schriften nach 1945 nicht getrennt von seiner Tätigkeit als Mitarbeiter am Institut für Erb- und Rassenbiologie der Universität Innsbruck betrachtet werden können.[8] In Lichtblaus mit historischen Quellen untermauerten Reportage für die Wiener Wochenzeitschrift „Falter"[9] ist nachzulesen: Im Jahr 1832 besaß der Schlossherr knapp 60 Joch Land, außerdem vier Meierpferde, sieben Kälber, 20 Schweine und 200 Schafe. In den angrenzenden 23 Häusern lebten 32 Familien, insgesamt 143 Menschen. Im Vergleich dazu hatten alle Sitzenthaler zusammen zu jener Zeit drei Pferde, drei Ochsen, 12 Kühe und 150 Schafe. „Die hiesigen Unterthanen beschäftigen sich zum Theil mit dem Feldbau und der geringen Viehzucht, meist aber mit Straßensammeln (sic!) und befinden sich im mittelmäßigen Wohlstand",[10] hieß es in einer „Darstellung des Erzherzogsthums Oesterreich unter der Ens".

Von einem „Wohlstand" im Dorf ist in anderen Dokumenten niemals die Rede, auch nicht von einem „mittelmäßigen", vielmehr von Hunger und bitterster Armut. Eine der gängigen Berufsbezeichnungen in den Taufbüchern lautete „Kleinhausbesitzer". Diese Häuser waren von einem Bifang, einem kleinen Grünstreifen, umgeben, der für die Selbstversorgung mit Nahrungsmitteln jedoch nicht ausreichte. Im Grundbuch war geregelt, dass die Kleinhausbesitzer an die Grundherrschaft jährliche Abgaben und Robot zu entrichten hatten. Im Zuge der Revolution von 1848 wurde die „Grundentlastung" aufgehoben, ein letzter Rest von Leibeigenschaft. Die Kleinhäusler waren nun Eigentümer ihrer Häuser geworden.[11] In den Taufbüchern war neben „Kleinhausbesitzer" „Strazzensammler" (auch „Stratzensammler" oder „Stratzensamler", selten auch „Hadernsammler") die gängigste Berufsbezeichnung. Frauen wurden als „Strazzensammlersgattin" oder „Strazzensammlerswitwe" bezeichnet. Ende des 19. Jahrhunderts wurden Jenische auch als

„Hausierer", „Geschirrhändler" „Taglöhner", vielfach als „Maurer" und schließlich als „Fabrikarbeiterin" angeführt.

„Strazzensammeln" war eine übliche Berufsbezeichnung für den streng reglementierten und polizeilich kontrollierten Handel mit Alttextilien, ohne jedweden abwertenden Beigeschmack. Die „Strazzensammler" waren mit einem Gewerbeschein ausgestattet und verkauften Alttextilien an den Großhandel oder direkt an die Papierfabriken weiter. Ob sie auch an die in Loosdorf ansässige Papierfabrik „Bergmühle" lieferten, wird in der gesichteten Literatur nicht erwähnt. Dass sich die nach 1848 freien Sitzenthaler weigerten oder kein Interesse zeigten, dem Schlossbesitzer für Tätigkeiten auf seinem Gutshof bei Bedarf als TaglöhnerInnen zur Verfügung zu stehen, scheint zu Konflikten geführt zu haben, die nicht unwesentlich zur Ausgrenzung der DorfbewohnerInnen beigetragen haben.

Als in der Mitte des 19. Jahrhunderts „kühne Einbruchsdiebstähle mit Beschädigungen" gemeldet wurden, wurde laut Bericht der „Wiener Zeitung" aus dem Jahr 1850 gleich das gesamte Dorf, bestehend aus drei Häuserzeilen mit etwa 140 Erwachsenen und Kindern, unter Generalverdacht gestellt. Die Folge war ein Großeinsatz der Justiz unter Zuhilfenahme des Militärs. Mit den Amtshandlungen betraut wurde ein Untersuchungsrichter nebst Assessor:

„Da inzwischen Verdachtsgründe auf Bewohner von Sitzenthal seitwärts von Loosdorf unter Mölk in den Schluchten gegen die Donau leiteten, und diese Bewohner, meist Stratzensammler, im übelsten Rufe stehen, so wurde vor einigen Tagen die Umzingelung und Durchsuchung dieses Ortes von dem genannten Herrn Assessor auf eine Weise eingeleitet, welche jedes Entkommen verdächtiger Personen unmöglich machte. Zu diesem Ende war Herr Assessor Sch. von Mittenau aus mit Militär und bewaffneten Bauern in dem engern Pielachthale die Waldungen durchstreifend bis an den Rand derselben gegen Sitzenthal vorgerückt. Der Herr Staatsanwalt Substitut Dr. Ruhry hatte in Loosdorf eine Abtheilung Nationalgarde requirirt, welche verabredeter Maßen in 3 Partien von verschiedenen Seiten gegen Sitzenthal sich bewegte. Ein Schuß am Waldsaume von der unter Führung des Herrn Assessors Sch. stehenden Mannschaft und dessen Erwiederung von der Nationalgarde-Abtheilung diente als Signal und in 3 Minuten war das Dorf von allen Seiten umstellt. Es wurden viel verdächtige Effecten gefunden und die weitere Untersuchung läßt die ergiebigsten Entdeckungen hoffen."[12]

Die Hoffnung des Verfassers dieses Artikels mag sich erfüllt haben oder auch nicht, Tatsache ist, dass mehrere Jahre später mit noch schwereren Geschützen aufgefahren wurde: mit der Zerschlagung von jenischen Familienstrukturen durch den direkten Zugriff auf Frauen und Kinder mithilfe bürokratisch-administrativer Maßnahmen. Der wirkmächtige Terminus lautete „Verwahrlosung", ein Wort mit schwerwiegenden Folgen, das sich in den Akten von vielen früheren Heimkindern bis in die jüngste Vergangenheit wiederfindet. Ob dabei auch physische Gewalt durch Polizei und/oder Militär angewandt wurde, bleibt in den verfügbaren Quellen ebenso unerwähnt wie die Gefühlswelt der Betroffenen. In den Gemeinderatsprotokollen von Loosdorf über die Sitzung vom 13.10.1859 ist zu lesen: „Es wurden auf Staatskosten 4 kinderreiche Weibspersonen in die Besserungsanstalt abgegeben, 3 Mädchen in Erziehung in ein Kloster nach Reindorf,[13] 10 Kinder wurden in die Anstalt Levana nach Liesing bestimmt und 5 sogleich abgegeben."[14] Der Aufenthalt der fünf Kinder aus Sitzenthal in der „Anstalt Levana" im Schloss Liesing, nach Bezeichnung der Begründer und Betreiber eine „Heilpflege- und Erziehanstalt für schwachsinnige und Idioten-Kinder",[15] war nicht von langer Dauer. Und so heißt es in den Protokollen des Loosdorfer Gemeinderats weiter: „Nun ist diese Anstalt wegen Mittellosigkeit aufgelöst worden [1859, Anm. KL] und die Kinder mußten nach Sitzenthal zurückgebracht werden."[16]

Über „Einwohner" und „Zuständige"

Begleitet und legitimiert waren die Maßnahmen von einer eingehenden Studie über „die Sitzenthaler", das Ergebnis davon war eine an Widerwärtigkeit kaum zu überbietende „Denkschrift" aus dem Jahr 1857. Diese wurde 1865 in den vom „Vereine für Landeskunde von Nieder-Oesterreich in Wien" herausgegebenen „Blätter(n) für Landeskunde von Nieder-Oesterreich"[17] mit dem Hinweis publiziert, dass Beschriebenes „so zu sagen vor den Thoren der Reichshauptstadt" stattfinde.

Kontaktadresse des Vereins war die Kunsthandlung Artaria & Comp. am bereits damals noblen Kohlmarkt in der Wiener Innenstadt, das Pamphlet gedruckt auf Papier, zu dessen Produktion die „Strazzensammler" mit ihrem Sammeln von Alttextilien nicht unwesentlich beigetragen hatten. Verfasst war das auch als „Promemoria" bezeichnete Schreiben von Gutsbesitzer, Seelsorger und Gemeindevorständen, gerichtet war es nach Zustimmung des Bezirksamtes Melk an die „hohe Staatsverwaltung" mit der Bitte um „energische Abhilfe", die „aus politischen wie religiösen Gründen nöthig wäre". Das Dorf zähle 21 größtenteils elende Hütten und Häuser, die „anwesende Bevölkerung" betrage beinahe 200 „Seelen", „während die Zahl der in diese Gemeinde zuständigen, welche aber wegen des vagabundierenden Lebens derselben schwer zu eruieren ist, gegen 600 Köpfe betragen soll".[18] Die Existenz der Gemeinde Sitzenthal sei eine „künstlich erzeugte" und „als solche lebensunfähig". „Sie bildet, so lange sie besteht, nur ein Asyl für eine in ihrer jetzigen Gestaltung dem bürgerlichen Leben gefährliche, krankhafte, vagabundierende Bevölkerung, welche nur auf dem Papiere ihres Heimatscheines eine Heimat hat." Es sei „heilige Bürger- und Christenpflicht, redliche und wahrhaft erwerbsunfähige Arme" der Gemeinde zu erhalten, man verwahre sich aber gegen die Verpflichtung, durch Unterstützung „die Existenz und thierische Vermehrung einer Schar von Bettlern und gefährlichen Subjekten zu befördern".[19] Kennzeichen der Sitzenthaler Dorfbevölkerung sei „gränzenloseste Faulheit" und „gänzlicher Müßiggange", was zur Weigerung führe, als Taglöhnerinnen und Taglöhner auf den umliegenden Feldern oder beim Bau der Bahn zu arbeiten, sodass „herumziehende Böhmen und Mährer, also Fremde, als Handlanger gedungen werden mußten".[20]

Von abgrundtiefer Verachtung für die gesamte Dorfgemeinschaft zeugen auch die Ausführungen über „Kulturzustand" und „Moralität". Die Betroffenen wurden auch an dieser Stelle verächtlich gemacht, pauschal verleumdet und herabgewürdigt. Der schwer erträgliche Text sagt freilich mehr über die honorigen Herren aus, die ihn verfasst haben, als über „die Sitzenthaler":

„Was den Kulturzustand und die Moralität dieser Menschen betrifft, so läßt sich die wahrhaft unglaubliche sittliche und religiöse Verwilderung, die gänzliche intellektuelle und moralische Versunkenheit derselben aus ihrer Faulheit, Arbeitsscheu, ihrem zigeunerähnlichen Leben, aus der Art ihres Erwerbes, und aus der Ueberfüllung der engen elenden Wohnungen leicht erklären (…) Wie der Herr Pfarrer aus Loosdorf als Seelsorger bezeugen kann, ist in Sitzenthal die Zahl unehelicher Kinder bei weitem überwiegend, Konkubinate gibt es weit mehr als Ehen, ja es gibt mehrere Beispiele von 2 bis 3 unehelichen Generationen. Dabei kommen häufig blutschänderische Verhältnisse in den nächsten Verwandtschaftsgraden vor. Die meisten unehelichen Kinder werden von ihren lüderlichen Eltern von Geburt an in der Welt herumgeschleppt; von Schul- und Kirchenbesuch oder von Religionsunterricht ist fast durchwegs keine Rede (…)
Es ist der Fall vorgekommen, daß zwischen zwei Kindern von 10 und 7 Jahren ein geschlechtlicher Umgang stattfand, und es ist eine bekannte Thatsache, daß in Sitzenthal kein Mädchen das 15. Lebensjahr erreicht, ohne verdorben zu sein (…) Dabei ist leider die Fruchtbarkeit dieser Bevölkerung unglaublich.
Durch das elende Leben und die immerwährenden unsittlichen Vermischungen ist aber auch diese ganze Generation in physischer Beziehung verdorben. Man kennt in der ganzen Gegend den Sitzenthaler auf den ersten Blick. Nach dem Zeugnisse des Wundarztes zu Loosdorf sind fast alle Kinder skrophulös, kretinartig, mit ekelhaften Ausschlägen behaftet und geistig wie physisch verkommen."[21]

Der Hintergrund dieses Schreibens sind handfeste finanzielle Überlegungen. Es ging den Initiatoren um die Verteilung der Armenhilfe, um die Übernahme der Kosten für die soziale Absicherung von Menschen, die nach Sitzenthal zuständig waren. „Zuständig nach" bedeutete nicht unbedingt, dass Menschen in den jeweiligen Gemeinden auch tatsächlich wohnten. Gemeint ist damit der Anspruch auf Sozialleistungen, der in die Zuständigkeit der Gemeinden fiel. Denn das Provisorische Gemeindegesetz vom 17.3.1849 hatte die Gemeinden erstmals zur Führung einer „Heimatrolle" verpflichtet, ein von der Heimatgemeinde ausgestelltes Dokument zum Nachweis der Zugehörigkeit zu dieser Gemeinde. Im Heimatrechtsgesetz wurde 1863 das Recht auf ungestörten Aufenthalt in der Heimatgemeinde und eine Armenversorgung festgeschrieben. Das Heimatrecht stand Personen ausschließlich in einer Gemeinde zu. Frauen wurden durch Heirat in der Gemeinde des Ehemannes heimatberechtigt. Ehelich geborene Kinder erhielten die Zugehörigkeit des Vaters, unehelich geborene Kinder jene der Mutter, auch wenn die

Kinder an einem anderen Ort geboren wurden, weil die Eltern/die Mutter in einer anderen Gemeinde wohnhaft oder auf der Durchreise waren/war. Zugleich entfiel der Anspruch auf Ersitzung des Heimatrechts nach vier- bis zehnjähriger Aufenthaltsdauer.[22] Um arbeitsunfähige, kranke und alte Arme nicht versorgen zu müssen, bedienten sich Gemeinden der Abschiebungen in die Heimatgemeinde und damit in die Versorgungsgemeinde.[23] Und so heißt es in besagter Denkschrift weiter:

> „Es drängt sich nun die Frage auf, was geschähe, wenn plötzlich eine größere Zahl der Zuständigen entweder freiwillig in ihre ohnedies übervölkerte Gemeinde zurückkehrte, oder dahin aus der Fremde abgeschoben würde, und nun Obdach und Versorgung begehrte?"[24]

Von Abschiebungen ist auch in den Loosdorfer Gemeinderatsprotokollen zu lesen: 1879 etwa wurde eine erhöhte Umlage aufgrund der Ausgaben für die Armenversorgung, Sicherheits- und Polizeiauslagen, insbesondere durch die vielen Schubkosten für Sitzenthaler, als gerechtfertigt betrachtet.[25]

Die auf Gemeinde- und Bezirksebene ungelösten und unlösbaren „Uebelstände", nämlich die Belastung der Armenkasse der Gemeinde, wurden an staatliche Stellen delegiert, damit statt der „beinahe heidnischen Vagabundenhorde" das Dorf „von wenigen, aber fleißigen Arbeiter-Familien bewohnt wäre".[26]

Anfang des 20. Jahrhunderts schrieb der niederösterreichische Statthalter, der laut Albert Lichtblau im Zuge der „Bekämpfung des Zigeunerwesens" dem Innenminister jährlich zu berichten hatte:

> „In dem Berichte der Bh. St. Pölten wird darauf hingewiesen, daß der dortige Bezirk unter den Zigeunern fast gar nicht zu leiden hat, sich aber dafür die ‚Sitzenthaler' viel unangenehmer bemerkbar machen; es sind dies nämlich mit Scherenschleiferlizenzen der Bezirkshauptmannschaft Melk versehene Leute aus Sitzenthal (pol. B. Melk), welche den ganzen ehemaligen Kreis St. Pölten mit ihren Weibern und Kindern durchziehen und in der Nähe größerer Ortschaften lagern. Die Männer suchen hierauf … in den betreffenden Orten Kunden, resp. Arbeit. Wenn sie solche nicht erhalten, so verlangen sie in frecher Weise Viktualien und beginnen auch im Weigerungsfalle Streit mit den Hausleuten, wobei sie auch von dem Gebrauche von Messern nicht zurückschrecken. Diese Leute werden als die eigentliche Landplage im Bez. St. Pölten bezeichnet."[27]

Die Familien der Wanderarbeiter, Händler und Hausierer von Sitzenthal wurden – wie bereits Jahrzehnte zuvor – zur Landplage herabgewürdigt. Und spätestens zu jener Zeit war auch das Narrativ der Messerstecher geboren.[28]

In welchem Ausmaß jenische Kinder aus ihrem (Groß-)Familienverband herausgerissen wurden oder wie viele jenische Frauen tatsächlich in „Besserungsanstalten" eingewiesen wurden, kann nicht mehr beantwortet werden. Vielfach scheiterten Maßnahmen an der Finanzierung der Kosten für die Unterbringung. Ab 1873 wurde im Gemeinderat die Errichtung einer „Kinderbewahranstalt" für

Sitzenthaler Kinder in Loosdorf diskutiert.[29] Ein Fonds wurde eingerichtet für diese auch „Rettungsanstalt" genannte Institution, in der „arme der Verwahrlosung preisgegebene Kinder der Ortsgemeinde Loosdorf, insbesondere der Ortschaft Sitzenthal"[30] untergebracht werden sollten. Der Bau eines Gebäudes in der Nähe der Kirche wurde im Gemeinderat am 29.3.1874 einstimmig beschlossen,[31] die niederösterreichische Statthalterei leistete finanzielle Hilfe. Das „Rettunghaus" mit dem Namen „Charitas" wurde schließlich nach einem Gemeindebeschluss anlässlich der Silbernen Hochzeit des Kaisers am 24.4.1879 eröffnet. Die Gemeinde verpflichtete sich, für das erste Jahr des Bestehens die Kosten für sechs Kinder zu decken.[32] Geleitet werden sollte das Haus von zwei Schwestern der „Kongregation der Schulschwestern vom Dritten Orden des heiligen Franziskus von Assisi mit dem Mutterhaus zu Amstetten".

Die beiden Schulschwestern erlebten bei ihrer Ankunft offenbar Überraschungen. Man sah sich bei der Erziehung und dem Unterricht der Mädchen – untergebracht wurden ausschließlich Mädchen – völlig auf sich alleine gestellt. Im knappen geschichtlichen Überblick über das Haus „Charitas" heißt es:

„Am Vorabend der Einweihung kamen die ersten vier Mädchen, die von Kopf bis Fuß gereinigt und mit Wäsche und Kleidung versehen werden mußten. Die Schwestern standen mit ihren Zöglingen ohne Mittel da, ohne Geld und ohne Proviant (…) Man war der Meinung, das Mutterhaus würde alle künftigen Auslagen bestreiten."[33]

Das aufgrund mangelnder finanzieller Mittel immer wieder von der Schließung bedrohte „Institut" konnte nur durch Zuwendungen adliger Familien der umliegenden Schlösser aufrechterhalten werden. Erwähnung findet auch, dass sich während des 1. Weltkriegs „sieben arme Mädchen, die vom Jugendamt zugewiesen waren", im Haus „Charitas" befanden und dass Ende der 1920er-Jahre die Verpflichtung endete, „sechs arme verwahrloste Kinder von Loosdorf unentgeltlich zu verpflegen, zu erziehen und zu unterrichten".[34]

Jenische in der Zeit des Nationalsozialismus

Nach der Machtübernahme durch die Nationalsozialisten verschärfte sich die Situation der Jenischen. Das NS-Regime zerstörte nicht nur durch drastische Verbote und deren Kontrollen die materielle Existenzgrundlage vieler jenischer WanderarbeiterInnen und HausiererInnen. Jenische, die mit Behörden in Konflikt geraten waren oder gerieten, wurden Opfer der nationalsozialistischen Selektions- und Vernichtungspolitik. Dieses Kapitel österreichischer Zeitgeschichte blieb lange Zeit weitgehend unerforscht. Elisabeth Grosinger-Spiss hat in ihrer Dissertation die KZ-Haft von zwei jenischen Frauen belegt[35] und auch in ihren späteren Publikationen auf dieses Thema Bezug genommen.[36] Es ist ihr gelungen, anhand der Haftkartei der Bundespolizeidirektion eine Namensliste von Jenischen zu erstellen.[37] Ein von ihr erwähnter, am 6.10.1912 geborener Rudolf Monz aus Lauterach,[38] scheint auch in der Opferdatenbank des Dokumentationsarchivs des österreichischen Widerstands (DÖW) auf. Eine Anfrage wurde mit weiteren Details beantwortet:

> „Rudolf Monz, geb. 06.10.1912 in Lauterach, r. k., verh., Hilfsarbeiter, Wohnadresse: Hall in Tirol, Weissenbach 7, Häftlingsnummer 34488, Kategorie AZR (Arbeitszwang-Reich), überstellt nach Mauthausen am 27.09. 1939, dort am 19.01.1940 verstorben.
> Im Jahre 1941 wird dann ein Franz Monz mit derselben Wohnadresse in Dachau eingewiesen und 1942 nach Mauthausen überstellt. Dieser wird in Mauthausen auch als ‚Zigeuner' ausgewiesen."[39]

Auf Rudolf und Franz Monz nimmt auch der Innsbrucker Historiker Horst Schreiber in seiner jüngst erschienenen Arbeit über „Die Jenischen im Nationalsozialismus"[40] Bezug. In dieser fundierten Studie ist es Schreiber gelungen, die spezifische Verfolgungsgeschichte der Jenischen detailreich nachzuzeichnen.

Auch Jenische aus Sitzenthal wurden Opfer der nationalsozialistischen Aussonderungs- und Vernichtungspolitik. Mithilfe des DÖW, und hier ist besonders der Historiker Gerhard Ungar (1954–2021) zu nennen, konnten mehrere Personen ausfindig gemacht werden, die nach Sitzenthal/Loosdorf zuständig waren bzw. deren Vorfahren dort lebten.[41]

Bernhard Pable

Bernhard Pable wurde 1901 in Gansbach in Niederösterreich geboren. 1928 heiratete er in der Pfarre Loosdorf Juliana Fischer. Laut DÖW wurde er am 18.2.1939 in das KZ Dachau deportiert. Er erhielt die Häftlingsnummer 32516, die Häftlingskategorie „PSV" bedeutete „Polizeiliche Sicherheitsverwahrung". Am 9.5.1939 wurde er in das KZ Mauthausen überstellt. Er erhielt die Häftlingsnummer 48175 und wurde als „Berufsverbrecher" kategorisiert. Einem Nachtrag im Taufbuch seines Geburtsortes zufolge verstarb Bernhard Pable 1954 kurz vor seinem 53. Geburtstag.

Raimund Pable

Raimund Pable wurde am 18.12.1908 in Mauer bei Melk in Niederösterreich geboren. Nach Angaben des DÖW arbeitete der in Steyr wohnhafte Pable als Hilfsarbeiter. Am 14.7.1941 wurde er in das Konzentrationslager Dachau deportiert. Die Häftlingsnummer lautete 26688. Er wurde als „AZR" („Arbeitszwang Reich") kategorisiert und am 12.2.1942 in das KZ Mauthausen überstellt. Am 12.3.1942 verstarb Raimund Pable im Lager Gusen. Als Todesursache wurde „Herz- und Kreislaufschwäche" angegeben. Der Tod des Raimund Pable wurde an seinen Geburtsort gemeldet. Im Taufbuch seines Geburtsortes Mauer findet sich unter seinem Vornamen der lapidare Vermerk: „Gestorben 12.3.1942 in Gusen Kreis Perg".

Adolf Pable

Ob die beiden Brüder Bernhard und Raimund Pable mit Adolf Pable verwandt waren, ist ungewiss. Auch Adolf Pables Vater hieß Karl Pable und war nach Loosdorf zuständig, im Taufbuch von Munderfing ist jedoch kein Geburtsdatum eingetragen.

Adolf Pable wurde am 7.7.1920 in Munderfing in Oberösterreich geboren. Laut DÖW arbeitete der in Wels wohnhafte Pable als Siebmacher. Er desertierte am 20.8.1943 aus der deutschen Wehrmacht, nach drei Monaten, am 27.12.1943, wurde er festgenommen. Ein Kriegsgericht verurteilte ihn wegen „Fahnenflucht" zum Tod. Am 23.8.1944 wurde der damals 24-jährige Adolf Pable am Militärschießplatz Kagran, unweit jenes Ortes, wo jedes Jahr der Opfer der NS-Militärjustiz gedacht wird, hingerichtet. Er wurde am Friedhof Stammersdorf beerdigt.

Ludwig Baumgartner

Aufgrund der Berichterstattung in der nationalsozialistischen Presse über Adolf Pable erhält man Kenntnis über das Schicksal von Ludwig Baumgartner. Baumgartner, laut „Oberdonau-Zeitung" vom Jänner 1945 Pables Schwager, soll diesen zur „Fahnenflucht" verleitet haben.[42]

Nach Angaben des DÖW wurde Ludwig Baumgartner am 25.3.1913 in Neuhofen im Bezirk Ried im Innkreis geboren. Wohnhaft war der Marktfahrer in Attnang-Puchheim. Am 15.12.1944 wurde er wegen Wehrkraftzersetzung vom Sondergericht Linz zum Tod verurteilt.

Der Prozess gegen den „Wehrkraftzersetzer" Ludwig Baumgartner wurde von der NS-Presse propagandistisch begleitet. Aufgelistet sind nicht nur die vielen Selbstverstümmelungsversuche Baumgartners, klar und deutlich wird auch beschrieben, was mit jenen, die als „Asoziale" außerhalb der „Volksgemeinschaft" standen, zu geschehen hatte. Ludwig Baumgartners Schicksal steht exemplarisch für die Tötungsabsicht des NS-Staates im Fall der Weigerung, sich der Disziplin der deutschen Wehrmacht zu fügen. Sein Schicksal veranschaulicht aber auch die praktischen Konsequenzen aus einem langen eugenischen Diskurs über „Minderwertige", in dem „Asoziale" von Beginn an als solche betrachtet wurden:

„Seit frühester Jugend zog Baumgartner, ein durch und durch asoziales Element, unstet als Schleifer im Lande umher, dem Trunk ergeben und rauflustig. Mit allen Mitteln wollte er sich dem Soldatendienst entziehen … Ein asozialer Außenseiter, wie er, gefährdet schon durch seine bloße Existenz die deutsche Volksgemeinschaft in ihrem harten Daseinskampf aufs Schwerste und gehört daher ausgemerzt."[43]

Am 23.2.1945 wurde Ludwig Baumgartner im Landesgericht Wien hingerichtet.

Rudolf Kurzweil

Rudolf Kurzweil wurde am 16.1.1917 in Loosdorf im Haus Sitzenthal Nr. 18 geboren. Sein Vater Leopold Kurzweil war Geschirrhändler aus der Steiermark, seine Mutter Maria, geborene Pable, stammte aus einer Strazzensammlerfamilie. Rudolf Kurzweil wurde laut DÖW im Alter von 26 Jahren in der Nähe seines Wohnorts Niederwölz in der Steiermark am 28.10.1940 festgenommen und am 8.5.1943 von der Gestapo Graz ins KZ Dachau deportiert. Er erhielt die Häftlingsnummer 47741 und fiel in die Kategorie „Sch" („Schutzhaft"). Als „Wohnort" seiner Ehefrau Elfriede Kurzweil, geb. Perndoner, wurde in einem internen Fragebogen „Konzentrationslager Auschwitz" angegeben.

Jenisch nach 1945 – Bernhard Pable, ein ehemaliges Heimkind

Ein Raub der Flammen wurden 2018 in Portugal auch die Schwarz-Weiß-Fotos von Festen und Hochzeiten der Familien Pable sowie Schriftstücke, die an bereits verstorbene Familienmitglieder erinnert hatten. So auch ein Foto der Großtante Bernhard Pables mit Familiennamen Freistätter, die, wie er berichtete, von ihrem Wohnort Mauthausen aus deportiert worden war und ein NS-Lager überlebt hatte. Geblieben ist jedoch die auch heute noch aufwühlende Erinnerung an das Kinderheim Steyr-Gleink. Die Narben auf dem Kopf zeugen von den schweren Misshandlungen, denen er als Kind und Jugendlicher in diesem Heim ausgesetzt war. Bernhard Pable habe schreckliche Erinnerungen an diese Jahre, wie er schreibt: „Vor allem die Pfarrer waren schlimm."

Der am 28.8.1962 unehelich geborene Bernhard Pable hatte nach vier Volksschulklassen gerade die 1. Klasse Hauptschule besucht, als er im April 1973 als 10-jähriger Bub aus seinem gesamten sozialen Umfeld herausgerissen und in das Kinderheim Steyr-Gleink der Caritas Oberösterreich[44] gebracht wurde. Die Situation sei schlimm gewesen, auch für seine Mutter, denn sie habe nichts für ihn tun können, berichtet er. Er habe nur auf den Tag gewartet, an dem er wieder bei „seinen Leuten" sein würde. In all den Jahren sei ihm zweimal die Flucht gelungen. Der Bub schlug sich von Steyr-Gleink bis nach Mauthausen durch – eine beachtliche Leistung ohne Hilfe von Erwachsenen –, aber die Polizei habe ihn beide Male noch am selben Tag bei seiner Mutter abgeholt. Das fünf Jahre andauernde Martyrium fand erst 1978 ein Ende, als ihm eine Lehrstelle zugeteilt wurde. Das Heim konnte er verlassen, an der räumlichen Distanz zu seiner Familie änderte dies nichts. „Ich habe Narben von den Schlägen, aber sie konnten mich nicht brechen", heißt es in einem seiner Schreiben.

Aufgrund seines Familiennamens, seiner Wohnadresse und der Nennung des Aufenthalts in Steyr-Gleink im Lebenslauf war auch Bernhard Pable im Bezirk Perg stigmatisiert. Alleine wie Behörden reagiert hätten, wenn der Name Pable gefallen sei – er könne viele Geschichten darüber erzählen. Anders sei die Situation in Portugal, wo man als der genommen werde, der man sei, meint er. Bernhard Pable hatte 1985 seine Frau Monika geheiratet und war bereits ein Jahr später nach

Portugal ausgewandert. Hier haben die beiden über Jahrzehnte vom Verkauf ihres Kunsthandwerks und der Bilder von Bernhard Pable gelebt. Sie haben zwei Kinder ohne Angst vor dem Zugriff von Behörden großgezogen und sind heute stolze Großeltern von fünf Enkelkindern. Der gesundheitlich angeschlagene Bernhard Pable wird einen Zusammenhang mit den schweren Misshandlungen, denen er im Kinderheim Steyr-Gleink vom 11. bis zum 16. Lebensjahr ausgesetzt war, wohl nicht beweisen können. Vor einigen Jahren habe er von der Caritas Oberösterreich ein Entschuldigungsschreiben und eine „finanzielle Geste" als „Entschädigung" bekommen. Akteneinsicht habe er nicht erhalten. Das Heim sei geschlossen, die Akten vernichtet, sei ihm erklärt worden. Sein Antrag auf Bezug der Heimopferrente wurde im Jahr 2019 abgelehnt. Wovon er keine Kenntnis hatte: Erst mit dem Pensionsantritt wird er wie gesetzlich vorgesehen als ehemaliges Heimkind monatlich etwa 300 € vom österreichischen Staat als Heimopferrente erhalten.

Anmerkungen

1 Perger Tips, KW 51/2020, S. 10.
2 Online-Portal Bezirks-Rundschau, 11.12.2020. Ich danke Elisabeth Hussl für diesen Hinweis.
3 Kirchenbücher (Tauf, Trauungs- und Sterbebücher) sind online einsehbar unter: www.matricula-online.eu.
4 Vgl. Gerhard Floßmann: Loosdorf an der Westbahn, Loosdorf 1984, S. 247.
5 Eva Baier: Sitzenthal im Wandel der Zeit, in: Fachbereich Heimat und Identität des Bildungs- und Heimatwerk Niederösterreich (Hg.): Jenisch in Loosdorf, Bachelorarbeiten aus der Fachhochschule St. Pölten. Eine Untersuchung zum Bestand, der Bedeutung und dem Erlöschen jenischer Kultur, St. Pölten 2015, S. 33.
6 Franz Jansky: Noppi Gadschi – Jenisch baaln. Jenisch in Loosdorf, Loosdorf 1991, S. 2.
7 Siehe dazu den Beitrag von Franz Jansky im vorliegenden Jahrbuch.
8 Elisabeth Maria Grosinger: Roma und Jenische im Spiegel ihrer Zeit – eine vergleichende Studie. Diss., Innsbruck 2003, S. 252–258.
9 Albert Lichtblau: Auf den Spuren einer vergessenen Minderheit. Die Jenischen von Sitzenthal, in: Falter. Wochenschrift für Kultur und Politik, Nr. 7 1987, S. 8 f.
10 Darstellung des Erzherzogtums Oesterreich unter der Ens, 2. Bd. 1863, S. 107 (keine weiteren Angaben), zit. nach Lichtblau, Auf den Spuren, S. 8.
11 Baier, Sitzenthal im Wandel, S. 37 f.
12 Wiener Zeitung, 3.11.1850, S. 2, online unter: ANNO (www.onb.ac.at).
13 Damals selbstständige Vorortgemeinde, ist Reindorf heute eingemeindet in den 15. Wiener Gemeindebezirk.
14 Hermine Birgmayr: Die Gemeinderatsprotokolle der Marktgemeinde Loosdorf 1850–1933, Loosdorf 2007, S. 55.
15 Jan Daniel Georgens/Heinrich Deinhardt: Die Heilpädagogik mit besonderer Berücksichtigung der Idiotie und der Idiotenanstalten, Bd. 2, Leipzig 1863, Titelblatt, online unter: Book Viewer Phaidra (www.univie.ac.at).
16 Birgmayr, Gemeinderatsprotokolle, S. 55. Der Loosdorfer Historiker Gerhard Floßmann vertritt die Meinung, dass es sich nicht um „Kindswegnahmen" gehandelt habe. Es sei vielmehr ein „Schulangebot" gewesen, um die Kinder „mittels Schulbildung ins soziale Leben einzubinden". Telefonat der Autorin mit Gerhard Floßmann am 27.5.2021.
17 Blätter für Landeskunde von Nieder-Oesterreich, herausgegeben vom Vereine für Landeskunde von Nieder-Oesterreich in Wien, 1. Jg., Nr. 2, 1865, S. 17–21, online unter: https://bibliothekskatalog.noel.gv.at/!Blaetter!1865.pdf.
18 Ebenda, S. 17.

19 Ebenda, S. 21.
20 Ebenda, S. 20 f.
21 Ebenda, S. 19 f.
22 Andrea Komlosy: Grenze und ungleiche regionale Entwicklung. Binnenmarkt und Migration in der Habsburgermonarchie, Wien 2003, S. 110.
23 Ebenda, S. 114, 318. Zu den Nachweisen der Zuständigkeit: Heimatschein, Fremdenbuch, Schubpass vgl. S. 318–347.
24 Blätter für Landeskunde von Nieder-Oesterreich, S. 20.
25 Birgmayr, Gemeinderatsprotokolle, S. 125.
26 Blätter für Landeskunde von Nieder-Oesterreich, S. 21.
27 Allgemeines Verwaltungsarchiv Wien: Min. d. Inneren, Mappe 20 genere 2, 1900–1909, zit. nach Lichtblau, Auf den Spuren, S. 8.
28 Vgl. etwa Jenisch in Loosdorf, S. 15, 149.
29 Birkmayr, Gemeinderatsprotokolle, S. 102.
30 Ebenda, S. 104.
31 Ebenda, S. 106.
32 Ebenda, S. 122.
33 100 Jahre im Dienste des Kindes. Festschrift zur 100-Jahr-Feier der Filiale Loosdorf der Kongregation der Schulwestern vom Dritten Orden des heiligen Franziskus von Assisi mit dem Mutterhaus zu Amstetten 1879–1979, S. 3.
34 Ebenda, S. 4.
35 Elisabeth Maria Grosinger: Roma und Jenische im Spiegel ihrer Zeit – eine vergleichende Studie. Diss., Innsbruck 2003, S. 209.
36 Elisabeth Grosinger-Spiss: Jenische in Tirol, in: Erika Thurner/Elisabeth Hussl/Beate Eder-Jordan (Hg.): Roma und Travellers – Identitäten im Wandel, Innsbruck 2015, S. 276 f.; Roman Spiss/Elisabeth Maria Grosinger: Die Jenischen im Tiroler Oberland, in: Michael Haupt/Edith Hessenberger (Hg.): Fahrend? Um die Ötztaler Alpen. Aspekte jenischer Geschichte in Tirol, Innsbruck 2021, S. 55. Siehe auch Elisabeth Grosinger: Pseudowissenschaftliche Forschungen über Jenische während und nach der NS-Zeit, in: Horst Schreiber u. a.: Gaismair-Jahrbuch 2006. Am Rand der Utopie, S. 102–112.
37 Elisabeth Maria Grosinger, Roma und Jenische, S. 199–204.
38 Ebenda, S. 202.
39 E-Mail Gerhard Ungar vom 20.1.2020.
40 Horst Schreiber: Die Jenischen im Nationalsozialismus, in: Michael Haupt/Edith Hessenberger (Hg.): Fahrend? Um die Ötztaler Alpen. Aspekte jenischer Geschichte in Tirol, Innsbruck 2021, S. 125–155. Zu Rudolf und Franz Monz S. 146 f. Siehe auch den Beitrag von Horst Schreiber im vorliegenden Jahrbuch.
41 E-Mail Gerhard Ungar vom 20.1.2020 und vom 14.2.2020. Ich bin Dr. Gerhard Ungar für seine Recherchen zu großem Dank verpflichtet. Diese waren selbst für den ausgewiesenen Experten aufwendig, wie er feststellte, da „Jenische" als NS-Lagerkategorie nicht existierte.
42 Oberdonau-Zeitung 13. 1. 1945, S. 3, online unter: ANNO (www.onb.ac.at).
43 Ebenda.
44 Zum Kinderheim Steyr-Gleink vgl. die 2019 veröffentlichte Studie von Michael John/Angela Wegscheider/Marion Wisinger: Verantwortung und Aufarbeitung. Untersuchung über Gründe und Bedingungen von Gewalt in Einrichtungen der Caritas der Diözese Linz nach 1945, online unter: Caritas-Buch-006 Block.indd (www.caritas-linz.at).

Artis Franz Jansky-Winkel

Noppi Gadschi – Jenisch Baaln.
30 Jahre nach der Publikation zum Jenischen in Loosdorf

Entdeckung, Publikation und Reaktionen

Als mein Vater 1967 einen neuen Job in Loosdorf bei Melk in Niederösterreich antrat, zog er mit seiner Familie zwölf Kilometer Richtung Westen weiter. Im neuen Ort fiel mir auf, dass viele Menschen in ihren Unterhaltungen Worte verwendeten, die mir unbekannt waren. Das machte mich neugierig und ich begann nachzufragen. Die Auskünfte waren nicht klar und es gab Warnungen über mögliche Aggressionen der Menschen, die diese Sprache verwendeten. Das aber verstärkte mein Interesse noch. So begann ich etliche Jahre später mit einer gründlichen Recherche. Nach einigen Fehlversuchen fand ich den fahrenden Händler Josef Fischer, der nicht nur der nebulösen Sprache mächtig war, sondern auch bereit, diese aufzuschreiben inklusive geschichtlicher Berichte. Ich sammelte dankbar Notizen, bis seine Quelle versiegt war und produzierte 1991 ein kleines Buch mit dem Titel „Noppi Gadschi – Jenisch Baaln. Jenisch in Loosdorf". Womit ich nicht gerechnet hatte, war dessen großer und anhaltender Erfolg. In den dreißig Jahren seit der Veröffentlichung gab es unzählige Kontaktaufnahmen von Studierenden, von JournalistInnen, SchriftstellerInnen, MedienmacherInnen und WissenschaftlerInnen, von Interessierten aus dem deutschsprachigen Raum. Meine Absicht war es, den Schatz des (Loosdorfer) Jenischen zu sichern, bevor es zu spät ist. Denn, so dachte ich, mit jeder Generation, die stirbt, stirbt auch ein Teil der Sprache. Das Buch, das ich über eine Ankündigung in der Gemeindezeitung in einem (mittlerweile nicht mehr existierenden) Loosdorfer Gasthaus am 25. Mai 1991 vorstellte – Herr Fischer und der damalige Bürgermeister waren am Podium anwesend – lag in einer Auflage (kopiert) von 100 Stück vor. Innerhalb einer Viertelstunde war es ausverkauft. Das Interesse war überwältigend. Vor der Vervielfältigung gab es noch eine Veranstaltung, in der alle Wörter auf Overhead-Folien geschrieben und auf die Wand projiziert wurden, um vor einem jenischen Publikum noch letzte Korrekturen bezüglich der optimalen Aussprache zu machen. Neben dem Glossar enthielt das Buch auch Berichte über das Leben und die Geschichte der Jenischen in Loosdorf. Wertschätzung war mit einer begehrten Publikation gegeben, es gab aber auch negative Kommentare, zum Beispiel von FPÖ-Seite. Man meinte: „APROPOS: Jenisch. Wenn sich gewisse Lehrer an die vorderste (Kultur)Front begeben und vom Gemeindeamt Unterstützung bekommen, kann uns um unsere Schüler, die Jugendlichen und den berüchtigten Bekanntheitsgrad Loosdorfs keine

Das Loosdorfer Jenischbuch mit kleinen Veränderungen im Laufe der 30 Jahre (Foto: Artis Franz Jansky-Winkel)

Bange ereilen." Wesentlich wichtiger als dieser rechte Rülpser waren mir die Kommentare der Jenischen. Eine Jenische meinte: „Danke, dass Sie das Buch gemacht haben, so etwas kann nur ein Lehrer machen. Wir hätten das nicht geschafft." Ich war gerne Lehrer in Loosdorf, was bedeutete, dass man im Dorf sehr eingebunden war und etliche jenische Schülerinnen und Schüler unterrichtete. Ein Schüler, den ich nicht selbst unterrichtete, hatte sich eine Ausgabe meines Buches besorgt und er suchte mich eines Tages im Schulgebäude mit folgender Mitteilung auf: „Herr Fachlehrer, ich kann schon fast alle Wörter auswendig!" Auf Nachfrage bei Kolleginnen erfuhr ich, dass der Besagte nicht zu den Ambitioniertesten gehörte, aber, was Jenisch betraf, hatte er genügend intrinsische Motivation zum Lernen.

Was mich neben der Sprache weiters an den Jenischen sehr interessierte, war die aus meiner Perspektive alternative Lebensform, zwar mit weniger Materiellem auszukommen, aber über viel mehr Ungebundenheit und Freiheit zu verfügen. Eine ältere jenische Frau aus Sitzenthal, dem (ehemaligen) Zentrum der Jenischen Loosdorfs meinte, dass sie „die gute, bequeme, moderne Zeit sofort gegen die alte tauschen würde."

Historische Quellen, Vorurteile und aktuelle Veröffentlichungen

Dass den Jenischen lange Zeit Hass entgegenschlug, lässt sich an diversen Publikationen ermessen. Ein ehemaliger Lehrer veröffentlichte als Hobbychronist 1953 ein Heimatbuch, in dem er gleich eingangs bemerkte: „Leider sind auch Zigeuner in Loosdorf heimatberechtigt." Vor 20 Jahren organisierte ich in Loosdorf anlässlich einer Dekade meiner Publikation eine Ausstellung und ich stellte sie unter folgendes Motto: „In einer Zeit, in der mit dem ‚Fremden' wieder einmal so viel

Angst, Hass und Dummheit verbreitet wird, ist es notwendig, Begriffe rund um die Menschlichkeit klar zu definieren." Die negative Haltung gegenüber der jenischen Bevölkerung ist bereits im 19. Jahrhundert dokumentiert. In den „Blättern für Landeskunde von Niederösterreich" spricht man im Jahr 1865 von einer „wahren Landplage der ganzen Gegend." Es heißt, die Menschen dort würden sich schon mit ein wenig Geld „der gränzenlosesten Faulheit" überlassen:

> *Die Arbeitsscheu dieser Leute ist so groß, daß sie lieber darben, als mit ihren Händen ihr Brod zu verdienen. (…) Was den Kulturzustand und die Moralität dieser Menschen betrifft, so lässt sich die wahrhaft unglaubliche sittliche und religiöse Verwilderung, die gänzliche und intellektuelle und moralische Versunkenheit derselben aus ihrer Faulheit, Arbeitsscheu, ihrem zigeunerähnlichen Leben, aus der Art ihres Erwerbes, und aus der Überfüllung der engen, elenden Wohnungen leicht erklären. (…) Wie der Herr Pfarrer von Loosdorf als Seelsorger bezeugen kann, ist in Sitzenthal die Zahl unehelicher Kinder bei weitem überwiegend. (…) Kinder werden von ihren lüderlichen Eltern von Geburt an in der Welt herumgeschleppt; von Schul- und Kirchenbesuch oder vom Religionsunterricht ist fast durchgehend keine Rede.*

In diesem Ton geht es weiter und als Conclusio heißt es: „Daß die Existenz der Gemeinde Sitzenthal in jeder Beziehung ein schweres Uebel für die ganze Gegend ist, und daß eine Abhilfe von Seite der hohen Staatsverwaltung aus politischen wie religiösen Gründen dringend nöthig wäre." Eine dringende Bitte wurde noch formuliert: „Der Existenz dieser lebensunfähigen Gemeinde Sitzenthal in ihrer jetzigen Gestaltung ein Ende zu machen."[1]

Jahrhundertelange Diskriminierung und Vorurteile wirken bis in die Gegenwart und eine gewisse Scheu vor Nichtjenischen bleibt. Dennoch hält das Interesse am und an den Jenischen an. Viele Loosdorfer Jugendliche sind stolz auf die Besonderheit, die Loosdorf auszeichnet. Studierende der Fachhochschule St. Pölten im Studiengang Soziale Arbeit schrieben 2015 ihre Bachelorarbeiten über Jenisch in Loosdorf und wählten sich verschiedene Forschungsschwerpunkte aus: Die Entstehung des Dorfes Sitzenthal; der Stellenwert der jenischen Kultur im Loosdorf der Gegenwart; Ruf und Verwendung des jenischen Soziolekts; Erleben und Bewältigen von Benachteiligung und sozialer Ungleichheit im Feld der Schule; die Verwendung der jenischen Sprache unter Jugendlichen und die identitätsstiftende Wirkung; der Zusammenhang zwischen dem Bildungsgrad von Jugendlichen, der Zuschreibung als jenisch-sprechender Loosdorfer und dem sozialen Status; die Auseinandersetzung von Loosdorfer Jugendlichen mit der jenischen Vergangenheit und die „Auflösung" der (fahrenden) Jenischen. In dem Buch „JENISCH in Loosdorf" des Bildungs- und Heimatwerks Niederösterreich sind – unter der Leitung von Gerhard Floßmann – die erwähnten Bachelorarbeiten 2015 zusammengefasst erschienen. Die letzte Magisterarbeit, die ich mitbetreuen durfte, stammt von Marleen Limberger und trägt den Titel „Jenisch baaln als Jugendsprache in Loosdorf. Eine Untersuchung von Resten einer fast verlorenen Sprache, die durch Jugendliche in Loosdorf einen neuen Aufschwung erlebt" (Universität Wien, 2018/19).

Jugend, Sprache und Anerkennung

Die hiesigen Jugendlichen halten das kulturelle Erbe der Jenischen am Leben und haben oft ihren Spaß daran, Menschen aus anderen Gemeinden durch die Verwendung jenischer Wörter zu irritieren. Der Loosdorfer Bilingualismus ist vielen gar nicht bewusst. So meinte eine ältere Dame kurz nach dem Erscheinen meines Buches: „Ich wusste gar nicht, dass ich zweisprachig aufwuchs."

Loosdorfer Jenische wurden und werden immer wieder darum gebeten, sich für Fragen, Auskünfte und Interviews zur Verfügung zu stellen. Doch die Bereitschaft dazu war nie recht hoch und hat nach meiner Einschätzung stetig abgenommen. Das liegt an der langen Geschichte von Ausgrenzung und Stigmatisierung und an negativen Erfahrungen mit Veröffentlichungen. Zudem wollte man um das Thema kein großes Aufsehen erregen. So kam es dazu, dass ein bereits fertig geschnittener TV-Bericht für einen Inlandsreport 1994 nie ausgestrahlt wurde. Herr Fischer, der 1999 verstorben ist, wäre in dieser Dokumentation mit einem jenischen Freund beim Kartenspielen zu sehen und zu hören gewesen.

Für die Ausstellung anlässlich der zehnjährigen Veröffentlichung meines Buches erstellte ich eine Auflistung über das, was seither geschah. Ich präsentierte Korrespondenz und Bücher, die ich erhalten hatte, diverse Internet-Links und Reaktionen, auch das Making-of des Jenisch-Buches mit handschriftlichen Aufzeichnungen von Herrn Fischer. Jenische SchriftstellerInnen – Romedius Mungenast und Simone Schönett – waren eingeladen und lasen aus ihren Werken. Romed, dessen frühen Tod 2006 ich sehr bedauere, überließ mir etliche Fotos zur Verwendung in der Ausstellung.

Der Wiener Weihbischof Franz Scharl, zuständig für die anderssprachigen Gemeinden in Österreich hat sich bei mir gemeldet, um über die Jenischen mehr zu erfahren. Wir trafen einander zu dritt, ein junger Jenischer, der das Erbe seiner Urgroßmutter hochhält, war mitgekommen. Es gab ein interessiertes Beisammensein und wir berichteten über die Lebensweise, die Sprache und die Schwierigkeiten der Jenischen. Mein Begleiter hatte Dokumente seiner Urgroßmutter mitgebracht. Weihbischof Scharl setzt sich innerhalb der katholischen Kirche sehr für die Jenischen ein. Zu wünschen bleibt, dass das Bestreben, die Jenischen als Volksgruppe in Österreich anzuerkennen, von der Regierung positiv erledigt werden kann. Ich bin froh, einen Puzzlestein zur Wertschätzung und Würdigung der Jenischen und deren Sprache beigetragen zu haben.

Anmerkung

1   Zu den Jenischen und der Geschichte von Sitzenthal siehe den Beitrag von Karin Lehner im vorliegenden Jahrbuch.

Simone Schönett
(Juni 2021)

Schugger

Schnell irles Lun
Stolft min lingger Hegel
Schnifft min Turm
D'negart in Mejus
Stolf i Sassling
Novous Blinka
Holch i
Spraus Strade

Schön

Erschieß' den Mond
Den falschen Freund
Der mir den Schlaf raubt
Im Nachtwald
Werde ich zu Stein
Ohne Stern
Bleibe ich
Auf dem Holzweg

Grawis

Herles Pulwi hirles
Lengt da Mali
Lengt da Poli
Irles Pulwi
Holcht mangerisch hiadei
Hekt
Zu Flossert
Zu Medine
Novous Matschi
Novous Maas

Groß

Dieses Herz hier
Schenkt dir seinen
Letzten Anzug
Und den Rock dazu
Das andere Herz
Stolziert gespenstisch daher
Zu Wasser und
Zu Lande
Bleibt es
Weder Fisch
Noch Fleisch

Austupfen

Hegel sin Rötel
Grawis febbert
Perkol Duftig
Ma Mosch Rötel
Febbern si lingg
Tibern si lingg
Pitschig
Und schuntig

Ausstechen

Des Mannes Blut
Wird so großgeschrieben
Gilt als beinah heilig
Frauenblut aber
Macht man
Schlecht
Falsch
Gering
Und
Schmutzig

Schuberle

Zum Lattingerloser
Schmal tschi
Dem Gschutzlbacher sin
Schariselmenggl
Linse
Bumms di novus
Bemmt gwant Schaukelei
Letzt Schein Blatteler
Schmalt er
Gwant bemmen
Lingg pflanzen
Gstiebt dir Malrandi

Kleiner Teufel

Sag nein zum
Ohr des Polizisten
Horche lieber auf den
Kirschmund des Verrückten
Hab keine Angst
Er spricht gut und recht
Wie ein gestriger Kartenspieler
Schönsprechen
Sagt er
Schlechtmachen
Schadet dem Bauch

Schetterlich

Schmallst
Finkelmosch hekst galo
Herles Kezefscheinling
Pflanzen di turmelig
Aale
Bumst di lauserisch
Leschem Aale nina
Leng i dir
Jommerei
Lengst du mir
Sonegai

Lächerlich

Du sagst
Ich sei eine schwarze Hexe
Mit diesen Silberaugen
Die dich ohnmächtig machen
Wange an Wange
Wächst nur Deine Heidenangst
Deswegen
In enger Umarmung
Schenke ich dir
Eine Sehnsucht
Jetzt
Und du mir
Dann
Gold

Gedenkstein für die Opfer des Lagers Reichenau

Geschichte und Erinnerung

Horst Schreiber

Einleitung

Das Heimatrecht beeinflusste die Lebensumstände und die soziale Lage vieler Menschen von der Monarchie bis zur NS-Herrschaft, in bestimmten Fällen sogar noch in der Zweiten Republik. Wer es besaß, hatte Zugang zur Armenversorgung. Abschiebungen, um Kosten zu sparen, waren schon zu Kaisers Zeiten übliche Praxis: innerhalb der Staatsgrenzen, von der einen Gemeinde in die andere. Mit welchen Argumenten und juristischen Spitzfindigkeiten Notleidenden und besonders Frauen das Heimatrecht verweigert wurde, legt *Sabine Pitscheider* in ihrem Beitrag „Heimat und Schutz – Das Heimatrecht der Monarchie" offen. Migration war in Zeiten stürmischer Industrialisierung und eines hohen Bedarfs an Arbeitskräften eine Grundvoraussetzung steten Wirtschaftswachstums. Innsbruck zog immer mehr Menschen an, während immer weniger im Notfall Unterstützung erhielten. 1900 hatten kaum ein Viertel der Bevölkerung und 1914 gerade einmal zwei Fünftel die Heimatzuständigkeit in der Stadt und somit Anspruch auf eine Grundversorgung bei drohender Verelendung durch Arbeitslosigkeit, Krankheit, Invalidität oder Altersarmut. Erst der Nationalsozialismus schaffte das Heimatrecht ab und ersetzte es durch das reichsdeutsche Staatsbürgerschaftsrecht – von dem er Hunderttausende ausschloss.

Bekannt war, dass Jüdinnen und Juden ins Arbeitserziehungslager Reichenau kamen, um von dort in Konzentrationslager und das Vernichtungslager Auschwitz überstellt zu werden. Bekannt war auch, dass Gestapochef Werner Hilliges persönlich den aus Innsbruck stammenden Juden Egon Dubsky in der Reichenau erschoss. Auf eine bisher wenig beachtete Opfergruppe lenkt *Horst Schreiber* das Interesse in seinem Beitrag: "Von Libyen nach Innsbruck. Jüdische Vertriebene aus Tripolis und Bengasi im Arbeitserziehungslager Reichenau". Im Oktober 1943 kamen 59 Menschen aus Libyen in Innsbruck an, sie alle hatten britische Pässe, drei weitere erreichten Tirol einige Monate später. Die Frauen, Männer und Kinder überlebten. Außer Chalom Reginiano, er starb kurz vor Weihnachten, und Mimborach Labi, er kam wenige Tage nach Frühlingsbeginn 1944 ums Leben. Im Soldatenfriedhof Amras erinnern eine Grabinschrift und eine Stele an die beiden.

Auf eine bemerkenswerte Schau macht *Gisela Hormayr* in ihrem Beitrag „‚… das grausige und beschämende Bild dessen, was gestern noch Wirklichkeit war'. Zur antifaschistischen Ausstellung ‚Niemals vergessen!' in Innsbruck, August 1947" aufmerksam. In Wien konzipiert, sollte sie in den österreichischen Landeshauptstädten gezeigt werden und über die Verbrechen der NS-Herrschaft aufklären. Schließlich waren nur Linz und Innsbruck bereit, die Ausstellung zu übernehmen – ohne den Bereich „Judenverfolgung – Judenvernichtung". Sie war mit über 40.000 BesucherInnen ein großer Erfolg, auch wenn nicht wie in Linz ein regionaler Bezug integriert wurde, sodass der Nationalsozialismus in Tirol ausgespart blieb. Doch die Organisatoren Edwin Tangl, selbst ein KZ-Überlebender, und der Bund der Opfer nationalsozialistischer Unterdrückung erreichten, was österreichweit eine Ausnahme war: die finanzielle und politische Unterstützung der Landesregierung und der Landeshauptstadt.

Bergluft, Höhensonne und herrliche Landschaften sollten nicht nur die Bürgerlichen genießen können, auch der Arbeiterin und dem Arbeiter stand die Schönheit der Natur zu, um sich von der Mühsal allwöchentlicher Plage erholen zu können. So war die Arbeiterbewegung angespornt, eine bescheidene Infrastruktur zur Erschließung der Bergwelt aufzubauen. Eines dieser Juwele war die „Brentenjochhütte" oberhalb von Niederau in der Wildschönau. Zur Errichtung der Hütte 1929 war viel ehrenamtliche Arbeit nötig, die Tiroler Naturfreunde konnten die Kosten alleine nicht stemmen. Die Zentrale in Wien musste ihr Scherflein dazu beitragen. Nach dem Krieg benannten die Wörgler Naturfreunde die Hütte nach Anton Graf, einem ihrer von den Nationalsozialisten ermordeten Genossen. Seit 2020 ist diese Erinnerung an ihn nicht mehr möglich. Mit dem Verkauf der Anton-Graf-Hütte ist ein weiteres Stück Geschichte der Tiroler Sozialdemokratie verschwunden, berichtet *Gisela Hormayr* in ihrem Beitrag „Mit uns zieht die neue Zeit? Zur Geschichte der Anton-Graf-Hütte der Naturfreunde Wörgl".

Sabine Pitscheider

Heimat und Schutz – das Heimatrecht der Monarchie

Jeder Staat regelt selbst, wen er als StaatsbürgerIn akzeptiert und welche Rechte, wie etwa das Wahlrecht, er zugesteht. Einige Staaten sind liberaler, andere, darunter Österreich, restriktiver.

Jahrzehntelang galt in der Monarchie das Heimatrecht als Richtschnur, ob und in welchem Ausmaß jemand teilhaben konnte oder nicht. Zwar stand darüber das Staatsbürgerschaftsrecht, aber auf regionaler und lokaler Ebene beeinflussten die Bestimmungen des Heimatrechtes das Leben der meisten Menschen mehr. Das Heimatrecht aus dem Jahr 1863 wies nämlich jedem Menschen mit einer Staatsbürgerschaft der österreichischen Reichshälfte eine Heimatgemeinde zu, unabhängig davon, ob er noch in ihr lebte oder nicht. Vereinfacht gesagt richtete sich die Heimatzuständigkeit nach der des Vaters, bei Ehefrauen nach der des Mannes.[1] Ausgehend vom Heimatrecht definierten Gemeinde- und Stadtrechte, wer zur Gemeinde gehörte und welche Rechte sich daraus ableiten ließen. Sie unterteilten die Bevölkerung in Gemeindemitglieder und Auswärtige bzw. Fremde. Als Gemeindemitglieder galten Bürger – nur Männer, Frauen waren ausgeschlossen –, Angehörige und GenossInnen. Bürger und Gemeindeangehörige besaßen das Heimatrecht, GemeindegenossInnen hingegen nicht, sie waren aber StaatsbürgerInnen, die in der Gemeinde arbeiteten oder Grundbesitz hatten, alle anderen waren Auswärtige oder Fremde.[2]

Diese Kategorisierung fand sich in allen Gemeinde- und Stadtrechten und war auf Diskriminierung ausgelegt, richtete sich danach doch der Zugang zu bestimmten Rechten. Zwar nicht der zum Wahlrecht, das ohnehin allein Wohlhabenden und Menschen bestimmter Berufszugehörigkeit zustand,[3] aber den zu Leistungen aus der Armenversorgung. Die gesamte Bevölkerung, unabhängig von ihrem heimatrechtlichen Status, genoss den polizeilichen Schutz der Person und des Eigentums. Allein Bürger oder Gemeindeangehörige hatten aber im Notfall Anspruch auf Unterstützung aus Gemeindemitteln. In Zeiten ohne Sozialversicherung fielen Unfall, Krankheit, Schwangerschaft, Arbeitslosigkeit oder Alter ebenso darunter wie geringes, nicht lebenssicherndes Einkommen, zu hohe Mieten oder viele Kinder. In der Monarchie trugen allein Gemeinden die Kosten für die Armenversorgung, so dass sie versuchten, sie möglichst gering zu halten. Verarmte jemand, der nicht das Heimatrecht besaß, forderte die Aufenthalts- von der Heimatgemeinde die Kosten für die Versorgung zurück oder reagierte mit Ausweisung, Abschaffung genannt. Entlang der Bahnlinien entstanden an Bahnhöfen Schublokale, in denen aus einer Gemeinde Ausgewiesene unter Bewachung die Weiterreise abwarten mussten. Die Heimatgemeinde, zumeist eine auf dem Land, war zuweilen mit Forderungen konfrontiert, die Personen betrafen, deren Vorfahren vor Generationen den Ort verlassen hatten. Vielfach provozierte das bürokratische Gezerre darum, wer wohin heimatzuständig war, ein unwürdiges Hin- und Herschieben von Menschen.[4] „Der wesentlich proletarische Bevölkerungszuwachs der Industrieorte wird zwischen Heimatsgemeinde und Aufenthaltsgemeinde hin- und hergeschoben, jede sucht ihn los zu werden", kommentierte die *Arbeiterzeitung* im Oktober 1896.[5] Das Gesetz erlaubte es zwar, sich bei einer Gemeinde um Aufnahme in den Heimatverband zu bewerben, allerdings ohne Rechtsanspruch. Die Gemeinderäte entschieden äußerst restriktiv, weil sie dem Gemeindehaushalt mögliche Belastungen ersparen wollten. Sie lehnten die Ansuchen von Personen ohne größeres Vermögen oder lukrative Berufe ab und belegten die Aufnahme in den Heimatverband mit einer sehr hohen Gebühr.

Das Heimatrecht setzte auf Sesshaftigkeit und entsprach immer weniger einem Wirtschaftssystem, das auf Migration angewiesen war. Die Niederlassungs- und Erwerbsfreiheit widersprachen dem Heimatrecht geradezu, was zu immer größeren Spannungen und Konflikten zwischen abgebenden und aufnehmenden Gemeinden führte. Die wachsenden Städte mit ihren vielfältigen Erwerbsmöglichkeiten zogen Menschen an, die im Falle Innsbrucks vorwiegend aus den ländlichen Bezirken Tirols zuwanderten.

Die Novelle 1896

Im Oktober 1896 novellierte der Reichsrat nach jahrelangen Überlegungen und tagelangen Diskussionen das Heimatrecht. Die hitzige Debatte drehte sich vor allem um den Passus der Regierungsvorlage, wonach nach zehnjährigem ununterbrochenen Aufenthalt in einer Gemeinde die Heimatzuständigkeit ersessen war und der Gemeinderat diese nicht mehr ablehnen durfte. Zuzugsgemeinden sahen sich übervorteilt und mit den Kosten der Armenversorgung allein gelassen. Die zumeist ländlichen Heimatgemeinden waren nicht mehr bereit, für Menschen aufzukommen, die mit ihrer Arbeitskraft die Wirtschaft anderer Orte gestützt und deren Gemeindekassen gefüllt hatten. Ein „gehässiges Privileg" nannte die *Arbeiterzeitung* das geltende Recht der Gemeinden, Ansuchen abzulehnen; „[n]ationale, städtische und ländliche Interessen stehen sich hier so schroff gegenüber", umriss das *Neue Wiener Journal* die Interessengegensätze.[6] Die in Klagenfurt erscheinenden *Freien Stimmen* nannten „nationale Gründe", die gegen ein Ersitzungsrecht sprachen, „da den Gemeinden dann Elemente zuwachsen würden, die sie sich jetzt aus begreiflichen Gründen fern zu halten suchen".[7] Im Osten der österreichischen Reichshälfte befürchteten etwa Deutschsprachige in Böhmen und Mähren, von tschechischen ZuwanderInnen in den Industriestandorten in die Rolle der Minderheit gedrängt zu werden.

Bei der mehrtägigen Debatte kamen all diese Bedenken zur Sprache, wobei sich die Redner auf die Kosten der Armenversorgung und nicht auf die Situation der davon Betroffenen konzentrierten. Ein Redner befürchtete, dass „sich Institutionen entwickeln werden, welche den Kampf gegen die Armenversorgung geradezu zur Aufgabe haben, und das werde dann eine Satire auf jede Armenpflege sein". Er forderte den Aufbau eines staatlichen Sozialsystems.[8] Die Gemeinden fühlten sich in ihrer Autonomie eingeschränkt, da bisher das Recht, jemanden in den Heimatverband aufzunehmen, allein bei ihnen lag. Ein mährischer Abgeordneter bezeichnete die Belastung der Städte als „Märchen", wofür er Zustimmung erntete. Hingegen sei die Belastung der Landgemeinden ungerecht,

> „und die Änderung des Zustandes sei eine Sühnung des Unrechtes, welches seit 33 Jahren an den Landgemeinden begangen werde. Die Städte übernehmen damit nur die Verpflichtung, die sie längst hätten übernehmen sollen (lebhafter Beifall), und sind denn die Städte nicht ganz anders in der Lage, die Armen zu versorgen, als die Landgemeinden?"[9]

Dagegen verwehrte sich ein anderer Redner, der die Novelle als „Stück- und Flickwerk" abtat und die Städte verteidigte:

> „Die Städte werden als großkapitalistische Ausbeuter des Landvolkes dargestellt, von den Anforderungen, die an die Städte gestellt werden, wird nicht gesprochen. Alle Institutionen in den Landeshauptstädten humanitärer, erziehlicher, künstlerischer Natur kommen doch dem ganzen Hinterlande zugute."

Wieder ein anderer warf den Städten vor, nicht scharf genug gegen „die subsistenzlosen Individuen" vorzugehen, sie sollten „das müßige Herumlungern in Schlupfwinkeln verbieten, sie mögen das Konkubinat nicht zulassen, und der Zuzug in die Städte wird aufhören".[10]

Der Tiroler Abgeordnete Vinzenz Gasser verglich die veralteten österreichischen Regelungen mit jenen der umliegenden Staaten, die bis auf Bayern großzügigere Fristen einräumten und prinzipiell Menschen dort versorgten, wo sie lebten. Die Städte in der österreichischen Reichshälfte profitierten von der zugewanderten Bevölkerung, versuchten aber, „alle damit verbundenen Nachtheile sich vom Leibe zu halten".

> „Gerade die Großstädte entziehen dem Lande die besten und leistungsfähigsten Arbeitskräfte; sie nutzen sie ab und wenn sie abgerackert und arbeitsunfähig sind, so schickt man sie in die sogenannte ‚Heimat' und diese, die sie zwar großgezogen, im übrigen aber nie etwas von ihnen genossen, sie vielleicht jahrzehntelang nie zu Gesicht bekommen, kann sie erhalten. Den Zuzug der ländlichen Bevölkerung in die Großstadt läßt man sich gerne gefallen und gegenüber den Klagen der Agrarier über den Mangel an Arbeitskräften hat man nur ein schalkhaftes Lächeln."

Man könne von den Landgemeinden nicht erwarten, „daß sie die in großstädtischen Diensten invalid gewordenen Subjecte versorgen". Neben den Städten sollte „der Arbeitgeber, der die Kräfte des Arbeiters oft ungebührlich ausnützt", zahlen, weshalb es Sozialgesetze brauche.[11] Konservative feierten die Novelle, da sie Landgemeinden entlastete, und gebrauchten die üblichen Versatzstücke des Stadt-Land-Konfliktes: „Die Städte machten sich die Kräfte des Landvolkes zunutze und schickten den Bauern das ausgeschundene und arbeitsunfähige ‚Menschenmaterial' wieder zur Versorgung zurück. Der Städter zehrte und verbrauchte, der Bauer aber musste die Zeche zahlen."[12]

Das Abgeordnetenhaus des Reichsrates kam den Bedenken der Städte insofern entgegen, als es einige Fallstricke einbaute. Es galten zwar die zehn Jahre Frist, allerdings durften nur Volljährige ein Ansuchen um Aufnahme in den Heimatverband stellen. Volljährig war man damals mit 24 Jahren, so dass ein eigener Antrag erst mit 34 Jahren möglich war, was für Ärmere, deren Lebenserwartung zu der Zeit gering war, die Chancen einengte. Ein Ansuchen ablehnen durften Gemeinden weiterhin, wenn während der zehn Jahre zu irgendeinem Zeitpunkt Mittel aus der Armenversorgung bezogen worden waren.[13] Diese Bestimmung verwehrte es der großen Zahl an Geringverdienenden, die in Zeiten der Arbeitslosigkeit oder Erkrankung um Unterstützung ansuchen mussten, die Heimatgemeinde zu wechseln und umfassende Rechte zu erlangen.

Theorie und Praxis des Heimatrechts in Innsbruck

Rückwirkend mit Anfang des Jahres 1891 begann die Ersitzungsfrist zu laufen, so dass ab Ende des Jahres 1900 erste Anträge bei den Gemeindeverwaltungen einliefen.[14] Wenige Monate vor Inkrafttreten der Novelle sah sich die Zuzugsgemeinde Wien finanziell überfordert, protestierte im Oktober 1900 und verlangte in einer Petition, der Staat möge sich der Armenpflege annehmen und eine Alters- und Invaliditätsversicherung einrichten. Der Innsbrucker Gemeinderat schloss sich in seiner Sitzung am 12. Dezember 1900 der Forderung an.[15]

Einer der ersten Antragsteller in Innsbruck war pikanterweise der ehemalige Bürgermeister Friedrich Mörz, 1840 in Innsbruck geboren und heimatberechtigt. 1864 berief das Justizministerium den studierten Juristen ans Handelsgericht in Wien, womit er automatisch das Heimatrecht in Wien erlangte und in Innsbruck verlor. Ab 1871 betrieb er in Innsbruck eine Kanzlei als Rechtsanwalt, 1890 kam er erstmals in den Gemeinderat, 1893 übernahm er das Amt des Bürgermeisters, bis ihn drei Jahre später der bisherige Vizebürgermeister Wilhelm Greil ablöste.[16] Am 9. Jänner 1901 beantragte Mörz für sich, seine Frau und seine zwei Söhne die Aufnahme in den Innsbrucker Heimatverband, was der Gemeinderat im Juni 1901 gewährte.[17]

Es blieb ein bürokratischer Aufwand für die Gemeinden, weil sie prüften, ob die Voraussetzungen – zehnjähriger ununterbrochener Aufenthalt, kein Bezug von Mitteln aus der Armenversorgung – vorlagen. Der Bahnschlosser Josef Mader etwa wohnte und arbeitete seit 1877 in Innsbruck, konnte aber für einige Monate in den Jahren 1894 und 1895 keinen Meldezettel vorweisen, weshalb ihn die Stadt unter Verweis auf die fehlenden zehn Jahre abwies.[18] Die Volljährigkeitsklausel verhinderte die Aufnahme von Johann Sunkowsky. Er suchte für sich und seine

Frau im Jänner 1901 um Aufnahme in den Heimatverband an. 1874 in Innsbruck geboren, aber in einer Gemeinde in Böhmen zuständig, war er erst seit 1898 volljährig. Innsbruck wies sein Ansuchen als verfrüht ab, da er erst 1908 die zehn Jahre ununterbrochenen Aufenthalt erreicht haben werde.[19] Für die betroffene Person war der Aufwand nicht kleiner, weil der alte Heimatschein, die Geburtsurkunde und eine Bestätigung der ursprünglichen Heimatgemeinde, dass nie Armenversorgung bezogen worden war, vorzulegen waren. Die ursprüngliche Heimatgemeinde durfte nach der Novelle Personen, die sich seit zehn Jahren nicht mehr am Ort aufhielten, per Antrag an die Aufenthaltsgemeinde übertragen.

Innsbruck wehrte sich weiterhin gegen die Aufnahme von zu vielen und vor allem zu armen Menschen. In der vertraulichen Sitzung am 3. Oktober 1901 beschloss der Gemeinderat nach folgenden Grundsätzen vorzugehen: Unvollständige Ansuchen, bei denen die erforderlichen Beilagen wie Belege über den Aufenthalt oder Bestätigungen der Heimatgemeinde fehlten, waren ohne weitere Erhebungen abzuweisen. Bei Witwen beginne die Ersitzungsfrist erst mit dem Tode des Mannes zu laufen, so dass sie, unabhängig davon wie lange sie schon in der Stadt lebten, weitere zehn Jahre warten mussten, bevor sie einen Antrag stellten konnten. Der Gemeinderat bezog sich dabei auf eine Passage im Gesetz, und zwar darauf, dass der Aufenthalt ein freiwilliger sein musste. Da Ehefrauen am Aufenthaltsort ihres Mannes leben mussten, hielten sie sich, so die Interpretation des Gemeinderates, erst als Witwe freiwillig in Innsbruck auf. In dieser Sitzung beschied der Gemeinderat 31 Gesuche um Aufnahme in den Innsbrucker Heimatverband positiv und 271 negativ.[20] Unter den 31 Aufgenommenen befanden sich städtische Arbeiter, Fabrikarbeiterinnen, Dienstmägde oder Dienstmänner, die ohne die Novelle niemals das Heimatrecht in Innsbruck erhalten hätten. Bis der Gemeinderat zustimmte, vergingen Monate. Der pensionierte Postbeamte Johann Riedl aus Kirchberg, 1818 geboren, beantragte Anfang Jänner 1901 die Aufnahme in den Heimatverband. Die Stadtverwaltung wies ihn an, sein Pensionsdekret nachzureichen, während das Meldeamt seinen Aufenthalt prüfte. Erst in der Sitzung am 3. Oktober 1901 stimmte der Gemeinderat der Aufnahme des 83-Jährigen zu.[21] Der Eindruck, dass der Gemeinderat trickste, um ein Gesuch abzuweisen, drängt sich im Falle des Kammerdieners des Statthalters geradezu auf. Da er in der Hofburg lebte, die als Besitz der Monarchie nicht zum Stadtgebiet gehörte, hatte er rein rechtlich gesehen nie in Innsbruck gewohnt, weshalb der Gemeinderat sein Ansuchen ablehnte.[22]

Abgewiesene konnten bei der übergeordneten Behörde, der Statthalterei, Rekurs einlegen. Die Innsbrucker Interpretation fand in deren Augen übrigens kein Verständnis. Im Feber 1901 beantragte die 64-jährige Maria Haller, aus St. Leonhard in Passeier stammend und seit Oktober 1886 in Innsbruck wohnhaft, das Heimatrecht in Innsbruck. Der Gemeinderat wies ihr Ansuchen am 3. Oktober 1901 zurück, weil die Bestätigung des Meldeamtes fehlte, ebenso das Anerkenntnis, nie Armenversorgung bezogen zu haben. Haller wandte sich an die Statthalterei, die ihr Recht gab und ihr das Heimatrecht über den Kopf des Innsbrucker Gemeinderates hinweg verlieh.[23]

Besaßen bei der Volkszählung 1880 noch 37,7 % der StadtbewohnerInnen das Innsbrucker Heimatrecht, sank die Zahl 1890 wegen der rigorosen Aufnahmepolitik der Stadt und trotz Zuwanderung auf 28,5 % und 1900 auf den Tiefpunkt von 24,2 %. Die Stadt wuchs zwar, beherbergte aber immer weniger Menschen, die sie im Notfall unterstützte. Erst die Heimatrechtsnovelle und die damit erzwungene Aufnahme sowie die Eingemeindung von Pradl und Wilten steigerten die Zahl auf 35,4 % im Jahr 1910. In Pradl lebten zum Zeitpunkt der Eingemeindung (1. Jänner 1904) etwa 1.800 Menschen, im bevölkerungsreichen Wilten 12.452.[24] Innsbruck konnte trotz aller Vorbehalte und Abweisungen nicht verhindern, dass die Zahl der Heimatberechtigten nach der Novelle zunahm. Zwischen 1908 und 1911 sicherte Innsbruck 3.199 Menschen das Heimatrecht zu.[25] Die überwältigende Mehrheit der in Innsbruck lebenden Bevölkerung stammte aus der Stadt selbst und vor allem aus den Tiroler Bezirken, wie folgende Tabelle zeigt.

Bevölkerung Innsbrucks nach Heimatrecht 1880–1910 in absoluten Zahlen und Prozent[26]

Heimatberechtigt	1880		1890		1900		1910	
	absolut	%	absolut	%	absolut	%	absolut	%
Innsbruck	7.736	37,7	6.646	28,5	6.494	24,2	18.821	35,4
Bezirke Tirols	8.237	40,1	10.312	44,2	11.732	43,7	15.756	29,6
Länder öst. Reichshälfte	3.517	17,1	5.083	21,8	6.738	25,3	15.017	28,2
Ausland	1.047	5,1	1.279	5,5	1.842	6,9	3.600	6,8
Summe Bevölkerung	20.537		23.320		26.866		53.194	

Der Zuzug in die Landeshauptstadt hielt an. Ende 1914 erreichte die Bevölkerungszahl knapp 57.000, davon 21.926 mit dem Heimatrecht in Innsbruck.[27] Der Prozentsatz der Menschen, die im Notfall uneingeschränkt Unterstützung erhielten, blieb mit rund 30 bis 40 % gering.

Erst das NS-Regime schaffte das oftmals novellierte Heimatrecht, das immer neue Ungerechtigkeiten geschaffen hatte, ab und setzte im Juli 1938 das reichsdeutsche Staatsbürgerschaftsrecht an seine Stelle. Die Zweite Republik reaktivierte das Heimatrecht nicht mehr, aber es spielt immer noch eine Rolle, und zwar dann, wenn jemand die österreichische Staatsbürgerschaft unter Hinweis auf die Heimatberechtigung von Vorfahren beantragt.

Anmerkungen

1 Gesetz vom 3.12.1863, betreffend die Regelung der Heimatverhältnisse. RGBl. 105/1863.
2 §§ 3–16 des Innsbrucker Stadtrechts 1874, Gesetz- und Verordnungsblatt für die gefürstete Grafschaft Tirol und das Land Vorarlberg 28/1874.
3 Das eingeschränkte Wahlrecht bevorzugte eine Partei, und zwar die Deutschnationalen. Über die Auswirkungen für Innsbruck siehe Sabine Pitscheider: Das „Schandwahlrecht" – Gemeinderatswahlen in Innsbruck 1900 bis 1914, in: Zeit – Raum – Innsbruck (Schriftenreihe des Innsbrucker Stadtarchivs Bd. 15), Innsbruck 2019, S. 59–80.
4 Für die ältere Fassung des Heimatrechtes anschaulich geschildert bei Gabriele Ebner: Das öffentliche Armenwesen in Tirol im 19. Jahrhundert, Diss. jur. Innsbruck 1996, S. 37–43.
5 Die Beratung über das Heimatsgesetz, in: *Arbeiterzeitung*, 24.10.1896, S. 1.

6   Mit Klauen und Zähnen, in: *Arbeiterzeitung*, 20.10.1896, S. 1; Politische Übersicht, in: *Neues Wiener Journal*, 19.10.1896, S. 1.
7   Die Reform des Heimatsgesetzes, in: *Freie Stimmen*, 20.10.1896, S. 1 f., hier S. 2.
8   Abgeordnetenhaus, in: *Neue Freie Presse*, 22.10.1896, S. 2.
9   Für die Heimatrechtsvorlage, in: *Linzer Volksblatt*, 18.10.1896, S. 2.
10 Österreichischer Reichsrath, in: *Arbeiterzeitung*, 22.10.1896, S. 2 f.
11 Abgeordneter Gasser über das Heimatgesetz, in: *Innsbrucker Nachrichten*, 24.10.1896, S. 9–11, hier S. 9.
12 Das neue Heimatgesetz, in: *Volksboten-Kalender für das Gemeinjahr 1902*, Brixen 1901, S. 67–69, hier S. 67.
13 Gesetz vom 5.12.1896, wodurch einige Bestimmungen des Gesetzes vom 3.12.1863 betreffend die Regelung der Heimatverhältnisse abgeändert werden, RGBl. 222/1896.
14 Dazu Ebner: Das öffentliche Armenwesen, S. 112–115. Die Novelle angekündigt und erklärt. Das neue Heimatsrecht, in: *Innsbrucker Nachrichten*, 20.11.1900, S. 2.
15 Karl Lueger: Petition der Gemeinde Wien, 5.10.1900; Armenreferent Wien an Stadtmagistrat Innsbruck, 19.11.1900; Gemeinderat Innsbruck an Magistrat Wien, 18.12.1900. StAI, Karton Dom. 1901/1, Mp. 1900 Domicil, Zl. 28494 Domiz.
16 Neuwahl des Bürgermeisters, in: *Innsbrucker Nachrichten*, 27.11.1896, S. 2–4.
17 Advokat Dr. Friedrich Mörz an den Löblichen Magistrat der Landes-Hauptstadt Innsbruck, 9.1.1901. Aktenvermerk mit Beschluss des Gemeinderates, 15.6.1901. StAI, Karton Dom. 1901/1, Mp. 1901 Domicil, Zl. 747 Domiz.
18 Stadtmagistrat Innsbruck an Josef Mader, 27.10.1901. StAI, Karton Dom. 1901/1, Mp. 1901 Domicil, Zl. 858 Domiz.
19 Aktenvermerk auf dem Antrag des Johann Sunkowsky, 26.1.1901. StAI, Karton Dom. 1901/2, Zl. 3642 Domiz.
20 Vertrauliche Sitzung des Gemeinderates, 3.10.1901. StAI, Beschlüsse des Gemeinderathes der Landeshauptstadt Innsbruck im Jahre 1900, Innsbruck 1902, S. 100 f.
21 Johann Riedl an Magistrat, 4.1.1901; Magistrat an Riedl, 12.2.1901; Meldeamt, Bestätigung, 14.3.1901; Magistrat an Gemeinde Kirchbichl, 14.10.1901; Magistrat an Johann Riedl, 14.10.1901. StAI, Karton Dom. 1901/1, Fasz. 1901 Domicil, Zl. 529/1901 Domiz.
22 Vertrauliche Sitzung des Gemeinderates, 17.7.1901. StAI, Beschlüsse des Gemeinderathes der Landeshauptstadt Innsbruck im Jahre 1901, Innsbruck 1902, S. 93.
23 Maria Haller an Magistrat, 4.2.1901; Magistrat an Haller, 22.10.1901; Haller an Statthalterei, 10.11.1901; Statthalterei an Magistrat, 16.12.1901. StAI, Karton Dom. 1901/2, Zl. 3330/1901 Domiz.
24 Wilhem Eppacher: Vor 50 Jahren: Anschluß Pradls und Wiltens an Innsbruck, in: Amtsblatt der Landeshauptstadt Innsbruck, Nr. 11/November 1953, S. 5–7.
25 Bürgermeister Wilhelm Greil in seiner Rechtfertigungsrede über die vergangene Gemeinderatsperiode. Rechenschaftsbericht des Bürgermeisters Greil, in: *Innsbrucker Nachrichten*, 3.1.1912, S. 17–23, hier S. 21.
26 Quellen: Die Bevölkerung der im Reichsrathe vertretenen Königreiche und Länder nach Aufenthalt und Zuständigkeit, hg. k. k. statistischen Central-Commission, Wien 1882; Die Ergebnisse der Volkszählung vom 31. December 1890 in den im Reichsrathe vertretenen Königreichen und Ländern, 2. Heft: Die Bevölkerung nach Heimatsberechtigung und Gebürtigkeit, hg. k. k. Statistischen Central-Commission, Wien 1893; Die Ergebnisse der Volkszählung vom 31. December 1900 in den im Reichsrathe vertretenen Königreichen und Ländern, 2. Band, 1. Heft: Die Anwesende Bevölkerung nach ihrer Heimatsberechtigung, hg. k. k. Statistischen Central-Commission, Wien 1902; Die Ergebnisse der Volkszählung vom 31. Dezember 1910 in den im Reichsrathe vertretenen Königreichen und Ländern, 1. Heft: Die Heimatrechtsverhältnisse, hg. k. k. Statistische Zentralkommission, Wien 1912.
27 Rechenschafts-Bericht des Bürgermeisters der Landeshauptstadt Innsbruck, Wilhelm Greil, über die Verwaltungs-Tätigkeit 1912–1915, erstattet in der am 30.12.1914 abgehaltenen Sitzung des Gemeinderates, Innsbruck o. J. (1915), S. 34. StAI, Sign. A-2623.

Horst Schreiber

Von Libyen nach Innsbruck –
Jüdische Vertriebene aus Tripolis und Bengasi im Arbeitserziehungslager Reichenau

Ein Spaziergang in den Innsbrucker Stadtteil Amras führt historisch Interessierte in die größte Kriegsgräberanlage Tirols, 1917 angelegt und nach 1945 stets erweitert, seit 1958 im Besitz der Republik Österreich, betreut vom Schwarzen Kreuz. Gefallene der Tiroler Freiheitskriege, des Ersten und Zweiten Weltkriegs liegen hier begraben; Bombenopfer, Kriegsgefangene und Zwangsarbeitskräfte ebenso. Friedlich vereint im Tod, getrennt weder nach Nation noch Konfession, ob KZ-Opfer oder Mitglied der Waffen-SS. Ein Soldatenfriedhof als Ort der Toleranz, Versöhnung und Völkerverständigung, so die Sicht des Schwarzen Kreuzes.

Inschriften kleiner Grabanlagen, die Tote als Häftlinge des Arbeitserziehungslagers Reichenau ausweisen, ziehen das Interesse aufmerksamer Friedhofsgänger und Besucherinnen auf sich. Unweit dieser Gräber findet sich eine letzte Ruhestätte, die ins Auge springt. Der Blick schweift über die Namen bosnischer Soldaten, denen die Treue zum Kaiser und zum Haus Habsburg zum Verhängnis wurde. Er hält kurz inne beim Grabkreuz eines SS-Rottenführers und verweilt bei einer Stele, die in die Höhe ragt, gekrönt von einem Davidstern. Wer hier begraben liegt? Mimborach Israel Labi ist auf dem Täfelchen zu lesen, geboren 1858, gestorben 24.3.1944.

Libysche Jüdinnen und Juden mit britischem Pass

Die Information macht ratlos, wirft Fragen auf, zwingt zu recherchieren. Ein Hinweis findet sich bei Johannes Breit, Niko Hofinger sieht nach im Totenbeschau-Befund der Stadt Innsbruck. Dort steht, Mimborach Labi war verheiratet und übte den Beruf des Kaufmanns aus. Seine Urenkelin Ester Indik gab auf dem Gedenkblatt für die israelische Gedenkstätte Yad Vashem im März 1994 an, dass Mevorakh Lavi(e) Rabbiner war und verheiratet mit Messaouda (Messauda).[1] In der Rubrik Geburtsort und Land sowie gewöhnlicher Wohnort ist im Totenbeschau-Befund ausgefüllt: Bengasi/England, Bazzano, Via Provinziale 4. Libyen, England, Italien. Wie passt das alles zusammen?

Vor 2.700 Jahren gründeten griechische Auswanderer und Migrantinnen Kolonien in Ostlibyen. Die bekannteste altgriechische Stadt nach Euhesperides, dem späteren Bengasi, war Kyrene. Sie gab der Region den Namen Kyrenaika. Jüdische Familien siedelten dort seit dem 3. Jahrhundert v. Chr. Die italienische Eroberung Libyens in neuerer Zeit erstreckte sich von 1911 an über zwei Jahrzehnte. Zunächst

*Stele für Mimborach Labi
am Soldatenfriedhof Amras in Innsbruck
(Fotos: Selina Mittermeier)*

ging es der jüdischen Bevölkerung gut, auch die Auswirkungen der faschistischen Machtergreifung 1922 hielten sich in Grenzen. Die antijüdische Gesetzgebung setzte im faschistischen Italien 1938 ein, in Libyen schlug sie zwei Jahre später durch.

Jüdinnen und Juden mit britischer Staatsbürgerschaft erlebten eine Sondersituation. Die italienischen Behörden transportierten sie aus der Kyrenaika und aus Tripolis ins KZ Giado nahe der tunesischen Grenze bzw. in Dörfer und Städte der Apenninhalbinsel. Dort war das Leben im Gegensatz zu jenem in Giado noch einigermaßen auszuhalten – bis zur deutschen Besetzung Italiens im September 1943. Dann überstellten die Nationalsozialisten die libyschen Jüdinnen und Juden an zwei Schreckensorte: die Mehrheit über das Durchgangslager Fossoli in der Provinz Modena ins KZ Bergen-Belsen nahe Hannover, eine kleinere Gruppe ins Innsbrucker Arbeitserziehungslager Reichenau.[2]

Ein Dokument im Arolsen-Archiv gibt Aufschluss darüber, wie es den jüdischen Verfolgten aus Libyen in Innsbruck erging und wie sie das Lager erlebten. Das knapp fünfseitige von der Widerstandskämpferin und Holocaust-Forscherin Miriam Novitch[3] auf Französisch zusammengestellte Papier trägt den Titel „Im Konzentrationslager von Reich[en]au-Innsbruck. Erzählungen von Überlebenden".[4] Die Ereignisse scheinen aus männlicher Sicht geschildert, mehrere Aussagen sind in einer Erzählperspektive zusammengefasst. Ergänzt wird der Bericht von den Erinnerungen des Avraham (Abraham) Herzl Reginiano, der diese 2013 an die Israelitische Kultusgemeinde für Tirol und Vorarlberg mailte.[5]

Die italienische Historikerin Liliana Picciotto Fargion stellte fest: „Das Schicksal der libyschen Juden war letztlich günstiger als das der anderen jüdischen Deportierten, denn am Ende wurden alle gerettet." Für diejenigen, die ins Arbeitserziehungslager Reichenau kamen, stimmt dies nur mit Einschränkungen.

Zwischenstation Bazzano

Am 10. Juni 1940 hielt Benito Mussolini auf dem Balkon des Palazzo Venezia eine entfesselte Rede vor einer unüberschaubaren Menge. Der faschistische Diktator erklärte Frankreich und Großbritannien den Krieg. Bis ans Ende wolle er mit Deutschland marschieren, das tue man mit einem Freund, ganz nach den Gesetzen der faschistischen Moral: um Italien, Europa und der Welt Frieden und Gerechtigkeit zu bringen. Die Folgen dieses schwerwiegenden Schrittes bekamen die libyschen Jüdinnen und Juden mit britischer Staatsbürgerschaft unmittelbar zu spüren. Die italienischen Behörden befahlen den nunmehrigen Angehörigen eines Feindstaates, Tripolis und Bengasi zu verlassen, und transportierten diejenigen, die nicht im KZ Giado in Libyen bleiben mussten, zwischen Jänner und März 1942 nach Italien. Oft ins Internierungslager der Gemeinde Civitella del Tronto in die Provinz Teramo der Region Abruzzen und dann in die Emilia-Romagna nach Bazzano, einer kleinen Gemeinde, zwanzig Kilometer von Bologna entfernt. Avraham Herzl Reginiano gehörte zu jener jüdischen Gruppe mit britischer Staatsangehörigkeit, die Mitte Jänner 1942, eine Woche vor der Befreiung durch die britische Armee, ihre Heimatstadt Tripolis verlassen musste. Mit dem Schiff erreichte sie über verminte Gewässer Neapel und schließlich auf dem Landweg Anfang März das Lager Civitella del Tronto, wo sie ein halbes Jahr mit Jüdinnen und Juden aus Deutschland und den Niederlanden lebte. Im April und Mai, vereinzelt auch im Juni 1942, brachten die italienischen Faschisten die kinderreichen Großfamilien in die kleine Gemeinde Bazzano,[6] seit 2014 Fraktion der Kleinstadt Valsamoggia. Lisa Benjamin kam im März 1942 über Camugnano, rund 40 Kilometer südwestlich von Bologna gelegen, nach Bazzano, ihre Schwester Rachele im Dezember. Ebenfalls im Dezember, allerdings ein Jahr später, traf Salomone Cohen in Bazzano ein, er war zuvor in der Stadt Bagno a Ripoli bei Florenz interniert.[7] Einige der jüdischen Familien aus Libyen gelangten von der 100 Kilometer von Bologna entfernten Stadt Castelnovo ne' Monti nach Bazzano. Dort waren die Vertriebenen im Altersheim und im Kloster S. Maria dei Lumi untergebracht – unter beklagenswerten, aber noch erträglichen Bedingungen, dank der finanziellen Hilfe der britischen Regierung, die über die Schweizer Gesandtschaft lief.[8] Allerdings durften die Jüdinnen und Juden den Ort nicht verlassen. Sie erhielten ein minimales Budget für ihren Lebensunterhalt, da Erwerbsarbeit ebenso verboten war wie der Besuch einer Schule. Avraham Herzl Reginiano war zu diesem Zeitpunkt acht Jahre alt, einen geregelten Unterricht kannte er nicht: „Meine Eltern beschlossen, mir Lesen und Schreiben beizubringen. Ich betone diese Geschichte, weil es wichtig ist zu verstehen, dass der Holocaust nicht nur eine körperliche, sondern auch eine geistige, moralische und intellektuelle Verfolgung war. (…) Wenn meine Eltern nicht die Entscheidung getroffen hätten, mich zu unterrichten, wäre ich heute vielleicht Analphabet."[9] Mevorah (Meborah, Meburak, Mimborach) Labi und seine Frau Messauda befanden sich ebenfalls in Castelnovo ne' Monti, am 19. Juni 1943 wurden sie nach Bazzano überstellt.[10]

Lebensbedrohlich wurde die Lage der Jüdinnen und Juden aus Libyen nach dem Sturz Mussolinis, als Italien sich von Nazi-Deutschland lossagte und die Wehrmacht auf der Apenninhalbinsel einmarschierte. Sofort setzten scharfe antijüdische Maßnahmen ein. Mit 29. September 1943 galten die libyschen Jüdinnen und Juden in Bazzano als offiziell verhaftet.

Schreckensfahrt nach Tirol

Am 1. Oktober 1943 gegen fünf Uhr in der Früh rollten schwere Lastkraftwagen in den Ort und rissen die Menschen von Bazzano aus dem Schlaf. SS-Männer mit Maschinengewehren sprangen von den Autos und erstürmten die Unterkunft der Gruppe aus Libyen. Die Vertriebenen verstanden kein Deutsch, bekamen aber schnell mit, dass die SS sie holen kam. Nicht viel mehr als zehn Minuten mussten reichen, um sich in aller Hast für die Deportation fertigzumachen. Das Gepäck schmissen die SS-Leute in ein eigenes Lastauto, dann transportierten sie die Verängstigten ab, um sie ins Lager Reichenau nach Innsbruck zu bringen, insgesamt 59 Personen. Zwei weitere, Oscar Sutton und die achtjährige[11] Elena Benjamin, wurden in Bazzano von ihren Familien getrennt. Oscar brachte man im November 1943 von Civitella del Tronto ins Internierungslager Camugnano, dann weiter ins Gefängnis von Carpi und vermutlich am 10. Jänner 1944[12] ins sechs Kilometer entfernte Durchgangslager Fossoli. Am 26. Jänner ging ein Deportationszug ins KZ Bergen Belsen ab. Oscar konnte in Innsbruck aussteigen und seine Verwandten im Lager Reichenau wiedersehen.[13] Elena wurde von Bazzano ins Gefängnis der Stadt Reggio Emilia überführt und dann weiter ins Lager Fossoli. Sie kam mit dem Transport, der am 19. Februar 1944 Richtung Bergen Belsen abfuhr, in der Tiroler Landeshauptstadt an.[14] Lidia Benjamin stand in Italien nach ihrer Vertreibung aus Libyen ohne Familienangehörige da, sie dürfte erst im Dezember 1943 ins Lager Reichenau transferiert worden sein.[15]

Geburts-Anzeige für Renée Labi, 20.3.1944 (Stadtarchiv Innsbruck)[16]

Von den 62 nach Innsbruck überstellten libyschen Juden waren 28 männlich und 34 weiblich, das Geburtsdatum von zwei Personen ist unbekannt. 35, also rund 58 %, waren minderjährig (unter 21 Jahre), 24 nicht älter als 14 Jahre (40 %). Im Transport befanden sich nur sieben über 60-Jährige. Die betagtesten waren Mimborach Labi, 85 Jahre, nach anderen Quellen „erst" 73, und seine Ehefrau Messauda im 72. Lebensjahr. Zwei Kinder, Mor(r)is und Sasi Benjamin, kamen nicht in Libyen, sondern in Bazzano auf die Welt, waren also nur wenige Monate alt, als sie in der Tiroler Landeshauptstadt eintrafen. Renée Labi erblickte in Innsbruck das Licht der Welt, kurz bevor ihre Verwandten das Lager Reichenau verlassen durften.[17]

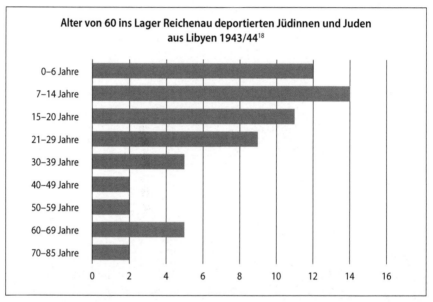

Insgesamt wurden 62 Personen von Libyen über Italien ins Lager Reichenau überstellt. Das Alter von zwei Menschen ist unbekannt.

Als die Vertriebenen von Bazzano aus im Lastwagen Bologna erreichten, heulten die Sirenen zum Luftalarm, bis 16 Uhr mussten sie unterirdisch verharren. Die Weiterfahrt im Zug war eine einzige Qual, ohne Wasser, eingepfercht in einem Viehwagon, die Luft schneidend. Viel mehr als etwas Brot und einen Apfel, verteilt vom Roten Kreuz, hatten die Bedauernswerten nicht. Ein Eimer für die Notdurft aller musste reichen. Die Reise schien kein Ende zu nehmen. Obwohl die Strecke in die Alpen nicht sehr weit war, dauerte sie zwei ganze Tage und eine Nacht. Es half wenig, dass die Verzweifelten gegen die Verschläge trommelten, wenn der Zug Zwischenhalt machte. Niemand durfte sich dem Wagon nähern. „Juden, Juden!", schrien die SS-Männer.[19]

Ankunft im Lager Reichenau

Als der Transport der jüdischen Familien um zwei Uhr in der Früh in Innsbruck einfuhr, bekamen die Gefangenen sogleich zu spüren, was sie in Innsbruck zu erwarten hatten. Wie Kriminelle wären sie behandelt worden, heißt es im Bericht der Überlebenden. Zwei Lastautos, Frauen und Männer getrennt, brachten die jüdische Gruppe vom Bahnhof ins Lager Reichenau. Was sie bei der Ankunft erstaunte, war die Bewaffnung der Wachen mit Maschinengewehren und einem überschweren MG, das ihnen wie eine kleine Kanone erschien. Als sie einander helfen wollten, das Gepäck zu schleppen, setzten die typischen Erziehungsmaßnahmen im Lager Reichenau ein: Es hagelte Schläge. Dann hieß es, Gesicht zur Wand und stillstehen, damit die Schergen tun konnten, wonach sie gierten: rauben und stehlen. Selbst in eingeschlagenen Taschentüchern sahen sie nach, ob sich dort nicht etwas Wertvolles verbarg, ein Ring etwa oder ein Armreif. Auch Zigaretten waren willkommene Beute, das kleinste Krümelchen Tabak sammelten sie ein. Dann durchwühlten die SS-Männer die Haare der Ankömmlinge, auch dort hofften sie zu finden, was sich zu Geld machen ließ. Sämtliche Wertgegenstände rafften sie zusammen, Geld und Schmuck, ein kleines Vermögen, alles, was den Flüchtlingen von ihrem Leben in Libyen geblieben war. Einige junge Frauen wie die Töchter von Vittorio Reginiano,[20] Rina und Elisa,[21] hatten ihre Aussteuer mit, um nach orientalischem Brauch heiraten zu können. Kamuna (Cammuna) Reginiano,[22] eine weitere Tochter von Vittorio, hatte sogar Pelze dabei, die sie in eine künftige Ehe einbringen wollte, drei Töchter der Familien Labi trugen ihre in schö-

Blick auf das ehemalige Arbeitserziehungslager Reichenau nach dem Krieg
(Foto: Stadtarchiv Innsbruck)

Kurz nach dem Krieg hatte das Lager Reichenau die Funktion einer Entlassungsstelle für heimkehrende Soldaten. (Foto: Stadtarchiv Innsbruck)

nen Koffern versteckte Mitgift bei sich: kunstfertig gestickte Wäsche und schön verzierte Decken.[23]

Was die Wachen antrieb, war Habgier ebenso wie pure Bösartigkeit, die Lust, sich am Leid anderer zu erfreuen. Sie beschlagnahmten auch, was ihnen wenig nützlich war, für das Überleben der Gefangenen jedoch entscheidend sein konnte. Selbst das bisschen Proviant, das die Menschen noch hatten, eigneten sich die Diebe an: ein verschrumpeltes Stück Apfel hier, einen Bissen eingetrocknetes Weißbrot und ein paar Tropfen Kondensmilch dort. Die Aufseher konfiszierten die britischen Pässe und zerrissen sie ebenso wie das Englisch – Italienisch Wörterbuch von Beniamino Reginiano[24] und die persönlichen Unterlagen von allen: Ausweise, Geburtsurkunden, Briefe, Fotos und Verträge.[25] Dann trieben sie die Männer, Frauen und Kinder nackt in die Duschen, in denen abwechselnd eiskaltes und brühend-heißes Wasser auf sie niederprasselte. Avraham Herzl Reginiano erinnert sich an kahlgeschorene Köpfe und die Identifikationsnummern, die sie, eingraviert in einer kleinen Scheibe aus Aluminium, erhielten. Er war die Nummer 250.[26]

Die Aufseher machten sich einen Spaß daraus, die neu Angekommenen zu demütigen, ihre Menschenwürde in den Schmutz zu ziehen, sie einzuschüchtern und ihrer Individualität zu entkleiden. Besonders schlimm war es für die Frauen und Mädchen, die zum Ergötzen der Männer das Lagergelände entblößt überqueren mussten. Sie duschten in einer anderen Baracke als ihre Leidensgenossen. Denn Ordnung musste sein, Männer und Frauen hatten getrennt voneinander desinfiziert zu werden. Nach dieser Prozedur die nächste Erniedrigung. Die Wärter verwehrten frische Wäsche, die Kleidung blieb konfisziert, stattdessen gaben sie den Jüdin-

Die französische Militärregierung nutzte das Lager zur Anhaltung ehemaliger Nationalsozialisten im Zuge der Entnazifizierungsmaßnahmen. (Foto: Stadtarchiv Innsbruck)

nen und Juden ihr altes Gewand aus, dazu eine einzige Oberbekleidung und grobe Holzpantoffel, zur Speisung nicht mehr als einen Schluck Ersatzkaffee. Dann mussten die Eingeschüchterten in die Holzbaracken gehen, die in den nächsten Monaten ihre trostlose Unterkunft sein sollten. Getrennt von Frauen und Kindern, eingeschlossen mit Hunger und Verzweiflung, heißt es im Bericht, der 18 Personen in einer Baracke erwähnt, Juden wie Christen. Als die jüdischen Männer die Baracke betraten, trafen sie auf Menschen, die dem Tod näher waren als dem Leben. Unsere Gefährten im Unglück nannten sie die nichtjüdischen Insassen.[27]

Hunger und Angst

Als die libyschen Jüdinnen und Juden im Lager Reichenau um ihr Überleben kämpften, begann der Tag zeitig in der Früh, etwa morgens um fünf. Die Häftlinge mussten sich im Freien nackt mit eiskaltem Wasser waschen. Die Ernährung war ungenügend, die Zubereitung grauenhaft, der Nährwert niedrig. Der Ersatzkaffee glich eher heißem Wasser als einem Getränk, dazu gab es ein Stück Brot. Man musste mehr als hungrig sein, um zu Mittag die Suppe hinunterzuschlucken, in Wirklichkeit ein gesalzenes Nass, in dem Spinatblätter oder Radieschenscheiben ein trauriges Dasein fristeten.[28] Avraham Herzl Reginiano schnitt seine Ration Brot mit einem Rasiermesser, das er in der Dusche gefunden hatte, in viele dünne Scheiben und legte sie auf den Ofen, bis sie die Konsistenz eines Toasts hatten: „Ich packte sie in eine Tasche und jedes Mal, wenn ich hungrig war, nahm ich ein Stück und saugte daran."[29] Die Väter und Mütter gaben ihr Brot häufig den Kindern, die vor Hunger wimmerten. Schon nach einem Monat Aufenthalts ähnelten diejenigen, die zur Arbeit ausrückten, den anderen Zwangsarbeitern im Lager. Die Haut färbte sich gräulich gelb, ihre Körper machten den Eindruck wackeliger Skelette.[30]

Einmal halfen die jüdischen Männer einem kleinen Flugzeug, das wegen der verschneiten Piste Probleme hatte, von der Landebahn nahe dem Lager abzuheben. Nicht wenige von ihnen erlitten während dieser Arbeit ernstzunehmende Verbrennungen. Dem Vater von Avraham Herzl Reginiano fielen alle Nägel aus, ein Jude verlor infolge einer Nekrose ein Bein.[31]

Der Samstagnachmittag und der Sonntag dienten weniger der Erholung der Häftlinge als der Unterhaltung der Aufseher, die sich die Zeit mit Bestrafungen der Gefangenen vertrieben. Ein Slowene namens Enko, einer der Aufseher oder gar selbst ein Häftling, tat sich als Schläger hervor. Er drosch unbarmherzig drauflos. Enko mahnte Dankbarkeit ein, dass er ihr Leben verschone – behauptete er doch, die englischen Juden töten zu dürfen, läge in seiner Macht. Sogar eine Belohnung habe man ihm dafür in Aussicht gestellt. Auch wenn Enko log, so blieb die Wirkung der Drohungen nicht aus, die Angst fraß sich in die Eingeweide der jüdischen Häftlinge.[32]

Das Lager Reichenau war überschaubar, Flucht somit ausgeschlossen, zumal ohne Hilfe in der Freiheit, ohne Kenntnisse der Gegend und des Tiroler Zungenschlags. Harte Strafen hatten nicht nur die zu fürchten, die dennoch Reißaus nahmen. Der italienische Häftling Giuseppe hatte die Verantwortung über eine Gruppe, aus der drei Gefangene entwichen. Die Strafe war tagelanger Essensentzug und drei Wochen Haft im kalten Bunker. Diese Tortur überlebte Giuseppe nicht.[33]

Jede Form widerständigen Handelns zog lebensgefährliche Sanktionen nach sich. Unter den weiblichen Gefangenen befanden sich Russinnen, die besonders wenig zu essen bekamen. Eine von ihnen weigerte sich, dem Befehl eines SS-Mannes nachzukommen und dessen Stiefel zu reinigen. Eine sowjetische Staatsbürgerin putze der SS keine Stiefel, entgegnete sie unerschrocken. Dieser Mut dürfte sie das Leben gekostet haben. Nach einigen Tagen im Bunker führte die Gestapo sie aus dem Lager. Die Russin war nicht mehr wiederzuerkennen, ihr Gesicht war geradezu übersät mit Hämatomen, dunkelblau gefärbt von Schlägen.[34]

Terror und Sadismus: Alltag im Lager

Was auch immer die Häftlinge taten, die Reaktion der Aufseher war Gewalt. Der 19-jährige Victor (Vittorio) Labi bat um Auskunft zu seiner 24-jährigen Frau, die in die Universitäts-Frauenklinik Innsbruck gebracht worden war, um dort zu entbinden. Die Antwort waren Hiebe, deren Spuren noch lange Zeit zu sehen waren.[35] Pia Labi gebar eine Tochter: Renée, 3 kg schwer und 50 cm groß.

Der Besitz von Seife und Handtuch war strikt untersagt. Als die Posten einen jüdischen Gefangenen mit einem alten Handtuch erwischten, setzte es Stockschläge. Als die Alliierten Innsbruck bombardierten, prügelten die Bewacher alle Juden, selbst die Jugendlichen, schließlich waren sie englische Staatsbürger. Als eine junge Jüdin einem gebrechlichen Gefangenen half, einen schweren Eimer Wasser zu tragen, traten die Aufseher mit Stiefeln auf sie ein. Sie sollte sich das Verbot, anderen zu helfen, gut merken. Die Gruppe aus Libyen zeichnete sich nämlich durch ihren festen Zusammenhalt aus.[36]

Deutsche Sauberkeit war ein Gebot der Stunde. Erbaten die jüdischen Häftlinge einen Putzlappen, verhöhnten die Wärter sie und deuteten ihnen, den Boden mit der Zunge aufzuwischen. Die Baracken mussten blitzblank sein. Das hieß, auch die Holzbetten zu waschen und die Balken der Plafonds. Die Bewacher stellten einen Sessel auf den Stuhl und überprüften mit der Hand, ob alles makellos rein war. Wenn nicht, setzte es eine Tracht Prügel. So geschah es auch, als die Aufseher Staub auf einer Holzplanke entdeckten. Sie banden Salomon Cohen mit dem Bauch auf einen Stuhl und verhauten ihn mit aller Kraft. Standen die Häftlinge beim Abendappell in der Baracke nicht schnell und akkurat genug Habt-Acht, setzte es kräftige Ohrfeigen.[37]

Die Wachen genossen es, wenn sich eines ihrer Opfer nach Schlägen auf die Finger vor Schmerzen krümmte. Vergnügen bereitete es ihnen, wenn die Gefangenen Runden liefen, nicht selten bis zur Ohnmacht. Um das Spiel zu variieren, befahlen sie den Häftlingen, wie die Frösche zu hüpfen. Die jüdischen Internierten konnten es nicht fassen, dass sich ein 18-Jähriger den Bauch vor Lachen hielt, wenn ein Greis aufsprang, umkippte und wie ein Käfer zappelte. Oder wenn die Posten Vittorio Reginiano beim Appell in der Baracke solange schikanierten, bis er zu Boden fiel. Oder wenn der 65-Jährige im Schnee den Halt verlor, sein Sohn Chalom (Scialom, Shalom)[38] ihm aufhalf und dieser dafür Prügel erhielt und pickelharte Schneebälle ins Gesicht geworfen bekam. Lustig fanden die jungen Bewacher auch, den elfjährigen Beniamino Reginiano auf beiden Wangen abzuwatschen und ihm die Suppe aus der Hand zu schlagen. Am Neujahrstag wollten die Wachen unterhalten werden. Bei Minusgraden jagten sie die männlichen Gefangenen, ob jung oder alt, aufs Lagergelände. Dort mussten ihre Opfer mit Kübeln voll Wasser so schnell wie möglich laufen, wehe sie verschütteten etwas. Alle paar Meter bekamen die nur noch in Lumpen gehüllten jüdischen Häftlinge Stockschläge zu spüren, ein eisiger Wind pfiff ihnen um die Ohren. Während ihres Aufenthalts trugen sie die meiste Zeit dasselbe Gewand. Die Flöhe gediehen weidlich und bissen ihren Wirt. Die Gefangenen, die sich ständig kratzten, motivierten die Aufseher zu höhnischen Kommentaren. Sie mokierten sich über unser Unglück und unsere Erscheinung, hebt der Bericht der Überlebenden hervor.[39]

Der Spott artete unzählige Male in schmerzhafte Attacken aus. Ein Wachposten fuhr Victor Labi harsch an, weil er unrasiert war. Da er keine Klingen hatte, befahl ihm der Aufseher, ein Stück Glas zum Rasieren zu nehmen, dann fing er an, Labi Barthaare auszureißen. Den jüdischen Gefangenen aus Nordafrika blieb nicht verborgen, wie sehr die drakonischen Strafen im Lager der triebhaften Befriedigung der Aufseher, ihrer Kurzweil und ihrem Amüsement dienten. Das Quälen der Jüdinnen und Juden war ihnen eine „Hetz", ein schöner Zeitvertreib, eine willkommene Zerstreuung, eine „Gaudee".[40]

Schritten die Aufseher zu einer offiziellen Bestrafung mit Stockschlägen, waren es in der Regel nicht weniger als 25 Hiebe. Diamantina Reginiano, die Mutter von

Chalom, trennte ihren alten Pullover auf, um daraus für ihren Sohn, der zur Zwangsarbeit ging und sich zum Schutz gegen die Kälte Stroh in den Pantoffel steckte, ein Paar Strümpfe herzustellen. Als dies ein SS-Mann bemerkte, verabreichte er Chalom mit dem Stock 25 Schläge auf die Schulter. Schon ein Wort konnte zu viel sein. Einer der Aufseher spitzte die Ohren und jagte Kamuna Reginiano an einem Tag im Jänner zur Strafe hinaus ins Freie, den Schal hatte er ihr zuvor abgenommen. Dort musste sie stundenlang in der klirrenden Kälte ausharren.[41]

Eine Praktik, an die sich die libyschen Jüdinnen und Juden nur zu gut erinnerten, waren die „kalten Duschen", das gefürchtete Anspritzen mit eisig kaltem Wasser unter hohem Druck. Diese Foltermethode wandten die Bewacher nicht nur als Strafmaßnahme an, sie bedienten sich ihrer auch aus einer Laune heraus. Fühlten sich die Häftlinge an einem Sonntag im März nach einer warmen Dusche wohl, wurden sie aufs freie Lagergelände gestellt und kalt niedergespritzt. Nach mehrmonatigem Martyrium im Lager Reichenau hielten sich die jüdischen Gefangenen so schon kaum mehr aufrecht. Der Hunger fraß sie von innen auf, sie verschlangen rohe Kartoffeln und ungewaschene Spinatblätter. Die exotische Kälte setzte den Gefangenen schwer zu, nirgends konnten sie sich aufwärmen, die Baracken blieben ungeheizt. Kehrten die Männer nach einer Kaltwasserbehandlung in ihre ausgekühlte Unterkunft zurück, weinte so mancher vor Schmerz und Erniedrigung. Doch ihre Frauen standen ihnen stärkend zur Seite. Ihre Baracke war nur durch eine Wand aus Brettern getrennt. Sie bohrten kleine Löcher in die Planken und ließen ihre Rationen Ersatzkaffee durchrieseln, damit sich ihre Männer besser aufwärmen und die gestauten Lungen schneller lösen konnten.[42]

Der einsame Tod des Chalom Reginiano

Den 27-jährigen Chalom Reginiano konnte diese Unterstützung nicht mehr retten. Er schuftete elf Stunden täglich, belud Wagons mit Sand und Steinen.[43] Kälte, Wasserschocks und Mangelernährung schwächten ihn von Woche zu Woche mehr. Trotz hohen Fiebers und körperlicher Schwäche musste er weiterhin Zwangsarbeit verrichten, wenn auch im Innendienst. Chalom war so abgezehrt, dass er beim Kartoffelschälen kaum das Messer halten konnte, die geforderte Arbeitsleistung nicht erbrachte und deshalb misshandelt wurde. Es dauerte nicht lange und er lag in der Krankenstube. Dort starb Chalom Reginiano am 22. Dezember 1943, getrennt von seiner Familie und seinen Freunden.[44] Avraham Herzl Reginiano führt den Bericht des gleichnamigen Freundes seines Bruders an. Chaloms Finger seien bedrohlich angeschwollen, zum Arbeiten waren sie nicht mehr zu gebrauchen. Ein Aufseher habe ihn deshalb in die Winterkälte hinausgeführt.[45] Die offizielle Todesursache lautete: „Vitium Cordis Herzschlag Atem-Herzlähmung".[46] Vitium Cordis meint einen angeborenen Herzfehler.

Chaloms Mutter konnte nicht glauben, dass ihr Sohn tot war, sie bat einen SS-Mann um Auskunft. „Kaputt" war dessen Antwort. Er zog seinen Revolver und drohte Diamantina Reginiano, wenn sie ihn weiter mit Weinen und lästigen Fragen nerven sollte, ihre anderen Kinder auch zu töten. Der Bericht der Überlebenden erwähnt einen Lastkraftwagen, der regelmäßig Leichen aus dem Lager holte. Häftlinge kamen infolge der Zwangsarbeit ums Leben, wegen der Schläge, der Strafen, der Kaltduschen und des Hungers. Einige starben nachts in ihren Betten, erschöpft und entkräftet, so lautlos, dass niemand von ihnen Notiz nahm.[47]

Grabtafel für Chalom Reginiano im Soldatenfriedhof Amras, die nicht mehr existiert.[48]

Chalom Reginiano wurde am 28.12.1944 am Innsbrucker Westfriedhof begraben, jedoch am 22.5.1951 enterdigt und am Amraser Soldatenfriedhof beigesetzt.[49] *Im italienischen Teil des Friedhofs befindet sich eine Gedenktafel, deren Inschrift übersetzt lautet: „Zum Gedenken an die Italiener, die 1943–1945 in Gefangenschaft starben und an einem unbekannt gebliebenen Ort des angrenzenden Zivilfriedhofs begraben wurden." Das Schwarze Kreuz eruierte nach dem Betreiben von Avraham Herzl Reginiano auf Anfrage von Muriel Belhassen von der Israelitischen Kultusgemeinde für Tirol und Vorarlberg wegen des Grabs von Chalom Reginiano zwar eine Grabnummer, das zugehörige Grab war jedoch unbesetzt.*[50] *(Foto: Selina Mittermeier)*

Die letzten Tage in Innsbruck

Sieben Monate, von Herbst 1943 bis Frühling 1944, dauerte dieses „Höllenleben", das die jüdischen Häftlinge nicht zu überstehen glaubten. Eines Tages besserten sich die Lebensbedingungen schlagartig. Zwar blieb die Ernährung gleich dürftig wie immer, doch das Schlagen und Kaltduschen hörte auf. Die Gefangenen führten diesen Gesinnungswandel auf ihre britischen Pässe zurück, sie vermuteten eine Intervention zu ihren Gunsten. Im KZ Bergen Belsen ereignete sich Ähnliches. Dort war es über zwei Monate später Ende Juni 1944, dass ein Befehl die Kommandantur erreichte, englischstämmige Libyer und Libyerinnen ins Lager Vittel nach Frankreich zu verlegen.[51]

Als ihre Peiniger ihnen ankündigten, sie in ein anderes Lager transportieren zu wollen, waren die jüdischen Häftlinge überglücklich. Sie konnten sich zu diesem Zeitpunkt kein schrecklicheres Lager vorstellen als jenes in der Reichenau. Doch noch waren die Schikanen nicht zu Ende, machten sich die Aufseher einen Spaß aus der Vorfreude der Gefangenen. Sie spielten ihnen eine Entlassung vor und weideten sich an ihrer Enttäuschung.[52]

Totenbeschau-Befund Mimborach Labi, 25.3.1944 (Stadtarchiv Innsbruck)[53]

Am 18. April 1944[54] war es dann wirklich soweit. Die Jüdinnen und Juden aus Libyen mit englischem Pass mussten ins Büro des Lagerkommandanten kommen und ein Papier unterschreiben, das ihnen nur mündlich übersetzt wurde. Darin erklärten sie, gut behandelt und ernährt worden zu sein, die notwendige medizinische Versorgung erhalten und ihren Besitz zurückbekommen zu haben.[55]

Die jüdischen Gefangenen britischer Staatsangehörigkeit aus Tripolis, Bengasi und el Merj, die das Lager Reichenau verlassen konnten, überlebten den Krieg. Sie kamen nach Lothringen ins Lager Vittel, wo sich in einem umzäunten Hotelgelände unter der Schirmherrschaft des Internationalen Komitees des Roten Kreuzes britische Staatsangehörige aufhielten, die für einen Gefangenenaustausch mit Deutschland bestimmt waren. Elena Benjamin scheint nicht im April 1944, sondern erst am 28. Juni 1944 vom Lager Reichenau nach Vittel transferiert worden zu sein.[56]

Nach der Befreiung Frankreichs wurde die jüdische Gruppe aus Libyen am 23. Oktober 1944 in die kleine Gemeinde La Bourboule gebracht, einem Thermal- und Luftkurort in 800 bis 1.400 Meter Höhe, 50 Kilometer von Clermont-Ferrand entfernt. Avraham Herzl Reginiano schließt seine Erinnerungen mit der Feststellung, dass seine Familie ihr gesamtes Eigentum verloren hatte und mittellos nach Palästina auswandern musste. Dennoch betont er: „Meine Geschichte als jüdisches Kind endete gut". Seine Mutter Diamantina starb im Alter von 90 Jahren. Testamentarisch bestimmte sie, den Namen ihres im Lager Reichenau ermordeten Sohnes Chalom Reginiano auf ihrem Grabstein eingravieren zu lassen.[57]

Die libyschen Jüdinnen und Juden berichteten, erst in sicherer Entfernung von Innsbruck aufgeatmet zu haben. Der Gedanke an die dort erlebten Gräuel und an ihre zwei Toten ließ sie nicht los. Über die Umstände des Todes von Mimborach Labi erfahren wir nichts Näheres. Der alte Mann starb infolge des antisemitischen Wahns der Nationalsozialisten an der erlittenen Gewalt, an Hunger und Entkräftigung; 4.000 Kilometer von seiner libyschen Heimat Bengasi entfernt, inmitten der malerischen Bergkulisse Innsbrucks. Laut Totenbeschau-Befund trat sein Tod im „Auffanglager Reichenau" am 24. März 1944 um 23 Uhr ein. Der Lagerarzt Alois Pizzinini gab als Grunderkrankung Altersschwäche und Marasmus an – allgemeiner Kräfteverfall im Greisenalter –, als angebliche Todesursache Herzlähmung.[58]

Liste der libyschen Jüdinnen und Juden,
die ins Lager Reichenau überstellt wurden:[59]

Ehepaar Mevorah und Messauda Labi
Mevorah (Meborah, Meburak, Mimborach) Labi,
5.10.1870[60] Bengasi, gest. 24.3.1944 Lager Reichenau
Messauda (Messaouda) Labi, geb. Buaron, 1871 Bengasi

Familie Vittorio und Diamantina Reginiano
Vittorio Reginiano, 7.3.1879[61] Tripolis
Diamantina Reginiano, geb. Addadi, 1896 Tripolis
Chalom (Shalom, Scialom) Reginiano,
26.7.1916[62] Tripolis, gest. 22.12.1943 Lager Reichenau
Avraham (Abraham) Herzl Reginiano, 8.10.1934 Tripolis
Elisa Reginiano, 31.1.1920 Tripolis
Rina Reginiano, 22.11.1925, Tripolis[63]
Erzel Reginiano, 6.10.1933, Tripolis[64]
Beniamino Reginiano, 30.6.1923 Tripolis
Ester Reginiano, 22.11.1925 Tripolis

Familie Vittorio und Grazia Reginiano
Vittorio Reginiano, 7.3.1879[65] Tripolis
Grazia Reginiano, geb. Ventura, 1888 Tripolis
Giora Reginiano, 15.7.1907 Tripolis
Scialom Reginiano, 13.11.1921 Tripolis[66]
Kamuna (Cammuna) Reginiano, 1923 Tripolis[67]

Familie Giora Reginiano
Giora Reginiano, 15.7.1907 Tripolis[68]
Rosa Assan Reginiano, 1939 Tripolis
Bezhel Assan Reginiano, 1931 Tripolis

Familie Abraham (Abramo)[69] und Uazzi Sofia Labi
Uazzi Sofia Labi,[70] 1904 Bengasi
Victor (Vittorio) Labi, 1925 el Merj[71]
Elihau (Elia) Labi, 1930 el Merj
Giulia Labi, 1933 Bengasi
Jacov (Giacobbe) Labi, 1934 el Merj
Fortunata Labi, 1936 el Merj
Susanna Labi, 27.12.1938 el Merj[72]
Clemente Rahamin Labi, (27.12.)1938, el Merj
Sara Labi, Geburtsdatum und Geburtsort unbekannt
Tova Labi, Geburtsdatum und Geburtsort unbekannt

Familie David(e) und Esterina Labi
David(e) Labi, 1882 Bengasi
Esterina Labi, geb. Bramli, 1882 Bengasi
Pia Labi, 1920[73] Bengasi
Elisa Labi, 1922 Bengasi
Fortunata Labi, 1924 Bengasi
Lina Labi, 1928 Bengasi

Familie Salomone und Rachele Cohen
Salomone Cohen, 22.11.1900 Bengasi
Rachele Cohen, geb. Taiar, 1912 Bengasi
Mosè Cohen, 1931 Bengasi
Nissim Cohen, 1936 Bengasi
Isacco Cohen, 1930 Bengasi
Sion Cohen, 1932 Bengasi
Sofia Cohen, 1939 Bengasi
Mutter von Salomone Cohen
Miriam Cohen, geb. Rumani, 1880 Bengasi

Familie Isacco und Zecchia Benjamin
Isacco Benjamin, 15.6.1910 Bengasi
Zecchia Benjamin, geb. Misellati, 1911 Bengasi
Samuele Benjamin, 1941 Tripolis
Mor(r)is Benjamin, 8.7.1943 Bazzano
Elena Benjamin, 8.10.1935[74] Tripolis
Perla Benjamin, 1934 Tripolis
Giorgio Benjamin, 1937[75] Tripolis
Vittorio Benjamin, 1931 Bengasi

Familie Isacco und Fortunata Benjamin
Isacco Benjamin, 1919 Bengasi
Fortunata Benjamin, geb. Arbib, 1917 Bengasi
Buba Benjamin, 1939 Bengasi[76]
Abramo Benjamin, 1941 Libyen
Sasi Benjamin, 9.3.1943 Bazzano
Schwestern von Isacco Benjamin:
Fortunata Benjamin, 1924[77] Bengasi
Elisa (Lisa) Benjamin, 1923 Bengasi
Rachele Benjamin, Juli 1927[78] Bengasi

Familie Victor und Pia Labi
Victor (Vittorio) Labi, 1925[79] el Merj[80]
Pia Labi, 1920[81] Bengasi
Renée Labi, 20.3.1944 Innsbruck

Familie Mosè[82] und Nina Sutton
Nina Sutton, geb. Labi, 1890 Tripolis
Oscar Sutton, 15.3.1917[83] Tripolis
Delly Sutton, 1924 Tripolis

Lidia Benjamin
Lidia Benjamin, 1917 Bengasi

Anmerkungen

1   Als Geburtsjahr von Mimborach Labi (Mevorakh Lavi/e) gab seine Urenkelin Ester Indik 1859 an, als Todesdatum den 20.3.1944. Siehe https://yvng.yadvashem.org/nameDetails.html?language=
de&itemId=1774369&ind=1 (Zugriff 13.2.2021). Der Totenbeschau-Befund der Stadt Innsbruck nennt 1858. In den in Frage kommenden italienischen Datenbanken. scheint Meburak bzw. Mevorah Labi mit dem Geburtsdatum 5.10.1870 auf: http://www.annapizzuti.it/database/ricerca.php?a=show&sid=2094,http://digital-library.cdec.it/cdec-web/persone/detail/person-8996/labi-mevorah.html (Zugriff 13.2.2021). Die Opferdatenbank von Yad Vashem nennt als Vornamen auch Mevorah und lokalisiert das Innsbrucker Lager Reichenau in der Tschechoslowakei. https://yvng.yadvashem.org/nameDetails.html?language=de&itemId=11204158&ind=1 (Zugriff 13.2.2021). Die Standardliteratur mit Kurzbiografien ist Liliana Picciotto: il libro della memoria. gli ebrei deportati dall'Italia, 1943–1945, Milano 1991 (2002²/2013⁵).
2   Die Jüdinnen und Juden von Libyen: https://www.yadvashem.org/de/education/educational-materials/learning-environment/the-jews-of-libya.html (Zugriff 13.2.2021); siehe weiters Liliana Picciotto Fargion: Italien, in: Wolfgang Benz (Hg.): Dimensionen des Völkermords: Die Zahl der jüdischen Opfer, München 1991, S. 199–227, hier S. 208–211.
3   Zu Miriam Novitch: https://www.jewishvirtuallibrary.org/novitch-miriam (Zugriff 20.4.2021).
4   Arolsen Archives (ITS), Signatur 9039700: https://collections.arolsen-archives.org/archive/1-2-7-13_9039700/?p=1&s=innsbruck&doc_id=82193358 (Zugriff 20.1.2021).
5   Erinnerungen von Avraham Herzl Reginiano, ohne Datum. Mailverkehr der Israelitischen Kultusgemeinde für Tirol und Vorarlberg vom Herbst 2013, freundlicherweise zur Verfügung gestellt von Niko Hofinger.
6   Ebd.
7   Siehe https://anpibazzano.files.wordpress.com/2009/11/ebrei-stranieri-internati-in-italia.pdf (2.7.2021).
8   Fargion: Italien, in: Benz (Hg.): Dimensionen, S. 210.
9   https://anpibazzano.files.wordpress.com/2009/11/ebrei-stranieri-internati-in-italia.pdf (2.7.2021).
10 Ebd.
11 Eine andere Quelle nennt 1938 als Geburtsjahr von Elena Benjamin, somit wäre sie fünf Jahre alt gewesen. Siehe https://anpibazzano.files.wordpress.com/2009/11/ebrei-stranieri-internati-in-italia.pdf (2.7.2021).
12 Siehe Fargion: Italien, in: Benz (Hg.): Dimensionen, S. 209.
13 http://digital-library.cdec.it/cdec-web/persone/detail/person-8989/sutton-oscar.html und http://dati.cdec.it/lod/shoah/persecution/8989/html sowie https://anpibazzano.files.wordpress.com/2009/11/ebrei-stranieri-internati-in-italia.pdf (Zugriff 2.7.2021).
14 http://digital-library.cdec.it/cdec-web/persone/detail/person-991/benjamin-elena.html und http://dati.cdec.it/lod/shoah/camp/tr1_991/html (Zugriff 2.7.2021).
15 Siehe https://anpibazzano.files.wordpress.com/2009/11/ebrei-stranieri-internati-in-italia.pdf (2.7.2021).
16 Dankenswerter Weise zur Verfügung gestellt von Sabine Pitscheider.

17 Eigene Berechnungen nach Zusammenstellungen http://www.annapizzuti.it, http://digital-library.cdec.it, https://anpibazzano.files.wordpress.com/2009/11/ebrei-stranieri-internati-in-italia.pdf (Zugriff 2.7.2021).
18 Zusammengestellt aus den Personalangaben recherchiert in: http://digital-library.cdec.it/ (Zugriff 2.7.2021).
19 ITS 9039700: https://collections.arolsen-archives.org/archive/1-2-7-13_9039700/?p=1&s=innsbruck&doc_id=82193358 (Zugriff 3.5.2021).
20 http://www.annapizzuti.it/database/ricerca.php?a=show&sid=7681 bzw. https://yvng.yadvashem.org/nameDetails.html?language=de&itemId=11202154&ind=1 (Zugriff 13.2.2021).
21 http://www.annapizzuti.it/database/ricerca.php?a=show&sid=1306, http://www.annapizzuti.it/database/ricerca.php?a=show&sid=7683, https://yvng.yadvashem.org/nameDetails.html?language=de&itemId=11204157&ind=1 (Zugriff 13.2.2021).
22 http://www.annapizzuti.it/database/ricerca.php?a=show&sid=1309, https://yvng.yadvashem.org/nameDetails.html?language=de&itemId=10384308&ind=1 (Zugriff 13.2.2021).
23 ITS 9039700: https://collections.arolsen-archives.org/archive/1-2-7-13_9039700/?p=1&s=innsbruck&doc_id=82193358 (Zugriff 3.5.2021).
24 http://www.annapizzuti.it/database/ricerca.php?a=show&sid=7684, https://yvng.yadvashem.org/nameDetails.html?language=de&itemId=11202076&ind=1 (Zugriff 13.2.2021).
25 In der Darstellung von Miriam Novitch heißt es, dass Mimborach Labi der einzige gewesen wäre, der seinen britischen Pass dabeihatte. Avraham Herzl Reginiano erwähnt das Zerreißen der britischen Pässe als generelles Phänomen nach der Ankunft im Lager Reichenau.
26 Erinnerungen Avraham Herzl Reginiano, ohne Datum (2013).
27 ITS 9039700: https://collections.arolsen-archives.org/archive/1-2-7-13_9039700/?p=1&s=innsbruck&doc_id=82193358 (Zugriff 3.5.2021).
28 Ebd.
29 Erinnerungen Avraham Herzl Reginiano, ohne Datum (2013).
30 ITS 9039700: https://collections.arolsen-archives.org/archive/1-2-7-13_9039700/?p=1&s=innsbruck&doc_id=82193358 (Zugriff 3.5.2021).
31 Erinnerungen Avraham Herzl Reginiano, ohne Datum (2013).
32 ITS 9039700: https://collections.arolsen-archives.org/archive/1-2-7-13_9039700/?p=1&s=innsbruck&doc_id=82193358 (Zugriff 3.5.2021).
33 Ebd.
34 Ebd.
35 Ebd.
36 Ebd.
37 Ebd.
38 http://www.annapizzuti.it/database/ricerca.php?a=show&sid=7683 (Zugriff 13.2.2021).
39 ITS 9039700: https://collections.arolsen-archives.org/archive/1-2-7-13_9039700/?p=1&s=innsbruck&doc_id=82193358 (Zugriff 3.5.2021).
40 Ebd.
41 Ebd.
42 Ebd.
43 Auch Scialom und Shalom: http://www.annapizzuti.it/database/ricerca.php?a=show&sid=7683 bzw. https://yvng.yadvashem.org/nameDetails.html?language=de&itemId=11201865&ind=1 (Zugriff 2.3.2021).
44 ITS 9039700: https://collections.arolsen-archives.org/archive/1-2-7-13_9039700/?p=1&s=innsbruck&doc_id=82193358 (Zugriff 3.5.2021).
45 Erinnerungen Avraham Herzl Reginiano, ohne Datum (2013). Im Bericht der Überlebenden wird der am 13.11.1921 in Tripolis geborene Scialom Reginiano, Sohn von Vittorio und Grazia, geb. Ventura, als Kusin des Opfers bezeichnet. ITS 9039700: https://collections.arolsen-archives.org/archive/1-2-7-13_9039700/?p=1&s=innsbruck&doc_id=82193358 (Zugriff 3.5.2021). Sein Geburtsdatum beruht auf die Angaben seiner Tochter Ruth Saunders in Yad Vashem: https://yvng.yadvashem.org/nameDetails.html?language=de&itemId=10382931&ind=1 (Zugriff 30.6.2021).

46 Stadtarchiv Innsbruck, Totenbeschauprotokolle 1943, Nr. 01560, Chalom Reginiano, 24.12.1943. Ich danke Sabine Pitscheider, die in die Protokolle Einschau hielt.
47 ITS 9039700: https://collections.arolsen-archives.org/archive/1-2-7-13_9039700/?p=1&s=innsbruck&doc_id=82193358 (Zugriff 3.5.2021).
48 Ablichtung aus dem Erinnerungen Avraham Herzl Reginiano, ohne Datum (2013).
49 Mail Anita Kugler, Innsbruck Friedhöfe, 5.5.2021.
50 Mail Hermann Hotter, Schwarzes Kreuz, Landesstelle Tirol an Muriel Belhassen, 24.10.2013.
51 Fargion: Italien, in: Benz (Hg.): Die Zahl der jüdischen Opfer, S. 209 f.
52 ITS 9039700: https://collections.arolsen-archives.org/archive/1-2-7-13_9039700/?p=1&s=innsbruck&doc_id=82193358 (Zugriff 3.5.2021).
53 Dankenswerter Weise zur Verfügung gestellt von Niko Hofinger.
54 Das Datum nennt Avraham Herzl Reginiano in seinen Erinnerungen, ohne Datum (2013), siehe weiters: http://dati.cdec.it/lod/shoah/camp/tr1_8994/html (2.7.2021).
55 ITS 9039700: https://collections.arolsen-archives.org/archive/1-2-7-13_9039700/?p=1&s=innsbruck&doc_id=82193358 (Zugriff 3.5.2021).
56 http://digital-library.cdec.it/cdec-web/persone/detail/person-991/benjamin-elena.html und http://dati.cdec.it/lod/shoah/camp/tr1_991/html (Zugriff 10.7.2020). Angeblich soll Elena Benjamin bereits im Juli 1944 freigekommen sein.
57 Erinnerungen Avraham Herzl Reginiano, ohne Datum (2013).
58 Stadtarchiv Innsbruck, Totenbeschauprotokolle 1944, Nr. 00295, Mimborach Labi, 25.3.1944.
59 Zusammengestellt nach http://dati.cdec.it/, http://www.annapizzuti.it und https://anpibazzano.files.wordpress.com/2009/11/ebrei-stranieri-internati-in-italia.pdf (Zugriff 10.6.2021).
60 Wie in Fußnote 1 erwähnt weist Yad Vashem als Geburtsjahr von Mimborach Labi 1859 an, der Totenbeschau-Befund der Stadt Innsbruck 1858.
61 Vittorio Reginiano: Sohn von Shalom Reginiano und Aziza Arbib.
62 Der Totenbeschau-Befund in Innsbruck nennt den 25.7.1916, die relevanten Datenbanken geben den 26.7. an.
63 Rina Reginiano scheint in der Datenbank von CDEC nicht auf, siehe jedoch: http://www.annapizzuti.it/database/ricerca.php?a=show&sid=1306 oder https://anpibazzano.files.wordpress.com/2009/11/ebrei-stranieri-internati-in-italia.pdf (Zugriff 10.6.2021).
64 Erzel Reginiano scheint in der Datenbank von CDEC nicht auf, siehe jedoch: http://www.annapizzuti.it/database/ricerca.php?a=show&sid=1307 und (Zugriff 10.6.2021).
65 Vittorio Reginiano: Sohn von Nico Reginiano. Er scheint in allen zu Rate gezogenen Datenbanken mit demselben Geburtsdatum und Geburtsort auf wie Vittorio Reginiano: Sohn von Shalom Reginiano und Aziza Arbib.
66 Scialom Reginiano scheint in der Datenbank von CDEC nicht auf, siehe jedoch: https://anpibazzano.files.wordpress.com/2009/11/ebrei-stranieri-internati-in-italia.pdf und http://www.annapizzuti.it/database/ricerca.php?a=view&recid=46 (Zugriff 10.6.2021). Dort wird sein Geburtsdatum mit 13.11.1919 angegeben, seine Tochter Ruth Saunders gab jedoch den 13.11.1921 an.
67 Kamuna (Cammuna) Reginiano scheint in der Datenbank von CDEC nicht auf, siehe jedoch: https://anpibazzano.files.wordpress.com/2009/11/ebrei-stranieri-internati-in-italia.pdf und http://www.annapizzuti.it/database/ricerca.php?a=view&recid=0 (Zugriff 10.6.2021).
68 Giora Reginiano ist in dieser Aufstellung schon genannt und zwar als Tochter der Familie Vittorio und Grazia Reginiano.
69 Abraham Labi scheint in keiner Datenbank auf, er wurde nicht ins Lager Reichenau deportiert.
70 Ihre Eltern Isacco Labi und Sarina, geb. Bucabsa, überlebten das KZ Bergen Belsen ebenso wie ihre Geschwister Buba, Diamantina, Elia und Lidia.
71 Stadt im Nordosten Libyens, ehemals Barca oder Barke. Schreibweisen auch el Merdj oder Marge.
72 Geburtsjahr 1939 laut https://anpibazzano.files.wordpress.com/2009/11/ebrei-stranieri-internati-in-italia.pdf (Zugriff 10.6.2021).
73 Die Geburts-Anzeige der Stadt Innsbruck für Renée Labi führt den 15.6.1918 als Geburtsdatum seiner Mutter Pia Labi an.
74 Geburtsjahr 1938 laut https://anpibazzano.files.wordpress.com/2009/11/ebrei-stranieri-internati-in-italia.pdf (Zugriff 10.6.2021).

75 Geburtsjahr 1936 laut https://anpibazzano.files.wordpress.com/2009/11/ebrei-stranieri-internati-in-italia.pdf (Zugriff 10.6.2021).
76 CDEC gibt als Geburtsdatum 30.11.1938 und Oktober 1939 an: http://digital-library.cdec.it/cdec-web/persone/detail/person-9081/benjamin-buba.html (Zugriff 10.6.2021). Sowohl http://www.annapizzuti.it/database/ricerca.php?a=view&recid=1 als auch https://anpibazzano.files.wordpress.com/2009/11/ebrei-stranieri-internati-in-italia.pdf nennen als Geburtsjahr 1939.
77 CDEC gibt als Geburtsdatum Juli 1924 und 30.11.1923 an: http://digital-library.cdec.it/cdec-web/persone/detail/person-9094/benjamin-fortunata.html (Zugriff 10.6.2021). Sowohl https://anpibazzano.files.wordpress.com/2009/11/ebrei-stranieri-internati-in-italia.pdf als auch http://www.annapizzuti.it/database/ricerca.php?a=show&sid=1367 nennen als Geburtsjahr 1924 (Zugriff 10.6.2021).
78 CDEC gibt als Geburtsdatum Juli 1927 und 30.11.1926 an: http://digital-library.cdec.it/cdec-web/persone/detail/person-9095/benjamin-rachele.html (Zugriff 10.6.2021). Sowohl https://anpibazzano.files.wordpress.com/2009/11/ebrei-stranieri-internati-in-italia.pdf als auch http://www.annapizzuti.it/database/ricerca.php?a=view&recid=25 nennen als Geburtsjahr 1927 (Zugriff 10.6.2021).
79 Die Geburts-Anzeige der Stadt Innsbruck für Renée Labi führt 1920 als Geburtsjahr seines Vaters Victor (hier Viktor) Labi an.
80 Victor Labi ist in dieser Aufstellung schon genannt und zwar als Sohn von Abraham und Uazzi Sofia Labi.
81 Pia Labi ist in dieser Aufstellung schon genannt und zwar als Tochter von David und Esterina Labi.
82 Mosè Sutton scheint in keiner Datenbank auf, er wurde nicht ins Lager Reichenau deportiert.
83 CDEC gibt als Geburtsjahr 1918 an. 1917 nennen https://anpibazzano.files.wordpress.com/2009/11/ebrei-stranieri-internati-in-italia.pdf und http://www.annapizzuti.it/database/ricerca.php (Zugriff 10.6.2021).

Gisela Hormayr

„… das grausige und beschämende Bild dessen, was gestern noch Wirklichkeit war."[1]
Zur antifaschistischen Ausstellung „Niemals vergessen!" in Innsbruck, August 1947

Die Entscheidung fiel in den letzten Kriegstagen im April 1945: Eine großangelegte antifaschistische Schau sollte die Bevölkerung über Geschichte und Verbrechen des Nationalsozialismus aufklären. Ihr wichtigster Initiator war der Wiener Stadtrat Viktor Matejka, Überlebender der Konzentrationslager von Dachau und Flossenbürg. Der Arbeitsgruppe gehörten namhafte Künstler, Graphiker, Schriftsteller und Journalisten an, die bald zur Kenntnis nehmen mussten, dass die Planung und Finanzierung des Vorhabens nicht ohne politische Einflussnahme möglich war. Sie bewirkte langwierige Auseinandersetzungen über den Titel und die Frage der Einbeziehung der Jahre von 1934 bis 1938, in der die ÖVP zu keinem Kompromiss bereit war.[2] Die Ausstellung wurde schließlich am 14. September 1946 im Wiener Künstlerhaus eröffnet. Großflächige Collagen, Schaubilder, Texte und Appelle thematisierten den Aufstieg der NSDAP, die Vorbereitung des Kriegs, Verfolgung und Widerstand. Breiten Raum erhielt die Darstellung des Wiederaufbaus nach 1945, verbunden mit dem Appell an den Einzelnen, Verantwortung für eine künftige friedliche Weltordnung zu übernehmen.

Antifaschismus in der Provinz

Die Idee einer „Wanderausstellung" in den Landeshauptstädten war bald nach Beginn der Vorbereitungsarbeiten in Wien 1945 aufgetaucht, Anfragen aus Linz, Innsbruck, Klagenfurt und Bregenz lagen vor, auch Salzburg war im Gespräch. Sie sollte, in abgeänderter Form, anschließend im Ausland gezeigt werden und dort dazu beitragen, das Ansehen Österreichs wiederherzustellen.[3] Am Ende blieben außerhalb Wiens nur Innsbruck und Linz. Die Gründe für das Scheitern der Ausstellungsplanungen in den Bundesländern waren vielfältig. Angesichts der parteipolitischen Auseinandersetzungen in Wien im Vorfeld der Ausstellung ist davon auszugehen, dass Vorbehalte politischer Natur eine wesentliche Rolle spielten. Die hohen Kosten, in der Nachkriegszeit nur schwer zu beschaffende Materialien (wie Papier für den Druck der Kataloge) und das Fehlen geeigneter Ausstellungsräume mögen die Entscheidung für eine Absage erleichtert haben. In Bregenz, vorgesehen als erste Station der Schau, erfolgte diese Absage gar erst wenige Tage vor der

Eröffnung. Sie war für den 10. Juli 1947 angekündigt und sollte in der Bundesgewerbeschule stattfinden. Ein einstimmiger Beschluss der provisorischen Stadtvertretung war bereits am 5. November 1946 erfolgt.[4] Auch die Zusage einer Subvention durch die Landesregierung lag vor, allerdings nur bis zu einer Höhe von 5.000 Schilling.[5] Die Stadt ihrerseits war lediglich bereit, ein Drittel des erwarteten Defizits von 15.000 Schilling zu übernehmen.[6] Am 24. Juni 1947 beauftragte schließlich der Stadtrat das Amt für Fremdenverkehr (!), Verhandlungen mit der Landesregierung, der Arbeiterkammer und der Gewerkschaft aufzunehmen, um zu einem späteren Zeitpunkt doch noch die Ausstellung zeigen zu können.[7] Offenbar kursierten rund um die kurzfristige Verschiebung Gerüchte in der Stadt, denen die sozialistische Tageszeitung *Vorarlberger Volkswille* mit einer Klarstellung entgegentrat. Die Verantwortlichen hätten erst Anfang Juli erfahren, dass der geplante Zeitraum sich mit dem für Innsbruck fixierten Termin überschneide und die ursprüngliche Kostenberechnung überholt sei. Die Stadt habe daher gezwungenermaßen vorläufig auf die Veranstaltung verzichtet. Dies wäre bedauerlich, weil die Schau bestens geeignet sei, „das unselige Erbe des Nationalsozialismus aus den Geistern unserer Mitbürger auszurotten."[8] Woran die Verhandlungen schließlich scheiterten, ist nicht dokumentiert – die Ausstellung gelangte nie nach Bregenz. Auch in Klagenfurt hatte am 6. November 1946 ein Ausschuss getagt, der die Organisation der Ausstellung übernehmen sollte, auch hier blieb es bei der Ankündigung.[9] In Graz waren die Bemühungen Viktor Matejkas jedenfalls auf offene Ablehnung gestoßen. Die Arbeiterkammer weigerte sich, die für die Schau vorgesehenen Grazer Kammersäle zur Verfügung zu stellen, und der in die Planung eingebundene Volksbildungsreferent Franz Maria Kapfhammer erklärte sich für überlastet. Für eine „polemische" Ausstellung könne er keinerlei Arbeit übernehmen. Die Form der Ausstellung sei außerdem nicht mehr „zeitgemäß". Persönlich würde er statt dessen eine Ausstellung „Endlich einmal alles vergessen" sehr begrüßen.[10]

Erste Station: Innsbruck

In Innsbruck waren derartige Diskussionen, wie es scheint, ausgeblieben. Am 16. Mai 1947 beschloss der Stadtrat, die Ausfallhaftung für die Ausstellung zur Hälfte zu übernehmen und beim Aufbau technische Hilfe durch das Stadtbauamt zur Verfügung zu stellen. Für die Vorarbeiten wurde außerdem im Juni ein Kredit von 20.000 Schilling bewilligt.[11] Als nominelle Veranstalter traten die Tiroler Landesregierung und die Stadtgemeinde Innsbruck auf, einem „Politischen Beirat" gehörten je zwei Mitglieder von ÖVP, SPÖ und KPÖ an, von denen einige den Terror des NS-Regimes aus eigenem Erleben kannten.[12] Bürgermeister Anton Melzer von der ÖVP, Kriegsversehrter des Ersten Weltkriegs, hatte zwei Jahre im Innsbrucker Arbeitserziehungslager Reichenau überlebt. Im Herbst 1944 war dort auch der Sozialdemokrat Franz Hüttenberger für drei Monate interniert, eingeliefert durch die Gestapo Innsbruck im Rahmen der nach dem Hitlerattentat einsetzenden Verhaftungswelle. Stefan Benkovic, Chefredakteur der *Tiroler Neuen Zeitung*, war bereits vor dem „Anschluss" mehrmals in Haft und 1938 nach Norwegen und Schweden geflüchtet, wo er sich im Exilwiderstand engagierte. Landeshauptmann Alfons Weißgatterer hingegen hatte sich mit dem NS-Regime arrangiert und um Aufnahme in die NSDAP angesucht. Zum Zeitpunkt der Austellungsplanung im Frühjahr 1947 war er mit parteiinterner Kritik und Rücktrittsforderungen konfrontiert, weil eine Reihe ehemaliger Nationalsozialisten im Amt der Landesregierung beschäftigt waren.[13] Hauptverantwortlich für die Organisation zeichnete Edwin Tangl, wie Matejka deportiert in die Konzentrationslager Flossenbürg und Dachau, unterstützt vom Obmann des Bundes der Opfer nationalsozialistischer Unterdrückung Alfons Marincovich, seinem Stellvertreter Romed Bucher und seiner Stellvertreterin Adele Obermayr. Auch sie hatten nur durch glückliche Umstände die jahrelange Verfolgung und Inhaftierung überlebt.

Marincovich war als Offizier des österreichischen Bundesheers 1938 pensioniert worden und wegen seiner Beteiligung an einer legitimistischen Widerstandsgruppe von November 1938 bis zum Kriegsende im KZ Buchenwald interniert. Bucher, im März 1938 nach dem Besuch der Internationalen Leninschule in Moskau zurückgekehrt, verbrachte die gesamte NS-Zeit als politischer Häftling in Gestapo- und Lagerhaft. Die Sozialdemokratin Adele Obermayr wurde ab Ende Mai 1942 in 18 verschiedenen Gefängnissen und Konzentrationslagern festgehalten, aus denen sie nach der Befreiung 1945 mit schweren gesundheitlichen Beeinträchtigungen zurückkehrte.

Ausstellungsort war das etwas abseits des Stadtzentrums gelegene Gebäude der Innsbrucker Handelsakademie. Teile des Ausstellungskatalogs wurden, wohl aus Kostengründen, aus Wien übernommen, mit dem bekannten Plakat Victor

Edwin Tangl (Foto: DÖW Wien)

 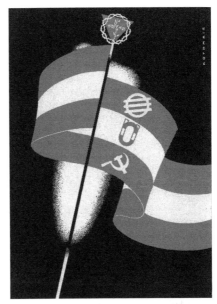

Ausstellungskatalog Innsbruck. Victor Slama (1890–1973, Wien) und Hans Kothmair (1906–1971, Innsbruck) (Abbildungen: Theologische Fakultätsbibliothek Innsbruck/Hausbibliothek der Jesuiten)

Slamas als Motiv der Umschlagseite.[14] Auf der ersten Innenseite findet sich eine Widmung („Den Tiroler Opfern für ein freies, demokratisches Österreich"), darüber die Abbildung eines marmornen Christuskopfes des Südtiroler Bildhauers Franz Santifaller. Werke Santifallers waren auch in der Abteilung „Antifaschismus in der Bildenden Kunst" im 1. Stock des Künstlerhauses in Wien ausgestellt worden. Rund um die Auswahl der Kunstwerke für diesen Teil der Ausstellung hatte es nicht an Interventionen gefehlt. Die Teilnahme stand allen Interessierten offen und am Ende kamen auch belastete Künstler zum Zug, die sich um die Aufnahme eigener Werke bemüht hatten.[15] Santifaller war kein Künstler im Dienst der NS-Propaganda – gleichwohl ein von den Nationalsozialisten geschätzter Bildhauer, der Auftragsarbeiten wie die Gestaltung einer Büste von Reichsorganisationsleiter Robert Ley übernahm.[16]

Die nächste Seite informierte über die Verantwortlichen der Ausstellung in Innsbruck, das Geleitwort stammte von Alfons Marincovich. Dem während der Vorbeitungsarbeiten in Wien 1945 und 1946 mit Mühe hergestellten Parteienkonsens folgend, vermied auch er jeden Hinweis auf die Zeit des Austrofaschismus, die Massenbegeisterung beim „Anschluss" und die Mitverantwortung Österreichs. Der Konfrontation der Jugend mit der Realität des Unrechtsregimes, wie sie Marincovich als Zweck der Ausstellung hervorhob, war allerdings der Zeitpunkt ihrer Abwicklung in den Schulferien kaum förderlich. Die Finanzierung von 8.000 Exemplaren des Katalogs konnte mit Hilfe einer Reihe von Inseraten von Tiroler Firmen sichergestellt werden. Landesweit informierten 3.000 Plakate über die Schau, dazu kamen Ankündigungen in öffentlichen Verkehrsmitteln und Diapositive in allen Tiroler Kinos.[17]

Mittlerweile war auch das von Matejka und Slama herausgegebene Gedenkbuch zur Ausstellung erschienen, für das mit einem zusätzlichen Plakat geworben wurde. Als „Buch der Anklage, Mahnung und Verpflichtung" sollte es im In- und Ausland die Überwindung des Nationalsozialismus in Österreich dokumentieren.[18]

Wie schon in Wien und später in Linz konnte die in einem Wettbewerb ausgewählte Briefmarkenserie zur Ausstellung in einem Sonderpostamt erworben werden. Der Erlös aus dem aufgedruckten Zusatzwert sollte ebenso wie ein Großteil des Erlöses der Eintrittskarten den Opfern der NS-Verfolgung zugutekommen.[19] Vertreter der Tiroler Presse wurden vorab zu einem Rundgang durch die Ausstellung geladen. Am 31. Juli erschienen ausführliche Besprechungen in der sozialistischen *Volkszeitung* und der kommunistischen *Tiroler Neuen Zeitung*. Die *Tiroler Tageszeitung* informierte ihre Leserschaft in einem kürzeren Artikel, verzichtete aber, offenbar eine Entscheidung von Chefredakteur Anton Klotz, auf weitere Berichte.[20]

Die für die Reise durch die Bundesländer konzipierte Version folgte in ihrem Aufbau weitgehend den Vorgaben aus Wien. Übernommen wurde auch eine Auswahl von Werken antifaschistischer Künstler, die jedoch in den Presseberichten wenig Beachtung fand. Der Kufsteiner Graphiker Harald Pickert, von 1938 bis 1945 als NS-Gegner in verschiedenen Konzentrationslagern interniert, hatte in Wien Blätter aus der in den Wochen nach der Befreiung im KZ Dachau entstandenen Sammlung „Pestbeulen Europas" zeigen können.[21] Sein Name scheint im

Plakatentwurf für den Verkauf des Begleitbands zur Ausstellung (Foto: Stadtarchiv Innsbruck)

Harald Pickert (1901–1983), Blatt 10 aus dem Zyklus „Pestbeulen Europas" (Elke Pickert, Kufstein)

Innsbrucker Katalog nicht auf und es ist unklar, ob die Arbeiten des bereits vor 1938 anerkannten und von den Nationalsozialisten verfolgten heimischen Künstlers einbezogen wurden.[22]

Vergessen in Tirol?

In einem wesentlichen Bereich unterschied sich die Planung Edwin Tangls von der des Linzer Organisationsteams: Die Herstellung eines regionalen Bezugs war dort ein besonderes Anliegen, das schließlich in einer „Sonderschau Oberösterreich" umgesetzt wurde. Weder im Innsbrucker Katalog noch in den Presseberichten findet sich ein Hinweis auf eine vergleichbare Darstellung der Geschichte Tirols in der NS-Zeit, etwa die in Innsbruck besonders grausam verlaufene Pogromnacht im November 1938.[23] Es war ein Thema, an das offensichtlich nicht gerührt werden sollte: Der Ausstellungsbereich „Judenverfolgung – Judenvernichtung" ist der einzige Teil der Wiener Ausstellung, der nicht gezeigt wurde. Auf ein Rahmenprogramm in Form einer Vortragsreihe, wie sie in Wien von Oktober bis Dezember die Ausstellung begleitete, wurde ebenfalls verzichtet. Überlebende der Verfolgung wie Rosa Jochmann hatten über ihre Erlebnisse gesprochen, die Veranstaltungen waren außerordentlich gut besucht. Verzichtet wurde in Innsbruck auch auf die Verteilung von Fragebögen an die Besucherinnen und Besucher und auf die direkte Kontaktaufnahme mit registrierten NSDAP-Mitgliedern, die man in Wien brieflich aufgefordert hatte, die Schau zu besuchen. Zur Aufführung in den Kammerlichtspielen gelangten hingegen die von den Alliierten hergestellten Filmdokumente zu den NS-Verbrechen. „Das Gericht der Völker" war ein sowjetischer Dokumentarfilm über die Nürnberger Prozesse, uraufgeführt in Deutschland im März 1947. Zwei weitere sowjetische Produktionen zeigten Aufnahmen aus den Konzentrationslagern Auschwitz und Majdanek, ergänzt durch den bereits 1945 entstandenen amerikanischen Kurzfilm „Todesmühlen".[24] Zu sehen war schließlich der erste deutsche Spielfilm der Nachkriegszeit, „Die Mörder sind unter uns" mit Hildegard Knef in der Hauptrolle. Er thematisierte, was viele aus eigenem Erleben kannten: die Geschichte derer, die ohne Skrupel allen Befehlen der national-

Ausstellungstafel „NS-Innenpolitik" (Wiener Stadt- und Landesarchiv, Fotosammlung allgemein, FC 45260/61)

sozialistischen Machthaber folgten, und die, ihrer Schuldlosigkeit gewiss, nach 1945 erfolgreich in ein „normales" Leben zurückkehrten.[25] Edwin Tangl schätzte, dass annähernd 6.000 Menschen die verschiedenen Kinovorführungen besucht hatten.

Die Filme waren nicht die erste Konfrontation der Tiroler Bevölkerung mit der Realität der Vernichtungslager. Bereits im September 1945 hatte die französische Militärregierung in der Bezirkshauptstadt Schwaz die Ausstellung „K.Z. Greuel unter Hitlerdeutschland" organisiert. Die Wahl des Ortes war kein Zufall: In Schwaz befand sich das Lager „Oradour", in dem bis Ende 1946 registrierte NationalsozialistInnen sowie Angehörige von SA, SS und Waffen-SS interniert waren – unter „menschenwürdigen Bedingungen", wie offizielle Stellen betonten.[26] Bürgermeister Karl Psenner hatte im Auftrag der französischen Militärregierung den Bezirkshauptmann, die Gemeinderatsmitglieder, die Schuldirektoren der Stadt und den Guardian des Franziskanerordens eingeladen.[27] Ziel der Ausstellung sei es, so der Vertreter der Militärbehörde anlässlich der Eröffnung, die Anklage gegen das verbrecherische NS-Regime mit unwiderlegbaren Fakten zu untermauern und der Bevölkerung den Vergleich zwischen Vergangenheit und Gegenwart zu ermöglichen. Die Wahl der Ausstellungsräume durch die Besatzungsmacht war auf den Kindergarten gefallen, der, zum Ärger der Stadtgemeinde, für zwei Monate nicht zur Verfügung stand.[28] Ende Oktober 1945 wurde, ebenfalls auf französische Initiative, in Innsbruck die Dokumentation „Les camps de la mort" mit deutschem Kommentar vorgeführt.[29] Sie zeigte erschütternde Aufnahmen, entstanden kurz nach der Befreiung in acht verschiedenen Konzentrationslagern. Anlässlich der Veranstaltung sprach Alfons Marinovich über seine fast sieben Jahre während Haft im KZ Buchenwald. Den verpflichtenden Besuch derartiger Filmdokumente für alle ehemaligen NSDAP-Mitglieder, wie er in Deutschland im Winter 1945/46 aus Anlass der Vorführung der „Todesmühlen" diskutiert worden war,[30] lehnte die französische Besatzungsmacht in Tirol und Vorarlberg grundsätzlich ab, überließ die Entscheidung jedoch den Tiroler Behörden. Am 18. August 1947 meldete die *Tiroler Neue Zeitung* unter der Überschrift „Empfehlenswerte Exkursion", dass die im Landesgericht Innsbruck und im Lager Reichenau inhaftierten Nationalsozialisten „geschlossen" zu einer Vorführung der im Rahmen der Ausstellung gezeigten KZ-Filme geführt wurden.[31]

Kritik an Inhalten und Durchführung

Die offizielle Eröffnung der Ausstellung in Innsbruck am 1. August 1947 erfolgte nicht durch Landeshauptmann Weißgatterer, sondern seinen Stellvertreter Hans Gamper und Alfons Marincovich, in Anwesenheit einer Delegation der französischen Militärregierung. Die *Volkszeitung* berichtete am 12. August erneut in einem längeren Artikel und nahm auch die in Wien längst abgehandelte Kontroverse um eine Einbeziehung der austrofaschistischen Diktatur auf: „Glaubt man wirklich, vier lange Jahre einfach aus der Geschichte unseres Landes streichen zu können? Oder ist man gar der Meinung, daß das Verschweigen dieser Epoche für die zweite

Republik nützlich sei?"³² „Niemals vergessen" sei nicht nur ein Appell zur Erinnerung an die NS-Diktatur, in Erinnerung rufen müsse man auch, wie dieser Diktatur in Österreich vor 1938 der Weg bereitet worden sei. Auf gänzlich anderer Ebene bewegte sich die Kritik an den Vorgängen rund um die Ausstellung. Den Besucherinnen und Besuchern wurden kostenlos Wein und Zigaretten angeboten und man beobachtete nicht wenige, die sich, anscheinend ohne jedes Interesse an der Ausstellung, direkt zum Buffet begaben und einen schwunghaften Handel mit den Tabak- und Weincoupons organisierten.³³

Dabei handle es sich um eine „Profanierung" der Veranstaltung – nicht alle Mittel seien geeignet, BesucherInnen anzulocken. Ein Kommentator der *Tiroler Bauernzeitung*, der die Geschichte aufgriff, erblickte in derartigem Verhalten ein beklagenswertes Beispiel für die im Land verbreitete Feierlaune, die angesichts der prekären Lebensumstände weiter Kreise der Bevölkerung völlig unangebracht sei.³⁴ Aus Aufzeichnungen Edwin Tangls geht allerdings hervor, dass die Idee eines Buffets von ihm selbst stammte und der finanziellen Absicherung der Ausstellung

Ausstellungskatalog Innsbruck. Der vom französischen Widerstandskämpfer Pierre Hudelot (1912–1979) porträtierte Mithäftling ist Edwin Tangl (Bildunterschrift: „Landsberg am Lech, le 30.12.1944, Bien Amicalement")

Unten: Eintrittskarte (Foto: DÖW Wien)

222

dienen sollte. Der Politische Beirat hatte zugestimmt, die Umsetzung erfolgte mit Unterstützung von Mitgliedern der Bundesregierung, die Tangl zu diesem Zweck aufgesucht hatte. Sie vermittelten den Ankauf von Wein zu günstigen Bedingungen und den Kontakt zur Austria AG, die Zigaretten zur Abgabe ohne Bezugsscheine lieferte.[35] Kritik in der Presse löste schließlich auch die Einhebung einer Vergnügungssteuer von 20 % durch die Stadt Innsbruck aus, unangebracht im Fall einer Ausstellung, die „moralisch-kulturelle" Ziele verfolge.[36] Positiv vermerkt wurde hingegen das lebhafte Interesse von Tiroler Betrieben an Sonderführungen, die der Gewerkschaftsbund angeregt hatte und an denen mehrere Hundert Interessierte teilnahmen. Insgesamt besuchten 40.676 TirolerInnen die Ausstellung – Organisator Edwin Tangl war mehr als zufrieden. Ob Kommentare der BesucherInnen in irgendeiner Form erhoben wurden, geht aus seinem abschließenden Bericht nicht hervor.[37] Lediglich zwei Anregungen werden erwähnt: der Ankauf der Plastik Santifallers und der Wunsch einer größeren Anzahl von InnsbruckerInnen, einen offenbar für die Ausstellung gestalteten Stadtplan mit den eingezeichneten Bombentrichtern zum Verkauf anzubieten.

„Wir alle sind schuldig": Dieses Leitmotiv, das Anfang und Ende des Rundgangs durch die Schau bestimmte, dürfte kaum auf allgemeine Zustimmung gestoßen sein. Dass die Ausstellung überhaupt stattfinden konnte, war dem Einsatz von Edwin Tangl und dem Bund der Opfer zu verdanken. Sie verschafften sich politische Unterstützung, die mit der erwähnten Ausnahme von Linz in anderen Landeshauptstädten zwei Jahre nach Kriegsende nicht mehr zu finden war.

Anmerkungen

1   Volkszeitung (VZ), 31.7.1947, S. 3.
2   Zur Vorgeschichte der Ausstellung Wolfgang Kos, Die Schau mit dem Hammer. Zur Planung, Ideologie und Gestaltung der antifaschistischen Ausstellung „Niemals vergessen!", in: Wolfgang Kos, Eigenheim Österreich. Zu Politik, Kultur und Alltag nach 1945, Wien ²1995 und Heidrun-Ulrike Wenzel, Vergessen? Niemals! Die antifaschistische Ausstellung im Wiener Künstlerhaus 1946, Wien 2018. Der vor allem von der ÖVP favorisierte Titel „Die braune Pest" wurde erst nach langen Debatten fallengelassen.
3   Wiener Zeitung, 26.11.1946, S. 4.
4   Stadtarchiv Bregenz, Protokoll der 46. Sitzung der provisorischen Stadtregierung, 5.11.1946, TO 1. Ich danke Thomas Klagian für die Recherchen.
5   Vorarlberger Nachrichten (VN), 26.6.1947, S. 2. Von der Zusage einer Übernahme des voraussichtlichen Defizits von 5.000 Schilling hatte der Gemeinderat Bregenz seine Zustimmung zum Vertragsabschluss mit der Ausstellungsorganisation in Wien abhängig gemacht. VN, 21.6.1947, S. 2.
6   Stadtarchiv Bregenz, Protokoll der Sitzungen des Stadtrats vom 17.6.1947, TO 1 und der Provisorischen Stadtvertretung vom 20.6.1947.
7   Stadtarchiv Bregenz, Protokoll der Sitzung des Stadtrats vom 24.6.1947, TO 5.
8   Vorarlberger Volkswille, 11.7.1947, S. 4. Wer für die Terminkollision mit Innsbruck und die (plötzlich?) unzutreffende Kostenberechnung verantwortlich war, ist dem Artikel nicht zu entnehmen.
9   Volkswille, 7.11.1946, S. 5 und 1.12.1946, S. 5.
10 Steiermärkisches Landesarchiv, 6-373/I A 1/1-1947, zit. nach Alois Sillaber, „Nicht rot und nicht schwarz, sondern weiss-grün ist die Losung!". Kulturpolitik in der Steiermark zwischen 1945 und 1960 (Dissertationen der Karl-Franzens-Universität Graz, 114), Graz 1999, S. 37–38. Ich danke Heimo Halbrainer für den Hinweis.

11 Protokolle der Stadtratssitzung vom 16.5.1947, TO Nr. 42 (II 557/1947) und 16.6.1947, TO Nr. 20 (II 687/1947). Die andere Hälfte der Ausfallhaftung übernahm das Land.
12 ÖVP: Alfons Weißgatterer, Anton Melzer; SPÖ: Hans Flöckinger, Franz Hüttenberger; KPÖ: Felix Pettauer, Stefan Benkovic.
13 Michael Gehler, Die Volkspartei in Tirol 1945–1994, in: Robert Kriechbaumer/Franz Schausberger (Hg.), Volkspartei – Anspruch und Realität. Zur Geschichte der ÖVP seit 1945, Wien-Köln-Weimar 1995, S. 645–700, hier S. 654. In den letzten Kriegswochen hatte sich Weißgatterer dann der Widerstandsbewegung um Karl Gruber angeschlossen.
14 Edwin Tangl (Hg.), Niemals vergessen. Katalog zur antifaschistischen Ausstellung, Innsbruck 1947.
15 Auskunft Wolfgang Kos, 27.1.2017.
16 Bergland, Jg. 1941, Heft 7/8, S. 7–10. („Zweifellos gehört Franz Santifaller zu den wenigen Bildhauern, die berufen sind, dem großen Wollen unserer Tage den artgemäßen künstlerischen Ausdruck zu verleihen.")
17 Dokumentationsarchiv des österreichischen Widerstandes (DÖW), 19.309 (Abschließender Bericht Edwin Tangls, 11.9.1947).
18 Victor Slama/Viktor Matejka (Hg.), Niemals vergessen!: ein Buch der Anklage, Mahnung und Verpflichtung, Wien 1946.
19 Kos, Die Schau mit dem Hammer, S. 25.
20 VZ, 31.7.1947, S. 3; Tiroler Neue Zeitung (TNZ), 31.7.1947, S. 3; Tiroler Tageszeitung (TT), 31.7.1947, S. 3. Die Wochenzeitung Der Volksbote berichtete am 7.8.1947, S. 3. Tangl erwähnt das Eingreifen des „KZlers" Klotz in seinem Abschlussbericht (wie Anm. 17) ohne Erklärung. Anton Klotz (1889–1961) war als Anhänger des austrofaschistischen Ständestaats von September 1938 bis Mai 1941 im KZ Buchenwald interniert.
21 Harald Pickert (1901–1983), VZ, 24.10.1946, S. 4.
22 Die Arbeiten Pickerts waren allerdings im Februar 1947 im Rahmen einer ebenfalls vom Bund der Opfer mitverantworteten Verkaufsausstellung im Innsbrucker Kunstsalon Czichna gezeigt worden. Bote für Tirol, Nr. 17, 30.4.1948, S. 5 und Hans Gamper (Hg.), Katalog zur Sonderausstellung im Kunstsalon C.A. Czichna, Innsbruck, 6.2.–28.2.1947.
23 Siehe Peter März, Niemals vergessen. Eine Wanderausstellung macht Station in Linz, in: Mitteilungen der Alfred Klahr Gesellschaft, 1/2020, S. 17, zum Inhalt der „Sonderschau Oberösterreich".
24 DÖW, Bericht Tangl, S. 2. „Death Mills" zeigt Aufnahmen von der Befreiung deutscher Konzentrationslager im Frühjahr/Sommer 1945, abrufbar unter https://archive.org/details/DeathMills (Zugriff 18.1.2021). Die Dokumentation wurde auch im Rahmen einer Sondervorführung für die Gewerkschaftsjugend verwendet.
25 VZ, 31.7.1947, S. 3 und TNZ, 1.8.1947, S. 3.
26 Landhauskorrespondenz, Nr. 83, 17.9.1945 und ausführlich TT, 18.9.1945, S. 2. Im französischen Oradour-sur-Glane hatte die Waffen-SS am 10.6.1944 ein Massaker mit 642 Opfern unter der Zivilbevölkerung verübt.
27 Der Erhalt der Einladung für die Eröffnung am 16.9.1945 war durch Unterschrift zu bestätigen. Kommunalarchiv Schwaz, Besatzung, 1945, 0916.
28 Kommunalarchiv Schwaz, Tätigkeitsbericht Karl Psenner, Jänner 1946, 6. Der Kindergarten konnte erst im Jänner 1946 wiedereröffnet werden.
29 Klaus Eisterer, Französische Besatzungspolitik. Tirol und Vorarlberg 1945/46 (Innsbrucker Forschungen zur Zeitgeschichte, Bd. 9), Innsbruck 1991, S. 285. Der Film wurde auch in Schwaz gezeigt und vom Publikum mit „tiefer Entrüstung und beklommenem Schweigen" aufgenommen. VZ, 18.12.1945, S. 3. Ob Vorführungen in anderen Bezirken Tirols stattfanden, konnte nicht geklärt werden. Die Dokumentation ist abrufbar unter https://www.ina.fr/video/AFE00000275 (Zugriff 10.1.2021).
30 Brewster S. Chamberlin, Todesmühlen. Ein früher Versuch zur Massen-„Umerziehung" im besetzten Deutschland 1945–1946, in: Vierteljahreshefte für Zeitgeschichte, Heft 3, Jg. 29 (1981), 420–436, hier S. 431.

31 TNZ, 18.8.1947, S. 2. Weitaus energischer war die Vorgangsweise in Kärnten. Durch einen Beschluss der Landesregierung waren alle registrierungspflichtigen KärntnerInnen verpflichtet, an einer Vorführung der „Todesmühlen" teilzunehmen. Geldstrafen und der Einsatz bei Aufräumungsarbeiten wurden angedroht, sollte der Filmbesuch nicht nachgewiesen werden. Österreichische Zeitung, 4.5.1946, S. 6.
32 VZ, 12.8.1947, S. 3.
33 Ebd.
34 Tiroler Bauernzeitung, 28.8.1947, S. 1–2.
35 DÖW, Bericht Tangl, S. 1 und DÖW, 22.505/73 (Schreiben der Austria Tabakwerke, 9.7.1947).
36 DÖW, Bericht Tangl, S. 4 und TNZ, 28.8.1947, S. 4.
37 Ebd., S. 3.

Gisela Hormayr

Mit uns zieht die neue Zeit?
Zur Geschichte der Anton-Graf-Hütte
der Naturfreunde Wörgl

Abschied nach mehr als 90 Jahren: Am 22. August 2020 trafen sich die Naturfreunde Wörgl ein letztes Mal bei ihrer Schutzhütte in der Wildschönau. Ein gemeinsamer Frühschoppen stand am Ende einer wechselvollen Geschichte.

Touristenverein „Die Naturfreunde"

Zur Gründungsversammlung der Naturfreunde im Wörgler Gasthof „Zur Rose", dem späteren Arbeiterheim, trafen sich am 16. Mai 1908 fast 30 Interessierte.[1] Aufzeichnungen über die Aktivitäten der Ortsgruppe unter ihrem ersten Obmann Josef Mikschl fehlen. Sie erfuhren eine erste Unterbrechung durch den Ausbruch des Ersten Weltkriegs, wurden aber nach Kriegsende offenbar erfolgreich weitergeführt. Das Umfeld war günstig: In den Industrieorten des Tiroler Unterlands stellte die Sozialdemokratische Arbeiterpartei (SDAP) starke Fraktionen in den Gemeinderäten, ihre Vorfeldorganisationen fanden Zulauf und politischen Rückhalt. Auch die anderen vor 1914 gegründeten Vereine wie der Arbeiter-Radfahrerverein oder der Arbeiter-Gesangsverein „Liederhorst" waren aktiv, Ortsgruppen des Vereins „Freie Schule – Kinderfreunde", des Arbeiter-Kraftsportvereins, der Freidenker, des Esperantobunds[2] und des Bestattungsvereins „Flamme" entstanden in den Jahren nach 1918. Mitglieder der Naturfreunde engagierten sich in einer Theater-Gesellschaft, die mit Erfolg in Wörgl und den Orten der Umgebung auftrat.[3] Die Errichtung einer eigenen Hütte konnte schließlich 1928 in Angriff genommen werden. Das Grundstück, auf 1.430 m Seehöhe oberhalb des Dorfs Niederau in der Wildschönau gelegen, erwies sich als idealer Bauplatz. Es lag leicht erreichbar inmitten eines beliebten Wander- und Skigebiets:

> „Reine, frische Bergluft, heilkräftige Höhensonne, Waldesrauschen und eine Fülle unendlich herrlicher Landschaftsbilder bieten hier dem Proletarier reichliche Entschädigung für die Sorgen des Alltags. Hier kann er sich ergötzen an der Größe und Schönheit der Natur."[4]

Die Finanzierung erfolgte mit Hilfe der Reichsleitung der Naturfreunde in Wien, der Bau wurde weitgehend durch die ehrenamtliche Arbeit der Mitglieder errichtet und im Oktober 1929 als „Brentenjochhütte" eröffnet. Sie war, anders als andere Hütten der Naturfreunde, ganzjährig bewirtschaftet und bot Schlafplätze für 40 Personen.

Nur wenige Jahre später nahm auch die Kufsteiner Sektion der Naturfreunde, zu der enge und freundschaftliche Beziehungen bestanden, ein eigenes Haus in Betrieb. Gegen die Errichtung der Unterkunft im Kaisertal hatten konservative und deutschnationale Gemeinderäte der Stadt jahrelang zähen Widerstand geleistet, eine Erfahrung, die den Wörgler Naturfreunden – wie es scheint – erspart geblieben war.[5] Nach der Machtübernahme der Nationalsozialisten in Deutschland 1933 wurde die Brentenjochhütte zum Zufluchtsort für bayerische Emigranten. Hans Lenk, Bezirksobmann der Sozialistischen Arbeiterjugend (SAJ), Geschäftsführer des Allgemeinen Lebensmittelmagazins in Wörgl, begeisterter Bergsteiger und Mitglied der Naturfreunde, hatte über Kontakte zu den Naturfreunden in Rosenheim den gleichaltrigen Waldemar von Knoeringen kennengelernt. Knoeringen war, ebenso wie Lenk, in jungen Jahren zur Sozialdemokratie gestoßen; gemeinsame Veranstaltungen der Naturfreunde im Grenzgebiet vertieften die Beziehung. Als Redner seiner Partei bei Wahlveranstaltungen in den Wochen vor der Reichstagswahl im März 1933 wurde er polizeibekannt und entzog sich gemeinsam mit seinem Parteifreund Josef Sebald der zu befürchtenden Verhaftung. Lenk brachte die beiden zunächst auf dem Dachboden einer Familie von sozialistischen Parteifreunden im Ort und schließlich in der Brentenjochhütte unter. Wenige Wochen später wurde Juliane Astner, Knoeringens Verlobte, vorübergehend festgenommen. Nach ihrer Entlassung flüchtete auch sie über die grüne Grenze bei Kufstein; erneut war es Hans Lenk, der Unterkunft und Versorgung in der Hütte der Naturfreunde organisierte.

„Entschädigung für die Sorgen des Alltags" – die Anton-Graf-Hütte (Foto: Vorarlberger Landesbibliothek Bregenz, Sammlung Risch-Lau, o. D.)

Naturfreunde und „Bergfreunde"

Die Niederschlagung der Februaraufstände 1934 und das Verbot der SDAP bedeuteten auch das Ende aller sozialdemokratischen Freizeit-, Kultur- und Sportvereine. Den Naturfreunden gegenüber zeigte sich die autoritäre Regierung Dollfuß, in Person des zuständigen Ministers Emil Fey, scheinbar großzügig. Einem neu gegründeten Verein der „Bergfreunde" wurde der Betrieb der zahlreichen Schutzhütten der Naturfreunde übertragen, auf lokaler Ebene war die Wahl eines vierköpfigen Vereinsvorstands erlaubt.[6] Statuten und Mitgliedsbeiträge wurden übernommen, auch die Ermäßigung für Arbeitslose blieb erhalten. Für die Neugründung einer Ortsgruppe waren nun allerdings 100 Mitglieder erforderlich und alle Einnahmen waren nach Wien zu überweisen.

Die Verwaltung des Vermögens auf Bundesebene wurde einer Treuhandgesellschaft übertragen, das Präsidium mit von der Regierung ernannten Funktionären

Nach dem Verbot (Vorarlberger Wacht, 1.4.1934, S. 2)

besetzt. Im Juni 1934 waren die Hütten wieder geöffnet. Die Entscheidung bedeutete kein Entgegenkommen der nun illegalen Partei gegenüber, war vielmehr im Interesse des Fremdenverkehrs gelegen, der durch die vom Deutschen Reich im Mai 1933 verhängte Tausend-Mark-Sperre schwer beeinträchtigt war.[7] Die überwiegende Mehrheit der Naturfreunde war zur Fortführung ihrer ehrenamtlichen Arbeit in der Betreuung der Hütten und Erhaltung der Wege allerdings nicht bereit.[8] Über die Reaktion der Wörgler Sektion und das Schicksal der Brentenjochhütte in den Jahren vor 1938 ist wenig bekannt. Einer kurzen Zeitungsmeldung vom 2. März 1934 ist zu entnehmen, dass Angehörige der Heimatwehr Wörgl dem Haus einen „Besuch" abgestattet und Inventar an sich genommen hatten, der Betrieb aber vom bisherigen Pächter für die „Bergfreunde" weitergeführt wurde. Wegen ihrer Winteröffnung pries die Presse die Hütte immer wieder als besonders empfehlenswerten Ausgangspunkt für Skiausflüge.

Anton Graf (1899–1943)

Zwischen 1938 und 1945 war eine, wenn auch eingeschränkte Weiterführung der ehemaligen Naturfreundehäuser nicht mehr möglich. Der Besitz der „Bergfreunde" wurde entschädigungslos eingezogen und dem Reichsverband deutscher Jugendherbergen übertragen.[9] Die illegale NSDAP hatte nach dem Verbot der Sozialdemokratie in Tirol erfolgreich um die von ihrer Parteiführung enttäuschten ArbeiterInnen geworben, auch ehemalige Mitglieder der Naturfreunde waren unter ihnen, viele seit Jahren arbeitslos. Andere widerstanden: Seit 1936/37 existierte um das Ehepaar Alois und Josefine Brunner eine Widerstandsgruppe, die

Anton Graf
(Foto: Privatbesitz Graf, Salzburg)

von Hans Lenk, mit Waldemar von Knoeringen im tschechischen Exil, auf den Kampf gegen das NS-Regime eingeschworen wurde.[10] Die Zusammenkünfte fanden auf Wanderungen in der Umgebung von Wörgl statt, die den Naturfreunden unter den Beteiligten vertraut war. Lenks Kontakt in Salzburg war der Eisenbahner Anton Graf. Graf, gebürtig aus Braunau und gelernter Schlosser, versah von 1919 bis 1932 seinen Dienst am Wörgler Bahnhof und engagierte sich von Beginn an bei den Naturfreunden, wo auch die Freundschaft mit Lenk entstand. Die Gestapo, die 1942 das gesamte von Lenk und Knoeringen aufgebaute Widerstandsnetz in Südbayern, Tirol, Salzburg und Wien aufrollte, war über Graf gut informiert. In seiner Wohnung fanden ab 1937 konspirative Treffen von Lenk, Josefine Brunner, Hermann Frieb aus München und Bebo Wager aus Augsburg statt. Die Kontakte der ursprünglich aus Gründen der Sicherheit unabhängig voneinander tätigen Gruppen wurden den Beteiligten in der NS-Zeit schließlich zum Verhängnis.

Graf hatte außerdem Ende 1939 eine um den Eisenbahnerkollegen Engelbert Weiss entstandene Zelle von Revolutionären Sozialisten eingeweiht und unterhielt, obwohl gewarnt, Beziehungen zu kommunistischen Eisenbahnern, in deren Reihen die Gestapo einen Spitzel einschleusen konnte. Abgesehen vom Austausch „hochverräterischer" Schriften kam es zu keinerlei konkreten Aktionen. Die von einigen Mitgliedern befürwortete Beschaffung von Waffen wurde erörtert, aber nicht durchgeführt. Für die Richter des nationalsozialistischen Volksgerichtshofs, vor dem sich die Angeklagten in mehreren Verfahren zu verantworten hatten, genügte die Gesinnung: Sowohl Revolutionäre Sozialisten als auch Kommunisten hätten erwiesenermaßen das Ziel der gewaltsamen Beseitigung der Regierung verfolgt. Anton Graf, gegen den am 8. April 1943 verhandelt wurde, habe über diese Umsturzpläne Bescheid gewusst und als Verbindungsmann zwischen den Gruppen agiert. Die Urteilsbegründung folgte der aus zahllosen ähnlichen Verfahren bekannten Argumentation:

> „Er hat durch seine Wühlarbeit die Geschlossenheit der inneren Front erheblich gefährdet und hat damit in diesem Kampf auf Leben und Tod den Feinden des deutschen Volkes in die Hände gearbeitet. Für ihn ist deshalb in der deutschen Volksgemeinschaft kein Platz mehr. Er muß, damit diese wirksam vor ihm geschützt wird, fallen."[11]

Anton Graf starb am 21. Juli 1943 unter dem Fallbeil im Landesgericht Wien. Maria Graf, die in die Tätigkeit ihres Mannes eingeweiht war und Kurierdienste übernommen hatte, überlebte die Polizeihaft mit schweren gesundheitlichen Beeinträchtigungen.[12]

Neubeginn und Ende

Im Sommer 1945 übernahmen die Naturfreunde treuhändisch die Verwaltung ihrer Schutzhäuser, die mit Kriegsende, teilweise geplündert, in das Eigentum der Republik Österreich übergegangen waren.[13] Schon im September fand die festliche

Treffen der Naturfreunde Wörgl (Foto: Sammlung Bode/Heimatverein Wörgl, o. D.)

Abb. 5: Abschied im August 2020 (Naturfreunde Wörgl)

zweite Einweihung der Brentenjochhütte statt. Sie sollte nun, um das Andenken an den hingerichteten ehemaligen Kameraden Anton Graf zu ehren, seinen Namen tragen.[14]

Ihre weitere Geschichte ist rasch erzählt. Das Restitutionsverfahren konnte aus verschiedenen Gründen erst im Juni 1949 abgeschlossen werden.[15] Damit waren die Naturfreunde Wörgl nach 15 Jahren wieder im Grundbuch eingetragene Eigentümer. Mit großem Arbeitseinsatz der Mitglieder wurde die Hütte 1974 umgebaut und erheblich vergrößert, ohne dass eine entsprechende Auslastung die erwarteten Einkünfte erbracht hätte. Nach Jahrzehnten des Betriebs durch nicht immer mit glücklicher Hand agierende Pächter waren aufwendige Sanierungsmaßnahmen erforderlich. Nicht unerwartet verfügte ein Bescheid der Bezirkshauptmannschaft Kufstein im September 2013 die Schließung. Im gleichen Jahr verstarb der langjährige Vereinsobmann Hans Tschenet. Ein Nachfolger war nicht in Sicht und die Landesleitung der Naturfreunde Tirol löste daher 2014 die Ortsgruppe auf. Bemühungen um eine neuerliche Verpachtung, verbunden mit der Vergabe eines Baurechts, blieben erfolglos. Im Frühjahr 2020 machte schließlich der Verkauf an einen einheimischen Investor die Hoffnung auf eine Wiedereröffnung der Hütte endgültig zunichte.

Die Tradition der Wörgler Naturfreunde wird seit 2017 durch einen neuen Vorstand fortgeführt, der sich der Erinnerung an Anton Graf verpflichtet fühlt.[16] In welcher Form dies geschehen kann, bleibt abzuwarten.

Anmerkungen

1 Der Naturfreund, Heft 6, 15.6.1908, S. 139.
2 Frühe Anhänger der Plansprache Esperanto fanden sich vor allem in der Berufsgruppe der Eisenbahner, die in großer Zahl im Bahnknotenpunkt Wörgl beschäftigt waren. Auf dem Bahnhofsvorplatz, in unmittelbarer Nachbarschaft des antifaschistischen Mahnmals zum Gedenken an die Opfer des Februar 1934, wurde 1952 ein Denkmal für Ludwik L. Zamenhof, den „Erfinder" von Esperanto, eingeweiht.
3 Innsbrucker Nachrichten (IN), 8.5.1925, S. 4 und 7.1.1926, S. 4.
4 Der Naturfreund, Jg. 1930, S. 155.
5 Salzburger Wacht, 4.9.1923, S. 5 und Auskunft Julius Nagy, 18.3.2021. Die Kaisertalhütte (heute Hans-Berger-Haus) wurde am 17.7.1932 eingeweiht. Anfang der 1930er-Jahre zählten beide Ortsgruppen jeweils annähernd 100 Mitglieder. Festschrift 30 Jahre Naturfreunde Innsbruck, Innsbruck 1932, o. S.
6 Martin Achrainer/Nicholas Mailänder, Der Verein, in: Deutscher Alpenverein (AV)/Österreichischer AV/AV Südtirol (Hg.), Berg Heil! Alpenverein und Bergsteigen 1918–1945, Köln–Weimar–Wien 2011, S. 260–263.
7 Wiener Zeitung, 13.5.1934, S. 2. Der Bildungsreferent der Wiener Arbeiterkammer Viktor Matejka verweist hier eindringlich auf die große wirtschaftliche Bedeutung der Naturfreunde.
8 Volkszeitung (VZ), 17.7.1934, S. 6. Die Entscheidung der Kufsteiner Naturfreunde, unter ihrem alten und neuen Obmann Hans Berger trotz aller Kritik an den Maßnahmen der Regierung die Arbeit fortzusetzen, dürfte eher die Ausnahme gewesen sein.
9 Gretl Köfler, Auflösung und Restitution von Vereinen, Organisationen und Verbänden in Tirol, Wien-München 2004, S. 75 und TLA, AdTL Abtlg. IXd, 3460/55.

10 Lenk war als Anführer der Februarkämpfe in Wörgl 1934 zu einer Haftstrafe von 3 Jahren verurteilt, im Mai 1935 jedoch begnadigt worden. Dass die Nationalsozialisten auch in Österreich die Macht übernehmen würden, stand für die Beteiligten außer Zweifel.
11 VGH 6H 24/43 (Urteil Anton Graf), S. 6–7. Die Anklageschrift ist nicht erhalten.
12 Gert Kerschbaumer, Biografie Anton Graf auf www.stolpersteine-salzburg.at (Zugriff 9.4.2021).
13 TLA, AdTL, Abtlg. IXd, 3460/55 (Grundbuchauszug).
14 Neues Österreich, 2.10.1945, S. 3.
15 TLA, AdTL, Abtlg. IXd, 3460/55. Neben strittigen Zuständigkeiten verzögerte v.a. die Frage einer möglichen Wertveränderung der Liegenschaft in der Zeit ihrer Entziehung den Abschluss des Restitutionsverfahrens.
16 Naturfreunde Wörgl (Hg.), Festschrift: 111 Jahre Ortsgruppe Wörgl, Wörgl 2019.

Crystal Ball

Visuelle Kunst

Andrei Siclodi

Einleitung: Verkörpertes Gedenken im performativen Denkmal

Der Beitrag zu visuellen Künsten im vorliegenden Gaismair-Jahrbuch setzt die bereits in den vergangenen zwei Jahren begonnene Beschäftigung mit Formen gesellschaftskritischer Artikulation durch Kunst im öffentlichen Raum fort. Diesmal geht es jedoch nicht um konkrete Interventionen in ein gegebenes städtisches oder ländliches Gefüge, sondern um eine besondere Art der Auseinandersetzung mit der kollektiven Gedächtnisschwäche der österreichischen Gesellschaft hinsichtlich ihres nationalsozialistischen Erbes. Unter dem schlichten Titel *Marie Blum* entwickelte die aus Tirol stammende und in Wien lebende Sprach- und Performancekünstlerin Esther Strauß in den vergangenen zwei Jahren ein komplexes, multimediales Werk, das an den Mord an Roma und Romnja, an Sinti und Sintize in den Konzentrationslagern des Dritten Reichs erinnert. Hierfür wählte Strauß eine außergewöhnliche Vorgehensweise: Ein Jahr lang nahm sie offiziell den Namen eines Mädchens an, das laut Akten dieser Bevölkerungsgruppe angehört hatte und tragischerweise bereits an ihrem dritten Lebenstag im KZ Auschwitz-Birkenau getötet worden war. Diese Identitätserweiterung geschah ganz konkret: Die Künstlerin stellte den entsprechenden Namensänderungsantrag an die zuständige Wiener Magistratsabteilung MA 63 und änderte alle wichtigen Ausweise und Papiere auf ihren neuen Namen Marie Blum.

„Mich hat interessiert, was passiert, wenn kein Stein, sondern ein Mensch ihren Namen trägt", erzählt Strauß im Interview, das auf den folgenden Seiten zu lesen ist, über diese Entscheidung. Der Körper eines lebenden Menschen, seine Identität, sein Denken, sein Bewusstsein wurden so zum Medium eines Denkmals. Der Entstehungsvorgang des Denkmals erschöpfte sich nicht in dieser Identitätserweiterung allein. Einige Monate nach der Namensänderung wurde die Tochter der Künstlerin geboren. In ihrer Geburtsurkunde ist als Mutter folgerichtig Marie Blum eingetragen. So begann die Figur Marie Blum ein neues Eigenleben zu entwickeln. Ein Mensch, dessen Leben beendet worden war, bevor es überhaupt richtig hätte beginnen können, tauchte plötzlich in Akten wieder auf, bekam ein Gesicht, eine Familienzugehörigkeit. Eine Erinnerung wurde plötzlich zur lebendigen Gegenwart. Diese Art der Synchronisierung des Historischen mit dem Hier und Jetzt ist eine außerordentliche Qualität des Werkkomplexes *Marie Blum*. Denn sie vergegenwärtigt uns auf besonders eindringliche Weise die weiterhin notwendige gesellschaftliche Aufarbeitung der Verfehlungen aus der NS-Zeit – eine Aufarbeitung, die nicht zuletzt aufgrund des beharrlichen Schweigens innerhalb der familialen Bindungen bis heute unabgeschlossen bleibt.

Tradierten Erinnerungsformen im öffentlichen Raum wird für gewöhnlich ein konstanter Platz zugewiesen, den sie niemals verlassen können. Das verkörperte Gedenken, das durch den Werkkomplex *Marie Blum* aktiviert wird, findet hingegen überall dort statt, wo der Mensch, der seine Identität um diejenige des Opfers erweitert hat, sich auch immer befindet. Dieses Denkmal ist nicht nur symbolisch, sondern auch und vor allem im produktivsten Sinne des Wortes *performativ*, denn es befindet sich, wie kein anderes Denkmal, im permanenten Stoffwechselaustausch mit seinem Umfeld. Erinnerung verwandelt sich in diesem Fall von einer punktuell stattfindenden Handlung (wie etwa an besonderen, symbolträchtigen Tagen) in eine fortwährende Erinnerungsarbeit. Sie ist meist diskret und trachtet nicht danach, etwa durch eine besondere visuelle Form, auf sich aufmerksam zu machen. Und trotzdem ist sie, sobald man/frau über deren verkörperte Existenz Bescheid weiß, im Bewusstsein der Menschen genauso präsent wie ein tradiertes Denkmal – nicht zuletzt aufgrund ihrer zivilgesellschaftlichen Ausnahmestellung. Für das Umfeld der Person, die das performative Denkmal verkörpert, wird die Auseinandersetzung mit der mit diesem Namen verbundenen Geschichte somit zur Unausweichlichkeit. Hierin liegt die besondere Leistung, die über jene eines gewöhnlichen Denkmals hinausgeht. Insofern zeigt der Werkkomplex *Marie Blum* auf, wie Erinnerung und Aufarbeitung als alltägliche Handlung jenseits pathetischer Momentaufnahmen und gut gemeinter, aber negativ behafteter Erinnerungsformen wie etwa Stolpersteinen funktionieren kann.

„... ein Schweigen, das nichts bestätigt, vieles versteckt und alles vermuten lässt."

Eine E-Mail-Konversation mit der Künstlerin Esther Strauß
über ihr performatives Denkmal *Marie Blum*,
geführt von Andrei Siclodi

Andrei Siclodi: Liebe Esther, dein Werkkomplex Marie Blum *thematisiert ein in den letzten Jahren auch in einer breiteren Öffentlichkeit verstärkt in den Fokus gerücktes Thema: Den Mord an Roma und Romnja, an Sinti und Sintize in den KZs des Dritten Reichs. Woher kommt dein persönliches bzw. künstlerisches Interesse an diesem Themenfeld?*

Esther Strauß: Eines meiner wichtigsten Gestaltungselemente als Künstlerin ist die Lücke. Das, was ausgelassen wird, hat mich schon immer interessiert. Die Geschichte des Nationalsozialismus wurde und wird in Österreich durch das Schweigen zu ihm erzählt. Die Frage, wie Denkmäler mit diesem Schweigen umgehen können, beschäftigt mich seit mehreren Jahren. Die Auseinandersetzung mit dem nationalsozialistischen Völkermord an den Roma, Romnja, Sinti und Sintize ergab sich 2019 durch ein Gedicht des Schriftstellers Rajko Djurić mit dem Titel *Geboren in Auschwitz, gestorben in Auschwitz*.[1] Darin listet Djurić die Namen von sechs Mädchen und fünf Buben auf, die sofort am Tag ihrer Geburt ermordet wurden. Wie erinnert man an einen Menschen, dem sogar der erste Tag seines Lebens gewaltsam genommen worden ist? Das hat mich nicht mehr losgelassen. Ich habe dann versucht, diese elf Kinder in den Online-Datenbanken des *Arolsen Archivs*, des *Auschwitz Archivs* und der *Holocaust Survivors and Victims Database* aufzuspüren. Ich konnte keine Einträge mit genau denselben Namen und Daten finden, die Djurić in seinem Gedicht genannt hat. Aber ich fand ein Kind mit dem Namen Marie Blum, das im Konzentrationslager Auschwitz-Birkenau geboren wurde und in allen drei Archiven mit denselben Informationen aufscheint. Laut einem Eintrag in das „Hauptbuch des Zigeunerlagers", wie es die Nationalsozialist*innen genannt haben, ist Marie Blum am 5. September 1943 im Sektor BIIe – dem Sektor, in dem Roma, Romnja, Sinti und Sintize interniert worden sind – zur Welt gekommen. Dort wurde sie am dritten Tag ihres Lebens ermordet.[2] Ich habe mich dann entschieden, meinen eigenen Namen abzulegen und ein Jahr lang den Namen Marie Blum zu tragen. Mich hat interessiert, was passiert, wenn kein Stein, sondern ein Mensch ihren Namen trägt. Welche Orte werden dem Gedenken dadurch erschlossen? Welche Konflikte ergeben sich daraus? Welche Taten werden dadurch für das eigene Leben notwendig? Also habe ich die rechtskräftige Änderung meines Vor- und Nachnamens im Namensänderungsreferat der MA 63 in Wien beantragt. Die Namensänderung ist mir nach mehr als viereinhalb Monaten Wartezeit schließlich gewährt worden – zufällig genau am 27. Jänner 2020, dem Internationalen Holocaust Gedenktag, der gleichzeitig der 75. Jahrestag der Befreiung des Konzentrationslagers Auschwitz-Birkenau ist.

Dies ist eine durchaus mutige und besonders einfühlsame Form von Erinnerungskultur. Du beschreibst das Werkkomplex Marie Blum *als ein „performatives Denkmal". Was verstehst du unter diesem Begriff?*

Performativität hat für mich mit Aussetzung zu tun. Es geht darum, Souveränität aufzugeben und schwankenden Boden zu betreten. Als Künstlerin arbeite ich ohne Probe und ohne Wiederholung; ich setze jede meiner Performances nur ein einziges Mal um. Ich kann nicht vorhersehen, was sie bei mir oder bei anderen in Bewegung bringen werden. Das ist das Risiko, aber auch die poetische Chance dabei. Odilon Redon bemerkt in seinen *Selbstgesprächen*, dass ein Kunstwerk die Umwandlung einer Erschütterung ist, die der Künstler weitergibt.[3] Denkt man Redons Lesart weiter, so ist ein Denkmal dann performativ, wenn es verunsichert, Raum für Widersprüche lässt und sich vereinfachenden Deutungen entzieht. Das Denkmal zu Marie Blum ist darüber hinaus auch insofern ein performatives, als es wächst. Am Beginn stand der performative Akt, den eigenen Namen abzulegen, um Raum für den Namen eines anderen Menschen zu schaffen. Im Laufe der einjährigen Performance sind aus dieser Tat heraus viele weitere Kunstwerke in Form von Objekten, Texten und Fotografien entstanden, die sich auch nach der Namensrückänderung weiterentwickeln.

Die Art und Weise, wie du das Thema angehst, ist meines Erachtens höchst ungewöhnlich. Zwei unterschiedliche Typologien historischer Tatsachen werden narrativ miteinander verschränkt: die Tötung von Marie Blum im KZ Auschwitz-Birkenau und die nationalsozialistische Vergangenheit deiner eigenen Familie. Darüber hinaus verbindest du diese Ebenen direkt mit deinem eigenen, konkreten, gegenwärtigen Leben, das durch die Namensänderung und auch die Geburt deiner Tochter über ein Jahr lang untrennbar mit dem künstlerischen Projekt verbunden war, buchstäblich Tag für Tag. Wie entwickelt man/frau ein solches Projekt?

Ich habe in diesem Jahr oft über Tehching Hsiehs *one year performances* nachgedacht, darüber, was es bedeutet, die Folgen einer Idee am Leib zu tragen. Gerade weil nicht vorherzusehen ist, was eine Performance in Bewegung bringt, muss sie umgesetzt werden. Das bedeutet aber auch, dass die meisten Entscheidungen nicht vorab planbar sind. Von Beginn an unabdingbar war es für mich, meinen Namen nicht nur dort abzulegen, wo es die rechtskräftige Namensänderung von mir verlangt hat, sondern auch in allen anderen Bereichen meines Lebens. Weder ich noch die Menschen, mit denen ich gelebt und gearbeitet habe, konnten sich der Performance entziehen. Einem Namen kann man nicht ausweichen. Ein besonderes Anliegen war es mir, in den Archiven nicht nur nach Spuren von Marie Blum, sondern auch von Mitgliedern meiner eigenen Familie zu suchen und mich von Marie Blums Namen an jenen Ort führen zu lassen, an dem sie auf die Welt gebracht und ermordet worden ist. Ganz wesentlich war es auch, die Namensänderung zu beantragen, obwohl ich wusste, dass ich schwanger war. Formal am wichtigsten war für mich aber die initiale Entscheidung, meinen Namen abzulegen und ein Jahr lang den Namen eines anderen Menschen zu tragen. Diese Entscheidung spannt eine Unzahl an Konflikten auf und hat alle Entscheidungen, die nach ihr kamen, ambivalent gemacht. Diese Ambivalenzen in mein Leben zu nehmen und mit ihnen zu arbeiten, ohne sie lösen zu wollen, das war es, was ich versucht habe.

Eine dieser Ambivalenzen ist eine sehr grundsätzliche: Bei der Gestaltung jeden Denkmals treffen die Lebenden Entscheidungen für die Toten. Und die Toten kann man nicht um Erlaubnis fragen. Bei Denkmälern, die sich an herkömmlichen Formen festhalten, an die wir gewöhnt sind, wie etwa eine skulpturale Setzung aus Stein, auf der die Namen von Opfern angebracht sind, tritt diese Ambivalenz oft schnell in den Hintergrund. Damit verschwindet auch die Chance, sie diskursiv produktiv zu machen. Politische Kraft gewinnen diese Denkmäler für mich dadurch, dass sie öffentlichen Raum besetzen. Wie wichtig sie sind, spürt man besonders dort, wo sie fehlen. Obwohl es einige kleine Tafeln, Gedenksteine und Denkmäler gibt, die die nationalsozialistische Verfolgung der Roma, Romnja, Sinti und Sintize lokal sichtbar machen, gibt es in Österreich noch immer keinen gemeinsamen Erinnerungsort für die geschätzt 500.000 Menschen, die von den Nationalsozialist*innen ermordet worden sind. Das ist nicht zu argumentieren. Bei dem performativen Denkmal zu Marie Blum hat mich aber auch der private Raum interessiert. Wie sieht es dort mit der Aufarbeitung aus? Wie haben sich die Mitglieder meiner Familie dazu verhalten, was damals geschehen ist? Woran waren sie beteiligt? Welche Spuren lassen sich auch davon in den Archiven finden? Und was geschieht, wenn der Name eines Opfers plötzlich in die Familie getragen wird? Nach einem Künstlerinnengespräch bin ich einmal gefragt worden, ob ich mich nicht davor fürchte, meine Tochter einem so gewaltsamen Thema wie dem Nationalsozialismus auszusetzen. Ich habe damals geantwortet, dass der Nationalsozialismus in meine und ihre Herkunft eingeschrieben ist. Auch wenn ich mich nicht mit ihm beschäftige, ist er da und wirkt. Manchmal habe ich den Eindruck, dass die Erinnerungskultur in Österreich dazu dient, uns vergessen zu lassen, dass die Nationalsozialist*innen unsere Urgroßeltern und Großeltern waren. Die Verschränkung zwischen dem, was wir als historisch beziehungsweise als privat empfinden, ist immer schon da gewesen. Die Frage ist, wie wir damit umgehen wollen.

Dein Umgang als Künstlerin und Nachfahrin mit dieser Frage ist meines Erachtens eminent politisch. Diese Frage öffentlich so zu stellen, dass die Untrennbarkeit des Historischen und des Privaten nicht als eine bloße Behauptung sondern als eine (vor)gelebte Tatsache vorgeführt wird, bedeutet auch, notwendige Risse in dem Selbstbild einer amnesischen, also gedächtnisschwachen Gesellschaft zu produzieren. Allerdings nicht von einer übergeordneten, historisch privilegierten Position heraus, sondern aus der Position einer direkt Betroffenen. Dieses gewissermaßen bedingungslose Involviert-Sein, dieser Verzicht auf einen Sicherheitsabstand ist meines Erachtens eine besondere Qualität deiner künstlerischen Arbeit. Sie schlägt sich im Werkkomplex Marie Blum *einerseits in der offiziellen Namensänderung, aber auch in der eigenen familialen Historienrecherche, die den (mutmaßlichen) Verwandten und NS-Offizier Leutnant Strauss in den Fokus rückt. Was hat es mit dieser Figur auf sich, wie verbindet sie sich mit der Geschichte von Marie Blum?*

Meine Großväter haben sich beide als junge Männer freiwillig zum Dienst in der Deutschen Wehrmacht gemeldet. Mein Großvater väterlicherseits war mehrere Jahre Jäger und schwieg nach seiner Heimkehr zum Krieg. 1963 veröffentlichte Paul Karl Schmidt das Buch *Unternehmen Barbarossa* unter dem Pseudonym Paul Carell im Donauland Verlag. Schmidt war Mitglied der SS, Chef der Presse- und Informationsabteilung des Auswärtigen Amtes und nach dem Krieg enger Berater von Axel Springer. In *Unternehmen Barbarossa* erzählt Schmidt eine geschichtsverfälschende Version des Überfalls der Deutschen Wehrmacht auf die Sowjetunion, die die Kriegsverbrechen der Deutschen Wehrmacht ausspart. Eine der vielen Figuren des Buches ist *Leutnant Strauss*. In ihm vermutete mein Vater, der *Unternehmen Barbarossa* als Jugendlicher las, meinen Großvater. Ich habe in den Archiven keinen Hinweis finden können, dass mein Großvater am Russlandfeldzug beteiligt gewesen wäre. Einen direkten historischen Bezug zu Marie Blum gibt es meines Wissens nach nicht. Aber ich nehme an, dass es in vielen österreichischen Familien dieses Schweigen zur Diktatur, zum Krieg und zur eigenen Rolle darin gegeben hat, ein Schweigen, das nichts bestätigt, vieles versteckt und alles vermuten lässt. Ich würde gerne wissen, wieso sich mein Großvater freiwillig gemeldet hat, aber es gibt niemanden mehr aus seiner Generation, den ich danach fragen kann. Nichtsdestotrotz glaube ich, dass wir an einem entscheidenden Punkt sind. In manchen Familien, auch in meiner, gibt es noch Menschen, denen man Fragen stellen kann. Wir können in die Archive gehen. Und es gibt in fast jeder Familie aus Nachlässen von Verstorbenen Objekte, die aus dem Nationalsozialismus stammen: Bücher, Abzeichen, Briefe und anderes. Oft werden diese Objekte von den Nachkommen weggeworfen, im Internet oder am Flohmarkt verkauft. Aber all das ist Teil der Familiengeschichte und es gilt, eine Sprache dafür zu finden.

„Leutnant Strauss", © *Marie Blum 2020/2021* ▶

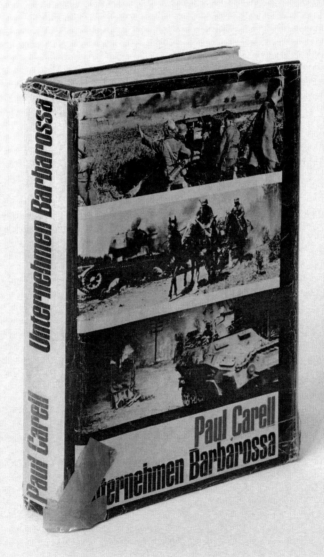

Nun, das ist tatsächlich etwas Privates, das aber durch deine künstlerische Praxis paradigmatisch zur öffentlichen Angelegenheit gemacht wird. Ich finde es besonders spannend, wie du die kollektiv verdrängte Verantwortung einer ganzen Generation und die zum Teil Jahrzehnte später oft nur im Privaten erfolgte Auseinandersetzung mit der Vergangenheit der eigenen Familie mit historischen Tatsachen verbindest. Der Werkkomplex Marie Blum besteht nicht nur aus der einjährigen „durational Performance" des Lebens unter dem Namen Marie Blum, sondern auch aus einer Reihe weiterer Interventionen, Fotografien und Objekten, die diese Verbindungen weiterführen und vertiefen. Könntest du Details diesbezüglich verraten?

Tatsächlich sind mehrere Arbeiten entstanden, die sich mit Objekten aus der Familie beschäftigen, zum Beispiel die Arbeit *Granny*. Als meine Großmutter im 96. Lebensjahr gestorben ist, hat sie 85 Taschenkalender hinterlassen, die sie als Tagebücher benutzt hatte. Meine Großmutter hatte sie mit Gummibändern in Blöcke gebündelt in ihrem Schlafzimmer aufbewahrt. Ich habe einem dieser Kalender einen Eintrag in der Schrift meiner Großmutter hinzugefügt. Offen bleibt, um welchen Eintrag es sich dabei handelt. Andere Werke sind durch die Geburt meiner Tochter entstanden, zum Beispiel ihre Geburtsurkunde, in der Marie Blums Name in der Rubrik *Namen der Mutter* eingetragen ist. In Auschwitz war es hingegen wichtig, alle Ideen aufzugeben und einfach nur niederzuknien. Manche Performances bestehen mehr als andere in dem, was sie unterlassen. Ein besonders wertvoller Teil des Denkmals, der aber nur begrenzt in Ausstellungsräumen nacherzählbar ist, sind die vielen Gespräche, die sich während dieses Jahres und auch danach ergeben haben. Menschen, die ich nicht gekannt habe, haben mir von ihrer Familiengeschichte und ihrer Beziehung zum Nationalsozialismus erzählt. Mit anderen wiederum ergaben sich lebendige Debatten über die Frage, was ein Denkmal ist oder sein kann. Auch identitätspolitische Fragen waren Thema.

Unter diesen Arbeiten sticht eine meines Erachtens besonders bewegende hervor: Das Foto von dir als Marie Blum, das allem Anschein nach unmittelbar nach der Geburt deiner Tochter aufgenommen worden ist. Es ist ein essenzielles Bild, dass einerseits die abstrakte Identitätsfigur Marie Blum als lebendige Person in ihrer ganzen Verletzlichkeit erscheinen lässt. Diese Verkörperung synchronisiert das Historische mit dem Jetzt – ein für die Nachvollziehbarkeit des gesamten Projekts unerlässlicher Vorgang. Andererseits verwandelt das Bild im Zuge dessen das getötete Baby Marie Blum in eine Mutter, die Leben hervorbringt. Die Grenzen zwischen der symbolischen und der realen Existenz lösen sich hier auf, die Ebenen verschwimmen ineinander. Warum war es für dich wichtig, aus Marie Blum eine Mutter zu machen?

„Granny", © Marie Blum 2020/2021 ▶

Niemand kann aus Marie Blum eine Mutter machen, ganz abgesehen davon, dass es an ihr selbst gewesen wäre, zu entscheiden, ob sie das überhaupt gewollt hätte. Marie Blum ist ermordet worden. Ein Mensch, der von einem anderen Menschen getötet wird, wird nicht nur umgebracht, ihr oder ihm wird auch das ganze weitere Leben genommen – jeder einzelne Tag davon. Was dieser Verlust wirklich bedeutet, können nur die Opfer selbst und ihre Angehörigen ermessen. Mir wurde in diesem Jahr ab und zu gesagt, Marie Blum würde in diesem Kunstwerk auf gewisse Weise wieder lebendig. Ich habe das ganz anders empfunden. Mord kann vielleicht verziehen werden, aber er ist nicht wiedergutzumachen. Kein Denkmal, das die Namen von Ermordeten trägt, macht sie wieder lebendig, es gibt ihnen nur einen Platz in der Öffentlichkeit. Die Vorstellung, dass eine Ermordete wieder lebendig gemacht werden könne, sei es auch nur symbolisch, entspringt für mich einem Wunsch, der heute bei vielen Menschen spürbar ist: Dem Wunsch, eine Geschichte, die nicht beizulegen ist, beizulegen, egal welche Täuschung hierfür heraufbeschworen werden muss. Als mich das Namensänderungsreferat verständigt hat, dass die Namensänderung rechtskräftig geworden war, war ich im siebten Monat schwanger. Mein erster Gedanke war, dass ich jetzt zwei Kinder bei mir trage, von denen nur eines geboren werden kann. Marie Blum war dieses ganze Jahr über bei mir, aber sie war es als Tote. Das Foto, von dem du sprichst, wurde tatsächlich kurz nach der Geburt meiner Tochter aufgenommen. Die Frage, wen dieses Foto eigentlich zeigt, ist eine spannende und für mich nicht bis ins Letzte zu beantworten. Hätte ich das performative Denkmal nicht umgesetzt, könnte ich jetzt ohne jeden Zweifel sagen, dass das Foto mich nach der Geburt meiner Tochter zeigt. Aber wer ist man/frau, wenn man/frau seinen/ihren Namen nicht trägt? Marie Blum ist auf diesem Bild nicht zu sehen, aber der Umstand, dass ich bei der Geburt ihren Namen getragen habe, zeigt mich als eine Frau, die am Leben ist, die einen anderen Menschen zur Welt bringen kann, weil ihre Vorfahr*innen keiner Gruppe angehört haben, die die Nationalsozialist*innen vernichten wollten, weil ihre Vorfahr*innen selber Nationalsozialist*innen waren, weil sie sich entschieden haben, nicht in den Widerstand zu gehen oder weil sie am Nationalsozialismus teilgenommen haben, um ihr eigenes Leben nicht zu riskieren. Und dann gibt es da noch die Künstlerin, die sich für dieses Werk freiwillig entschieden hat, die in dem Moment, in dem sie da fotografiert worden ist, ihre Tochter auf dem Arm trägt, die auch, wenn sie nicht zu sehen ist, Teil des Bildes ist. Dass die drei Menschen, die in diesem Bild da sind, miteinander verschwimmen, hat für mich damit zu tun, dass ein Name etwas sehr persönliches ist. Ein Name ist zwar nicht der Mensch, der ihn trägt, aber er kommt ihm vielleicht am nächsten.

Mit den Arbeiten zu Leutnant Strauss und deiner Großmutter verarbeitest du zwei Biografien aus deiner Familie auf ganz unterschiedliche Art und Weise. Während bei Leutnant Strauss die mögliche Fiktionalität eine wichtige Rolle spielt, die aber in ein historisches „Makro-Narrativ" eingebettet ist, ist das Tagebuch deiner Großmutter eine unbestreitbare Tatsache, in die du jedoch entscheidend intervenierst: du

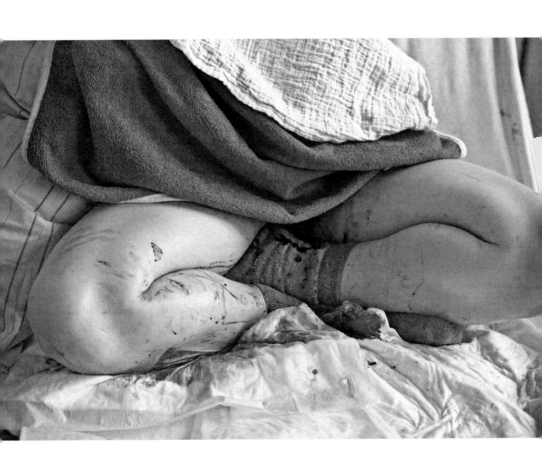

„08/03", © Marie Blum 2020/2021

veränderst den Status ihrer Subjektivität, aber auch ihren Status als „unverfälschte" historische Quelle. Wie siehst du das Verhältnis zwischen diesen zwei Figuren, dem Leutnant und der Oma?

Leutnant Strauss ist aus dem Schweigen meines Großvaters entstanden, der starb, als ich sieben Jahre alt war. *Granny* hat sich aus den Gesprächen mit meiner Großmutter entwickelt, die auch als sehr alte Frau noch bereit war, mit mir über den Nationalsozialismus zu sprechen, wofür ich ihr sehr dankbar bin. Obwohl beide Fälle vordergründig wenig gemeinsam zu haben scheinen, sind sie durch eine Tatsache miteinander verbunden. Egal, was den Nachkommen hinterlassen worden ist – das Schweigen oder das Gespräch –, immer bleibt die Frage nach dem offen, was ausgelassen worden ist. Manches davon lässt sich durch Archivarbeit klären, das meiste aber bleibt ungewiss. Die Frage nach dem Ausgelassenen zu stellen, gerade weil sie über weite Strecken nicht beantwortbar ist, ist mir sehr wichtig. Ich glaube, dass die Kunst, eben weil sie mit poetischen Mitteln arbeitet, dort wichtige Dienste leistet, wo das Archiv an seine Grenzen stößt.

In die Tagebücher deiner Großmutter einzugreifen, ist eine poetisch anmutende Intervention, die in gewisser Weise typisch ist für deine künstlerische Arbeit. Du hast immer wieder Performances und Interventionen durchgeführt, die dem Publikum physisch unzugänglich blieben und lediglich als nacherzählte Handlung bzw. Kontextualisierung erfahren werden konnten. Hat diese Verfahrensweise womöglich mit deinem Faible für Bücher und Literatur zu tun?

Wenn ich eine Performance in der Galerie nur durch Text nacherzähle, also auf Bilder ganz verzichte oder ihnen den Text voranstelle, dann ermöglicht das der Performance, in der Vorstellung der Besucher*innen immer wieder neu und immer wieder anders imaginiert zu werden. Eine Performance, die nur ein einziges Mal stattgefunden hat, wird auf diese Weise unendlich oft und in vielen verschiedenen Variationen in der Fantasie der Besucher*innen re-enacted [wiederaufgeführt, Anm. d. Hg.]. Das ist eine Qualität, die ich nicht missen möchte. Dass die meisten meiner Performances in privaten Räumen und dort fast immer ohne Publikum stattfinden, hat aber einen anderen Ursprung. Performance hat für mich viel mit Intimität zu tun und die ist flüchtig. Eine Tat, die beobachtet wird, verändert sich – nicht nur wegen der Art und Weise, wie das geschieht, sondern alleine schon dadurch, *dass* es geschieht. Das, womit ich bei vielen Performances arbeiten möchte, kommt nur zum Vorschein, wenn ich alleine mit ihr bin. Ich arbeite deshalb in der Regel auch mit Selbstauslöser und ohne Fotograf*in.

Bei einer derart komplexen Werkstruktur stellt sich die Frage des Displays, der Ausstellbarkeit. Die Ausstellung ist ja ein Medium, das ganz andere Erzählmöglichkeiten bietet als ein Buch. Worin besteht deines Erachtens die Qualität einer solchen Auseinandersetzung gegenüber der klassischen historischen Recherche, die üblicherweise im Buchformat verpackt wird?

Ich bin in Büchern aufgewachsen. Bevor ich Künstlerin war, war ich Leserin, und das war, glaube ich, entscheidend. Als ich auf der Kunstuniversität begonnen habe, mich mit Performances zu beschäftigen, suchte ich sie in Büchern auf. Selbst wenn es mir möglich gewesen wäre, die inzwischen schon kanonisierten Performances der 1920er- und 1970er-Jahre zu besuchen, bin ich mir nicht sicher, ob ich ihnen auf diese Weise begegnen hätte wollen. Bis heute liebe ich es, in den Randnotizen eines Textes auf eine Performance zu stoßen, von der so unvollständig erzählt wird, dass ich sie mir vorstellen muss. Das ist die besondere Möglichkeit der Kunst – dass sie Vollständigkeit weder anstrebt noch behauptet. Und genau darin liegt für mich auch das Potenzial von Ausstellungsräumen: Egal wie groß sie sind, der Platz ist immer begrenzt. Nie kann alles gezeigt werden und das macht die Auswahl der Werke interessant. Auch die abwesenden Werke erzählen mit, selbst die, von der die Künstlerin selbst noch nichts weiß. Das große Verdienst der historischen Recherche ist hingegen ihr Bemühen, Lücken zu füllen, möglichst vollständig zu sein, was gerade beim Nationalsozialismus, wo systematisch versucht worden ist, die Spuren von Verbrechen zu beseitigen, um die Täter*innen zu schützen, unschätzbar wertvoll ist. Im performativen Denkmal zu Marie Blum treffen Kunst und Archiv aufeinander, das macht eine eigenwillige Spannung auf.

Worin siehst du die Unterschiede deiner künstlerischen Auseinandersetzung und Präsentation gegenüber einer tradierten musealen Ausstellung zu diesem Themenfeld?

Ich bin keine Historikerin, mein Eindruck ist aber, dass immer dann, wenn Geschichte geschrieben wird, bewusst oder unbewusst Lücken hergestellt werden. Ein Unterschied zwischen einer historischen Arbeitsweise und der meinen ist vielleicht, dass ich mich als diejenige ausweise, die eine Lücke herstellt und sich als ihre Geheimniswahrerin auch angreifbar für sie macht.

Wie geht es insgesamt mit dem Werkkomplex Marie Blum weiter?
Was ist demnächst geplant?

Im Moment konzipiere ich ein Künstlerinnen-Buch, in dem die Geschichte der einjährigen Performance auf 367 Seiten erzählt werden wird. Wegen der Corona-Pandemie waren die meisten Archive für Recherchen vor Ort geschlossen, viele sind es immer noch. Da wird noch einiges nachzuholen sein. Außerdem sind Texte, Fotografien und Objekte, die im vergangenen Jahr entstanden sind, zu sichten und präsentationsfertig auszuarbeiten. Auch unabhängig vom performativen Denkmal zu Marie Blum geht die künstlerische Auseinandersetzung mit dem Nationalsozialismus und dem Denkmalbegriff im Allgemeinen weiter. Besonders geehrt hat mich im vergangenen Jahr die Anfrage, im Rahmen eines geladenen Wettbewerbs einen Entwurf für einen Gedenkort zu entwickeln, der Menschen gewidmet ist, die auf der Flucht gestorben sind.[4] Die Frage, wie wir mit den Ermordeten von damals umgehen, hat für mich viel damit zu tun, wie wir uns den Verbrechen nähern, die heute geschehen, die wir geschehen lassen, an denen wir vielleicht sogar beteiligt sind. Die Erinnerungsarbeit zum Nationalsozialismus mag manchen als Umweg erscheinen, aber letztlich führt sie uns immer in die Gegenwart zurück.

Vielen Dank für das Gespräch!

Das Gespräch fand im Juli und August 2021 statt.

Anmerkungen

1 Das Gedicht „Geboren in Auschwitz, gestorben in Auschwitz" von Rajko Djurić erschien in Wilfried Ihrig/ Ulrich Janetzki (Hg.): Die Morgendämmerung der Worte: Moderner Poesie-Atlas der Roma und Sinti, Berlin 2018.
2 So gefunden im Arolsen Archiv in Teilbestand 1.1.2.1 / 531631.
3 Marianne Türoff (Hg.): Odilon Redon – Selbstgespräch, o.O. 1986, S. 84.
4 Das Kunstreferat der Diözese Linz hatte 2020/21 einen geladenen Wettbewerb zur Umsetzung eines Gedenkortes für Menschen, die auf der Flucht verstorben sind, am Linzer Stadtfriedhof St. Martin initiiert. Zur Entwicklung eines Entwurfs eingeladen waren die Künstler*innen Anna Jermolaewa, Franz Koppelstätter, PRINZGAU/podgorschek, Marie Blum, Arye Wachsmuth und Christoph Weber.

Bibliothek

Literatur

Christoph W. Bauer

Einleitung

Ein Anschreiben gegen das Vergessen – das ist eine der Möglichkeiten von Literatur. In diesem Sinn widmet sich der Literaturteil des Jahrbuchs einer Lyrikerin und einem Lyriker, die in Vergessenheit geraten sind. Oder wissen viele Leserinnen und Leser, um wen es sich bei Rajzel Zychlinski und Jesse Thoor handelt?

Beide sind zu ihren Lebzeiten durchaus anerkannte Persönlichkeiten im literarischen Betrieb. Beide verfügen über einen unverwechselbaren Tonfall, der mitunter polarisiert. Beide wirken in einer Zeit voll der politischen Verwerfungen, die in der Tyrannei der Nationalsozialisten endet. Durch deren Machtergreifung widerfährt den Leben von Zychlinski und Thoor eine jähe Zäsur.

Rajzel Zychlinski gilt als eine der bedeutendsten Lyrikerinnen in jiddischer Sprache. Früh beginnt sie zu schreiben, zunächst auf Polnisch. Bald jedoch veröffentlicht sie ihre ersten Gedichte in jiddischer Sprache und macht sich damit einen Namen. Als die Wehrmacht 1939 Polen überfällt, beginnt für Zychlinski ein Leben auf der Flucht, ein Leben voll Angst und seelischer Erschütterungen, von denen sie sich bis zu ihrem Tod vor zwanzig Jahren nicht mehr erholen sollte.

Auch Jesse Thoors Leben ist von der Flucht vor den Nationalsozialisten geprägt. 1905 in Berlin als Peter Karl Höfler geboren, verkehrt er in seiner Jugend in linken Kreisen und wird Mitglied der KPD. 1933 flieht er nach Wien, fünf Jahre später weiter nach Brünn, von dort gelingt es ihm, sich ins englische Exil zu retten.

Die Porträts von Zychlinski und Thoor auf den folgenden Seiten wollen einen Einblick geben in Leben und Werk zweier Persönlichkeiten, die mit ihren Gedichten die Lyrik des 20. Jahrhunderts um so manche Facette bereichert haben.

Es weinen die Schuhe

Zum zwanzigsten Todestag von Rajzel Zychlinski

Wenn eine mitten im Kehren den Besen wegstellt, so tut sie das nicht ohne Grund. Dann hat etwas ihre Aufmerksamkeit erregt, wachsam ist sie, hat Augen für jedes Detail, kein Geräusch entgeht ihr. Von dieser plötzlichen Sinnschärfung zeugen die Auftaktzeilen des Gedichts *Im roten Kleid* von Rajzel Zychlinski. Das lyrische Werk der vor zwanzig Jahren im kalifornischen Concord verstorbenen Dichterin ist voll mit präzisen Beobachtungen dieser Art. Ihre Verse sind ein Seismograph, schreiben Erschütterungen auf, erkennen und lokalisieren sie. So zeichnen ihre Gedichte dem abgelaufenen Jahrhundert ein Bild, lassen in Abgründe blicken, bauen zugleich Brücken darüber. Von Flucht und Vertreibung sprechen sie, von Aufbrüchen und Ankünften, vertiefen im lyrischen Ich, was den osteuropäischen Juden widerfahren ist. Vor allem aber sind diese Gedichte Kunstwerke, Ausdruck einer Dichterin, die keinen Vergleich zu scheuen braucht mit jenen, die das 20. Jahrhundert poetisch bereichert haben.

Als Rajzel Zychlinski 1975 in Israel mit dem Itzik-Manger-Preis die bedeutendste Auszeichnung für jiddischsprachige Dichtung erhält, verfasst sie anlässlich der Preisverleihung eine Kurzbiographie: „Ich wurde am 27. Juli 1910 in der kleinen polnischen Stadt Gombin geboren. Mütterlicherseits stamme ich aus einer Familie, die seit Generationen Rabbiner hervorbrachte." Es folgen ein kurzer Abriss über ihre schulische Laufbahn, aus dem das Bedauern über ein nicht vorhandenes Gymnasium im Schtetl spricht, und ein Verweis auf ihre literarischen Anfänge: ein Tagebuch in polnischer Sprache, im Alter von zwölf Jahren legt sie es an. „Mein erstes jiddisches Gedicht entstand, als ich 17 Jahre alt war", lässt sie wissen, und dass sie vier Jahre später dem Schtetl den Rücken gekehrt hat.

Den Vater spart sie in dieser Kurzvita aus, im „Leksikon fun der najer jidischer Literatur" wird er als Gerbermeister erwähnt, der 1924 zum dritten Mal nach Amerika auswandert, wo er 1928 stirbt. Einer von Tausenden ist er also, den der Mangel an Zukunftsperspektiven in der eigenen Heimat zum Versuch veranlasst, in der Neuen Welt Fuß zu fassen. Seine Frau will ihn dabei nicht begleiten, weil die Kinder in Amerika am Sabbat hätten arbeiten müssen, sie bleibt mit dem Nachwuchs in Gombin zurück, so der Lexikoneintrag.

Gombin, polnisch Gąbin, liegt in der Woiwodschaft Masowien, etwas mehr als 120 Kilometer nordwestlich von Warschau. Vor dem Zweiten Weltkrieg zählt die Stadt gut 5000 Einwohner, die Hälfte davon Juden. Die verdingen sich als Kaufleute und Handwerker, gehen in die 1710 aus Holz errichtete Synagoge, treffen sich am Rynek, den es wie in jeder polnischen Stadt auch in Gombin gibt.

Als schönes, waldreiches Schtetl mit uralten hölzernen Häusern und ebenso alten jüdischen Bauwerken taucht Gombin in Nachkriegsquellen auf. Nostalgie justiert den Blick und zielt an der einstigen Wirklichkeit vorbei. Bis zu ihrer Zerstörung gelten die Schtetl nicht nur vielen Intellektuellen als Hort der Rückständigkeit einer durch religiöse Rituale normierten Welt, der die Moderne außen vor bleibt.

Einer Rajzel Zychlinski, die sich von Jugend an so sehr für Baudelaire begeistert, dass sie beginnt französisch zu lernen, muss diese Welt zu eng sein. Und so wundert es nicht, dass die Gedichte ihres Frühwerks bis in die Mitte der 1930er-Jahre eine Realität abbilden, die keinerlei Parallele zu einer von Traditionen und Regeln dominierten Wirklichkeit aufweist, sondern auf literarischen Vorbildern fußt und eine imaginierte ist. Symbolistische Einflüsse werden sichtbar, auch die écriture automatique der französischen Surrealisten. Die Liebe, das Leben, der Tod, es sind die seit Anbeginn der Literatur bestimmenden Themen, denen sich Zychlinski mit einem spezifisch weiblichen Blick annähert und die sie als Folien für ihre poetischen Miniaturen verwendet.

Schon als Zychlinski 1928 im Todesjahr ihres Vaters in der Warschauer jiddischen „Folks-Tsajtung" ihr erstes Gedicht publiziert, sorgt sie damit für Aufsehen. Eine Nähe zu Baudelaire und Rilke wird der 18-Jährigen attestiert, man stellt sie Else Lasker-Schüler, Rose Ausländer, Paul Celan an die Seite, und wie immer, wenn eine Dichterin besondere Akzente setzt, der Vergleich mit Sappho. Ehrsam sind diese Gegenüberstellungen allemal, doch werden sie Rajzel Zychlinski nicht gerecht. Sie ist eine singuläre Erscheinung, eine Dichterin, die Ihresgleichen nicht hat. Sosehr sie mit den literarischen Strömungen ihrer Zeit vertraut ist, Zychlinski findet einen eigenen Ton. Den formt sie an verschiedensten Einflüssen, allen voran an der expressionistischen Bewegung, die es in den 1920ern in der jiddischsprachigen Dichtung gibt und deren Zentrum Warschau ist. So schreibt sie mit ihren Gedichten in freien Versen voll expressiver Farben die jiddische Bildsprache der internationalen Avantgarde ein. Wie das im Schtetl und in ihrem familiären Umfeld angekommen ist, mag dahingestellt bleiben.

Nach dem Tod des Vaters führt dessen Frau die Gerberei, bis Rajzel Zychlinskis ältester Bruder sein Erbe antreten kann. Sie selbst hatte nach Abschluss der Elementarschule bei einem Privatlehrer Gymnasialkurse besucht und beginnt in ihrer Geburtsstadt als Kindergärtnerin zu arbeiten. Als 21-Jährige nimmt sie eine Anstellung in einem Waisenhaus in Włocławek an, verbringt einige Jahre in der Stadt; sie publiziert weiterhin in Zeitschriften, ehe sie 1936 nach Warschau übersiedelt. Im gleichen Jahr erscheint ihr erster Gedichtband *Lider*.

Itzik Manger leitet den Band mit einem Vorwort ein, lobt die Originalität der Dichterin und ihre Gabe, mit reduziertem Vokabular mannigfache Stimmungen zu erzeugen. Tatsächlich schwebt eine stets aufs neue nuancierte Sehnsucht über Gedichten, die kleinstädtische Ruhe absorbieren, zum Idyll verkommt diese nicht, steht immer auf der Kippe. Der schmale Band beinhaltet auch das Gedicht *Im Roten Kleid*, dessen Farbe auf die traditionsbedingten Zwänge verweist und an eine Episode aus Zychlinskis Kindheit erinnert. Ihr Vater hatte ihr, von einem seiner Auswanderungsversuche nach Gombin zurückgekehrt, eine rote Wolljacke mitgebracht, die sie nie hätte tragen können, wollte sie nicht im Schtetl wie ein „Papagei" herumlaufen und dementsprechend auffallen. „Mein Kleid ist rot. / Das Kleid auf meiner Haut / platzt", schreibt Zychlinski, als wollte sich das lyrische Ich aus der Haut fahren.

Wenige Wochen vor Kriegsausbruch erscheint *Der Regn zingt*. Thematisch schließen die Gedichte dieses Bands an den Erstling an, nur ihr Ton und die Bildsprache sind härter. Dem Auftaktgedicht steht Rilke Pate, sein Einfluss schlägt wie bei vielen Dichterinnen und Dichtern der Zwischenkriegszeit auch bei Zychlinski durch, sie aber lenkt ihn in eine eigene Richtung. Literarisch befindet sie sich auf einem Höhenflug, dem wie ihrem Leben jedoch eine Zäsur widerfährt, von der sich Zychlinski nicht mehr erholen wird.

Zychlinski erlebt die Bombardierung und Einnahme Warschaus durch die Wehrmacht, wird Zeugin der Übergriffe auf die jüdische Bevölkerung. In ihrer Geburtsstadt brennt die Synagoge, ihre Mutter und die Geschwister verfrachtet man wie die gesamte jüdische Bevölkerung Gombins ins Getto. Sechs Wochen nach der Invasion flieht Zychlinski aus Warschau, ein Taxifahrer wird zum Fluchthelfer, so gelangt sie auf das Gebiet der ehemaligen Sowjetunion.

Nach einigen Monaten in Lemberg flieht sie weiter ins ostgalizische Kolomea. Dort lernt sie Izaak Kanter kennen, den sie 1941 heiraten wird. Zwei Jahre später kommt ihr einziges Kind Marek zur Welt. Zu diesem Zeitpunkt ist die junge Familie bereits nach Kasan geflohen. Und erfährt aus jiddischen Zeitungen, die während des Kriegs in der Sowjetunion erscheinen, von den „Aktionen im Generalgouvernement". Mitte Mai 1942 werden das Gombiner Getto aufgelöst und seine Bewohner in Todeslager deportiert. Gedichte Zychlinskis aus dem sowjetischen Exil zeigen, dass sie bereits 1943 von der Zerstörung ihres Schtetls wusste. Durch die Entwicklungen an der Ostfront erneut zur Flucht gezwungen, erlebt sie das Kriegsende in Astrachan an der Wolga. Von dort über das Asowsche Meer nach Polen zurück, wo sie erkennen muss, dass sie ihre Heimat für immer verloren hat.

„Ein blutiger Strom hat mein Buch weggespült, meine Leser, und mein Heim herausgerissen mit den Wurzeln. Leere, unendliche Leere. Nach knapp zehn Jahren kehre ich zurück", hält Zychlinski im Vorwort ihres dritten Buchs *Tsu lojtere Brgen / Zu lichten Ufern* fest. Der Band erscheint 1948 in Lodz, Zychlinski widmet ihn ihrer Mutter, ihren Geschwistern und deren Kindern, die in Chełmno und Treblinka ermordet wurden. Die Trauer über ihr Volk und den Verlust der Familie bestimmen fortan ihr Leben und Schreiben. „Alle Wege haben zum Tod geführt, / alle Wege", heißt es in einem der Gedichte und: „Gott hat verborgen sein Gesicht." Gottvertrauen und eine Rückkehr in die Normalität sind nicht mehr möglich. Dem lyrischen Ich bleibt die schmerzhafte Trennung – von den Lebenden und den Toten.

In Zychlinskis Gedichten gibt es kein „Grab in den Lüften", Metaphern Celan'scher Prägung fehlen, ihre Diktion ist hart, direkt, scheut auch – und vielleicht einzigartig in dieser Vehemenz – den Wunsch auf Rache nicht.

Nicht zuletzt unter dem Eindruck des fortbestehenden Antisemitismus im Nachkriegspolen kehrt Zychlinski ihrer Heimat 1948 endgültig den Rücken. Mit ihrem Sohn und ihrem Mann, der während des Kriegs als Arzt in der Roten Armee diente, emigriert sie nach Paris, von dort 1951 weiter in die USA. Sie holt Highschool und College nach, erhält endlich die Berechtigung für ein Studium. So geht immerhin ein Traum in Erfüllung.

Weiterhin schreibt sie Gedichte, in Jiddisch, gewinnt der Sprache ortsbedingt neue Ausdrucksmöglichkeiten. Doch die Räume, die sie in Worten öffnet, zeigen *Schweigende Türen*. In diesem 1962 geschriebenen Zyklus ist zu lesen: „Schuhe klopfen an die Wände, / klopfen auf den Fußboden – / Schuhe aus Gruben kommen und gehen, / tote Schuhe von Majdanek." Das Gedicht schließt mit den Zeilen: „Mein Haus ist voller Schuhe, / es weinen die Schuhe von meinem Kind./ Ich suche sie überall in dem Berg / und kann sie doch nicht finden."

Die Angst vor möglichen Repressalien aus dem Land, das ihr Rettung war, und zugleich der Dank für Letztere lässt Zychlinski über ihre Erfahrungen im sowjetischen Exil schweigen. Worte findet sie indes für das pulsierende Leben in der Vielvölkerstadt New York, aber man wird den Eindruck nicht los, dass sie ihm fremd gegenübersteht. Wohin sie sich auch schreibt und denkt, die Landschaften ihrer Dichtung stehen unter dem Licht der Vergangenheit, ihre Gedichte sind Wieder-Holung im besten Sinn. Nach Jahren in New York übersiedelt sie nach Florida, dann nach Kanada, lebt schließlich in Berkeley, von wo sie das große Erdbeben in Kalifornien 1989 wieder zurück nach Brooklyn treibt.

Vier Jahre später schließt sich ein Kreis, der 1936 mit *Lider* seinen Anfang nahm. In Tel Aviv erscheint Zychlinskis letzter Gedichtband *Neje Lider*. Thema bleibt die Erinnerung, in ihr ist Zychlinski unermüdlich unterwegs. Die Last, als einzige aus ihrer Familie überlebt zu haben, wiegt im Alter mit jedem Tag schwerer, ein alltägliches Leben unter Menschen ist nicht mehr möglich. Parallelen zu Nelly Sachs drängen sich auf, wenngleich Zychlinski das nicht gerne lesen würde. Die ins schwedische Exil Geflohene gibt sie vor nicht zu kennen. Genauso wenig wie Paul Celan. Mit der deutschsprachigen Literatur hatte sie nach dem 1. September 1939 abgeschlossen, verfolgte deren weitere Entwicklung nicht mehr.

Am 13. Juni 2021 jährte sich Rajzel Zychlinskis Todestag zum zwanzigsten Mal. Ihr 2003 verlegtes Gesamtwerk ist mittlerweile vergriffen. Noch erhältlich sind eine Auswahl ihrer Zyklen in Jiddisch und Deutsch im Sammelband *Gottes blinde Augen*, ferner eine sehr einfühlsame wie wissenschaftlich genaue Annäherung an das Leben und Werk der großen jiddischen Dichterin in Form einer Dissertation mit zahlreichen Textbeispielen. Liest man diese Gedichte, mag einem einfallen, was ein anderer großer Vertriebener der Literaturgeschichte einer seiner Romanfiguren in den Mund legt. Joseph Roth lässt in *Die Flucht ohne Ende* Franz Tunda sagen: „Ich glaube, dass ich sehr fremd in dieser Welt geworden bin."

Heimisch wurde Zychlinski nicht mehr. Und dennoch hat sie einen Ort gefunden: in der jiddischen Sprache, in ihren Gedichten. In denen weinen die Schuhe, stellt eine mitten im Kehren den Besen weg und blickt uns an.

Das poetische Paternoster eines Narren

Erste Reihe rechts, Nummer 126. Ein schmiedeeisernes Grabkreuz, eine Tafel, darauf die Verse: „Denn klar seh ich wie nie zuvor: – Die Liebe höret nimmer auf!"

Ich weiß nicht, wie oft ich am Friedhof in Lienz vorbeigegangen bin. Ich habe einmal in der Stadt gewohnt, sie in den vergangenen Jahren immer wieder aufgesucht. Lange war mir nicht bewusst, dass auf dem Lienzer Friedhof ein Dichter begraben liegt, der Seinesgleichen nicht hat. Freilich, in den Literaturlexika der Gegenwart sucht man seinen Namen vergeblich. Er gehört zu den großen Vergessenen der deutschsprachigen Literatur, gleichwohl er einer ihrer bedeutendsten Vertreter in der ersten Hälfte des 20. Jahrhunderts ist: Peter Karl Höfler.

Immer wieder kommt mir jene Frage in den Sinn, die Höfler einem seiner Wegbegleiter einmal gestellt hat: „Weißt du, was ein Salamander ist?"

Die Verse über dem Grab – sind sie nicht die Antwort? Die Zeilen stammen aus einem Gedicht Höflers, geschrieben bereits unter Pseudonym und in einer Zeit, in der die deutsche Sprache längst zur Kommandosprache verkommen war. Die Wahl des Pseudonyms, auf das ich noch zu sprechen kommen werde, gewährt nicht nur Einblick auf Höflers literarischen Ansatz, es betont auch die Zäsur, die seinem Leben während des nationalsozialistischen Terrorregimes widerfahren ist.

Anders als bei Autorinnen und Autoren, die ihr Werk aus einem thematischen Reservoir speisen, das nicht zwingend mit Selbsterlebtem zu tun hat, ist es bei Höfler der eigene Lebenslauf, der zum Motor der Poesie wird. Pendelnd zwischen Polen, Christ und Anarchist in einem, Dandy und Proletarier, Mystiker und Kommunist, ist sein Schreiben ein permanenter Anlauf, das Gegensätzliche miteinander zu vereinen. Bei aller Anarchie, die seinem Denkansatz innewohnt, Formenzertrümmerer ist Höfler keiner. Warum auch, das Rad, auf dem er sich fortbewegt, muss nicht neu erfunden werden. Ihn interessieren eher die Speichen, meist vierzehn an der Zahl, wie das Sonett sie in Versen vorgibt. Die Speichen wurzeln in der Nabe, von dort breiten sie sich kreisförmig und einander im Reim kreuzend aus, verleihen dem Rad Stabilität. Die bleibt in der Poesie nur eine angedeutete, selbst wenn man sie in ein logisches Korsett schnürt. Allerdings, Höflers Rückgriff auf das Sonett ist nicht verwunderlich. Wie viele Dichter vor und nach ihm sieht er in dieser Spielart der Lyrik eine Möglichkeit, seine Gedanken klar und in Gedichtform zu strukturieren. Er unternimmt den Versuch, das Widersprüchliche logisch zu erklären, treibt den Teufel mit dem Belzebub aus. Denn das Gedicht, im Speziellen Höflers Gedicht, ist immer mehr, als die Form ihm zu gewähren vermag. Es suggeriert Harmonie und ist disharmonisch, löst sich aus der Vergangenheit in einen Anspruch auf Gegenwart, will Ganzes sein und Fragment bleiben, duldet keinen Widerspruch und ist widersprüchlich zugleich.

Geboren wird Peter Karl Höfler am 23. Januar 1905 in einem Berliner Arbeiterbezirk. Seine aus der Habsburgermonarchie stammenden Eltern haben sich gut ein Jahr zuvor in Berlin-Weißensee niedergelassen. Dort verbringt Höfler seine Kindheit und taucht ein in eine Bilderwelt, die ihn ein Leben lang begleiten wird. Es sind dies Bilder von Werkstätten und Lagerräumen, von Höfen, die straßenwärts durch breite Tore und backsteinerne mehrstöckige Kopfbauten abschließen. Morgens werden die Tore zum Moloch, der sich Hundertschaften von Arbeitern einverleibt und abends wieder ausspuckt. Unter ihnen auch Höflers Vater, ein gelernter Tischler. Der greift immer hemmungsloser zur Flasche, um in eine andere Wirklichkeit abzudriften. Der Vorstadttristesse überdrüssig und angetrieben von der Hoffnung auf eine bessere Arbeitsstelle, entscheidet er sich schließlich, mit der Familie nach Österreich zurückzukehren. So gelangt Höfler im Alter von sieben Jahren nach Rohrbach im Oberen Mühlviertel, gut 45 Kilometer von Linz entfernt. Hier kommt er erstmals in Berührung mit dem österreichischen Katholizismus bäuerlicher Prägung. „Graue Schwestern" lehren ihn, wird er später formulieren, eine Erfahrung, die sein Leben nicht minder beeinflusst wie der Eindruck vom Arbeiterelend in einer modernen Großstadt. Auch wird er Zeuge der sich rasant und bis in ländliche Gebiete ausbreitenden Industrialisierung. Ab 1914 gibt es in Rohrbach elektrisches Licht, es wird mit Strom von der nahen Teufelmühle gespeist, einem Kraftwerk an der Großen Mühl am linken Nebenfluss der Donau. Am nachhaltigsten aber prägen ihn in seinen frühen Jahren das wiederholte Scheitern des Vaters und die damit verbundene Ruhelosigkeit. Schon zwei Jahre nach der Ankunft in Oberösterreich kehrt Höflers Vater nach Berlin zurück, wohin er die Familie 1915 nachkommen lässt. Was goldenen Boden hat, ist in den Reden des Vaters jetzt nur noch schmerzliches Erinnern, längst ist er zum Industriearbeiter geworden. Gründet darauf Höflers Festhalten am Handwerklichen? Er wird ihm immer treu bleiben. Zunächst lässt er sich als Zahntechniker ausbilden, bricht die Lehre jedoch ab, wechselt zu einem Feilenhauermeister. Aus dieser Zeit stammen Höflers erste Gedichte, die er „bei der Petroleumlampe, nachts, zum Ärger des Vaters" geschrieben hat, wie sein Bruder Leo erinnert. Eines dieser frühen Gedichte ist eine Huldigung an ein Fünfzigpfennigstück:

> Lang ist es her. Ich sehe uns beide noch im Winkel hocken.
> Ich hielt dich gleichsam staunend und verängstigt in der Hand.
> Das Mondlicht hing im Fenster mit vergilbten Flocken
>
> und malte Schäfchen und Klabautermänner an die Wand. –
> Da saß ein Kindertraum dabei und summte fast erschrocken
> das Lied vom Glück, vom Glück – und zwei warmen Wintersocken ...

Höfler hält es nicht in Berlin. Er begibt sich auf die Walz, die ihn durch Bayern, Österreich und Oberitalien führt. In den verschiedensten Berufszweigen verdingt er sich, mal als Tischler oder Flickschuster, dann als Polsterer, Gold- und Silberschmied. Zuweilen verdient er sein Geld mit dubiosen Geschäften, gerät dabei nicht selten in wüste Raufhändel, was ihn wiederum mit den Behörden in Konflikt bringt. Als blinder Passagier gelangt er auf einem Frachtdampfer nach Spanien. Dann lebt er eine Zeitlang als Zuhälter in Rotterdam bei einer Prostituierten, heuert als Heizer und Trimmer auf Küstenschiffen an – Kurzum, eine Biographie, die andere für sich erfinden, um sich interessant zu machen.

Was treibt Höfler an? „Und nirgends ein Ort, wir gehen fort, wir kommen her, und nirgends ein Ort", vermerkte Augustinus in den *Confessiones*: Zu dieser Erkenntnis scheint auch Höfler gekommen zu sein, „in allen Provinzen Europas habe ich die Erde gerochen", schreibt er in einem seiner Sonette. Den Geruch der Erde sucht er zweifelsohne zeitlebens, sesshaft wird er nie. Allein die Zeitumstände wissen das zu verhindern.

Wieder nach Berlin zurückgekehrt, tritt Höfler der Kommunistischen Partei und dem später verbotenen Roten Frontkämpferbund bei. Er verkehrt nun regelmäßig in literarischen Kreisen, ist bekannt mit Erich Mühsam, Joachim Ringelnatz und Theodor Plivier. Thomas Mann, Franz Werfel, Alfred Kerr und andere treten für die Veröffentlichung seiner Arbeiten ein. Auf weniger Gegenliebe stößt der bekennende Kommunist beim braunen Mob, der immer mehr die Straßen beherrscht.

Ein Jahr vor der nationalsozialistischen Machtergreifung stirbt Höflers Mutter an einer Lungenentzündung. Mit dem meist arbeitslosen und der Trunksucht verfallenen Vater verbindet ihn wenig. Auch wenn Höfler später schreibt, „heute weiß ich, daß von allen Armen er der ärmste war." Dabei macht er gewiss eigene Erfahrungen geltend:

Freunde, ihr wißt, wie mir das Leben auf der Zunge schmeckt!
Oho, munteres Zünglein! – Und ihr wißt: Glück oder Glas!
Darum bedenke ich gerne dies und denke gerne an das,
eh der süße Wein mächtig mir eins in die Krone steckt.

Mit Beginn der Hitlerei wird Peter Karl Höfler zum Gejagten, SA und Gestapo spüren ihn stets in seinen Verstecken auf. Höfler flieht nach Österreich, wo er in der Wiener Josefstadt bei einer Schwester seiner Mutter Unterschlupf findet. Er hält sich mit Gelegenheitsarbeiten über Wasser, ohne die Hilfe seiner Tante wäre er jedoch nicht durchgekommen. Und hätte kaum Zeit zum Schreiben gefunden.

In Wien beginnt Höfler mit der Arbeit an einem Roman, doch es zieht ihn immer tiefer hinein in seine Form des lyrischen Sprechens. Das lädt er mit Themen auf, die seinen einstigen Parteigenossen zunehmend suspekt werden. Zu mystisch ist er ihnen, der Höfler, zu spirituell, es mangelt ihm an Klassenbewusstsein, seine Gedichte macht er unverhohlen zum Gebet. Der so Gescholtene interpretiert die Vorwürfe freilich anders und klagt, man sei in der Partei bestrebt, sein Talent niederzuhalten. Ähnlich reagiert der nach Dänemark exilierte Bert Brecht, der die Parteitheoretiker „Feinde der Produktion" und Apparatschiks nennt, die alles unter Kontrolle halten möchten.

Als die Nazis in Österreich anrücken und Begeisterungsstürme ernten, die sie in ihren kühnsten Träumen nicht erwartet hätten, flüchtet Höfler nach Brünn. Von nun an nennt er sich Jesse Thoor, ein Pseudonym, das seine Zerrissenheit widerspiegelt und Gegensätzliches miteinander vereint. Im *Sonett vom guten Willen* schreibt Thoor:

> So habe ich das Sterben fürchterlich und tausendfach erlitten,
> da ich – nicht Mensch noch Tier mehr – stöhnend aufgeschrien,
> als sie, die Tollen, mir das Herz in meiner Brust entzweigeschnitten.
> War es an jenem Tage der Gewalt im März, war es in Wien?

In Brünn kann Thoor nicht bleiben. Ende September 1938 werden Hitler durch das Münchner Abkommen die tschechoslowakischen Gebiete mit mehrheitlich deutschsprachiger Bevölkerung zugesprochen. Gut drei Wochen später wendet sich Thoors Kollege Franz Werfel an den Initiator der American Guild for German Cultural Freedom: „Ich empfehle den Dichter Jesse Thoor auf das dringendste für ein Stipendium. Seine Sonette sind zweifelsohne die erstaunlichste Leistung, die mir auf dem Gebiet deutscher Lyrik seit Jahren begegnet ist. Sie zeigen nicht nur eine dichterische Sprache und Bildkraft hohen Grades, sondern gestalten auch einen Zustand der Seele, der einmal vielleicht für unsere Epoche charakteristisch sein wird."

Thoor erhält ein Stipendium, ein Flugticket sowie die Einreiseerlaubnis nach England. In den ersten Wochen des Londoner Exils lernt er die aus Wien geflohene Friederike Blumenfeld kennen, die er ein Jahr später heiratet. Zuvor jedoch fallen ihm die „Pfaffen der Partei" in den Rücken, wie Thoor die vormaligen Weggefährten in einem Gedicht bezeichnet. Er wird von ebenfalls emigrierten Kommunisten als angeblicher Nazispion verleumdet und mit Kriegsbeginn zunächst in Devon, dann auf der Isle of Man interniert. Ein wenig mag ihn trösten, dass sechs seiner Gedichte in der von Thomas Mann in der Schweiz herausgegebenen Zeitschrift *Maß und Wert* in Druck gehen. Dadurch wird ihm erneut ein Stipendium der American Guild zugesprochen, mehr als das Existenzminimum sichert es freilich nicht.

Vom Schreiben zu leben, ist utopisch. Ans Schreiben zu denken, wird zur Qual. Thoors Misstrauen gegen die Sprache wächst, denn sie ist „nichts anderes als ein Verständigungsmittel – aber kein Mittel zu verdienen, oder sich durchzusetzen. Das soll man mit dem Hobel, mit dem Pflug, mit der Materie tun", hält er in einem Brief an seine Tante in Wien fest.

Natürlich schreibt er weiter. Ausgangspunkt für seine Gedichte werden zunehmend die von den Mystikern bekannten Zustände geistigen Schauens. Sie verändern Thoors Denken und Dichten von Grund auf. Vieles von dem, was er fortan sagt, wird unverständlich und wirkt aus heutiger Sicht befremdend: „Arbeitet auf den Feldern und achtet der Erde, die euch trägt. Beachtet das Holz, den Stein, und so alle Dinge voller Wunder sind: behütet eure Werkstatt ... sie ist ein Schrein der Offenbarung" heißt es im Gedicht *Karfreitagsrede*.

Die Arbeit in der Werkstatt hilft ihm, dem der Handwerksberuf von Jugend an so wichtig war, über manche Niederung des Exilantenalltags hinweg. Thoor stellt Gold- und Silberschmiedearbeiten her, Schmuck und Ringe für Freunde, bizarr anmutende Blumen und Kelche voll religiöser Symbolik. Dazu passend die archaischen Bilder, die seine Lyrik jetzt prägen. Doch es ist keine Blut-und-Boden-Archaik, wie man sie aus vielen Gedichten jener Zeit kennt. Die Entwurzelung zwingt ihn förmlich, auf eine Wiedereinwurzelung zu insistieren, auf eine Wiederentdeckung des Individuums und vor allem der Grundwerte. Es ist ein franziskanisches Staunen vor der Schöpfung, das ihn lobpreisen lässt. Nicht von ungefähr beruft er sich in einem seiner Gedichte auf den heiligen Mann aus Assisi als Zeugen. Gleichzeitig sind Thoors Verse ein Ausdruck der Erschütterung über eine Menschheit, die diese Schöpfung zu vernichten droht. Menschenrechte allein können es nicht mehr richten, die Erlösung der Menschheit obliegt einer höheren Instanz. Er, der einst gegen alle Rangordnungen Sturm lief, sieht keinen anderen Ausweg mehr, als eine übernatürliche Hierarchie zu akzeptieren. Er, der noch in einem frühen Gedicht geschrieben hatte, es tue ihm leid, er „glaube nicht an Gott", macht sich nun zu dessen Sprachrohr und huldigt der Jungfrau Maria.

Zweifelsohne, der Herr ist sein Hirte, doch Thoor ist kein willfähriges Schaf. Seinem Gottesbild haftet nichts Naives, seiner Gläubigkeit nichts Verbohrtes an. „Alles, was man von Gott denken kann, ist er nicht", schrieb Meister Eckhart einmal, so sieht es auch Jesse Thoor. Seine Gedichte stehen im Einklang mit den deutschen Mystikern, er nimmt Anleihen im Alten Testament, beruft sich auf Johannes vom Kreuz, auf die visionären Gedichte des Andreas Gryphius, auf den späten Hölderlin. Bei aller Anverwandlung, epigonal wird Thoor nie. Im Gegenteil, er ist eine der singulären Erscheinungen in der deutschsprachigen Literatur. Wie kein anderer versteht er es, seine Gedichte mit christlichen und mystischen Anspielungen zu durchwirken, dabei Formenstrenge walten zu lassen und sich eine Einfachheit im sprachlichen Ausdruck zu bewahren, die sein Werk im besten Sinn zum Ereignis, zu einem einzigartigen poetischen Paternoster machen.

Thoors Gedichtsprache ist die eines Exilierten und kennt nur zwei Extreme: das Pathos und das Verstummen. Demgemäß strotzen seine Strophen vor prophetischer Emphase und reißen unvermittelt ab in „stummen" Versen, die Thoor mit Strichen kennzeichnet. Mit solchen Strichen markiert er wohl auch die Jahre des Exils. Heimisch wird Thoor in England nie, schon gar nicht in der englischen Sprache, die zu erlernen er sich weigert. Die Jahre der Emigration verlebt er in dürftigsten Verhältnissen in Hampstead. Der dörfliche Charakter dieses Stadtviertels im Norden Londons wird seiner Sehnsucht nach dem einfachen Leben in der Natur Nahrung gegeben haben. Seit langem gilt Hampstead als Quartier der Künstler und Intellektuellen, John Keats, Katherine Mansfield, D. H. Lawrence oder Anna Pavlova wohnten hier und träumten bei Spaziergängen durch die ausgedehnten Parkanlagen von Hampstead Heath vom Landleben. Auch der aus Wien vertriebene Sigmund Freud verbringt sein letztes Lebensjahr in Hampstead.

Was als Werkstatt für seine Schmiedearbeiten dient, ist zugleich die Einzimmerwohnung, die Thoor mit seiner an Lungentuberkulose leidenden Frau bewohnt. Ihr hat er es zu verdanken, nicht gänzlich verstummt zu sein. Davor bewahrt ihn gewiss auch seine Überzeugung, die göttliche Ewigkeit lasse sich nicht über den Verstand erreichen. Dass er Letzteren verloren habe, davon sind die meisten derer überzeugt, die ihn in London antreffen. Der Lyriker, Übersetzer und Essayist Michael Hamburger erinnert sich einer Begegnung mit Jesse Thoor, als der gerade vom Verlag Faber & Faber in Soho kommt. Thoor hat T.S. Eliot eine eigenhändig geschmiedete Blume überreichen wollen in der Hoffnung auf ein Schiff als Gegengeschenk, gedenkt er doch dem Fliegenden Holländer gleich fortan über die Meere zu fahren. Bei einer der Sekretärinnen im Verlag ist Endstation, sie weist Thoor als Wahnsinnigen ab.

Aufs Verrücken versteht sich Thoor, entrückt ist er allemal. Er lebt die „Torheit der Gerechten", von der er in seiner Lyrik immer wieder spricht. Sein in den dreißiger Jahren einsetzender Mystizismus ist ein tief empfundener, erlöst ihn aber keineswegs vor einer ebenso tief empfundenen inneren Disharmonie. Allein die Tatsache, die Gesichte in Worte zu fassen, muss für Konflikte sorgen.

Jedem l'art pour l'art Gedanken fremd, geht es Thoor schon in seinem frühen Schaffen nie um das „absolute" Gedicht, sondern darum, vom Absoluten Zeugnis abzulegen. Dass er sich dabei ins Mieder des Sonetts schnürt, zeigt seinen Sinn für Selbstkritik. Tatsächlich garantiert die Form, die ihn zur Reduktion zwingt, dass seine Gedichte trotz überbordendem Pathos nie banal oder gar geschwätzig wirken. Auch vermeint man bei Thoors Gedichten zu den Ursprüngen des Sonetts zurückzukehren, zu einer literarischen Form, die sich aus dem gesungenen Vortrag entwickelt hat. Thoors Gedichte sind Lieder und prägen sich einem wie solche ein. Wer Jesse Thoor gelesen hat, wird ihn nicht vergessen, formulierte Michael Lentz einmal treffend. Man tut gut daran, sich Thoors Gedichte laut vorzulesen, nicht dass sie sonst an Qualität verlieren würden, aber die ungeheure Dynamik, Melodik und Suggestionskraft, die seinen Versen innewohnt, will gehört werden.

Thoors frühe Vorbilder sind offensichtlich Villon und Rimbaud. An Ersterem fasziniert ihn das anarchische Temperament, an Letzterem die Fähigkeit, ein solches Lebensgefühl im Gedicht zu bändigen. Lesend hat sich der Autodidakt Thoor, der nie eine akademische Bildung genossen hat, zum Dichter geschult. Seine Bücherfeindlichkeit, mit der er sich in frühen Jahren gerne brüstete, um das Bildungsbürgertum mit Hohn zu bedenken, entpuppt sich bei näherer Betrachtung seiner Gedichte als Attitüde. Zu anspielungsreich sind seine Strophen, zu genau gearbeitet sein Vers. Doch gehört die Koketterie eben auch zur Zerrissenheit eines Mannes, dessen Wahl des Pseudonyms nicht nur mit dem Gemütszustand korrespondiert, sondern darüber hinaus Belesenheit verrät.

Jesse Thoor. Zwei Pole, Nord und Süd. Jesse von Jesaja, dem biblischen Propheten, Thoor vom germanischen Gott Donar. Der gilt im nordischen Mythos als Bewahrer vor Übeltaten, sein wichtigstes Attribut ist der Hammer, mit dem er die Erde urbar macht. Kaum verwunderlich also, dass Thoor so inbrünstig die heilige bäuerliche Ordnung besingt. Jesaja wiederum ist jener Prophet, der dem jüdischen Volk das Ende des babylonischen Exils verkündet. „Und ein Reis wird hervorgehen aus dem Stumpfe Isais, und ein Schößling aus seinen Wurzeln wird Frucht bringen", ist im Buch Jesaja zu lesen. Auf diese Textstelle gründet das bekannte Lied *Es ist ein Ros entsprungen*. Auch in Thoors Werk findet sich ein *Weihnachtslied*, dort heißt es: „Daß also ein Reislein sprang, viel Preis und Ehr! Und recht schönen Dank dem, der kein Unrecht begehr!"

Drei Jahre nach Kriegsende erscheint im Nürnberger Nest-Verlag ein Band mit dem Titel *Sonette*. Es wird Jesse Thoors einzige Publikation zu Lebzeiten bleiben. 1952 verlässt er London, will zurück nach Österreich. Der Erlös aus seinen Goldschmiedearbeiten reicht für eine Fahrkarte, die ihn nach Matrei in Osttirol bringt, wo er bei einem Bekannten unterkommt. Mit ihm unternimmt Thoor, gerade erst von einer Herzthrombose genesen, eine Bergtour. Am folgenden Tag möchte er seine aus Wien angereiste Tante von der Busstation abholen, bricht auf dem Weg dorthin zusammen. Nach vier Tagen Pflege im Haus des Bekannten wird er ins Lienzer Krankhaus eingeliefert. Dort stirbt Jesse Thoor am 15. August 1952, am Mariahimmelfahrtstag. Seine Tante erinnert sich: „Als der Arme wegfuhr von Matrei, sagte ich zum Abschied: Wirst brav sein Karli und den Ärzten folgen. Er sagte, nein, Tante, brav werde ich diesmal nicht sein."

Ein Vierteljahrhundert später besucht der Osttiroler Johann Trojer das Grab Jesse Thoors. Mittlerweile sind einige Gedichte in der von Walter Höllerer herausgegebenen Zeitschrift *Akzente* abgedruckt worden. Ferner erschien eine von Alfred Marnau vorgenommene Auswahl an Gedichten, die neun Jahre später erneut aufgelegt und mit einem Vorwort von Michael Hamburger versehen wurde. Auch kann Trojer auf den 1975 von Peter Hamm im Suhrkamp Verlag herausgegebenen Band mit Gedichten von Jesse Thoor verweisen. 2005, zu Thoors 100. Geburtstag, kommt es zu einer Neuauflage dieses Buchs. Es ist die einzige Publikation, die momentan erhältlich ist.

 Trojer verfasst einen Artikel für die *Osttiroler Heimatblätter*, in dem er das Werk Thoors würdigt und seine Vita kurz umreißt. Er führt eine Reihe von Wahlverwandten Jesse Thoors an, Franz von Assisi, Paracelsus, Rimbaud, Villon, Simone Weil, Theodor Kramer. Auch nennt er nicht zu Unrecht William Blake. Von Letzterem stammt der wunderbare Satz: „Wenn der Narr auf seiner Narrheit bestünde, würde er weise werden."

 „Weißt du, was ein Salamander ist?" Es ist die Frage eines Narren, der auf seine Narrheit nie verzichten wollte. Jahre später findet Ingeborg Bachmann in ihrem Gedicht *Erklär mir, Liebe* eine Antwort: „Ich seh den Salamander durch jedes Feuer gehen. Kein Schauer jagt ihn, und es schmerzt ihn nichts."

 „Denn klar seh ich wie nie zuvor: – Die Liebe höret nimmer auf!"

 Jesse Thoor gehört zu den Weisen.

Urnengrab Matrei am Brenner

Nachrufe

Alexandra Keller

Waltraud Kreidl (1953–2021): Nichts zu bereuen

Am 15. März 2021 ist Waltraud Kreidl gestorben. Sie war ein Urgestein der Sozialarbeit in Tirol und eine Urkraft im Kampf um Gerechtigkeit, Gleichberechtigung, Respekt, Menschenwürde und Chancengleichheit. Große gesellschaftspolitische Themen also, die ständig unter Beschuss stehen. Themen, für deren Sicht- und reale Spürbarkeit im System unablässig gekämpft werden muss. Themen, bei denen man sich Sisyphos als glücklichen Menschen vorstellen darf.

Waltraud Kreidls Leben war geprägt von diesen Themen und dem ständigen Ringen um eine bessere Welt. Darum muss ihr Nachruf fast schon zwingend ein Aufruf sein. Ja, das würde ihr wohl gefallen. Im Gedanken an sie – im Gedenken – den Blick nicht nur zurückzurichten, sondern auch nach vorn. Mit dem Aufruf – Haltung zu wahren, Missstände aufzuzeigen, aufmerksam zu bleiben, gegen den gemütlichen Strom zu schwimmen und – nicht zuletzt – das Leben mit viel Freude und Humor zu genießen.

Diese roten Fäden drängen sich beim Blick in ihre Biografie und die so zahlreichen Erzählungen der Gefährt*innen auf, deren einleitende Worte zu Waltraud Kreidls Abschied eine tiefe verbale Verneigung sind: „All die Stationen ihres Lebens in Chronologie aufzuzählen, oder auch in einer Vollständigkeit zu sagen, was Waltraud alles in ihrem Leben geleistet und geschaffen hat, wo sie überall mit dabei war, für wie viele sie als Unterstützerin und Mentorin wichtig war, scheint nicht bewältigbar." Es ist unmöglich, ein Leben wie das ihre in knappe Worte zu fassen. Doch einen Versuch ist es wert.

Waltraud Kreidl wurde 1953 geboren – in eine Zeit hinein, in der sich Österreich ganz langsam neu definierte, der Mief der unmittelbaren Nachkriegszeit sich zaghaft auflöste und Platz geschaffen wurde – für Gedanken an einen gesellschaftlichen Wandel. Freiheit in ihren besten Formen war der Leuchtturm. Waltraud Kreidl muss dieses Licht früh schon gefesselt haben und sie muss auch jene Kräfte früh schon identifiziert haben, denen dieses Licht zu grell erscheint.

Sie entschied sich, Soziologie zu studieren. In den 1970er-Jahren, in Wien und in Innsbruck. Soziologie wird als Wissenschaft definiert, die sich mit der empirischen und theoretischen Erforschung des sozialen Verhaltens befasst und die Voraussetzungen, Abläufe und Folgen des Zusammenlebens von Menschen untersucht. In dieser knappen Definition steckt genau genommen die ganze „menschelnde" Welt, für die ein Staat die Rahmen schafft und dabei zeigt, was ihm wirklich wichtig ist. Und wer nicht.

Waltraud Kreidl waren die Menschen wichtig – alle, aber vor allem jene, die nicht in das uniforme Strickmuster des Bilderbuchideals passen. Menschen, deren

Lebensgeschichten Brüche aufweisen – Brüche, die nur mit Hilfe gekittet werden können. Menschen, die Unterstützung brauchen, um in würdevoller, selbstbestimmter Weise am gesellschaftlichen Leben teilhaben zu können.

Ist Soziologie die wissenschaftliche Theorie, so ist Sozialarbeit – salopp formuliert – die ganz direkte, praktische Brücke zur Realität, zum Alltag unterstützungsbedürftiger Menschen und zu den Ansprüchen, die „der Staat" für sie definiert. Diese Ansprüche sind es, die immer verbessert werden können und verteidigt werden müssen. Sozialarbeit, die kritische Sozialarbeit, für die Waltraud Kreidl auf vielen Ebenen und über viele Jahre Triebfeder wie Ansprechpartnerin war, ist nie zu Ende dekliniert. In ihr ballt sich in gewisser Weise die gesellschaftspolitische Dynamik, die erkannt oder entlarvt werden will und viel zu oft Wehrhaftigkeit erfordert.

Wehrhaftigkeit ist auch so ein großes Wort, das Waltraud Kreidls Leben begleitete. Sie verstand es auf charmante Weise, politischen Druck zu erzeugen oder kompromisslos zu verhandeln, Gleichgesinnte zu vernetzen und in starken Teams mit Gefährt*innen zu arbeiten, deren individuelle Widerständigkeit sich in den vielen Arbeitskreisen, denen sie angehörte, potenzierte.

In dieser diffizilen Dynamik und mit dem Anspruch, die Rahmen zu verbessern, waren stets Diskurse nötig, intensive Diskussionen, auch Demonstrationen. Die Projekte, an denen Waltraud Kreidl teils initiativ beteiligt war, zeigen das

Waltraud Kreidl
(Foto: Andreas Friedle)

Spektrum ihrer Arbeit und ihres Einsatzes. Mit ihrem Namen sind beispielsweise die Alkohol- und Drogenberatung, die Michael-Gaismair-Gesellschaft, die Kommission für Heimopfer, der Pradler Kaufladen, die Schuldenberatung, das Sozialparlament, die Gründung des Sozialpolitischen Arbeitskreises SPAK, die Vollzugskommission in der Justizanstalt oder die Termiten – die Plattform für kritische Sozialarbeit in Tirol – verbunden. Als Lektorin am Studiengang für Soziale Arbeit des MCI (Management Center Innsbruck) gelang es ihr, die Erfahrungen und die Leidenschaften zu multiplizieren. Und im Bereich der Haftentlassenenhilfe gelang es ihr, Meilensteine zu setzen.

1985 wurde die Zentralstelle für Haftentlassenenhilfe Innsbruck eröffnet. „Edmund Pilgram, Leiter der Innsbrucker Geschäftsstelle der Bewährungshilfe, fand es an der Zeit, eine derartige Einrichtung, wie sie schon in Wien, Linz, Salzburg und Klagenfurt existierte, auch in Innsbruck zu etablieren, und begann, wie es seine Art ist, emsig vorbereitende Gespräche zu führen", blickte Waltraud Kreidl anlässlich des zehnjährigen Jubiläums der Zentralstelle für Haftentlassenenhilfe im 1995 erschienenen Zehnjahresbericht „Ten Years after" zurück. Und hielt zu ihrem Einstieg fest: „Ich war damals beim Land Tirol tätig und schien ihm offensichtlich eine geeignete Ansprechperson als zukünftige Leiterin dieser Einrichtung zu sein. Nach kurzer Überlegung stellte ich – vorläufig einmal – einen Antrag auf Karenzierung für ein Jahr bei meinem Arbeitgeber." Sie war die Geeignete. Und ein Jahr war nicht genug. Bis 2010 sollte Waltraud Kreidl Leiterin der Zentralstelle für Haftentlassenenhilfe bleiben, ab 1993 in Teilzeit, was ihre starke Präsenz nicht minderte.

Neben ihrer Lehrtätigkeit an der Universität Innsbruck, der Akademie für Sozialarbeit und dem MCI, in der sie viele Studierenden-Generationen prägte, hatte sie so stets Auge, Ohr und andere Sinne an der Basis, direkt bei den Klient*innen und Kolleg*innen. Ihre außergewöhnliche Fähigkeit, „alle Sprachen" zu sprechen – die von Ausdauer erfordernden Klient*innen genauso wie jene der nicht minder viel Ausdauer erfordernden Beamt*innen oder Politiker*innen –, zeichnete Waltraud Kreidl aus. Ihre Intellektualität paarte sich leichtfüßig mit dem Wissen um vermeintlich einfache Alltagsprobleme und ihrer ganz grundsätzlichen Bereitschaft, dort Hand anzulegen, Türen zu öffnen und zu helfen, wo es nötig war. Die Gabe ihrer Vielsprachigkeit verstand sie perfekt einzusetzen – sei es, um Potenziale zu entdecken und zu unterstützen, sei es, um mit messerscharfer Klinge Fehlentwicklungen aufzuzeigen und Missstände öffentlich zu filetieren.

In einem Interview mit der Autorin dieser Zeilen, das 2011 unter dem Titel „Ende der Sozialarbeit" im Tiroler Nachrichtenmagazin ECHO erschien (ECHO 07/2011), hatte Waltraud Kreidl George Orwell zitiert: „Erkennen, was vor der eigenen Nase passiert, bedarf ständiger Anstrengung." Sie erkannte viel. Auch viel Negatives. Leider.

Waltraud Kreidl hatte die Zeit in den 1980er- und 1990er-Jahren miterlebt, als im Sozialbereich Österreichs viel aufgebaut wurde und die Antworten den unterschiedlichen sozialen Fragestellungen entsprechend breit gegeben wurden. In diesem menschenwürdigen Sog war auch die Zentralstelle für Haftentlassenenhilfe gegründet worden. Doch schon 1995 musste Waltraud Kreidl im Rückblick festhalten: „Auch auf die Gefahr hin nach vielen Jahresberichten redundant zu werden, die Ressourcen für unsere Klientinnen wurden immer magerer. Der Wohnungsmarkt wurde für unsere Klientinnen immer weniger zugänglich."

Im Bericht brachte sie auch ihr Selbstverständnis von Sozialarbeit auf den Punkt, was im Zusammenhang mit den mageren Ressourcen das Spannungsfeld des sozialarbeiterischen Arbeitsalltags recht gut skizziert: „Sozialarbeit bedeutet unserer Meinung nach nicht nur kurzfristige und punktuelle ‚Reparierfunktion', welche längerfristig frustrierend und substanzraubend ist. Die Krisen nach der Haftentlassung setzen sich aus sozialökonomischen und persönlichen Defiziten zusammen. Das Angebot hat dem Rechnung zu tragen. Wir verlangen von den Klientinnen Anstrengungen, allerdings nicht im Sinne von Leistungskontrollen. Wir wollen keine Lebensführungsänderung erzwingen, sondern die Klientinnen sozialarbeiterisch begleiten, mit ihnen einen gemeinsamen Lebensplan erarbeiten, der flexibel gehalten ist und auch immer wieder abgeändert werden kann. Leidvolle Erfahrungen jedes einzelnen und daraus resultierende dissoziale Handlungen können erst in einem sich langsam aufbauenden wechselseitigen Vertrauensprozess bearbeitbar werden."

In den Folgejahren musste sie miterleben, wie das von Respekt und Wertschätzung getragene Ideal sukzessive demontiert und in neoliberal geprägte Excel-Tabellen gepresst wurde. Im oben erwähnten Interview „Ende der Sozialarbeit" beschrieb Waltraud Kreidl, welche Veränderungen sie bemerkte: „Veränderungen, die die Struktur und Rahmenbedingungen betreffen. Von oben wurden Schritt für Schritt gewachsene Strukturen abgebaut. Ich hatte den Eindruck, dass die Organisation selbst wichtiger wurde als die Arbeit mit den Klienten. Zusehends wurden Entscheidungen ohne Einbindung der erfahrenen Mitarbeiterinnen getroffen, zunehmend wurden Kennzahlen und Kontrolle wichtig und irgendwann hatte ich den Eindruck, dass die Klienten den Betrieb eigentlich stören."

Die Lebensgeschichten, mit denen sich niederschwellige Sozialarbeit befasst, lassen sich nicht in einem Schema F darstellen, Erfolge nicht daran messen, wie viele Beratungskontakte es gegeben hat. Zahlen können diese Komplexität und Dynamik nie widerspiegeln. „Es war immer schon klar, dass Sozialarbeit zwischen mehreren Sesseln sitzt. Man hat den Klienten und die Erwartungen der Organisation und es ist nicht immer so, dass das gut zusammenpasst. Das ist ein Konflikt, der doppeltes Mandat genannt wird. Wenn aber nur noch die Kontrolle übrigbleibt, ist es keine Sozialarbeit mehr. Dann wird sie zur ‚Polizei light' abgewertet", hielt Waltraud Kreidl 2011 fest. Rückblickend tat sie das, denn 2010 hatte sie die Leitungsfunktion in der Zentralstelle für Haftentlassenenhilfe zurückgelegt. Wenige Jahre vor ihrer offiziellen Pensionierung.

Lange hatte Waltraud Kreidl versucht, im Sinne der Klient*innen eine Balance zwischen den immer schärfer werdenden Vorgaben und dem sozialarbeiterischen Ideal herzustellen. Dieser fast unmögliche Kraftakt gipfelte im Jahr 2010 in einer Auseinandersetzung mit ihren Vorgesetzten in Wien. Waltraud Kreidl: „Letztlich wurde mir gesagt, dass ich ein falsches Verständnis von Sozialarbeit und von Leitungstätigkeit hätte." Ein falsches Verständnis von Sozialarbeit? Sie, die schon zu Lebzeiten als Urgestein der Sozialarbeit bezeichnet worden war?

26 Jahre nachdem Waltraud Kreidl den Grundstein für die Haftentlassenenhilfe in Tirol gelegt hatte, verließ sie die Institution erhobenen Hauptes und im Wissen darum, dass gekämpft werden muss. Wieder. Obwohl die Haftentlassenenhilfe ihre Herzensangelegenheit gewesen war, wohnte dem Abschied auch eine gewisse Erleichterung inne. Im Rahmen der Lehrtätigkeit am MCI und im Rahmen der Termiten, die kritischer Sozialarbeit eine lautstarke Stimme verleihen, konnte sie wieder entfesselt und frei die Tatsachen ansprechen und die Empörungsbereitschaft kitzeln. Ohne Maulkorb. Ohne Weichzeichner.

Waltraud Kreidls Geschichte ist so eng mit der Geschichte der Tiroler Sozialarbeit verwoben, dass sie nicht getrennt voneinander betrachtet oder gelesen werden können. „Wie keine andere setzte sie sich bis zuletzt für eine kritische Haltung in der Sozialen Arbeit ein, für die Würde des Menschen, für den Kampf gegen Ausgrenzung und Marginalisierung und für eine gerechtere Gesellschaft", heißt es in den Abschiedsworten ihrer Mitstreiter*innen, die über die Jahre Freund*innen geworden waren – und Begleiter*innen bis in die letzten Stunden.

Ihre Freundschaft zu so zahlreichen Menschen war nicht nur dem gemeinsamen Kampf oder den geteilten Werten und Grundhaltungen geschuldet. Waltraud Kreidl verstand es, das Leben zu zelebrieren und den Spaß daran zu teilen. Ihre Gastfreundschaft war legendär. Ihre bedingungslose Offenheit war es auch. Dass ihr Sterbebild, die Parte, ein Glas Rotwein ziert, scheint selbstverständlich. Und denen, die sie kannten, gaukelt das Bild auch leichten Zigarettenrauch in die Nase.

Mit dem treuesten ihrer Begleiter, Friedemann, verband sie eine lange, lebhafte Liebe und tiefe Verbundenheit. Mit Südfrankreich verband sie das lustvolle savoir vivre, die Energie des Meeres und der Sonne sowie die jährliche Erkenntnis, wieder nicht ins nahe gelegene Barcelona gekommen zu sein. Mit dem Leben selbst verband Waltraud Kreidl eine kompromisslose Hingabe, die sich auch in den Worten wiederfindet, die sie für ihre Parte ausgesucht hat. Von Edith Piaf gesungen, von ihr gelebt: „Non, je ne regrette rien – Nein, ich bereue nichts." Ja, ihr Nachruf muss ein Aufruf sein.

Quellen

„Das Ende der Sozialarbeit" – Interview mit Waltraud Kreidl, erschienen in ECHO, Tiroler Nachrichtenmagazin, Nr. 07/2011.
„Ten Years after", Zehnjahresbericht der Zentralstelle für Haftentlassenenhilfe Innsbruck, sub 2/95.

Boris Jordan / Georg Willi

„Ja mei …"
Ein Nachruf auf Dr. Werner Waitz

Man will ja das gar nicht tun hier. Man will ja gar nicht hier stehen mit den anderen Fassungslosen, die es auch nicht glauben konnten oder wahrhaben wollen. „Ja mei …" würde Werner sagen.

Vielmehr will man das tun, was zu einer liebgewordenen Routine geworden ist.

Man will auf der Terrasse sitzen, blöd und faul, vielleicht mit einem Bier und einer Zigarette, und warten, dass die liebgewonnene Routine eintritt: Werner Waitz in seiner bunten Papageien-Jacke, wie er vom Nachbargarten herüber stiefelt, auf der Suche nach seinen Katzen, wie er einem was bringt oder was schenkt, von dem man gar nicht wusste, dass man es braucht … ein linkes Buch, ein super Fahrrad, eine viel zu teure Flasche Wein – oder einen Gedanken, der ihm gestern noch nächtens gekommen war, beim Nachdenken über die Welt – denn das hat er mehr getan als alle anderen, und mehr als die meisten anderen ist er von einem radikalen, humanistischen Standpunkt nicht um die Burg heruntergestiegen.

Werner Waitz (Foto: Andrea Waitz-Penz)

Wir haben Abende und Nächte des Durchdiskutierens und Analysierens erlebt, Abende und Nächte voll mit Tränen und voll mit lautem Lachen, immer voller Liebe und Solidarität, voller Witze und Flüche, hochemotional im Detail, und sachlich und prinzipiell fundiert im Inhalt.

Werner Waitz hat in seinem Leben immer bekämpft, was zu bekämpfen war: Ungerechtigkeit, Gier und bigotte Moral, Spießer, Schreibtischtäter und Bonzen – nicht nur, aber gerne in ihrer Tiroler Variante. Er hat das mit verschiedenen Weggefährt:innen getan: Rote, weniger Rote, Grüne, weniger Grüne, Hedonist:innen, Bobos, Feminist:innen … immer eigensinnig, immer auf Augenhöhe und immer streitbar.

Werner hat immer das gute Leben geliebt, und es war ihm immer ein großes Anliegen, dass es dieses gute Leben für alle gibt. Wie Bertrand Russell sagt: *„Das gute Leben ist von Liebe beseelt und vom Wissen geleitet."* – Das wollte Werner immer haben und geben, und hat es in großem Stil gehabt und gegeben – die Liebe zur Liebe seines Lebens, seiner Frau Andrea, Liebe zu seinen Freunden und Freundinnen, die Liebe zum Genuss und zum lauten Lachen.

All dem ist er – kompromisslos wie immer – bis zum Schluss treu geblieben.

Werner war es immer wichtig, den politischen Diskurs zu führen. Über das, was auf dieser Welt falsch läuft. Was wir ändern müssen. Oft hat Werner provoziert und uns gezwungen, Positionen kritisch zu hinterfragen und zu verändern. Er hat manchmal richtig genervt. Aber das war gut. Das hat es gebraucht. Dass da einer völlig unabhängig seine Meinung sagt, einer, der nichts braucht, nichts werden will, aber hochpolitisch Werthaltungen einmahnt.

Werner Waitz in jungen Jahren
(Foto: Andrea Waitz-Penz)

Was waren das für Zeiten, als Werner den Wahlkampfcontainer für die Grünen spendiert hat und fast täglich dort gesessen ist, um mit den Leuten zu reden, zu diskutieren, zu streiten. Werner, der Weltverbesserer!

Für sich selbst hat Werner nicht viel gebraucht. Jedenfalls die Andrea, jedenfalls einen guten Wein und viele Zigaretten. Wahrscheinlich zu viele. Dann noch ein gutes Fahrrad und gute EDV-Ausrüstung.

In dieser kleinen Welt in der Sonnenstraße hat Werner immer über die große Welt nachgedacht. Wie sie verändert gehört. Wie wir sie besser machen können. Seinen Teil dazu hat Werner beigetragen. Dafür sind ihm heute viele dankbar.

Wir müssen uns immer an Werner Waitz erinnern, weil es Leute wie ihn braucht: laute, wilde, streitbare, kämpferische, nicht selten in ihrer Hartnäckigkeit und Sturheit bedingungslose politische Menschen. Und dass es diese Menschen braucht, die für das Gute auch bereit sind, zu nerven oder anzuecken, weil sie mit Herz und Hirn das Höhere im Auge behalten.

Und uns daran erinnern, dass man all das sein kann und muss, und dabei immer bereit zu sein, das gute Leben für alle zu erkämpfen. Da sollen, da müssen wir alle wie Werner sein, weniger hätte er uns nicht durchgehen lassen.

Wir müssen das Glas auf diesen wilden, guten Mann erheben, so, wie er es für uns getan hat. Das war er in jedem Fall: ein wilder, guter Mann.

Lebensdaten von Werner Waitz (5.9.1951 – 9.7.2021)

Zusammengestellt von Alexandra Weiss

Werner Waitz wurde am 5. September 1951 in Innsbruck geboren. Die Volksschule besuchte er in Mühlau und wechselte dann nach einem Jahr Hauptschule ins Reithmanngymnasium. Dort wurde er Mitglied der Cimbria, einer Verbindung des Mittelschüler Kartellverbandes, allerdings wurde er schließlich „infame" (ehrlos) ausgeschlossen. Das Gymnasium brach er 1970 in der 8. Klasse ab, um ein Jahr lang durch Dänemark und Schweden zu reisen. Seinen Lebensunterhalt verdiente er unter anderem als Gärtner oder als Arbeiter in einer Wurstfabrik. Das Geld, das ihm übrig blieb, brachte er im „Swinging London" durch.

1971 kehrte Werner nach Innsbruck zurück und holte die Matura nach. Bald tauchte er in die linke Szene Innsbrucks ein und wurde Mitglied im Basisgruppenrat, der sich 1971 an der Universität Innsbruck konstituierte und eine Vereinigung linker Studentinnen und Studenten war. Werner studierte in diesen Jahren eine Vielzahl von Fächern, angefangen von Geschichte und Italienisch bis Psychologie, aber eigentlich nichts richtig. Denn er agitierte mehr, als er studierte und wurde Mitglied des Kommunistischen Bunds (KB), später stand er der Vereinigung revolutionärer Arbeiter (VRA) nahe. Den Auftrag, Arbeiter und Arbeiterinnen für linke Politik zu gewinnen, nahm er sehr ernst. Er verteilte nicht nur Flugblätter vor der „Papierbude Wattens", sondern arbeitete dort auch fast ein Jahr, wohnte vor Ort und freundete sich mit Kolleginnen und Kollegen aus der Fabrik an.

1975, als die Regierung Kreisky in Österreich den Zivildienst als Alternative zum Wehrdienst einführte, wollte Werner seinen Zivildienst antreten. Das war allerdings nicht so einfach, aber mit Unterstützung von Freunden und Freundinnen aus dem Arbeitskreis Kritischer Juristen (AKJ) konnte er seinen Zivildienst durchsetzen, den er als Betreuer im Innsbrucker Jugendzentrum Z6 absolvierte, das sich damals noch in der Andreas-Hofer-Straße befand.

Ab 1976 studierte Werner schließlich Biologie. Sein Freund Reinhold Pöder, später Professor am Institut für Mikrobiologie der Universität Innsbruck, überzeugte ihn von diesem Fach und traf damit Werners Interesse und Talent. 1985 schloss Werner seine Dissertation zu einem elektronenmikroskopischen Thema ab und promovierte im Dezember desselben Jahres. Bevor es aber so weit war, lernte er 1984 Andrea Penz kennen, 1987 heirateten die beiden. Sie verbrachten insgesamt 37 Jahre miteinander.

Nach der Dissertation ging es für Werner beruflich vorerst mit einem Akademiker-Training an der medizinischen Biochemie weiter, darauf folgten vier Jahre als Assistent an der Pathologie und danach weitere vier Jahre an der Physiologie.

Im Juni 1987 trat Werner der Sozialdemokratie bei, das politische Engagement blieb für ihn weiter wichtig. Ab 1990/91 arbeiteten Werner und Andrea für einige Jahre in der Redaktion des Gaismair-Kalenders mit, später übernahmen sie noch das Amt der Rechnungsprüfer_innen. Ein wichtiges und prägendes Ereignis war das sogenannte „Lichtermeer", das am 23. Jänner 1993 stattfand und in dessen

Organisation sich Werner in Innsbruck massiv einbrachte. Es war eine Gegenreaktion auf das von der FPÖ unter Jörg Haider initiierte „Anti-Ausländer-Volksbegehren", das formal „Österreich zuerst" hieß.

Beruflich beschäftigte sich Werner ab Mitte der 1990er-Jahre mit Informationstechnologie. Mit zwei Kollegen gründete er eine Computerfirma, aus der er sich allerdings später zurückzog und Privatier wurde. Er intensivierte sein Engagement in der SPÖ, insbesondere bei der 1998 gegründeten „Themeninitiative für sozialistische Politik in Tirol". Sie entstand als Reaktion auf das neue, von sozialdemokratischen Grundwerten weitgehend gesäuberte Parteiprogramm der Sozialdemokratie. Die Sozialdemokratie machte sich auf den sogenannten „Dritten Weg" und verabschiedete sich vom demokratischen Sozialismus und vielem mehr. Nach dem Gemeinderatswahlkampf im Jahr 2000 zog sich Werner enttäuscht von der SPÖ zurück.

Am 1. Jänner 2001 trat er schließlich aus der Partei aus und begann sich, da er ohne Politik nicht leben konnte, bei den Tiroler Grünen zu engagieren. Er brachte sich dort in diversen Gremien und Wahlkämpfen ein und unterstützte unter anderem Georg Willi bei seiner Kandidatur für das Bürgermeisteramt.

Am 9. Juli 2021 ist Werner nach kurzer Krankheit viel zu früh verstorben. Er fehlt uns.

Moorlandschaft

Zu den Bildern von Ype Limburg – Malen mit Licht

Ype Limburg

Camera Obscura Fotografie

Malen mit Licht

Ype Limburg sieht im Arbeiten mit der Camera Obscura mehr einen Malakt als Fotografie. Die wesentliche Parallele dabei liegt im Entstehungsprozess des Bildes, dem Malen von Licht, bei dem das Motiv langsam auf der Leinwand spürbar wird. Als Protagonist gesellt sich die Zeit hinzu, entscheidend für Vollendung und Darstellung einer Fotografie. Der Künstler bezeichnet diesen von ihm initiierten Malakt als ein poetisches Spiel zwischen den Faktoren Licht, Zeit und Raum. In diesem notwendigen Spiel offenbart sich das Faszinosum dieser Arbeiten. Für viele Künstler bot die Camera Obscura Zugang zu einem konstruierten Abbild der sichtbaren Welt. Manche von ihnen, im Besonderen die niederländischen Meister des 17. Jahrhunderts, bedienten sich darüber hinaus gezielt der unmittelbaren empirischen Zeugnisse der sichtbaren Welt, die ihnen die Camera Obscura lieferte. Diese lange praktizierte Tradition dominiert in Limburgs Arbeiten: Je nach Lichtverhältnissen und Belichtungszeit, nach Camera und Position, komponiert und dirigiert der Fotograf seine Motive und Bilder. Limburg selbst sieht sich dabei in der Rolle eines Zuschauers und Begleiters, als Unterstützer eines Prozesses von Geschehen und Entstehen.

Veronika Berti

Diese kleine Camera Obscura wurde fünf Minuten am Urnengrab belichtet. Durch ein sehr kleines Loch an einer Seite fließt das Licht und belichtet das Fotopapier in der Camera Obscura. Entwickelt und fixiert dienen diese Foto-Negative Ype Limburg für Fotoabzüge und Siebdrucke. (Foto: Ype Limburg)

Die Camera Obscura „Dimpl Whisky" in Aktion am Obernbergersee, mit einem Stein fixiert, damit das Licht so tief wie möglich über dem Wasser in die Camera Obscura hineinfließt.

Nach etwa 10 Minuten Belichtungszeit ist diese Fotografie entstanden: „Obernbergersee", Camera Obscura Fotografie, Art-Print auf Alu-Dibond 70cm x 100cm, 2013 (Fotos: Ype Limburg)

Künstlerische Werke von Ype Limburg umfassen Camera Obscura Fotografien, Objekte und Siebdrucke. Ype Limburgs Kunstwerke befinden sich in öffentlichen Sammlungen und in Privatbesitz. Website: www.ypelimburg.at

Biografie

1990–2021	Ausstellungen und Kunstprojekte im In- und Ausland
2001–2021	art didacta Sommerakademie, Kursleiter experimenteller Siebdruck
2000–2021	Lehrbeauftragter für grafischen Entwurf und Siebdruck, HTL Bau und Design, Innsbruck
1990	Umzug von Amsterdam nach Innsbruck (Liebe)
1988–1990	Assistent für Siebdruck und Lithografie an der Gerrit Rietveld Kunstakademie Amsterdam
1987–1990	Galerist der Galerie de clou in Amsterdam
1978–1987	Buch-, Offset- und Siebdrucker, Lichttechniker u. a. für 3 Wheel Circus auf Tournee durch Europa
1978	Umzug nach Amsterdam
1975–1978	Ausbildung grafische Drucktechniken
1959	geboren in Winterswijk, Niederlande. Jugend in Drachten, Friesland

Ype Limburg
(Foto: Andrea Haniger-Limburg)

AutorInnenverzeichnis

Alm, Niko: geb. 1975; Mag. phil.; Medienunternehmer und Publizist; zuvor in der Geschäftsführung mehrerer Medienunternehmen (VICE, Addendum, The Gap); Abgeordneter zum Nationalrat a. D.; Gründer des Instituts für Laizität.

Altreiter, Carina: ist post doc researcher und Projektleiterin im vom FWF-geförderten Zukunftskolleg „Spatial Competition and Economic Policies" an der Wirtschaftsuniversität Wien. Ihre Arbeitsschwerpunkte umfassen Arbeit und sozialer Wandel, soziale Ungleichheit und Klassenverhältnisse, Solidarität und sozialer Zusammenhalt, Wettbewerb und Ökonomisierung.

Arora, Steffen: Korrespondent für Tirol und Vorarlberg bei der Tageszeitung „Der Standard".

Bauer, Christoph W.: lebt in Innsbruck; zuletzt: Das zweite Auge von Florenz. Zu Leben und Werk von Guido Cavalcanti. Verlag das Wunderhorn 2017; Niemandskinder. Roman, Haymon 2019.

Baumberger, Christa: Dr. phil., Literaturwissenschaftlerin, Kulturpublizistin und Kuratorin. Seit 2018 Leiterin der Stiftung Litar für Literatur und Übersetzung: www.litar.ch. Das Programm „Weltenweit" von Litar fördert und erforscht die Literatur von Jenischen, Sinti und Roma. Von 2009–2018 Kuratorin von Mariella Mehrs Archiv am Schweizerischen Literaturarchiv der Nationalbibliothek, Bern, und Herausgeberin des Bandes *Mariella Mehr. Widerworte. Geschichten, Gedichte, Reden, Reportagen* (2017). Sie lebt mit ihrer Familie in Zürich.

Borysławska, Magda: geb. 1993, Mag. phil.; Studium der Germanistik und interdisziplinäres Diskursstudium an der Warschauer Universität. Arbeitsschwerpunkte: kritische Diskursanalyse, Devianzsoziologie, Soziologie der Gewalt, Oral History, Soziolinguistik. Im Rahmen der Doktorandenausbildung an der Neuphilologischen Fakultät der Universität Warschau forscht sie zur Schwulenverfolgung in der NS-Zeit.

Dietrich, Stefan: geb. 1961, Dr. phil., Historiker; Mitarbeiter des Medienbüros der Marktgemeinde Telfs. Forschungsschwerpunkte: lokale und regionale Zeitgeschichte.

Ďurišová, Simona: ist eine in Österreich lebende slowakische Aktivistin und Mitbegründerin des Verbands IG24. Obwohl sie nicht als BetreuerIn tätig ist, hat sie sich im Rahmen ihrer Diplomarbeit dem Thema der 24-Stunden-Betreuung intensiv gewidmet. Die Tatsache, dass ihre beiden Eltern im Bereich der 24-Stunden-Betreuung gearbeitet haben (bzw. arbeitet der Vater noch immer), trug zu ihrer Motivation und ihrem Interesse bei, sich mit dieser Problematik genauer auseinanderzusetzen. Diplomarbeit: Die Organisation der Ausbeutung: soziale und arbeitsrechtliche Benachteiligung der Pflege- und Betreuungskräfte im Rahmen der 24-Stunden-Pflege, unter besonderer Berücksichtigung der Rolle von Vermittlungsagenturen, Graz 2017: https://unipub.uni-graz.at/obvugrhs/download/pdf/2287178?originalFilename=true.

Erger, Armin: studierte Volkswirtschaft an der Universität Innsbruck. Seit 2010 ist er in der Arbeiterkammer Tirol tätig. Seine Themenschwerpunkte sind der Arbeitsmarkt und die Auswirkungen der Digitalisierung auf die Arbeitswelt.

Flecker, Jörg: ist Professor für Allgemeine Soziologie am Institut für Soziologie der Universität Wien und Obmann der Forschungs- und Beratungsstelle Arbeitswelt (FORBA) in Wien. Zu seinen Arbeitsschwerpunkten zählen Arbeit und Beschäftigung, Arbeitsbeziehungen, Digitalisierung sowie Rechtspopulismus und Rechtsextremismus.

Hormayr, Gisela: Mag.ª phil., Dr.ⁱⁿ phil., Historikerin, Bad Häring. Forschungsschwerpunkt: Regionale Zeitgeschichte. Auswahl: „Ich sterbe stolz und aufrecht" – Tiroler SozialistInnen und KommunistInnen im Widerstand gegen Hitler, Innsbruck 2012; „Die Zukunft wird unser Sterben einmal anders beleuchten" – Opfer des katholisch-konservativen Widerstandes in Tirol 1938–1945, Innsbruck 2015; „Wenn ich wenigstens von euch Abschied nehmen könnte" – Letzte Briefe und Aufzeichnungen von Tiroler NS-Opfern aus der Haft, Innsbruck 2017; Verfolgung, Entrechtung, Tod. Studierende der Universität Innsbruck als Opfer des Nationalsozialismus, Innsbruck 2019; „Zwischen Diktatur und Freiheit – Kufstein 1900–1950", Kufstein 2020.

Hussl, Elisabeth: geb. 1982, Mag.ª phil., Studium der Politikwissenschaft in Innsbruck und Warschau; Mitarbeit in Projekten, die sich für Minderheiten engagieren; Sprachtrainerin für Deutsch als Fremdsprache/Zweitsprache; Mitbegründerin und Aktivistin der Bettellobby Tirol sowie Mitherausgeberin der Gaismair-Jahrbücher seit 2012.

Jansky-Winkel, Artis Franz: geb. 1951, Dipl. Päd.; Lehrer für Englisch, Bildnerische Erziehung, Biologie, Musikerziehung an der Hauptschule Loosdorf; viele Ausbildungen zur Begleitung von Menschen; Künstler und Redakteur.

Jordan, Boris: geb. 1966; arbeitet als Journalist und verantwortlicher Radioredakteur und Chef vom Dienst bei Radio FM4/ORF Wien und war Werner Waitz seit seinem 10. Lebensjahr familiär-freundschaftlich verbunden.

Keller, Alexandra: geb. 1971; lebt und arbeitet als freie Journalistin und Publizistin in Innsbruck. www.alexandra-keller.at.

Klug, Franz: gelernter Buch-, Kunst- und Musikalienhändler, Studium der Pädagogik und Philosophie, Gründung der Buchhandlung Parnass 1980 in Innsbruck, Gründungsmitglied der Alternativen Liste Österreich, der Grünen Alternative Tirol und der Alternativen Liste Innsbruck. Drei Jahre lang Gemeinderat für die Alternative Liste Innsbruck, 1989–1999 Abgeordneter der Grünen im Tiroler Landtag. Publikation: Grünes Denken – die Arbeit am Selbst, die Grundwerte und der philosophische Rahmen.

Lehner, Karin: geboren in Tragwein/Bezirk Perg/OÖ, Studium der Zeitgeschichte an der Universität Wien, Promotion 1985. Langjährige Mitarbeiterin der Redaktion Radiokolleg der Hauptabteilung Wissenschaft, Bildung und Gesellschaft im ORF-Hörfunk. Gestalterin der vom 30.5. bis 2.6.2005 ausgestrahlten Ö1-Sendereihe „Jenische Reminiszenzen – Die Geschichte einer Minderheit". Erhielt 2007 für die Reihe den Radiopreis der österreichischen Erwachsenenbildung in der Sparte Information.

Lukasser, Simon: geb. 1986; Diplomstudium der Politikwissenschaft und der Geschichte sowie Lehramtsstudium GSK/PB und Englisch an der Universität Innsbruck; von September 2018 bis Juli 2021 Sozialarbeiter beim Projekt FLUCHTpunkt des Vereins arge Schubhaft.

Mehr, Mariella: 1947 in Zürich geboren, wurde als jenisches Kind früh von der Mutter getrennt und wuchs in Heimen, bei Pflegeeltern, in Erziehungsanstalten auf, als Betroffene des so genannten „Hilfswerks für die Kinder der Landstrasse". Mariella Mehr erhielt für ihr publizistisches Engagement für unterdrückte Minderheiten die Ehrendoktorwürde der Universität Basel. Für ihr literarisches Werk wurde sie mehrfach ausgezeichnet, unter anderem mit dem Bündner Literaturpreis und dem Anna-Göldi-Menschenrechtspreis. Ihr literarisches Lebenswerk wurde 2012 mit dem Pro-Litteris-Preis und erneut im Jahr 2017 mit dem Anerkennungspreis der Stadt Zürich gewürdigt.

Papouschek, Ulrike: ist Sozialwissenschafterin an der Forschungs- und Beratungsstelle Arbeitswelt (FORBA). Zu ihren Forschungsschwerpunkten gehören Wandel von Erwerbsarbeit, Arbeitsbedingungen und Arbeitsorganisation, Geschlechterverhältnisse und Gleichstellung, Erwachsenenbildung/Weiterbildung und soziale Inklusion.

Pitscheider, Sabine: Mag.ª phil., Dr.ⁱⁿ phil., Studium der Geschichte und Romanistik an der Universität Innsbruck; Historikerin, Erwachsenenbildnerin. Forschungsschwerpunkt: Regionalgeschichte, Nationalsozialismus, Entnazifizierung, politische Entwicklungen in der Zweiten Republik.

Schleich, Heidi: geb. 1965, Mag.ª phil., Sprachwissenschafterin, Logopädin, systemische Beraterin, diverse Berufstätigkeiten als Logopädin, Tutorin, Lehrbeauftragte an der Universität Innsbruck, Almhirtin, sozialpädagogische Beraterin, Mitarbeit in verschiedenen Kunst-, Kultur- und Frauenprojekten und in Projekten, die sich für Minderheiten und Flüchtlinge engagieren, gemeinsam mit der Initiative Minderheiten Tirol Organisation der Jenischen Kulturtage, Ansprechpartnerin der „Initiative zur Anerkennung der Jenischen in Österreich", diverse Publikationen.

Schönett, Simone: Mag.ª phil., wurde 1972 in eine jenische Familie in Villach geboren, studierte Romanistik, Pädagogik und Medienkommunikation. Längere Aufenthalte in Italien, Israel und Australien. Seit 2001 arbeitet sie als freie Schriftstellerin. Diverse Auszeichnungen und Preise. Zuletzt erschienen der Roman „Andere Akkorde" (2018, Edition Meerauge) und „Das Pi der Piratin", Prosa (2020, Edition Atelier). Schönett war Mitbegründerin des ersten jenischen Vereins in Österreich, sie ist Mitglied beim transnationalen „schäft qwant" und ein Teil der „Initiative zur Anerkennung der Jenischen in Österreich".

Schreiber, Horst: geb. 1961, Mag. phil., Dr. phil., Universitäts-Dozent für Zeitgeschichte; Leiter von erinnern.at Tirol, dem Institut für Holocaust Education des BMBWF; Lehrer für Geschichte und Französisch am Abendgymnasium Innsbruck; Vorstand der Michael-Gaismair-Gesellschaft und des Wissenschaftsbüros Innsbruck; Herausgeber der Studien zu Geschichte und Politik sowie der Reihe Nationalsozialismus in den österreichischen Bundesländern; Mitherausgeber der Gaismair-Jahrbücher und der sozialwissenschaftlichen Reihe transblick. www.horstschreiber.at; www. heimkinder-reden.at

Siclodi, Andrei: geb. 1972; Mag. phil; Autor, Kurator, Kulturarbeiter; Leiter des Künstlerhauses Büchsenhausen und des dort stattfindenden Fellowship-Programms für Kunst und Theorie; Ko-Geschäftsleiter der Tiroler Künstler:innenschaft; Dissertant an der Akademie der bildenden Künste Wien über „Kritische Kunstpraktiken und Institutionen im Wissenskapitalismus"; als Ko-Autor und Ko-Herausgeber: Vladislav Shapovalov: Image Diplomacy, Mailand 2020 und Marianna Christofides: Days In Between, Berlin 2021.

Strauß, Esther: geb. 1986, ist Performance- und Sprachkünstlerin mit den Schwerpunkten Erinnerungsarbeit und Denkmalkonzeption. In der Nacherzählung ihrer Performances in Galerien und Büchern setzt Strauß gezielt Lücken und Geheimnisse ein; was ihre Performances verbergen, ist ebenso wichtig, wie das, was sie preisgeben. Studium an den Kunstuniversitäten Linz und Bristol, seither Performances, Ausstellungen und Labore unter anderem im Sigmund Freud Museum London, Perdu Amsterdam, Fabbrica del Vapore Mailand, Albertina Wien, La Marelle Marseille. Zahlreiche Auszeichnungen, zuletzt: BMKOES Staatsstipendium 2021 und Theodor Körner Preis 2020. Seit 2015 lehrt Strauß Sprachkunst an der Kunstuniversität Linz. www.estherstrauss.info

Weiss, Alexandra: Mag. phil., Dr. phil.; geb. am 14. Juli 1971, Politologin und Publizistin. 2007 Johanna Dohnal-Förderstipendium, 2009 gemeinsam mit Erika Thurner Bruno-Kreisky-Anerkennungspreis für das politische Buch 2008: „Johanna Dohnal. Innensichten österreichischer Frauenpolitiken. Innsbrucker Vorlesungen"; 2010 Käthe Leichter-Preis für Frauenforschung Geschlechterforschung und die Gleichstellung in der Arbeitswelt; 2021 Johanna Dohnal Preis der SPÖ-Frauen. Forschungsschwerpunkte: Arbeits- und Geschlechterverhältnisse, Sozialpolitik und Armut, Staatstheorie, soziale Bewegungen und Demokratie, Regulierung von Sexualität. Website: https://a-weiss.net/

Willi, Georg: geb. 1959; politische Laufbahn: 1989 Gemeinderat in Innsbruck, Landtagsabgeordneter 1994–2013, Abgeordneter zum Nationalrat, seit 2018 Bürgermeister von Innsbruck.

Wnorowska, Izabela: Wissenschaftliche Projektmitarbeiterin an der Universität Wien bei dem Projekt „Familiäre Fürsorge und elterliche Erwerbstätigkeit im Wandel". Studium der Soziologie an der Universität Wien, Studium der Translationswissenschaft an der Universität Warschau, der Johannes Gutenberg-Universität Mainz sowie der Universität Wien. Ausgebildete Übersetzerin und Sprachlehrerin für Deutsch und Englisch als Fremdsprache. Praktika in verschiedenen wissenschaftlichen Institutionen, u. a. bei Frauenhetz, einem Verein für feministische Bildung, Kultur und Politik, sowie der Polnischen Akademie der Wissenschaften.

**Bund Sozialdemokratischer FreiheitskämpferInnen,
Opfer des Faschismus und aktiver Antifaschisten
Landesgruppe Tirol**

UNSERE ANLIEGEN

- Kampf dem Faschismus, Rechtsextremismus, Rassismus Nationalismus und Antisemitismus
- Verteidigung der Menschenrechte und Grundfreiheiten
- Kultur des Erinnerns – „Niemals Vergessen"
- Werte-Initiative – „Soziale Demokratie"

FreiheitskämpferInnen Tirol, Salurner Straße 2, 6020 Innsbruck, www.freiheitskaempfer.spoe-tirol.at

RennerInstitut
Tirol

Die politische Akademie der SPÖ Tirol

UNSERE AUFGABEN
- (politische) Bildung auf allen Ebenen
- Weiterbildung und Personalentwicklung in der SPÖ
- Förderung von Kunst und Kultur

Lokal | Regional | International

Renner Institut Tirol, Salurner Straße 2, 6020 Innsbruck, www.ri-tirol.at

Stadtbibliothek **INNS'BRUCK**

Nach-hol-bedarf

literarisch. bildend. unterhaltsam.

Veranstaltungen in der Stadtbibliothek Innsbruck

f ◉ **stadtbibliothek.innsbruck.gv.at**

Wir erinnern an die Vergangenheit

Die Veröffentlichungen des Innsbrucker Stadtarchivs zählen zu den renommiertesten und lebendigsten Schriftenreihen mit Blick auf die Tiroler Regional- und die Innsbrucker Lokalgeschichte. Der zuletzt erschienene Band „... *aber mir steckt der Schreck noch in allen Knochen.*" beleuchtet elf ausgewählte Aspekte der Innsbrucker Zeitgeschichte aus den Jahren 1933 bis 1950.